高校土木工程专业规划教材

道路工程毕业设计指南

杨建明 李 明 主编

中国建筑工业出版社

图书在版编目（CIP）数据

道路工程毕业设计指南/杨建明等主编. —北京：中国建筑工业出版社，2015.7

高校土木工程专业规划教材

ISBN 978-7-112-18598-6

Ⅰ.①道… Ⅱ.①杨… Ⅲ.①道路工程-毕业设计-高等学校-教学参考资料 Ⅳ.①U41-42

中国版本图书馆CIP数据核字（2015）第250510号

本书介绍公路路线设计、平交及立交设计、路基及挡土墙设计、路面工程设计、公路概预算和城市道路设计的基本理论和方法，各章节附相应的设计示例。

本书可作为高等工科院校土木工程、道路桥梁与渡河工程及交通工程专业（含成人和继续教育本科相关专业）应届毕业生使用与参考，也可供从事公路及城市道路设计、施工和管理的工程技术人员参考。

* * *

责任编辑：辛海丽
责任设计：李志立
责任校对：李欣慰　关　健

高校土木工程专业规划教材
道路工程毕业设计指南
杨建明　李　明　主编

*

中国建筑工业出版社出版、发行（北京西郊百万庄）
各地新华书店、建筑书店经销
北京红光制版公司制版
北京市书林印刷有限公司印刷

*

开本：787×1092毫米　1/16　印张：19¾　字数：475千字
2015年12月第一版　2015年12月第一次印刷
定价：**45.00**元
ISBN 978-7-112-18598-6
(27904)

版权所有　翻印必究
如有印装质量问题，可寄本社退换
（邮政编码100037）

前　言

毕业设计是大学阶段四年学习的总结，也是重要的教学实践环节，培养学生运用所学专业知识处理实际问题的能力。针对上述要求，本书力求全面且简单介绍公路及城市道路设计的基本理论，着重讲述公路及城市道路设计的设计方法、设计流程、设计文件的组成和设计图表的要求，并辅助相应的设计示例和图纸，从而加深学生对公路及城市道路设计理论、设计方法、设计规范的理解，指导学生撰写设计说明和报告。

本书介绍公路及城市道路毕业设计的基本知识，包括毕业设计（论文）的教学目标和要求、毕业设计题目的选择、设计图纸绘制要求、公路及城市道路设计文件的组成、公路路线设计、平交及立交设计、路基路面工程及挡土墙设计、概预算及城市道路设计及示例。本书在撰写过程中，恰逢《公路工程技术标准》JTG B01—2014、《公路立体交叉设计细则》JTG/T D21—2014、《公路路基设计规范》JTG D30—2015 及城市道路规范发布实施，因此按最新设计规范编制设计示例。同时道桥 2011 级蒋国俊、张勇、严谭路同学于 2015 年春季毕业设计期间试用本书，校核本书文字和图表。研究生刘帅、刘茜校核本书部分文字和图表。本书可作为高等工科院校土木工程、道路桥梁与渡河工程及交通工程专业（含成人和继续教育本科相关专业）应届毕业生使用与参考，也可供从事公路及城市道路设计、施工和管理的工程技术人员参考。

本书第一、二、三章由杨建明编写，第四、五章由易灵芝编写，第六章由李子龙编写，第七、八章由李明编写。全书由杨建明、李明统稿。

限于作者水平有限，读者若发现本书有错误和不完善的地方，请予以批评指正。

目 录

第一章 绪论 ··· 1
  第一节 毕业设计目的与要求 ··· 1
  第二节 公路工程设计程序 ·· 3
  第三节 毕业设计教学工作程序与要求 ·· 7

第二章 公路路线设计 ··· 10
  第一节 总体设计 ·· 10
  第二节 纸上选（定）线 ··· 23
  第三节 平面设计 ·· 32
  第四节 纵断面设计 ··· 42
  第五节 横断面设计 ··· 52
  第六节 公路设计示例 ·· 66

第三章 平交与立体交叉设计 ·· 80
  第一节 平交口设计 ··· 80
  第二节 立体交叉设计 ·· 96
  第三节 平交口设计示例 ··· 126
  第四节 立体交叉设计示例 ·· 132

第四章 路基设计 ··· 151
  第一节 一般路基设计 ·· 151
  第二节 路基防护 ·· 159
  第三节 支挡结构设计 ·· 163
  第四节 路基排水设计 ·· 173
  第五节 重力式挡土墙设计示例 ·· 176

第五章 路面设计 ··· 180
  第一节 沥青路面设计 ·· 180
  第二节 水泥混凝土路面设计 ··· 196
  第三节 路面设计示例 ·· 217

第六章 概预算设计 ·· 235
  第一节 概算与预算定义 ··· 235
  第二节 概预算的作用及文件构成 ··· 235
  第三节 概预算费用计算 ··· 238
  第四节 公路工程概预算文件编制 ··· 241
  第五节 公路工程预算示例 ·· 244

第七章 城市道路设计 ··· 251
  第一节 基本规定 ·· 251

第二节	横断面设计	253
第三节	平面设计	258
第四节	纵断面设计	260
第五节	城市道路附属设施设计	263
第六节	城市道路设计示例	270

第八章　设计说明书及图纸格式要求　283

第一节　设计说明书内容 283
第二节　道路设计图纸格式要求 289

参考文献 307

第一章 绪 论

毕业设计是工科教学计划中一个非常重要的教学环节，是培养学生综合应用所学的道路与交通基础理论、基本知识和基本技能，进行道路与交通工程设计或科学研究的综合训练，是前述各个教学环节的继续、深化和拓宽，是学生综合素质和工程实践能力培养的重要阶段，其目的是使学生受到道路交通工程师所必需的综合训练，有利于向工作岗位过渡。

第一节 毕业设计目的与要求

一、毕业设计目的

毕业设计的教学目的是培养学生综合运用所学知识和技能，分析与解决工程实际问题的能力，使学生受到工程技术和科学技术的基本训练、工程技术人员所必需的综合训练，并相应地提高各种工作能力，如调查研究、理论分析、设计计算、绘图、试验、技术经济分析、撰写论文和说明书等，通过毕业设计使学生具备工程设计、施工概预算和工程管理能力，培养学生实事求是、谦虚谨慎的科学态度和刻苦钻研、勇于创新的科学精神。

二、毕业设计基本要求

1. 选题范围要求

为了达到毕业设计的教学目的，毕业设计课题的选择也是非常重要的。毕业设计选题应遵循"与专业相关"、"难易程度适当"，与工程建设实践和科学研究课题相结合的原则。选题要有代表性、科学性，深浅适当，有利于学生巩固所学知识，有利于培养和锻炼学生的综合能力，有利于培养学生的开拓、创新精神。毕业设计的选题还要具有实践性，尽量做到真题真做，使学生提前接触工程实际，或同相关设计院专家联合指导学生毕业设计，或聘请相关设计院所专家指导学生毕业设计。毕业设计题目内容如下：

（1）工程设计类

要求学生具有公路与市政道路或交通设计、计算能力；具有工程概预算或工程可行性研究的能力；能应用专业软件完成路线（包括立交）几何设计、路基路面工程、挡土墙边坡、涵洞等构造物的结构设计工作；按《公路建设项目可行性研究报告编制办法》、《公路工程基本建设项目设计文件编制办法》完成部分图件和说明书的编制；同时完成将一篇英文专业论文译成中文的任务；一份 10000 字以上的设计计算说明书（论文）；参考文献不低于 10 篇，其中外文文献不低于 2 篇。

（2）理论研究类

要求学生具备道路或交通工程方面理论分析、初步科学研究的能力；根据课题提出问题、分析问题，学会提出方案并进行建模、仿真和设计计算等；同时完成将一篇英文专业论文译成中文的任务；论文字数要在 10000 字以上；参考文献不低于 15 篇，其中外文文献不低于 4 篇。

(3) 路基路面实验与检测类

要求学生要独立完成路基路面工程完整的实验或某公路路基路面工程检测工作；具有制定试验或检测方案的能力或取得足够的实验数据；一份 10000 字以上的论文，其中包括文献综述，实验部分的讨论与结论等；同时完成将一篇英文专业论文译成中文的任务；参考文献不低于 10 篇，其中外文文献不低于 2 篇。

(4) 计算机软件开发类

要求学生独立完成一个软件或较大软件中的一个独立模块；有足够的工作量学习软件开发及程序编制；写出 10000 字以上的软件开发和使用说明书和论文；毕业设计（论文）当涉及有关计算机软件方面的内容时，需进行计算机演示和给出运行结果；同时完成将一篇英文专业论文译成中文的任务；参考文献不低于 10 篇，其中外文文献不低于 2 篇。

(5) 施工技术和管理类

施工技术和管理类毕业设计（论文）要求至少包括以上 2~3 项内容，并应有实际工程为背景，如有工程设计内容时，图纸工作量上可酌情减少；可以进行公路及城市道路施工组织或公路及城市道路概预算计算工作；完成 10000 字以上的论文；同时完成将一篇英文专业论文译成中文的任务；参考文献不低于 10 篇，其中外文文献不低于 2 篇。

2. 毕业设计基本要求

道路工程的毕业设计，要求学生在指导教师的指导下完成某一路段实际工程的全部或部分设计任务，在公路与城市道路的路线方案拟定、路线平纵横设计、桥涵选型与设计、挡土墙等结构物布置、交叉口规划与设计、路基及路面工程方案及结构设计等方面得到必要的工程设计或研究训练。具体要求如下：

(1) 工程设计能力，要求学生掌握工程制图、理论分析、结构设计、施工组织及概预算方面的能力，学生应全面了解本专业的工程设计过程，基本掌握公路与城市道路的设计方法，熟悉有关规范、手册和工具书的查阅与使用方法，加深学生对本专业课程的理解，锻炼学生处理实际工程问题的能力。

(2) 计算机应用能力，要求学生毕业设计中的图纸采用专业软件或 CAD 软件绘制，为了提高学生的编程能力，可个别要求学生自己编写道路平面计算、纵断面计算、横断面计算和路基设计表计算等程序软件。同时要求学生掌握相应的办公软件的使用，提高文档编制与处理能力。

(3) 适当外语阅读要求，要求每位学生至少参阅 2 篇与其设计有关的外文文献，并完成 10000 个以上印刷字符的外文专业翻译。外文原文可由指导教师指定或者由学生自选并经指导教师认可。设计说明书的摘要部分要求中外文对照撰写。

(4) 工程设计与研究成果要求。要求学生应提交设计说明书、计算书和有关图纸。说明书应参照工程设计说明书的格式撰写，力求简明扼要、说明问题、文理通顺、条理清楚。计算书是设计中有关计算的方法和过程，要求计算理论、方法和结果正确，数据可靠，对要求编程电算部分的内容，要附有计算机程序和电算结果。图纸要求达到施工图设计的深度，小桥涵、挡土墙及排水设计图纸要求达到工程初步设计深度。设计说明书中除列出计算过程外，应阐明设计原则和依据，对不同方案应作技术经济论证，说明书中应附有工程概（预）算计算表和专业外文翻译（各类设计说明指南详见其他各章）。

3. 毕业论文基本要求

（1）标题，标题应该简短、明确、有概括性。标题字数要适当，不宜超过20个字，如果有些细节必须放进标题，可以分成主标题和副标题。

（2）摘要，摘要以浓缩的形式概括研究课题的内容，中文摘要大约300字，外文摘要以250个实词左右。

（3）目录，目录按三级标题编制（即1、1.1、1.1.1），要求标题层次清晰，题文一致。

（4）正文，毕业论文正文包括绪论、主体和结论，其内容分别如下：

绪论应说明本课题的意义、目的、研究范围及要达到的技术要求；简述本课题在国内外的发展概况及存在的问题；说明本课题的指导思想；阐述本课题应解决的主要问题，在文字量上要比摘要多。

正文主体是对研究工作的详细表述，其内容包括：问题的提出，研究工作的基本前提、假设和条件；模型的建立，实验方法、内容及其分析；理论论证，理论在课题中的应用，课题得出的结果以及针对结果的讨论等。学生根据毕业论文题目的性质，一般仅涉及上述一部分内容。

结论是对整个研究工作进行归纳和综合而得出的总结，对所得结果与已有结果的比较和课题尚存在的问题以及进一步开展研究的见解与建议。结论要简明扼要。

（5）谢辞，谢辞应以简短的文字对在课题研究和论文撰写过程中曾直接给予帮助的人员表达自己的谢意，是治学者应有的思想作风。

（6）参考文献与附录，参考文献是毕业论文不可缺少的组成部分，它反映毕业论文的取材来源、材料的广博和可靠程度。参考文献也是一份有价值的信息资料。

4. 指导教师的要求

毕业设计（论文）一般需具有讲师或以上职称并有一定实践经验的教师指导，指导教师应根据课题性质和要求编制任务书，经教研室审查、院（系）批准后下达给学生。教师要指导学生制订工作计划，定期有针对性开展答疑，解决学生设计过程中遇到的问题，仔细审阅学生的成果，及时给予指导。在设计期间要有计划地组织阶段性讨论，锻炼学生的表达能力。在指导过程中，教师必须坚持把培养人才放在首位，着重注意对学生各方面能力的培养，充分发挥学生的主观能动性；坚持教学基本要求，保证毕业设计（论文）质量；积极贯彻因材施教原则，对有余力的学生可列一些有意义的专题进行研究；坚持教书育人，为人师表，具有奉献精神。

5. 时间安排

毕业设计（论文）时间一般为 n 周，要求学生用10周的时间完成规定的设计（论文）任务，评阅、答辩和评分时间安排1周。

第二节 公路工程设计程序

公路工程基本建设程序是指基本建设项目从投资前期到投资期，从规划立项到竣工验收的整个建设过程中各项工作的先后次序，它由基本建设的客观规律决定。公路基本建设的程序是：根据国民经济长远规划及布局所确定的公路网规划，提出项目建议书；通过调查，进行可行性研究，编制可行性研究报告；经批准后进行初步测量及编制初步设计文件；经批准后，列入国家年度基本建设计划，并进行定线测量编制施工图设计文件；经批准后组织施工；完工后，进行竣工验收，最后交付使用。公路基本建设程序如图1.1所示。

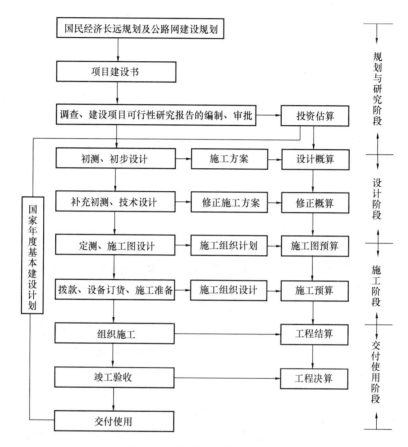

图1.1 公路工程建设流程图

按照国家有关规定，公路工程基本建设程序划分预可行性研究、工程可行性研究、初步设计和施工图设计四个阶段；技术复杂和基础资料缺乏或不足的重大项目，必要时可在初步设计和施工图设计间增加技术设计阶段。预可行性研究是国家行业主管部门批复项目建议书的依据，工程可行性研究是主管部门确定建设标准和投资规模的依据，初步设计旨在确定经济合理的设计方案，施工图设计目的在于提供施工详图。

1. 工程规划

工程规划是工程建设前期工作阶段的主要内容之一，应根据国民经济和社会发展的长远规划，结合行业和地区发展规划要求，提出工程建设规模、建设方案、建设资金筹措等主要关键问题的设想，对工程建成后的经济效益和社会效益进行初步分析与估计。在此基础上编制项目建议书，工程项目建议书的主要内容包括：

①总论，项目概况、编制依据和原则；

②项目提出背景和建设必要性；

③项目建设基本条件；

④工程建设方案；
⑤环境影响分析；
⑥建设管理；
⑦项目建设施工进度；
⑧项目招标投标；
⑨投资估算与资金筹措；
⑩效益分析。

2. 工程可行性研究

公路建设项目可行性研究，是对项目建设的必要性、技术可行性、经济合理性和实施可能性进行综合性研究论证的工作，是公路建设项目前期工作的重要组成部分，是建设项目决策的主要依据。公路建设项目可行性研究，按其工作阶段分为预可行性研究和工程可行性研究。编制预可行性研究报告，应以项目所在地区域经济社会发展规划、交通发展规划和其他相关规划为依据；编制工程可行性研究报告，原则上以批准的项目建议书为依据。

公路建设项目预可行性研究，要求通过实地踏勘和调查，重点研究项目建设的必要性和建设时机，初步确定建设项目经过地带或走廊带，并对项目的建设规模、技术标准、建设资金、经济效益等进行必要的分析论证，编制研究报告，作为项目建议书的依据。公路建设项目工程可行性研究，要求进行充分的调查研究，通过必要的测量和地质勘查，对可能的建设方案从技术、经济、安全、环境等方面进行综合比选论证，研究确定项目起、终点，提出推荐方案，明确建设规模，确定技术标准，估算项目投资，分析投资效益，编制研究报告。工程可行性研究报告一经批准，即为初步设计应遵循的依据。

公路建设项目可行性研究报告的主要内容应包括项目影响区域经济社会及交通运输的现状与发展、交通量预测、建设的必要性、技术标准、建设条件、建设方案及规模、投资估算及资金筹措、经济评价、实施安排、土地利用评价、工程环境影响分析、节能评价、社会评价等，特殊复杂的重大项目，还应进行风险分析。预可行性研究及工程可行性研究报告内容的具体要求详见《公路建设项目预可行性研究报告编制方法》。

工程可行性研究的内容包括：

① 概述。论述项目背景、编制依据、研究过程、建设的必要性对于直接进行工程可行性研究的公路项目，应对项目建设的必要性、建设时机等进行详细论证，指出项目实施的主要结论、问题及建议。

② 经济社会和交通运输发展现状及规划。论述研究区域概况、项目影响区域经济社会现状及发展、项目影响区域交通运输现状及发展。

③ 交通量分析及预测。进行公路交通调查与分析、相关运输方式的调查与分析、预测思路与方法、交通量预测。

④ 技术标准。根据拟建项目在区域公路网中的功能与定位、交通量预测结果，综合考虑地形条件、投资规模、环境影响及与拟建项目连接的其他工程项目等影响因素，在通行能力及服务水平分析的基础上，按照《公路工程技术标准》相关规定，论证项目拟采用的技术等级、设计速度、车道数及路基宽度、荷载标准、抗震设防标准、隧道建筑界限、交通工程及沿线设施等具体指标，对于跨越有通航要求的河流上的桥梁，应明确通航标准

等指标。

⑤ 建设方案。分析建设条件、建设项目起终点论证、备选方案拟定、方案比选综合考虑建设条件、工程规模及投资、经济评价、环境影响、土地占用等因素，提出推荐方案、推荐方案概况。

⑥ 投资估算及资金筹措。论述投资估算、资金筹措。

⑦ 经济评价。分析评价依据和方法、评价方案设定、经济费用效益分析、财务分析、评价结论。

⑧ 实施方案分析工程的施工条件和特点。研究制约工程进度、质量、造价的关键环节，提出工期安排等实施方案。对于改扩建项目，应该包括施工期交通组织方案。

⑨ 土地利用评价。论述区域土地利用、类型及人均占有量、推荐方案占用土地、主要拆迁建筑物的种类和数量、对当地土地利用规划影响、集约节约使用土地措施。

⑩ 工程环境影响分析。论述沿线环境特征、推荐方案对工程环境的影响、减缓工程环境影响的对策。

⑪ 节能评价。分析建设期耗能、运营期节能、对当地能源供应的影响、主要节能措施、节能评价。

⑫ 社会评价。社会影响分析主要分析项目对所在地社会的正、负面影响。互适性分析调查当地政府、企业、居民及道路主要使用者对建设项目的支持程度，分析项目与当地社会环境的相互适应性。社会风险分析对可能影响项目的各种社会因素进行识别和排序，提出必要的防范措施。

⑬ 风险分析。对于特殊复杂的重大项目，应进行风险分析，项目主要风险因素识别项目风险主要包括工程技术风险、资金风险、外部协作条件风险等，应结合项目实际进行识别。风险程度分析采用专家评估法、风险因素取值评定法或风险概率分析法等，按各风险因素对项目影响程度和风险发生的可能性大小确定风险的等级。防范和降低风险措施根据不同的风险因素提出相应的规避和防范对策。

⑭ 问题及建议存在的主要问题及建议。

3. 工程设计

1) 设计阶段及设计文件

工程可行性研究报告经主管部门审查批准后，即可进入设计阶段。根据工程的性质、复杂程度等具体情况，工程设计可以采用初步设计、技术设计和施工图设计。公路工程设计文件是安排建设项目、控制投资、编制招标文件、组织施工和竣工验收的重要依据。其组成、内容和要求随设计阶段不同而异。根据《公路工程基本建设项目设计文件编制办法》的规定，设计文件的组成和内容如下：

（1）初步设计文件

初步设计文件由总说明、总体设计、路线、路基路面、桥梁、涵洞、隧道、路线交叉、交通工程及沿线设施、环境保护与景观设计、其他工程、筑路材料、施工方案、设计概算、附件、基础资料。

（2）技术设计文件

公路工程建设项目技术设计文件，应根据技术设计的目的与要求以及工程需要解决的技术问题，参照《公路工程基本建设项目设计文件编制办法》第3.2.1条、第3.3.1条和第 5.2.1 条有关规定编制。

（3）施工图设计文件

施工图设计文件由总说明、总体设计、路线、路基路面、桥梁、涵洞、隧道、路线交叉、交通工程及沿线设施、环境保护与景观设计、其他工程、筑路材料、施工组织计划、施工图预算、附件基础资料。设计单位编制设计文件时，均应按上述要求执行。学生在完成毕业设计任务，提供成果文件时，可以参考上述要求。

2）工程设计的依据

工程设计需要有以下资料或设计依据：

① 工程建设单位的设计委托书及工程勘察设计要求；

② 经国家或行业主管部门批准的设计任务书；

③ 规划部门、国土部门批准的建设用地红线图；

④ 国家或行业的有关设计规范和标准，如《公路工程技术标准》、《公路路线设计规范》、《公路路基设计规范》、《公路沥青路面设计规范》、《公路水泥混凝土路面设计规范》、《公路排水设计规范》、《公路桥涵设计通用规范》等；

⑤ 地质部门提供的地质勘查资料，对工程建设地区的地质构造、岩土工程特性等的描述与说明；

⑥ 其他自然条件资料，如工程所在地的水文、气象条件和地理条件等；

⑦ 工程建设单位提供的有关使用要求。

3）设计工作原则

① 遵守国家的法律、法规，贯彻执行国家经济建设的方针、政策和基本建设程序，执行提高经济效益和促进技术进步的方针；

② 要从全局出发，正确处理工业与农业、安全实用与经济效益等方面的关系；

③ 要根据国家的有关规定和工程的不同性质、不同要求，从实际出发，合理确定设计标准，并在设计中严格遵守；

④ 工程设计要力求做到先进适用、经济合理和安全可靠，并且要保护环境。

第三节 毕业设计教学工作程序与要求

毕业设计中学生不可能完整地进行公路设计的全过程，而只能进行其中部分重要的设计环节或公路某一组成部分的设计工作。毕业设计一般可分为准备阶段、设计阶段和答辩阶段。

一、准备阶段

1. 选题准备

设计题目的选择是毕业设计的开始，题目选择是否合适直接影响到毕业设计的质量。选题的原则首先是要满足教学大纲的各种要求，如通过设计使学生能全面了解和熟悉工程设计的内容和过程，提高综合运用所学基本理论知识分析和解决实际问题的能力，在计算机应用、设计文件编制、绘图和外语等方面都得到锻炼和提高，达到基本掌握工程设计步骤与方法，具备初步工程设计能力为目标。因此要求设计题目难易适中，同时由于学生毕业设计时间不长，要求设计题目的工作量适中，从而使学生毕业设计既达到工程实践的目的,又保证能完成设计任务。

2. 熟悉设计任务书

设计任务书是设计的依据,一般包括建设项目的目的背景和要求、项目的规模和投资、当地的施工条件、能源供应和材料供应情况等内容。熟悉设计任务书是做好设计的前提,设计人员必须认真研究设计任务书,分析各种条件和设计要点,对设计中的关键问题拟定初步的处理方法。认真准备设计中用到的各种设计资料,如有关的国家标准和规范、有关的各种参考书、手册等,都要在设计开始前准备好,以便提高工作效率。

3. 撰写开题报告

针对设计题目,撰写开题报告,论述项目设计所需的标准和依据、项目设计的意义,阐述工程设计的主要内容和设计的重点难点,设计过程中的技术路线、方法和要点,设计的日期安排和所需要的资料等方面内容。

二、设计阶段

设计阶段是毕业设计的主体,本阶段的任务就是在教师的指导下独立完成某个工程的设计工作,具体内容包括资料整理与分析、方案比选、平面设计、纵断面设计、横断面设计、排水设计、交叉设计、路基设计、路面结构设计、环境景观设计等,以及设计文件编制和图纸绘制。

1. 资料收集与分析

设计资料是设计的依据。应收集设计建议书、可行性研究报告、批准文件和设计标准的确定。地形资料是毕业设计的主要基础资料,在分析时要与工程各种建筑物的平面布置结合起来,指出地形条件对工程的有利因素和不利因素,以便在路线方案选择中能充分利用有利地形,达到节约工程投资的目的。水文资料主要是水位、水流和波浪,水位变幅会对工程的使用、建筑物的结构形式、工程的施工等有影响。气象资料包括风、雨、雾和气温。材料供应情况也是确定工程建筑物结构形式时要考虑的重要因素之一,必须分析建筑材料对工程施工、工程质量和工程造价等方面的影响,例如了解材料的数量、质量和价格,尤其是当地砂石类材料是否丰富、及时等,以便合理地确定建筑物结构形式,合理地安排施工计划以及比较准确地核算工程造价等。在施工方面,要分析现场的施工场地情况、水电供应情况、道路交通情况以及自然条件对施工的影响情况等,以便确定合理的、切合实际的工程施工方案。

2. 路线方案选择

本阶段工作要达到初步设计的深度要求,在对地形、地物、水文、地质等资料分析的基础上,拟定2~3个可行的方案,并对各方案进行设计、计算工程量和概预算。根据公路技术特征指标、工程数量和工程条件指标、运营特征指标和经济评价指标进行分析,列出各方案在工程难易、营运、施工、养护管理以及对环境的影响等方面的优缺点和工程造价进行全面的技术经济论证,择优选用。具体方法见第二章。

3. 路线平面设计

根据前述选择路线方案,按设计标准进行路线的平面设计,根据地形特点、公路等级和交通荷载特点,确定合适路线的线形组成及曲线半径指标,并进行平面曲线要素计算和逐桩坐标计算。

4. 纵断面设计

进行路线纵坡及变坡点确定，确定凸凹竖曲线的半径，进行相应竖曲线计算，同时考虑平面设计的特点，注意平纵组合设计；考虑地形及水系的特点，选择合适桥涵布设位置；同时注意所设计纵坡坡度和坡长等符合要求。

5. 横断面设计

确定公路的横断面组成，确定相应的路拱坡度、边沟和边坡参数，进行加宽或超高设计计算，确定中间带及分隔带设计和紧急停车带设计，并对横断面视距进行计算。并进行路基土石方与调配。

6. 路基设计

选择路基断面形式，确定路基宽度与高度，确定边坡形状与坡率，选择路堤填料与压实标准，路基防护与加固设计，排水系统的总体布置和地面、地下排水结构设计，附属设施设计（包括取土坑、护坡道、弃土堆和碎落台的布置与设计）。

7. 路面设计

确定车辆轴载计算、路面结构方案；水泥混凝土路面结构设计、接缝设计和水泥混凝土路面施工工艺；沥青路面的结构设计计算、沥青路面施工工艺等。

8. 环境及景观设计

道路环境保护设计、道路景观设计、坡面修饰和道路绿化设计。

9. 设计文件

毕业设计文件包括设计说明书和计算书。说明书交代设计内容、设计意图。计算书交代设计中的具体计算方法和过程。路面设计、桥梁设计需要提供计算书。设计说明书的编写要力求简明扼要、条理清楚，并附有必要的图表。说明书的提要部分简要介绍设计任务和主要设计成果，一般要求用英文撰写。正文部分的具体内容包括：简述设计任务、设计依据和标准，给出设计基础资料和资料分析与整理的结果和设计主要成果，具体设计文件内容及要求可参考第二、三、四、五、六、七各章。

10. 设计图纸

图纸是工程师的语言，是工程设计的主要成果。一般要求绘制路线平面图、纵断面图、路基标准横断面图、横断面设计图、路面设计图、路基排水设计图等主要图纸，编制直线、曲线及转角表、逐桩坐标表、路基设计表、路基土石方数量计算表等表格。图纸的类型的数量由指导教师根据毕业设计工作量指定，图纸的详细要求参见第八章。

三、毕业设计答辩

答辩是毕业设计工作的最后阶段，是锻炼学生的口头表达能力、反应能力和分析解决实际问题能力的重要环节，是检验毕业设计成果的重要环节，每个学生都必须进行毕业设计答辩并制作答辩PPT。在答辩过程中，设计者要对自己的设计任务来源、设计过程、设计思路和设计成果进行简单介绍，并详细回答答辩评委及同学提出的各种问题。

第二章 公路路线设计

第一节 总体设计

总体设计是指在公路设计前对公路的走向布局、路线方案、公路等级、设计标准、技术指标、工程方案、景观及环保等方面进行的总体安排和设计的工作,总体设计是公路具体设计的依据和基础。总体设计的目的是实现公路与自然因素、公路与环境、公路自身各工程间的协调,以保证公路总体布局和设计的经济合理,提高工程项目设计质量和设计水平。

一、总体设计

(一)总体设计的主要内容

1. 路线方案

公路路线方案是公路路线控制点的连线,是根据指定的公路路线方向(路线起讫点和中间主要控制点)和公路网规划、公路使用功能和等级,结合其他运输体系的布局,考虑社会、经济因素和复杂的自然条件等确定的。公路路线方案是否合理将直接关系到公路本身的工程投资、运输效率和使用质量,影响到公路路线在公路网中的作用。因此合理的公路路线方案研究是关键。

路线控制点是指公路网规定的通过地点、选线过程中对路线走向起控制作用的点。路线起讫点和指定必须连接的城镇以及指定的特大桥、特长隧道位置,为路线基本走向的控制点;大桥、隧道、互通立交、铁路交叉等的位置,原则上应服从公路路线基本走向,一般作为路线走向控制点;一般构造物及中小桥涵的位置应服从路线走向。

起讫点应根据公路网规划和城市规划方案综合考虑选定。重要城市、港站等是公路交通量的集中生成源。高速公路和一级公路起讫点位置宜靠近城市出入口或接于城市外环线上。起讫点除必须符合路网规划要求外,还应对高速公路和一级公路起讫点前后的线形、接线方案进行具体设计。

2. 技术标准、工程规模及工程方案的确定

(1)设计车辆

设计车辆是指道路设计所采用具有代表性的车辆,其外廓尺寸、载质量和动力性能对道路几何设计具有决定作用,比如确定路幅组成、车道宽度、平曲线加宽等都与设计车辆有密切关系。因此选择有代表性的车辆作为道路设计的依据是必要的。公路设计所采用的设计车辆外廓尺寸规定(《公路工程技术标准》JTG B01—2014)如表 2.1 所示。

设计车辆外廓尺寸 表 2.1

车辆类型	总长(m)	总宽(m)	总高(m)	前悬(m)	轴距(m)	后悬(m)
小客车	6	1.8	2	0.8	3.8	1.4

续表

车辆类型	总长(m)	总宽(m)	总高(m)	前悬(m)	轴距(m)	后悬(m)
大型客车	13.7	2.55	4	2.6	6.5+1.5	3.1
铰接客车	18	2.5	4	1.7	5.8+1.7	3.8
载重汽车	12	2.5	4	1.5	6.5	4
铰接列车	18.1	2.55	4	1.5	3.3+11	2.3

注：铰接列车的轴距（3.3+11)m；3.3m为第一轴至铰接点的距离，11m为铰接点至最后轴的距离。

(2) 设计速度与运行速度

设计速度是确定公路设计指标并使其相互协调的设计基准速度。根据公路的功能（干线公路、集散公路）、设计交通量、拟订公路的等级，并结合沿线地形、地质等状况，经论证确定。

运行速度是路面平整、潮湿、自由流状态下，行驶速度累计分布曲线上对应于85%分位值的速度。

(3) 车道数的确定和标准横断面宽度

高速公路所需车道数和标准横断面宽度主要根据拟建公路的设计交通量、服务水平、设计通行能力，综合考虑公路使用功能、车辆组成、投资金额及工程复杂程度等因素确定。

(4) 合理确定设计路段

高速公路或一级公路可能通过不同的地形分区，应根据地形特征，合理地确定地形类别、设计速度。设计速度不同路段要处理好衔接前后过渡段的线形设计，不出现突变。

(5) 考虑沿线城镇的路线布设方式

高速公路和一级公路为起讫点间直达快速交通运输服务的公路，因而决定了它与沿线城镇的关系。常为区域公路网中的重要结点，为吸引沿线交通量和促进地区经济发展，路线不宜离开城镇太远，应结合城镇发展规划，确定其连接方式（穿越、绕行或以支线连接）和地点，一般以距城镇规划区2~5km为宜。

(6) 重大工程地质病害处理方案

调查沿线重大工程地质病害的范围、分布和严重程度，论证并确定公路绕避或工程地质整治方案。

(7) 高速公路分期修建问题

对分期修建高速公路，不提倡采用半幅分期修建。对因建设资金限制和沿线区域交通发展不平衡而确需分期的公路，应根据近、远期交通量，社会经济，自然条件以及建设资金等情况，应按远期规划的技术标准做出总体设计，制订分期修建方案并做出相应的设计。

3. 线形设计

公路线形是由公路平、纵、横构成三维的空间形状。公路的基本形状是在公路选线阶段确定的，公路选线时已开始公路线形设计的工作。线形设计应考虑车辆行驶的安全舒适，驾驶员的视觉和心理反应，引导驾驶员的视线，保持线形的连续性，同时注意与当地环境和景观协调一致。公路是一个线形带状构造物，反映在驾驶员眼前的是立体形状。研究或评价线形的优劣时，应以平面、纵断面组合的立体线形为主要对象。公路线形的好坏，可从经济性、快速性、安全性和舒适性四个方面来评判。

4. 立体交叉位置及其形式选择

高速公路和一级公路，其起讫点间可能会有数条被交路（包括与沿线重要城镇的连接支线），应根据被交路的等级、使用任务和性质、交通条件、社会条件、自然条件等决定交叉类型和位置。立交位置选择主要考虑高速及一级公路所经过城镇的规模、重要程度及两立交的间距。而立交形式选择取决于相交路线的等级、交通条件及自然条件等因素。

5. 交通工程沿线设施

根据公路的使用功能、等级、交通量，确定拟建公路的安全设施、管理设施、服务设施以及监控、通信、照明等的合理布局和建设规模，并检查与公路主体工程设计和环境的适应情况。收费公路应在论证收费制式的基础上，确定收费方式和收费站的布设位置。

6. 公路环境保护设计

（1）公路环境保护设计应贯彻保护优先、预防为主、防治结合、综合治理的原则，并结合工程设计开发利用环境、尽可能地改善和提高公路环境质量。

（2）总体设计中应充分考虑公路对环境所带来的不利影响。如车辆噪声的影响、公路建设对沿线农田水利设施与水土保持的影响、开挖或填筑路基对自然植被的影响，处理工程地质病害、开挖隧道等改变水文情况对农作物的影响，路线对生态环境、行政区划、农业耕作区、水利排灌系统等现有设施造成分隔产生的影响，对城镇规划的影响，对文物、遗址、古迹、风景区及路域景观的影响等，设计时应采取相应的措施及对策，以防止或减缓公路对环境的影响。

7. 公路景观设计

安全和舒适是路线设计阶段要达到的重要目标。驾驶员或乘客的舒适感和安全感是通过视觉和运动感觉得到外界信息，在身体上和心理上的综合反应。这些信息来自两个方面：一是公路内部的线形协调，二是公路与周围环境的外部协调。前者表现为线形设计，后者则属于景观设计的范围。公路景观设计是使公路立体线形与桥梁、隧道、边坡、沿线设施等人工构造物构成同自然景观相协调的建筑群体。其具体要求如下。

（1）通视良好，要求路线平、纵、横构成三维空间充裕，以保证必要的视距与视野，使驾驶员与乘客感到线形流畅，景观协调，行车安全舒适。

（2）诱导视线，各种设施所构成的视觉系统，应使驾驶员在视觉上能预知公路前方方向和路况的变化，并能有效地采取安全行驶的措施。

（3）景观协调，公路的各种构造物本身不仅造型美观，而且要同自然景观融为一体，尽可能减少和消除公路对自然景观的破坏。高速公路经过历史文化古迹时要注意保护和利用古迹创造景点。

（4）环境保护，公路植被可减缓公路兴建对沿线地区自然的破坏，通过适当规划公路植被绿化，可使公路融入当地自然环境。

（二）总体设计的文件组成

以施工图设计阶段为例，介绍总体设计的文件组成。具体内容见《公路工程基本建设项目设计文件编制办法》（交公路发［2007］358号）。

1. 项目地理位置图

示出路线在省级以上交通网络图中的关系及沿线主要城镇等的概略位置。

2. 说明书

说明书组成内容包括：(1) 扼要说明任务依据及测设经过；(2) 技术标准；(3) 路线起讫点、中间控制点、全长、沿线主要城镇、河流、公路及铁路等及技术标准、工程概况；(4) 初步设计批复意见执行情况；(5) 沿线地形、地质、地震、气候、水文等自然地理特征及其与公路建设的关系；(6) 沿线筑路材料、水、电等建设条件及与公路建设的关系；(7) 与周围环境和自然景观相协调情况；(8) 山区公路复杂路段局部路线方案的优化及比选论证情况；(9) 分期修建工程分期实施设计的说明和对工程实施的建议；(10) 各项工程施工的总体实施步骤的建议及有关工序衔接等技术问题的说明以及有关注意事项；(11) 新技术、新材料、新设备、新工艺的采用等情况；(12) 与有关部门协商情况。

3. 图表及附件

路线平、纵面缩图、主要技术经济指标表、公路平面总体设计图。

附件包括初步设计（或技术设计）批复意见、测设合同的必要内容、有关指示、协议和纪要等复印件。

二、交通量与服务水平

（一）交通量表达方式

1. 设计交通量

交通量是指单位时间内通过道路某一断面的车辆数，其计量单位常用平均日交通量或小时交通量。设计交通量是指拟建道路到预测年限时所能达到的年平均日交通量。其值按年平均增长率确定。

$$AADT = ADT \times (1+\gamma)^{n-1} \tag{2-1}$$

式中　$AADT$——设计交通量（pcu/d）；

　　　ADT——起始年平均日交通量（pcu/d）；

　　　γ——年平均增长率（%）；

　　　n——预测年限（年）。

预测年限规定：高速公路、一级公路的设计交通量应按 20 年预测；二、三级线公路应按 15 年预测；四级公路交通量较小，设计年限可根据实际情况而定。

2. 设计小时交通量

小时交通量是以小时为计算时段的交通量，是确定车道数、车道宽度和评价服务水平的依据。公路设计小时交通量宜采用年第 30 位小时交通量，也可根据当地公路小时交通量的变化特征，采用年第 20～40 位小时之间最为经济合理时位的交通量。

设计小时交通量应按公式（2-2）计算：

$$DDHV = AADT \times D \times K \tag{2-2}$$

式中　$DDHV$——单向设计小时交通量（pcu/h）；

　　　$AADT$——预测年度的年平均日交通量（pcu/d）；

　　　D——方向不均匀系数（%），宜取 50%～60%，亦可根据当地交通量观测资料确定；

　　　K——设计小时交通量系数（%），为选定时位的小时交通量与年平均日交通量的比值。参考《公路路线设计规范》JTG D20—2006 第 3.1.6 条。

3. 车辆折算系数

公路交通量换算采用小客车为标准车型。确定公路等级的各汽车代表车型和车辆折算系数规定（《公路工程技术标准》JTG B01—2014）如表 2.2 所示。

车型与车辆折算系数　　　　　　　　　　　　表 2.2

汽车代表车型	折算系数	说明
小客车	1.0	座位≤19 座的客车和载质量≤2t 的货车
中型车	1.5	座位＞19 座的客车和 2t＜载质量≤7t 的货车
大型车	2.5	7t＜载质量≤20t 的货车
汽车列车	4.0	载质量＞20t 的货车

注：1. 畜力车、人力车、自行车等非机动车按路侧干扰因素计；
2. 公路上行驶的拖拉机每辆折算四辆小客车；
3. 公路通行能力分析所要求的车辆折算系数应针对路段、交叉口等形式，按不同的地形条件和交通需求采用相应的折算系数。

（二）交通量调查与预测

交通调查的内容应该根据规划的对象及目标来确定。对于道路网络交通规划来说，需要先把研究区划分为交通小区，以小区为单位进行交通规划调查。因此调查内容应包括两部分，一是与交通相关的基础数据调查，包括社会经济及自然条件、土地利用、交通系统状况等方面；二是起讫点调查。调查的资料加以整理分析后，将作为公路设计标准的依据。

1. 交通量调查

1）交通小区划分

交通调查时，需要对交通源间的出行进行定量分析，在进行交通调查时需要按一定的区域面积来分析交通行为，即以小区为基本单位来讨论交通产生、吸引以及小区间的交通流。这种分析中所确定的区域就是交通小区。

2）社会经济、自然条件、土地利用和交通系统状况

（1）社会情况：人口数量、人口结构及分布、与交通相关的现行政策、政治需求、国防需求等。

（2）经济情况：国民收入情况、居民人均收入、产业结构、各行业产量及产值、商业流通物资等。

（3）自然情况：地形、地质、土壤、气候、水文、水文地质以及名胜古迹等。

（4）土地利用

土地使用调查的内容包括城市现状及规划的各种性质用地的布局、土地开发状况、发展趋势等。主要调查内容如下：土地使用性质调查：各个交通区的主要土地使用类别的面积，如工业、商业、居住、文教卫生等土地使用情况及面积；就业、就学岗位调查：各交通区的就业、就学岗位数调查；主要设施调查：主要公共设施、文化娱乐设施、体育设施的配置和利用；土地规划调查：土地的开发、再开发政策及规划情况。

（5）交通系统状况

交通系统状况调查主要包括：①交通设施情况：道路网现状、停车场站、车站、运输

工具等；②交通系统运营状况调查：交通管理、交通法规、客货运输量、运营状况、公共交通网现状、交通流基本参数（交通量、车速及其分布）、交通延误等。

3）交通起讫点（OD）调查

交通起讫点调查就是从某一出行点到吸引点之间对交通单元（车辆、货物）的流量流向，及其通过的线路和起讫地点等资料的调查。它在交通量调查中占有极为重要的地位。

OD调查主要包括人的出行OD调查、车辆OD调查和货流调查，即通常所说的客流调查、车流调查和货流调查。

（1）OD调查的目的

目的是收集调查区域内出行的类型与数量方面的资料，包括从各个起始小区（O点）到各个终讫小区（D点）的客、车、货的流动，结合土地利用调查资料建立各类交通预测模型，从中推求远景年的交通量，为交通规划和可行性研究提供基础数据。如调整城市结构布局，完善交通网系统，选择交通运输方式，预测远景年的交通量等，都需要详细的OD调查资料。对于道路规划所需的交通组成和可利用交通量，也是以OD调查资料为基础的。

（2）OD调查的内容

OD调查可以分为以下三类：

个人出行包括城市居民和流动人口的出行，居民出行OD调查的内容包括居民的职业、年龄、性别、收入等基础情况，以及各次出行的起讫点、时间、距离、出行目的、所采用的交通工具等出行情况。常住、暂住流动人口一般可采用与居民出行OD调查类似的旅馆访问等方法，对当日进出城的流动人口则可采用在城市的出入口，如车站、码头等直接询问的方法进行。

车辆出行机动车辆包括货车与客车。机动车出行调查包括所有牌照车辆和调查日进入调查区域的外地车辆。摩托车、出租车和公共汽车应包含在客车调查范畴。车辆出行OD调查包括车型、营业特点、装载客（货）、出行目的、出行次数、出发和到达时间、地点、经过主要江河桥址以及主要路口等。

货物流通出行一般分两部分：一部分是货物流通集散点调查，调查运输设施能力（岸线、码头、泊位、年吞吐量以及铁路专用线、货运汽车）、停车场地、仓储情况；另一部分是货物种类、运入量、运出量、运输方式等。

（3）OD调查方法

OD调查方法多种多样，根据调查内容、要求不同可以采用不同的方法，但最常用是家访调查法、表格调查法、路边询问法等，可参阅有关交通工程方面文献。

（4）OD调查的成果整理和分析

OD调查统计分析内容包括：出行基本特征分析、出行时间分布分析、出行空间分布特征分析及道路网流量特征分析。

2. 交通流量预测

交通流量预测是预测技术在交通领域的运用，是对规划期内的公路运输发展作出科学估计，通过过去和现在交通运输网的组成和特性进行分析，进而推知未来区域公路运输网上交通流量构成和分布特征。

公路建设项目预测交通量一般由趋势交通量、诱增交通量和其他运输方式转移交通量组成。

趋势交通量是在区域交通需求正常条件下预测的建设项目交通量。诱增交通量是建设项目实施后，诱发了区域交通需求增长，据此预测的建设项目交通量。转移交通量是由于建设项目的实施，引起区域交通条件的变化，而使其他运输方式与公路建设项目间相互转移的交通量。在进行建设项目交通量预测时，趋势交通量、诱增交通量、转移交通量宜分别预测。

公路建设项目交通量的预测，一般采用以汽车出行起讫点矩阵（简称OD表）为基础的"四阶段预测法"。交通调查中习惯用"四阶段预测法"预测交通需求，即①预测未来经济社会发展趋势；②预测小区交通总需求，即交通发生、吸引总量预测；③预测小区发生、吸引总量在区域间的分布；④把小区间的交通量分配到公路网的具体路线上，预测建设项目的交通量。

交通预测的方法很多，社会经济发展预测方法常用专家法和回归分析法。交通发生吸引预测常用方法有增长率法、相关分析法和强度指标法。交通分布预测常用现在状态法和综合模式法。交通分配方法包括全有全无法、考虑容量限制的最短路径迭代分配法、多路径概率分配法。详细见交通工程方面文献。

（三）通行能力及服务水平

1. 服务水平

划分服务水平时，采用 V/C 值来衡量拥挤程度，作为评价服务水平的主要指标，同时采用小客车实际行驶速度与自由流速度之差作为次要评价指标；二、三级公路以延误率和平均运行速度作为主要指标；交叉口则用车辆延误来描述其服务水平。

高速公路、一级公路应按三级服务水平设计；二、三级公路按四级服务水平设计；四级公路视需要而定。

公路服务水平分为六级，各级公路的服务水平分级规定（《公路工程技术标准》JTG B01—2014）如表2.3～表2.5所示。

高速公路服务水平分级　　　　表2.3

服务水平等级	V/C 值	设计速度（km/h）		
		120	100	80
		最大服务交通量 [pcu/(h·ln)]	最大服务交通量 [pcu/(h·ln)]	最大服务交通量 [pcu/(h·ln)]
一	$V/C \leqslant 0.35$	750	730	700
二	$0.35 < V/C \leqslant 0.55$	1200	1150	1100
三	$0.55 < V/C \leqslant 0.75$	1650	1600	1500
四	$0.75 < V/C \leqslant 0.90$	1980	1850	1800
五	$0.90 < V/C \leqslant 1.00$	2200	2100	2000
六	$V/C > 1.00$	0～2200	0～2100	0～2000

注：V/C 是在基准条件下，最大服务交通量与基准通行能力之比。基准通行能力是五级服务水平下对应的最大小时交通量。

一级公路服务水平分级   表2.4

服务水平等级	V/C值	设计速度（km/h）		
		100	80	60
		最大服务交通量 [pcu/(h·ln)]	最大服务交通量 [pcu/(h·ln)]	最大服务交通量 [pcu/(h·ln)]
一	V/C≤0.3	600	550	480
二	0.3<V/C≤0.5	1000	900	800
三	0.5<V/C≤0.7	1400	1250	1100
四	0.7<V/C≤0.90	1800	1600	1450
五	0.90<V/C≤1.00	2000	1800	1600
六	V/C>1.00	0～2000	0～1800	0～1600

注：V/C是在基准条件下，最大服务交通量与基准通行能力之比。基准通行能力是五级服务水平下对应的最大小时交通量。

二级公路、三级公路的服务水平分级   表2.5

服务水平	延误率（%）	设计速度(km/h)										
		80				60				40			
		速度(km/h)	V/C 禁止超车区(%)			速度(km/h)	V/C 禁止超车区(%)			速度(km/h)	V/C 禁止超车区(%)		
			<30	30～70	≥70		<30	30～70	≥70		<30	30～70	≥70
一	≤35	≥76	0.15	0.13	0.12	≥58	0.15	0.13	0.11		0.14	0.12	0.10
二	≤50	≥72	0.27	0.24	0.22	≥56	0.26	0.22	0.20		0.25	0.19	0.15
三	≤65	≥67	0.40	0.34	0.31	≥54	0.38	0.32	0.28		0.37	0.25	0.20
四	≤80	≥58	0.64	0.60	0.57	≥48	0.58	0.48	0.43		0.54	0.42	0.35
五	≤90	≥48	1.00	1.00	1.00	≥40	1.00	1.0	1.00		1.00	1.00	1.00
六	>90	<48	—	—	—	<40	—	—	—		—	—	—

注：1. 设计速度为80km/h、60km/h、40km/h，路面宽度为9m时，其基准通行能力分别为：2800pcu/h、2500pcu/h、2400pcu/h。

2. V/C是在基准条件下，最大服务交通量与基准通行能力之比。基准通行能力是五级服务水平下对应的最大小时交通量。

3. 延误率为车头时距小于或等于5s的车辆数占总交通量的百分比。

2. 通行能力

高速公路和一级公路的基本路段是不受匝道、分合流和交织区影响的路段，通行能力是在一定的道路、环境和交通条件下，单位时间内道路某个断面上所能通过的最大车辆数，用辆/小时(pcu/h)表示。影响道路通行能力的因素主要有道路条件、交通条件、控制条件及环境条件等。道路通行能力分为基本通行能力、实际通行能力和设计通行能力三类。

1）基本通行能力

基本通行能力是指在理想的道路和交通条件下，某一条车道或某个断面上，单位时间内所能通过小客车的最大数量。如表2.6～表2.8所示。

高速公路的基本通行能力与设计通行能力　　　　　表 2.6

设计速度(km/h)	120	100	80
基本通行能力[pcu/(h·ln)]	2200	2100	2000
设计通行能力[pcu/(h·ln)]	1600	1400	1200

一级公路每条车道的设计通行能力　　　　　表 2.7

设计速度(km/h)	100	80	60
基本通行能力[pcu/(h·ln)]	2000	1800	1600
具干线功能的一级公路[pcu/(h·ln)]	1300	1100	900
具集散功能的一级公路[pcu/(h·ln)]	850~1000	700~900	550~700

二、三级公路的设计通行能力　　　　　表 2.8

公路等级	设计速度(km/h)	基本通行能力(pcu/h)	不准超车区比例(%)	V/C	设计通行能力(pcu/h)
二级公路	80	2500	<30	0.64	5501~600
	60	1400	30~70	0.48	
	40	1300	>70	0.42	
三级公路	40	1300	<30	0.54	400~700
	30	1200	>70	0.35	

2) 设计通行能力

设计通行能力是道路交通运行状态保持在某一设计的服务水平时，单位时间内道路上某一断面可以通过的最大车辆数。其值按公式（2-3）计算：

$$C_d = C_{bj} \times \left(\frac{V}{C}\right)_i \tag{2-3}$$

式中　C_d——理想条件下，i 级服务水平相应的每车道最大的服务车辆数[pcu/(h·ln)]；

$\left(\dfrac{V}{C}\right)_i$——与 i 级服务水平相应的最大的服务车辆数与基本通行能力之比；

C_{bj}——理想条件下，设计速度为 j 的路段基本通行能力。

3) 实际通行能力

实际通行能力是在实际道路和交通条件下，单位时间内道路某一点所能通过的最大车辆数。

高速公路路段的实际通行能力应按公式（2-4）计算：

$$C_r = C_d \times f_{HV} \times f_N \times f_p \tag{2-4}$$

式中　C_r——高速公路路段的实际通行能力[pcu/(h·ln)]；

C_d——与实际行驶速度相对应的高速公路路段设计通行能力[pcu/(h·ln)]；

f_{HV}——交通组成修正系数，按式（2-5）计算；

$$f_{HV} = \frac{1}{1+\sum P_i(E_i-1)} \tag{2-5}$$

P_i——中型车、大型车、拖挂车（i）交通量占总交通量的百分比；

E_i——中型车、大型车、拖挂车（i）车辆折算系数，按《公路路线设计规范》JTG D 20—2006 表 3.2.2 选取；

f_N——六车道及其以上高速公路的车道数修正系数，取 0.98～0.99；

f_p——驾驶者总体特征修正系数，通过调查确定，通常在 0.95～1.00 之间。

一级公路路段的实际通行能力按公式（2-6）计算：

$$C_r = C_d \times f_{HV} \times f_N \times f_p \times f_j \times f_f \tag{2-6}$$

式中 C_r——一级公路路段的实际通行能力 [pcu/(h·ln)]；

C_d——与实际行驶速度相对应的一级公路路段设计通行能力 [pcu/(h·ln)]；

f_{HV}——交通组成修正系数，按式（2-5）计算；

f_N——车道数修正系数，取 0.95～0.97；

f_p——驾驶者总体特征修正系数，通过调查确定，通常在 0.95～1.00 之间；

f_j——平面交叉修正系数；一级公路不单独进行平面交叉通行能力分析时，平面交叉的修正系数可按《公路路线设计规范》JTG D 20—2006 表 3.3.2-1 选用；

f_f——路侧干扰修正系数，可按《公路路线设计规范》JTG D 2—2006 表 3.3.2-2 选用。

二级公路、三级公路路段实际通行能力按公式（2-7）计算：

$$C_r = C_d \times f_{HV} \times f_d \times f_w \times f_f \tag{2-7}$$

式中 C_r——实际通行能力 [pcu/(h·ln)]；

C_d——与实际行驶速度相对应的二级公路、三级公路路段的设计通行能力 [pcu/(h·ln)]；

f_{HV}——交通组成修正系数，按式（2-5）和《公路路线设计规范》JTG D 20—2006 表 3.4.2-1 计算；

f_d——方向分布修正系数，按《公路路线设计规范》JTG D 20—2006 表 3.4.2-2 取值；

f_w——车道宽度、路肩宽度修正系数，按《公路路线设计规范》JTG D 20—2006 表 3.4.2-3 取值；

f_f——路侧干扰修正系数，按《公路路线设计规范》JTG D 20—2006 表 3.4.2-4 取值。

3. 车道数确定

根据单车道的设计能力和预测得到的远景年限（可规划年限）设计年平均日交通量，可按式（2-8）确定高速公路或一级公路的车道数：

$$N = \frac{AADT \times K \times D}{C_d} \tag{2-8}$$

式中 N——单向车道数；

$AADT$——预测年度的年平均日交通量（pcu/d）；

C_d——单车道设计通行能力 [pcu/(h·ln)]；

D——方向不均匀系数（%），宜取 50%～60%，亦可根据当地交通量观测资料确定；

K ——设计小时交通量系数（％），为选定时位的小时交通量与年平均日交通量的比值。

三、路线方案比选

（一）路线方案的拟定与比选

1. 路线方案的拟定

公路路线方案选择是路线设计中最根本的问题，目的是合理地解决设计道路的起、讫点和走向。一般新建公路的走向，已在国家或当地路网规划中有了初步规划。

公路路线的起、讫点及中间必须经过的重要城镇或地点，通常是由公路网规划所规定或主管部门根据国家或地方经济建设需要指定的。这些点即为控制点，把控制点连接成线，就是路线的总方向或称大走向。两个控制点之间常有若干可供选择的不同走法，有的可能沿某河、越某岭，也可能沿某几条河、翻某几个岭；可能走某河的这一岸，靠近某城镇；也可能走对岸，避开某城镇等。图2.1中的 A、C 分别为规划路线的起、讫点，B 点为必须经过的控制点。若将路线起、讫点和必须经过的控制点直接连接，路线虽短捷，但多次跨越大河，直穿较高的山岭和不良地质地段，不仅投资多，而且工程质量差、隐患大。为了降低工程造价，消除隐患，可根据自然条件选择有利地点通过，如特大桥或复杂大桥的合适桥址 D、E，绕避不良地质的 F、G，垭口 H、I，这些点为中间控制点。A、B 之间有 $ADFB$ 和 $AGEB$ 两个可能走法，而 B、C 之间也有 BHC 和 BIC 两个可能走法，这些每一种可能的走法就是一个路线方案。选线工作就是在比较各方案自然、经济和技术经济的条件优劣，选择最合理的路线方案作为公路路线设计依据。

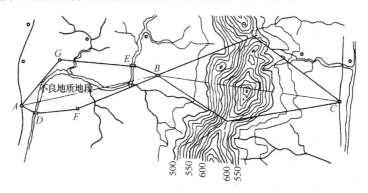

图 2.1 路线方案拟定

路线方案是否合理，不但直接关系到公路本身的工程投资和运输效率，更影响到路线在公路网中是否起到应有作用，即是否满足国家的政治、经济、国防的要求和长远利益。

2. 路线方案比选

路线方案比选是对有比较价值的路线方案进行技术指标、工程造价、自然环境、社会环境等重要影响因素进行同等深度的技术经济论证及效益分析，通过调查、分析、比较、选择，提出合理的推荐方案。方案比选可按下述指标进行。

（1）技术指标比选：包括路线长度、圆曲线最小半径及个数、最大纵坡及长度、交叉个数及回头曲线个数等指标。

（2）经济指标比选：包括土石方、排水及防护工程、路面、桥梁及隧道、涵洞、通道、征地及拆迁等工程数量和工程造价等指标。

(3) 经济效益及社会效益分析比选

参照上述技术、经济、效益等的计算比较，推荐较合理路线设计方案。

(二) 影响路线方案选择的主要因素

(1) 公路路线在政治、经济、国防方面的重要性。

高速公路和一级公路的任务主要是解决起、讫点间直达客货运输。因此路线除必须经过的控制点外，一般对沿线城镇不宜过多靠近，路线的走向应力求顺直，不可过多偏离路线总方向，以缩短直通客货运输的距离和时间。对有些政治、经济控制点，路线经过有困难时，应做出比较。对于地方公路则宜靠近城镇和工矿区，以满足当地客货运输的需要。

(2) 公路路线在铁路、公路、水运、航空等综合交通中的作用。

(3) 沿线自然条件的影响。

对于严重不良地质的地区、缺水地区、高烈度地震区以及高大山岭、困难峡谷等自然的障碍，选线时宜考虑绕避。

(4) 路线主要技术标准和施工条件的影响。

如同一条三级公路，在翻越垭口时，若采用的最大坡度不同，路线的走向是不同的。采用较大的路线纵坡，可使路线更靠近短直方向。

(5) 沿线旅游景点、历史文物、风景名胜等因素。

路线应在满足使用功能和性质要求的前提下，综合考虑自然条件、技术标准和技术指标、工程投资、施工工期限和施工设备等因素，通过多方案的比较，精心选择，提出合理的推荐方案。

(三) 路线方案选择的步骤方法

路线方案选择方法如下：

(1) 收集资料，通常应收集资料如下：

① 各种比例尺的地形图、卫星相片、航摄相片和以往的勘测设计资料。

② 交通量及交通组成等交通调查资料。

③ 相交道路的主要技术标准、平面与纵断面图、交通量以及设计、施工和运营资料。

④ 路线行经地区的地质、水文、气候等自然条件资料。

⑤ 路线行经地区的城镇、工矿、铁路、航空、水利建设和规划资料。

⑥ 与路线方案有关的统计资料。

(2) 根据确定的路线总方向和道路等级，先在小比例尺（1∶50000 或 1∶100000）地形图上，结合收集的资料，初步研究各种可能的路线走向。

(3) 按室内初步研究提出方案进行实地勘察。

勘察要求做到以下几点：

① 初步落实各控制点的具体位置。

② 对路线、大桥、隧道均应提出推荐方案。

③ 分段提出采用技术标准和主要技术指标的意见。

④ 在深入调查的基础上，通过比较，选定路线必经的控制点，如越岭的垭口、跨较大河流的桥位、与铁路或其他公路交叉地点，以及应绕避的城镇及大型的不良地质地段等。对于地形、地质、地物情况复杂的地区，应提出路线具体布局的意见。

⑤ 分段估算各种工程量，如路基土石方数量，路面工程量，桥梁、涵洞、隧道、挡

土墙等的长度、类型和工程数量等。

⑥ 筑路材料调查。调查当地出产材料如砂石材料、石灰等，以及外购材料如钢筋、水泥、木材等的规格、价格、运距、运输方式、供应数量等情况。

⑦ 其他如沿线民族习惯、居住、生活供应、水源、运输条件、气候特征、沿线林木覆盖、地形险阻等情况也应进行调查。

(4) 分项整理汇总调查成果，编写工程可行性研究报告，为上级编制或补充修改设计任务书提供依据。

(四) 路线方案选择示例

【示例】 图2.2为某干线公路，根据公路网规划要求按二、三级路标准进行勘察，共勘察了四个方案。各方案的主要技术经济指标汇总见表2.9。比选结果，第三、四方案路线过于偏离总方向，较第一、二方案长100~150 km，虽能多联系两三个县、市，但对发展地区经济所起的作用不大。而且第三方案线形指标较低，未来改建难以提高；第四方案又与现有高压电缆线连续干扰，不易解决，因而第三、四方案不宜采用。第二方案虽路线最短，但与铁路严重干扰，且用地较多。最后推荐路线较短、线形标准较高、用地最省、造价也较低的第一方案。

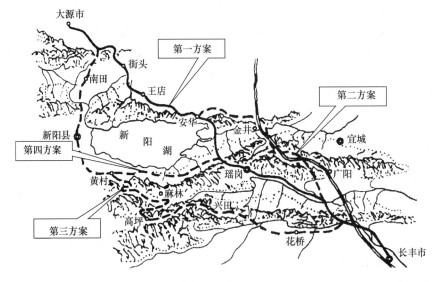

图2.2 路线方案比选

某路各方案主要指标比较表　　表2.9

指标		单位	第一方案	第二方案	第三方案	第四方案
通过县（市）		个	29	29	32	31
路线长度		km	1360	1347	1510	1476
其中	新建	km	133	200	187	193
	改建	km	1227	1147	1323	1283
地形	平原、微丘	km	567	677	512	615
	山岭、重丘	km	793	670	998	861
用地		km²	1525	1913	2092	1928

续表

指标		单位	第一方案	第二方案	第三方案	第四方案
工程数量	土方	$10^4 km^3$	382	492	528	547
	石方	$10^4 km^3$	123	75	82	121
	次高级路面	km^2	5303	5582	4440	5645
	大、中桥	m/座	1542/16	1802/20	1057/13	1207/15
	小桥	m/座	1084/57	846/54	980/52	1566/82
	涵洞	道	977	959	1091	1278
	挡墙	m^3	73530	53330	99770	111960
	隧道	m/处	300/1	—	290/1	—
材料	钢材	t	1539	1963	1341	1469
	木材	km^3	18237	19052	18226	19710
	水泥	t	30609	39159	31288	33638
劳动力		万工日	1617	1773	1750	1920
总造价		万元	5401	5674	5189	5966
比较结果			推荐			

第二节 纸上选（定）线

一、概述

1. 选线的意义

选线是根据路线的基本走向和技术标准，结合地形、地质、水文条件，考虑安全、环境、农业和施工条件，以及经济因素，通过比较，选定路线的过程。公路沿线分布着大量的构造物和设施，如桥涵隧道、排水设施、安全设施、通信设施，高速及一级公路尚有收费站、立交等设施。公路路线的位置决定了各种构造物的配置和设施的布置，而有些构造物的配置也影响路线设计与方向。公路路线的位置不仅对工程数量和工程费用有巨大影响，而且对运行安全和运输效率产生深远影响。因此公路修建前必须定好路线位置，才能进行各种构造物的具体设计。公路选线是公路勘测设计中决定全局的重要工作。

2. 各阶段选（定）线工作的基本内容

（1）可行性研究阶段

选（定）线时通常利用1:1万～1:10万小比例尺地形图，在规定的路线起讫点间的大面积范围内，提出多种路线设计方案，经过概略评比后，提出较好的、值得优选的方案加以评价，供上级决策并为编制设计任务书提供基础资料。外业方面，只进行重点踏勘。

（2）初步设计阶段

根据公路设计任务书，在对路线方案研究的基础上，进行外业初测，测绘1:2000～1:5000大比例尺带状地形图，并进行各方案的纸上定线和主要技术标准的比较，推荐最好的方案，供建设项目主管部门审批。

（3）技术设计阶段

根据批准的初步设计路线方案和审批意见，研究路线位置及选择合理技术标准，将带状地形图上的路线敷设于地面上,同时外业定测。根据定测资料进行路线平、纵、横设计,进行各专业的单项工程设计。

(4) 施工图阶段

针对初步设计或技术设计评审意见进行设计优化,重新进行路线的平面、纵断面、横断面及相关工程设计。

3. 公路选(定)线原则

(1) 应根据公路使用任务和性质,综合考虑路线区域国民经济与远景规划,在多方案论证、比选的基础上,选定最优路线方案。

(2) 路线设计应在保证行车安全、舒适、快捷的前提下,使工程量小、造价低、营运费用省、效益好,并有利于施工和养护。

(3) 大、中桥位原则上应服从路线的总走向,一般作为路线走向的主要控制点。小桥涵位置应服从路线走向。

(4) 应对工程地质和水文地质进行深入勘测,查清其对道路工程的影响。

(5) 选线应同农田基本建设相配合,做到少占田地和经济园地(如橡胶林、茶林等)。

(6) 通过名胜、风景、古迹地区的公路,重视保护原有自然状态和历史文化遗址。

(7) 考虑施工条件对选定路线的影响。选线应需重视环境保护。

4. 公路定线应收集的资料

通常收集的资料如下:

(1) 各种比例尺的地形图、卫星相片、航摄相片和以往的勘测设计资料。

(2) 客货交通量、社会经济等资料。

(3) 相邻路线的主要技术标准、平面、纵断面和横断面图资料、客货交通量以及设计、施工和运营资料。

(4) 路线经过地区的地质、水文、气候等自然条件方面的有关资料。

(5) 路线经过地区的城镇、工矿、交通、水利建设和规划资料。

二、平原区选(定)线

1. 平原区路线特点

平原地区地形平坦,坡度平缓,除草原、戈壁外,一般人烟稠密,农业发达。村镇、农田、河流、湖泊、水塘、沼泽、盐渍土等为平原地区较常遇到的自然障碍。所以平原地区选线的主要特征是克服平面障碍。平原区地形对路线的限制不大,路线的基本线形应是短捷顺直。平原区选线方法,先把路线总方向内所规定经过的地点如城市、工厂、农场和乡镇以及文物风景地点作为大控制点;然后在大控制点之间进行实地勘察,了解农田优劣及地物分布情况,确定可穿越、该绕避、应趋就的控制点,从而建立起一系列中间控制点。平原区路线要充分考虑近期和远期相结合,在平、纵面线形上要尽量采用较高标准,以便将来提高道路等级时能充分利用原路基、桥涵等工程。

2. 选(定)线要点

平原区地形平坦,选(定)线时应以两控制点间的航空线为主导方向,既要力争线路顺直,又要尽量节省工程投资,合理解决对障碍物的穿越与绕避。同时还应注意如下几点:

1) 路线平面线形应采用较高的技术指标,避免采用长直线或小偏角,但不应为避免长直线而随意转弯。

2）在微丘区，路线绕避山嘴，跨越沟谷或其他障碍时，一般应使曲线交点正对主要障碍物，使障碍物在曲线的内侧并使其偏角较小。

3）路线应少占农田，特别是高产田。路线位置和施工取、弃土要结合农田规划、灌溉、交通等情况，尽量做到绕避农田（或经济作物区）。

4）力争减少路基填土高度，但绕避高程障碍而导致路线延长时，则应认真比选。

5）路线应尽可能采取较高的平、纵面设计标准，路基应保持合理高度，在充分满足桥涵及其他建筑物高度的条件下，适应地形起伏，以节省工程。

6）正确处理路线与桥位的关系。

（1）特大桥是路线基本走向的控制点，大桥原则上应服从路线总方向并满足桥头接线的要求，桥路综合考虑。一般情况下，桥位中线应尽可能与洪水的主流流向正交，桥梁和引道最好都在直线上。当条件受限制时，也可设置斜桥或曲线桥。如图2.3所示，路线跨河有三个方案：就桥梁而言，乙线较好，但路线较长；就路线而言，甲线里程最短，但桥梁多，且都为斜交；丙线则各桥都近于正交，线形也较舒顺美观。三个方案都有可取之处，若这条路交通量甚大，且有超车需要，应采用甲线。

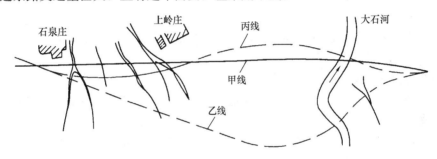

图 2.3 路线与桥位的关系

（2）中、小桥和涵洞位置应服从路线走向，但遇到斜交过大或河沟过于弯曲的情况，可采取改河措施或改移路线，调整桥轴线与流向的夹角，以免过分增加施工难度或加大工程投资，选线时应全面比较确定。

3. 定线操作步骤

（1）分析路线走向范围内的地形、地质及建筑物和其他地物的分布情况，确定中间控制点及其可活动的范围。若沿线有需要跨越的河流，应估算桥梁的长度，如果是大桥或特大桥，跨河位置应作为控制点。

（2）通过或靠近大部分控制点连直线，交汇出交点。分析交点前后直线的合理性，若不合理，则应根据控制点的可活动范围调整个别控制点位置后重新穿线或调整穿线方案。

（3）用量角器和直尺量出偏角和交点间距或通过交点坐标计算出偏角和交点间距，根据交点位置处的实际情况，分析该平曲线半径的控制因素并选配平曲线半径和缓和曲线长度。具体方法见《道路勘测设计》书籍。

（4）计算曲线要素和路线里程，按切线长在地形图上定出曲线的直缓点和缓直点并画出整个曲线。由设计起点或后方曲线的缓直点开始，量出各公里桩、百米桩和主点桩。

（5）按里程及地面特征点（设加桩）的标高，以规定的比例尺绘出纵断面图的地面线，在纵断面图"直线及平曲线"栏按里程绘出平面示意图，曲线内侧填注曲线要素。

（6）根据地面起伏、地面横坡、地质条件和规范有关规定，进行纵断面设计，定出各个坡段长度及坡度大小，计算变坡点处的设计标高，绘出设计坡度线。并检查平纵组合和路线是否合理，按标准图式绘制平面图与纵断面图。

（7）桥涵及其他单项工程的布置，应由有关的专业人员配合进行，综合反映到平、纵断面设计中。

三、山岭区选（定）线

山岭地区，山高谷深，坡陡流急，地形复杂；但山脉水系清晰，为山区选线指明了方向，不是顺山沿水，就是横越山岭。路线按行经地带的部位可分为沿河（溪）线、越岭线、山坡线、山脊线等。因所处的部位不同，地形特征、地质条件决定了选线过程中要解决的主要问题也不同。

1. 沿河（溪）线选线

山岭区公路穿越山岳地区，利用河谷定线，就成为克服困难地形、地质条件的基本方法。沿河（溪）选线具有优点如下：

（1）河谷地形较开阔，地质条件较好，又常有河谷阶地可利用，因而填挖方及其他工程量较小。

（2）河谷纵坡均匀，路线容易适应；在坡度受限地段，可利用支流侧谷展线。

（3）多数城镇位于河谷阶地上。

沿河线也存在某些缺点，如占用农田较多，弯曲河流可能引起路线延长，山区河流的横坡陡峻和地质条件不良等。沿河谷选（定）线要注意扬长避短，着重解决如下问题：

1）选择河谷

在大面积选线时，为了选出合理的路线走向，要认真研究水系的分布情况。在选择河谷时，还要注意寻找两岸开阔、地质条件较好、纵坡及岸坡较平缓的河谷。各种河流的纵坡变化较大，即使是同一河流，各段纵坡的陡缓也不一致，在一般情况下，上游河段就比下游河段纵坡要陡。

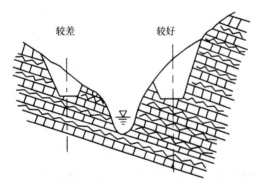

图 2.4 岩层倾向对路线的影响

2）选择河岸

河谷的两岸，自然条件常有差异，应结合地形、地质、水文、农田及城镇分布情况，选择有利的一岸定线应注意选择有利的地点跨河换岸。选择河岸应考虑的主要因素有：

（1）地质条件

河流两岸的地质条件，常常决定河岸的选择，沿河线如遇不良地质条件，应通过跨河绕避。

在山区河谷中，如山体为单斜构造，应注意岩层的倾向。如图 2.4 所示，虽然左岸地面横坡较缓，但因岩层倾向河谷，容易产生顺层滑坡，反不如将路线设在横坡虽然较陡，但山体稳固的右半为好。局部不良地质条件地段，如滑坡、崩坍、岩堆等，影响局部地段左右岸的选择，应进行整治、隧道绕避和跨河绕避的比较。

（2）地形条件

当河谷两岸地质条件较好或差异不大时，路线应选择在地形平坦顺直、支沟较少和不受水流冲刷的一岸的阶地上。当需要展线时，应选择在支沟较开阔，利于展线的一岸。

（3）农田及城镇分布条件

路线一般应选择在居民点和工矿企业较多、经济较发达的一岸，使公路便于为地方服务。但有时为了避免大量拆迁民房和不妨碍城镇发展等原因，也可能需要绕避，应根据具体情况进行比选。

3）选择路线位置

沿河谷选线，在河岸选定之后，路线中线的具体位置定于何处，是靠山还是靠河一侧，但对公路的安全和工程大小影响很大。选择路线合理位置，可分如下三种情况：

（1）当河谷较开阔，横坡较缓且地质条件良好时，理想的路线位置应设在不受洪水冲刷的阶地上。

（2）当河谷狭窄，横坡较陡，且地质条件不良时，路线宜避开山坡，与外移建桥（顺河桥）的方案比选。

（3）当河谷十分弯曲时，可根据山嘴或河湾的实际情况，分别采取沿河绕行或取直方案。

公路路线遇到山嘴时，一是沿山嘴绕行，这种方式线路较长，在坡度受限地段有利于争取高度，但易受不良地质危害和河流冲刷的威胁，路线安全条件差；二是以隧道取直通过，这种方式路线短直，安全条件好，对运营有利，但工程投资较大。

当路线遇到河湾时，有沿河绕行、建桥跨河及改移河道三种方案。沿河绕行方案，线路迂回较长，岸坡一般陡峭，水流冲刷严重，路基防护工程大，线路安全条件差；跨河建桥方案比较顺直，线路短，安全条件好，但两座桥的工程量较大；改河方案也可使路线短直，但改变了天然河槽，故仅在地形有利、能控制洪水流向且土石方工程量不太大时考虑。

2. 越岭线选（定）线

当公路路线需要从某一水系（河谷）转入另一水系（河谷）时，必须穿越分水岭。越岭地区高程障碍大，地质复杂，工程集中，对路线的走向、主要技术标准以及工程数量和运营条件等影响极大。所以在越岭地区应进行大面积选线，认真研究、寻找合理的越岭线方案。为定好越岭路线，主要解决的问题：垭口选择、选择越岭标高和垭口两侧越岭路线展线的拟定。

1）垭口选择

垭口是越岭路线的控制点，选好越岭垭口，应注意如下：

（1）选择标高较低、靠近短直方向的垭口；

（2）选择山体较薄的垭口；

（3）选择地质条件较好的垭口；

（4）选择展线条件较好的垭口。

2）过岭标高的选择

公路路线过岭，不外采用路堑或隧道通过。过岭标高越低，路线就越短，但路堑或隧道就越深、越长，工程量也越大。因此过岭标高应结合路线等级，越岭地段的地形、地质以及两侧展线方案，过岭方式等因素经过技术经济比较来选定。一般都用隧道通过，选择越岭标高，就是选择越岭隧道的标高与隧道的长度。标高愈高，隧道愈短，但两端引线愈长。就工程而言，理想的越岭标高应使引线和隧道总的建筑费用最小；就运营而言，越岭标高愈低、引线愈短愈有利。实践证明，垭口两侧的地面坡度通常是上陡下缓，故选择隧道标高多以地面坡度陡缓过渡部分作为研究的基础。

　　3）越岭隧道的选择

　　采用隧道穿越山脊，可减少爬升高度，缩短路线长度，提高路线指标，减轻或消除风雪、冰冻等对道路的不良影响，改善行车和养护条件，减少对自然环境的破坏，减少水土流失。

　　（1）越岭隧道位置的选择

　　从地形上看，应选择路线顺直、隧道最短的方案，但还必须取决于地质和水文地质条件。因此选择隧道位置时，必须查明垭口附近较大范围内的岩层走向、褶皱、断层、裂隙以及岩层的厚度和岩石的种类，地下水流量、流向和它的侵蚀性等。

　　（2）越岭隧道标高选择

　　一般隧道标高越低，展线越短，技术指标也越易提高，对运营也越有利，但标高低，隧道就长，造价就高，工期也长。因此隧道标高的选定常根据越岭地段的地质条件、经济性来评价。

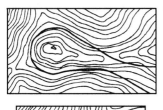

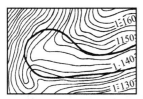

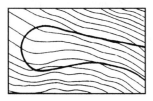

图 2.5　回头展线

　　（3）越岭隧道洞口位置的选择

　　4）展线方式

　　展线是采用延长路线的办法，逐渐升坡克服高差。展线的基本形式有三种，如自然线、回头展线和螺旋展线。

　　为了克服巨大高差需要迂回展线时，应根据需要展线的长度，结合地形和地质等条件，直线和曲线组合成各种形式，如自然展线、回头曲线、螺旋线等。

　　（1）自然展线，当山坡平缓、地质稳定时，路线利用有利地形以小于或等于平均纵坡（5%～5.5%）均匀升坡展线至垭口。这种方式的特点是：平面线形较好，里程短，纵坡均匀。

　　（2）回头展线，在谷口狭窄的侧谷内，采用自然展线往往在谷口会引起较大的工程量，为了更好地适应谷口狭窄地形，可以采用回头展线。它通常由三个或三个以上的曲线组成，如图 2.5 所示。

　　（3）螺旋展线，在地形特别困难的地段，线路可以迂回 360°成环状，称为螺旋线。在上下两线交叉处，可以用跨线桥或隧道通过（图 2.6）。从山区公路和铁路建设的实践中，总结出的展线规律是：硬展不如顺展，晚展不如早展；小范围来回盘旋，不如大范围开阔展线；当地质、地形条件相矛盾时，地质条件是矛盾的主要方面。

　　3. 山脊线选（定）线

　　大体上沿山脊布设的路线，称为山脊线。山脊又称分水岭，山脊顺直平缓、起伏不

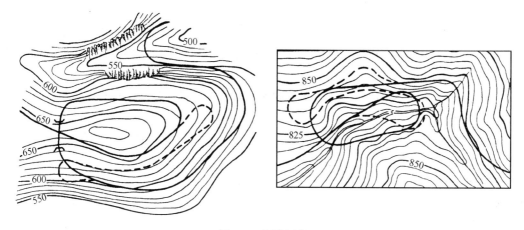

图 2.6 螺旋展线

大、岭肥脊宽的地形是布设的理想地带，路线大部或全部设在山脊上。山脊常是峰峦、垭口相间排列，有时相对高差较大，山脊线多为一些较低垭口控制，路线须沿山脊的侧坡在垭口之间穿行，线位大部分设在山坡上。山脊线一般线形大多起伏、曲折，其起伏和曲折程度视山脊的形状、控制垭口间的高差和地形而异。

山脊线一般具有土石方工程小，水文和地质情况好，桥涵构造物较少等优点。山脊线线位较高，一般远离居民点，不便为沿线工农业生产服务；有时筑路材料及水缺乏，施工困难；地势较高，空气稀薄，有云雾、积雪、结冰等对行车和养护不利等缺点。山脊线方案主要应考虑以下条件决定取舍：

（1）山脊的方向不能偏离路线总方向过远；
（2）山脊平面不能过于迂回曲折，纵面上各垭口间的高差不过于悬殊；
（3）控制垭口间山坡的地质情况较好，地形不过于陡峻零乱；
（4）上下山脊的引线要有合适的地形可利用，这是能否采用山脊线的主要条件之一。

1）控制垭口选择

每一组控制垭口代表着一个山脊线的方案，选择控制垭口是山脊线选线的关键。当山脊方向顺直、起伏不大时，几乎每个垭口都可暂定为控制点。如地形复杂，各垭口高低悬殊，则高垭口之间的低垭口一般为路线的控制点，突出的高垭口可舍去。

2）侧坡选择

山脊的侧坡是山脊线的主要布线地带。应选择布线条件较好的一侧，以保证平、纵线形好，工程量小和路基稳定。坡面整齐、横坡平缓、地质情况好、无支脉横隔的向阳山坡较为理想。除两侧坡优劣明显外，两侧都要比较取舍。同一侧坡可能有不同的路线方案，可通过试坡布线决定。

四、丘陵区选（定）线

丘陵区山丘连绵，岗坳交错，此起彼伏，山形迂回曲折，岭低脊宽，山坡较缓，丘谷相对高差不大。重丘区与山区无明显界线，微丘区与平原区也难于区别。

丘陵区路线特点：局部方案多，且为充分适应地形，路线纵断面有起伏，平面也以曲线为主。

1. 丘陵区选线

丘陵区选线，应根据丘陵区地形特点，选出方向顺直、工程量少的路线方案。

微丘区选线应充分利用地形，处理好平、纵线形的组合。不应迁就微小地形，导致线形也不宜采用长直线，导致纵面线形起伏。

重丘区选线应注意：(1) 注意利用有利地形减少工程量；(2) 注意平、纵组合合理设计；(3) 注意少占耕地不占良田。

对冲沟比较发育的地段，二级及其以上公路可采用高路堤或高架桥的直穿方案；三、四级公路则宜采用绕越方案。对地质不良地段，应考虑绕避通过，不得已时应尽量调整平、纵线形，合理掌握标准，尽量少扰动，并采取必要工程防护措施及排水设施，确保边坡及路基稳定。

2. 路线布设方式

丘陵区地形复杂，布线方法应随路线行经地带的具体地形而采用不同的布线方式。根据经验，可概括为三种布线方式：(1) 平坦地带，走直线；(2) 较陡横坡地带，走匀坡线；(3) 起伏地带，走直连线和匀坡线之间。

五、纸上定线

1. 平原、微丘区定线

(1) 定导向点

在选线布局确定的控制点之间，根据平原、微丘区路线布设要点，通过分析比较，确定可穿越、应趋就和该绕避的点和活动范围，建立一些中间导向点。

(2) 试定路线导线

参照导向点，试穿出一系列直线并交出交点，或直接将导向点作为交点，试定出路线导线。

(3) 初定平曲线

读取交点坐标计算或直接量测转角和交点间距，其中纸上定线转角须用正切法量测计算，初定圆曲线半径和缓和曲线长度，计算平曲线要素。

(4) 定线

检查各技术指标是否满足标准要求，以及平曲线线位是否合适，不满足时应调整交点位置或圆曲线半径或缓和曲线长度，直至满足为止。

2. 山岭、重丘区定线

1) 判断是否需要展线

若连续 3km 以上的地面平均自然坡度大于设计道路的平均纵坡（5%～5.5%），则考虑展线，否则不需要展线或只有局部地段需要展线。

2) 定导向线

(1) 分析地形，找出各种可能的走法。在地形图上仔细研究主要控制点间的地形、地质情况，选择有利地形如平缓顺直的山坡、开阔的侧沟、利于回头的地点等，拟定路线各种可能的走法。如图 2.7 所示，图左侧地形较陡，图右侧地形较缓，A、D 为两控制点，B 为可利用的山脊平台，C 为应避让的陡崖，则 A—B—C—D 为路线的一种可能走法，能否成立需由放坡试定。

(2) 求平距 a，定坡度线。由等高线间距 h 和选用的平均纵坡 $i_{均}$（5%～5.5%），视

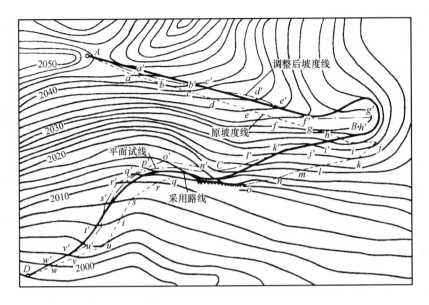

图 2.7 山岭区定线示意图

地形曲折程度和高差而定，按 $a = h/i_{均}$ 计算等高线间平距 a，使两脚规的张开度等于 a（按地形图例尺），从某一固定点如 A 点开始，沿拟定走法依次截取每根等高线得 a、b、……点，在 B 附近回头（如图中 j 点）后再向 D 点截取，当最后一点的位置和标高都与 D 点接近时，说明方案成立，否则应修改走法或调整 $i_{均}$，重新试坡至方案成立为止。

连线 $Aab……D$ 为具有平均纵坡的折线，称为坡度线。它验证了一种走法的成立，但它有考虑地形的利用和障碍物的避让。

(3) 确定中间控制点，分段调整纵坡，定导向线。分析坡度线利用地形、避让地物或不良地质情况，找出应穿或应避的中间控制点。如图在 B 处未利用有利的回头地点，在 C 处未能开陡崖，若调整一下 B、C 前后路段的坡度，就能避开陡崖和利用上有利的回头地点。因此以把 B、C 定为中间控制点，然后再分段仿照上述做法截取 a'、b'……诸点。连接 A、a'、b'、……D 的折线，示出了路线将经过的部位，称为导向线，它具有分段均匀纵坡，并利用了有地形，避开了不利障碍。

3）修正导向线

(1) 试定平面和纵断面

导向线是一条折线，仅能表示路线的概略走向，为了定出路线平面，须以导向线为基础，借助于直尺和曲线尺，在符合路线规范有关规定的前提下，圆顺、顺直地绘出路线平面。然后按地形变化特征点量出或读取桩号及地面标高，点绘纵断面图的地面线。参考地面线和分段安排的纵坡，设计理想纵坡如图 2.8 所示，量取或计算各桩的概略设计标高。

(2) 一次修正导向线

目的是用纵断面图修正平面，避免纵向大填大挖。在平面试线各桩的横断面方向上点出与概略设计高程相应点，这些点的连线是具有理想纵坡、中线上不填不挖的折线，称为一次修正导向线。当纵断面上填挖过大，应进行修改。

(3) 二次修正导向线

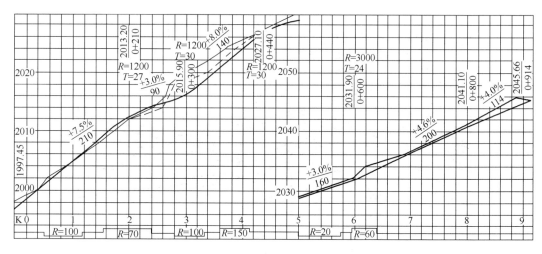

图 2.8 纸上定线纵断面图

目的是利用横断面最佳位置修正平面,避免横向填挖过大。对一次修正导向线各点绘制横断面图,用路基模板逐点找出最经济或起控制作用的最佳中线位置及其可移动范围,图 2.9 中的②、③。根据最佳位置的形状分别用不同符号点回到平面图上,这些点的连线是具有理想纵坡、横向位置最佳的平面折线,称为二次修正导向线。

4)定线

定线是在二次修正导向线的基础上进行的。二次修正导向线是一条平面折线,不满足技术标准的要求,必须适当取直,并用平曲线连接,定出中线的确切位置。定线必须按照二次修正导向线上各特征点的性质和可活动范围,经过反复试线才能定出满足要求的中线。定线的具体操作可采用直线形定线方法和曲线形定线方法,具体方法详见《道路勘测设计》书籍。

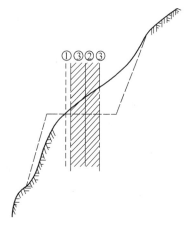

图 2.9 横断面最佳位置

纸上定线是一个反复试线修改的过程,操作中是修改纵坡还是改移中线位置或两者都改,应对平、纵、横三方面充分研究后确定。在一定程度上,试线越多,最后的成品就越好,直到无论修改哪一方都不能显著节省工程或增进美观时,才可认为纸上定线工作结束。中线定出以后就可以进行纵断面、横断面以及相关内容设计。

第三节 平 面 设 计

一、汽车行驶轨迹及平面线形要素

从理论上讲,平面线形的构成要素应与汽车行驶的轨迹相吻合,只有这样才能保证行车的安全、顺适和工程的经济性。

1. 汽车行驶轨迹的特征

经大量的行车观测和实地调查,汽车行驶轨迹线的特征如下:

（1）轨迹线是连续的，即在任何一点上不出现错头、折点或间断；

（2）轨迹线的曲率是连续的，即轨迹上任何一点不出现两个曲率值；

（3）轨迹线的曲率对里程或时间的变化率是连续的，即轨迹上任何一点不出现两个曲率变化率值。

2. 平面线形要素

经分析，上述特征与汽车转向机构中导向轮（或转向轮）与车身纵轴面之间的角度（称转向角）有关，即：

（1）当汽车转向角为零时，其轨迹为直线；

（2）当汽车转向角为常数时其轨迹为圆曲线；

（3）当汽车转向角为变数时（即逐渐转向），则其轨迹为曲率渐变的曲线（即缓和曲线）。

道路平面线形是由上述三种基本几何线形即直线、圆曲线和缓和曲线合理组合而构成，高速公路、一级公路、二级公路、三级公路平面线形应由直线、圆曲线、缓和曲线三种要素组成。四级公路平面线形应由直线、圆曲线两种要素组成。

平面线形必须与地形、景观、环境等相协调，同时注意线形的连续与均衡性，并同纵断面、横断面相互配合。

二、直线设计

1. 直线的线形特征

一般在选线和定线时，只要地势平坦，无大的地物、地形障碍，选线、定线人员都会首选考虑使用直线。其主要特征是：

（1）直线以最短的距离连接两目的地，具有路线短捷、缩短里程和行车方向明确的特点。

（2）直线具有视距良好、行车快速、易于排水等特点。

（3）由于已知两点就可以确定一条直线，因而直线线形简单，容易测设。

（4）从行车的安全和线形美观来看，过长的直线，线形呆板，行车单调，易使驾驶员产生疲劳，往往是发生车祸较多的路段。

（5）直线虽然路线方向明确，难以与地形及周围环境相协调。特别在山岭区、丘陵区。

（6）笔直的道路给人以简捷、直达、刚劲的良好印象，在美学上直线也有其自身的视觉特点。

2. 直线的设计标准

1）直线最大长度

一些国家对直线的最大长度作了规定：德国规定不超过20V；苏联规定为8km；美国为4.83km。我国目前尚无具体的规定。

2）直线的最小长度

（1）同向曲线间的直线最小长度

同向曲线是指两个转向相同的相邻曲线间连以直线形成的平面线形。因此设计速度大于或等于60km/h时，同向圆曲线间最小直线长度（以 m 计）以不小于设计速度（以 km/h 计）的6倍为宜。

（2）反向曲线间的直线最小长度

反向曲线是指两个转向相反的相邻曲线间连以直线所形成的平面线形。由于两弯道转弯方向相反，考虑其超高和加宽缓和的需要以及驾驶员的操作方便，其间的直线最小长度应予以限制。反向圆曲线间的最小直线长度（以 m 计）以不小于设计速度（以 km/h 计）的 2 倍为宜。

（3）相邻回头曲线间的直线最小长度

回头曲线是指山区公路为克服高差在同一坡面上回头展线时所采用的曲线。由一个回头曲线的终点至下一个回头曲线起点的距离，设计速度为 40km/h、30km/h、20km/h 时，分别应不小于 200m、150m、100m。

3. 直线设计要点

（1）路线不受地形、地物限制的平原区或山间的开阔谷地；

（2）市镇及其近邻或规划方正的农耕区等以直线为主体的地区；

（3）为缩短构造物长度以便于施工的长大桥梁、隧道路段；

（4）为争取较好的行车和通视条件的平面交叉前后；

（5）双车道公路在适当间隔内设置一定长度的直线，以提供较好条件的超车路段。

三、圆曲线设计

1. 圆曲线的线形特征

从圆曲线的使用特征分析，其主要特点是：

（1）曲线上任意一点的曲率半径 R 为常数，故测设比缓和曲线简便。

（2）圆曲线上的每一点都在不断地改变方向，因而汽车在圆曲线上的行驶要受到离心力，汽车在平曲线上行驶时要多占用路面宽度。

（3）视距条件差。汽车在圆曲线内侧行驶时，视线受到路堑边坡或其他障碍物的影响，视距条件差，容易发生交通事故。

（4）较大半径的长缓圆曲线具有线形美观、顺适、行车舒适等特点。

2. 圆曲线的设计标准

（1）圆曲线最小半径

圆曲线最小半径按设计速度规定如表 2.10 所示。

圆曲线最小半径　　　　　表 2.10

设计速度（km/h）		120	100	80	60	40	30	20
最大超高	10%	570	360	220	115	—	—	—
	8%	650	400	250	125	60	30	15
	6%	710	440	270	135	60	35	15
	4%	810	500	300	150	65	40	20

注："—"为不考虑采用最大超高的情况。

（2）圆曲线最大半径

圆曲线最大半径值不宜超过 10000m。

（3）不设超高的圆曲线最小半径

不设超高的圆曲线最小半径如表 2.11 所示。

不设超高的圆曲线最小半径 表 2.11

设计速度（km/h）		120	100	80	60	40	30	20
不设超高圆曲线最小半径（m）	路拱≤2.0%	5500	4000	2500	1500	600	350	150
	路拱>2.0%	7500	5250	3350	1900	800	450	200

3. 圆曲线设计要点

圆曲线设计要点如下：

(1) 在适应地形的情况下宜选用较大的圆曲线半径。

(2) 平曲线半径及确定要点。

在确定半径时，应注意以下：

①一般情况下宜采用极限最小半径的 4～8 倍或超高为 2%～4% 的圆曲线半径；

②地形条件受限制时，应采用大于或接近于一般最小半径的圆曲线半径；

③地形条件特别困难而不得已时，方可采用极限最小半径；

④应同前后线形要素相协调，使之构成连续、均衡的曲线线形；

⑤应同纵面线形相配合，应避免小半径曲线与陡坡相重叠；条件反算并结合标准综合确定。

⑥每个弯道半径值的确定，应按技术标准根据实地的地形、地物、地质、人工构造物及其他条件的要求，按合理的曲线位置，用外距、切线长、曲线长、曲线上任意点线位、合成纵坡等控制。

(3) 圆曲线使用时应注意与前后直线、缓和曲线协调配合，参数的选用应符合标准及规范的要求。

四、缓和曲线设计

1. 缓和曲线线形特征及作用

1) 线形特征

缓和曲线是在直线与圆曲线之间或者半径相差较大的两个转向相同圆曲线之间设置的一种曲率逐渐变化的曲线。其特征如下：

(1) 缓和曲线曲率渐变，设于直线与圆曲线间，其线形符合汽车转弯时的行车轨迹，从而使线形缓和，消除了曲率突变点。

(2) 由于曲率渐变，使公路线形顺适美观，有良好的视觉效果和心理作用感。从公路线形美学和驾驶员视觉心理的观点来看，加入缓和曲线也是有利的。

(3) 在直线和圆曲线间加入缓和曲线后，使平面线形更为灵活，线形自由度提高，更能与地形、地物及环境相适应、协调、配合，使平面线形布置更加灵活、经济、合理。

(4) 与圆曲线相比，缓和曲线计算及测设均较复杂。

2) 缓和曲线的作用

(1) 线形缓和

在直线上，曲率半径为无穷大，曲率为零，而在圆曲线上，曲率为 $1/R$，曲率半径为常数 R。若两种线形径相连接，则在连接处形成曲率突变点，这种组合线形视觉效果差，有折点和扭曲现象。

(2) 行车缓和

汽车由直线直接驶入圆曲线或由大半径圆曲线直接驶入小半径圆曲线，其离心力发生了突变，使行车安全感和舒适受到影响。另外从驾驶员转弯操纵来看，汽车前轮转向角逐渐变化，其中间需要插入一段逐渐变化的缓和曲线，才能保持在车速一定的情况下使汽车前轮的转向角从 0 至 θ 逐渐转向，从而有利于驾驶员操纵转向盘。

（3）超高和加宽缓和

为适应汽车转弯的特点，公路在圆曲线上设置有超高和加宽。设置超高和加宽也需要有一个缓和过渡段。

2. 缓和曲线设计标准

1）直线同半径小于不设超高最小半径的圆曲线径相连接处，应设置缓和曲线。四级公路可将直线与圆曲线径相连接，用超高、加宽缓和段代替缓和曲线。

2）半径不同的同向圆曲线径相连接处，应设置缓和曲线，但符合下述条件时可不设缓和曲线：

（1）小圆半径大于表 2.11 所列不设超高的最小半径时。

（2）小圆半径大于表 2.12 中所列半径，且符合下列条件之一时：

①小圆半径按规定设置相当于最小缓和曲线长的缓和曲线时，其大圆与小圆的内移值之差不超过 0.10m；

复曲线中小圆临界圆曲线半径　　　　　　　　　　　　　　　　表 2.12

设计速度（km/h）	120	100	80	60	40	30
临界圆曲线半径（m）	2 100	1 500	900	500	250	130

②计算行车速度 ≥80km/h 时，大圆半径（R_1）与小圆半径（R_2）之比小于 1.5；

③计算行车速度 <80km/h 时，大圆半径（R_1）与小圆半径（R_2）之比小于 2。

3）各级公路的缓和曲线长度应大于或等于表 2.13 中所列之值。

缓和曲线最小长度　　　　　　　　　　　　　　　　　　　　表 2.13

设计速度（km/h）	120	100	80	60	40	30	20
回旋线最小长度（m）	100	85	70	50	35	25	20

注：四级公路为超高、加宽过渡段长度。

4）缓和曲线长度应随圆曲线半径的增大而增长。当圆曲线部分按规定需要设置超高时，缓和曲线长度还应大于超高过渡段长度。

3. 缓和曲线设计要点

（1）设计时要注意与直线和圆曲线相协调、配合，在线形组合和线形美观上产生良好的行车和视觉效果。

（2）曲线参数 A，是反映缓和曲线曲率变化缓急的重要参数，在可能条件下，选用较大的 A 值。

（3）缓和曲线长度确定除缓和曲线最小长度外，还应考虑超高和加宽的要求，所选择的缓和曲线长度还应大于或等于超高缓和段和加宽缓和段长度的要求。

五、组合类型及设计

1. 曲线组合类型

1）简单型

按直线—圆曲线—直线的顺序组合，如图 2.10 所示。

简单型组合曲线在ZY和YZ点处有曲率突变点,对行车不利,当半径较小时该处线形也不顺适,一般限于四级公路采用。

2) 基本型

按直线—回旋线—圆曲线—回旋线—直线的顺序组合,如图2.11所示。

(1) 基本型中的回旋线参数、圆曲线最小长度都应符合有关规定。

(2) 两回旋线参数可以相等,也可以根据地形条件设计成不相等的非对称型曲线。

(3) 从线形的协调性看,宜将回旋线、圆曲线、回旋线之长度比设计成 1∶1∶1。

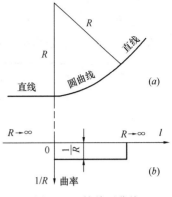

图 2.10 简单型曲线
(a) 平面图;(b) 曲率图

3) S形

两个反向圆曲线用回旋线连接的组合,如图2.12所示。

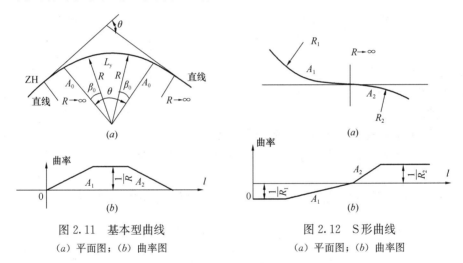

图 2.11 基本型曲线
(a) 平面图;(b) 曲率图

图 2.12 S形曲线
(a) 平面图;(b) 曲率图

(1) S形相邻两个回旋线参数 A_1 与 A_2 宜相等。达不到时,A_1 与 A_2 之比应小于 2.0,有条件时以小于 1.5 为宜。

(2) 在S形曲线上,两个反向回旋线之间不设直线,是行驶力学上所希望的。不得已插直线时,必须尽量地短,其短直线的长度或重合段的长度应符合下式:

$$l \leqslant \frac{A_1 + A_2}{40} \tag{2-9}$$

S形两圆曲线半径之比宜为:$R_2/R_1 = 1 \sim 1/3$。

4) 卵形

用一个回旋线连接两个同向圆曲线的组合,如图2.13所示。

卵形曲线的设计应尽量满足以下要求:

(1) $A = R_2/2 \sim R_2$(R_2 为小圆半径)。

(2) $R_2/R_1 = 0.2 \sim 0.8$ 为宜。

（3）$D/R_2=0.003\sim0.03$ 为宜（D 为两圆曲线间的最小间距）。

5）凸形

在两个同向回旋线间不插入圆曲线而径相衔接的组合，如图 2.14 所示。

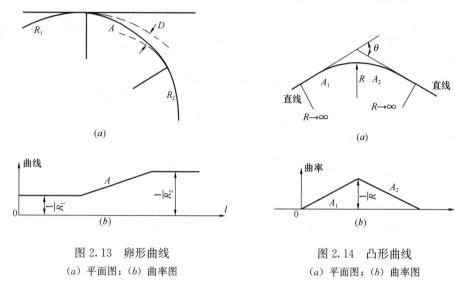

图 2.13　卵形曲线
（a）平面图；（b）曲率图

图 2.14　凸形曲线
（a）平面图；（b）曲率图

凸形的回旋线的参数及其连接点的曲率半径，应分别符合容许最小回旋线参数和圆曲线一般最小半径的规定。

（1）最好不采用凸形。

（2）连接点处半径大于或等于一般最小半径。

（3）连接点处回旋线参数大于或等于容许最小回旋线参数。

6）复合型

两个以上同向回旋线间在曲率相等处相互连接的形式，如图 2.15 所示。

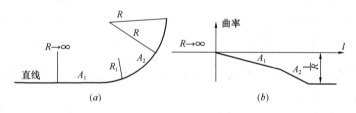

图 2.15　复合型曲线
（a）平面图；（b）曲率图

（1）复合型的两个回旋线参数之比宜为 $A_1:A_2=1:1.5$。

（2）除了受地形和其他特殊限制的地方外一般很少使用，多出现在互通式立体交叉的匝道经形设计中。

7）C 形

同向曲线的两回旋线在曲率为零处径相衔接的形式，如图 2.16 所示。它相当于两基本型的同向曲线中间直线长度为 0，对行车和线形都带来一些不利影响，所以 C 形曲线只有在特殊地形条件下方可采用。

8）回头形曲线

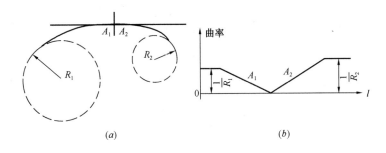

图 2.16 C 形曲线
(a) 平面图；(b) 曲率图

在山区公路为克服高差在同一坡面上展线时所采用的、其圆心角一般接近或大于 180°的曲线，如图 2.17 所示。

(1) 回头曲线转角大、半径小、线形差，一般较少采用，只有在二、三、四级公路当自然展线无法克服高差时采用。

(2) 回头曲线的前后线形应有连续性，两头宜布设过渡性曲线，此外还应设置限速标志。

2. 组合曲线线形要素计算

1) 对称基本型（两端缓和曲线等长）

(1) 曲线要素计算

曲线各部分要素如图 2.18 所示。

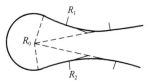

图 2.17 回头曲线

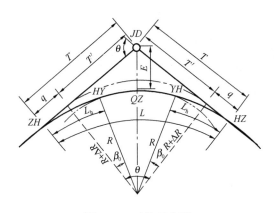

图 2.18 对称基本型

图中：θ——转角（°）；
R——曲线半径（m）；
L_h——缓和曲线长（m）；
L_y——平曲线中圆曲线长（m）；
T——切线长（m）；
E——外距（m）；
L——曲线全长（包括缓和曲线）（m）；
J——校正值（m）；
q——切线增长值（m）；
ΔR——曲线内移值（m）；
β_0——缓和曲线角（°）。

曲线要素计算：

$$T = (R+\Delta R)\tan\frac{\theta}{2} + q = T' + q \qquad (2\text{-}10)$$

$$L = R\frac{\pi}{180}\theta + L_h = R\frac{\pi}{180}(\theta - 2\beta_0) + 2L_h \qquad (2\text{-}11)$$

$$E = (R+\Delta R)\sec\frac{\theta}{2} - R = (R+\Delta R)\frac{1}{\cos\frac{\theta}{2}} - R \qquad (2\text{-}12)$$

$$L_y = l - 2L_h = R\frac{\pi}{180}(\theta - 2\beta_0) \tag{2-13}$$

$$J = 2T - L \tag{2-14}$$

$$\beta_0 = \frac{90}{\pi R}L_h \tag{2-15}$$

$$q = \frac{L_h}{2} - \frac{L_h^3}{240R^2} \tag{2-16}$$

$$\Delta R = \frac{L_h^2}{24R} - \frac{L_h^4}{2688R^3}。 \tag{2-17}$$

(2) 主点桩号计算

$$桩号\ ZH = JD(桩号) - T \tag{2-18}$$

$$桩号\ HY = ZH(桩号) + L_h \tag{2-19}$$

$$桩号\ YH = HY(桩号) + L_y \tag{2-20}$$

$$桩号\ HZ = YH(桩号) + L_h \tag{2-21}$$

$$桩号\ QZ = HZ(桩号) - L/2 \tag{2-22}$$

$$桩号\ JD = QZ(桩号) + J/2 \tag{2-23}$$

2) 非对称基本型（两端缓和曲线不等长）

(1) 曲线要素计算

图 2.19 为两端设非对称形的缓和曲线。一般首先确定 θ、R、L_{h1}、L_{h2}，再按以下公式计算求得几何参数：

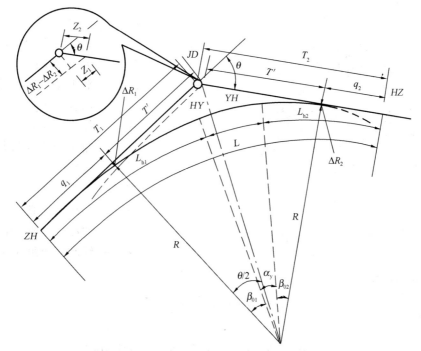

图 2.19 非对称基本型

$$q_1 = \frac{L_{h1}}{2} - \frac{L_{h1}^3}{240R^2},\ q_2 = \frac{L_{h2}}{2} - \frac{L_{h2}^3}{240R^2} \tag{2-24}$$

$$\beta_{01} = \frac{90}{\pi R}L_{h1}, \quad \beta_{02} = \frac{90}{\pi R}L_{h2} \tag{2-25}$$

$$\Delta R_1 = \frac{L_{h1}^2}{24R} - \frac{L_{h1}^4}{2688R^3} \approx \frac{L_{h1}^2}{24R} \tag{2-26}$$

$$\Delta R_2 = \frac{L_{h2}^2}{24R} - \frac{L_{h2}^4}{2688R^3} \approx \frac{L_{h2}^2}{24R} \tag{2-27}$$

$$T' = (R + \Delta R_2)\tan\left(\frac{\theta}{2}\right) \tag{2-28}$$

$$Z_1 = (\Delta R_1 - \Delta R_2)\cot\theta = (\Delta R_1 - \Delta R_2)/\tan\theta \tag{2-29}$$

$$Z_2 = (\Delta R_1 - \Delta R_2)/\sin\theta \tag{2-30}$$

$$T_1 = q_1 + T' - Z_1 \tag{2-31}$$

$$T_2 = q_2 + T' + Z_2 \tag{2-32}$$

$$\alpha_y = \theta - (\beta_{01} + \beta_{02}) \tag{2-33}$$

$$L_y = R\frac{\pi}{180}\alpha_y \tag{2-34}$$

$$L = L_{h1} + L_y + L_{h2} \tag{2-35}$$

(2) 主点桩号计算

$$\text{桩号} ZH = JD(\text{桩号}) - T_1 \tag{2-36}$$

$$\text{桩号} HY = ZH(\text{桩号}) + L_{h1} \tag{2-37}$$

$$\text{桩号} YH = HY(\text{桩号}) + L_y \tag{2-38}$$

$$\text{桩号} HZ = YH(\text{桩号}) + L_{h2} \tag{2-39}$$

$$\text{桩号} QZ = HZ(\text{桩号}) - L/2 \tag{2-40}$$

六、平面设计成果简介

1. 直线、曲线及转角表

列出交点号、交点桩号、交点坐标、偏角、曲线各要素数值、曲线控制桩号、直线长、计算方位角或方向角、备注路线起讫点桩号、坐标系统等。

2. 逐桩坐标表

高速公路、一级公路编制本表。列出桩号，纵、横坐标等并注明坐标系统及中央子午线经度或投影轴经度。

3. 总里程及断链桩号表

列出总里程、测量桩号、断链桩号断链（增长、减短）、断链累计（长链、短链）、换算连续里程等。

4. 路线平面图

示出地形、地物、路线（不绘比较方案）位置及桩号、断链、平曲线主要桩位与其他交通路线的关系以及县以上境界等、标注平面控制点和高程控制点及坐标网格和指北图式，示出涵洞、桥梁、隧道、路线交叉（标明交叉方式和形式）位置、中心桩号、尺寸及结构类型等。并示意出主要改路、改渠等。图中列出平曲线要素表。标注地形图的坐标和高程体系以及中央子午线经度或投影轴经度，比例尺为高速公路、一级公路采用1：2000，其他公路也可采用1：2000～1：5000。

5. 公路用地表

列出用地起讫桩号、长度、宽度、所属县、乡、村，土地类别及数量等。

6. 公路用地图

示出路线用地界线（变宽点处注明前后用地宽度及里程桩号）、土地类别、分界桩号及地表附着物，土地所属县、乡等。高速公路、一级公路在用地范围以外还应标出建筑红线。比例尺用 1：500～1：2000。

7. 砍树挖根数量表

列出桩号、长度、宽度，以及除草、砍灌木林、砍树挖根、挖竹根的数量等。也可与耕地填前夯（压）实数量表、挖淤泥排水数量表放在一起列入路基工程中。

8. 拆迁建筑物表

列出建筑物所在路线的桩号、距路中心线的距离（左右）、所属单位或个人、建筑物种类及数量等。

第四节 纵断面设计

一、道路纵断面概要

纵断面设计的主要任务就是根据汽车的动力特性、道路等级、当地的自然地理条件以及工程经济性等，研究起伏空间线几何构成的大小及长度以便达到行车安全迅速、运输经济合理及乘客感觉舒适的目的。纵断面设计标准就是根据汽车行驶的要求规定的道路纵断面和竖曲线设计的技术指标。纵坡设计标准主要有：最大纵坡、坡长限制、缓和坡段、其他纵坡标准等。竖曲线设计标准主要有：竖曲线最小半径和竖曲线最小长度。

二、纵断面设计标准

（一）纵坡设计标准

1. 最大纵坡

最大纵坡是指在纵坡设计时各级公路允许采用的最大坡度值。它是公路纵断面设计的重要控制指标，在地形起伏较大地区，直接影响路线的长短、使用质量、运输成本及造价。《规范》规定的最大纵坡见表 2.14。

最大纵坡　　　　　　表 2.14

设计速度（km/h）	120	100	80	60	40	30	20
最大纵坡（%）	3	4	5	6	7	8	9

高速公路和改建工程，受地形条件或其他特殊情况限制时，经技术经济论证，最大纵坡可增加 1%。最大纵坡设计时不可轻易采用，应留有余地。在受限制较严，如越岭线为争取高度、缩短路线长度或避开复杂工程等，才有条件地采用。

2. 高原纵坡折减

在高海拔地区，因空气密度下降而使汽车发动机的功率降低，导致汽车的爬坡能力下降，因此，对位于海拔 3000m 以上的高原地区，各级公路的最大纵坡值应按表 2.15 的规定予以折减。最大纵坡折减后若小于 4%，则仍采用 4%。

高原纵坡折减值 表 2.15

海拔高度 (m)	3000, 4000	4000~5000	5000 以上
纵坡折减 (%)	1	2	3

3. 最小纵坡

在长路堑、低填设边沟路段以及其他横向排水不通畅的路段，为保证排水要求，防止积水渗入路基而影响其稳定性，均应采用不小于0.3%的纵坡。当必须设计成平坡或小于0.3%的纵坡时，设边沟路段应作纵向排水设计。

4. 平均纵坡

平均纵坡是指一定长度的路段连续上坡或下坡路段纵向所克服的高差与路线长度之比。是为了合理运用最大纵坡、坡长及缓和坡长的规定，以保证车辆安全顺利地行驶的限制性指标。二级及二级以下公路越岭路线连续上坡（或下坡）路段，相对高差为200~500m时平均纵坡不应大于5.5%；相对高差大于500m时平均纵坡不应大于5%，且任意连续3km路段的平均纵坡不应大于5.5%。

5. 最短坡长限制

最短坡长的限制主要是从汽车行驶平顺性的要求考虑的。如果坡长过短，使变坡点增多，汽车行驶在连续起伏地段产生的增重与减重的变化频繁，导致乘客感觉不舒适，车速越高越感突出。从路容美观、视觉效果、相邻两竖曲线的设置和纵面视距等也要求坡长应有一定最短长度。公路最短坡长应按表2.16选用。

最小坡长 表 2.16

设计速度 (km/h)	120	100	80	60	40	30	20
最小坡长 (m)	300	250	200	150	120	100	60

6. 最大坡长限制

公路纵坡的大小及其坡长对汽车正常行驶影响很大。纵坡越陡，坡长越长，对行车影响也越大。主要表现在使行车速度显著下降，长时间使用低速挡会使发动机发热过分而使效率降低，水箱沸腾，行驶乏力。而下坡时，则因坡度过陡，坡段过长而使刹车频繁，影响行车安全。因此，为保证行驶质量和行车安全，对陡坡的坡长应加以限制。公路不同纵坡的最大坡长规定如表2.17所示。

不同纵坡最大坡长 (m) 表 2.17

纵坡坡度 (%)	设计速度 (km/h)						
	120	100	80	60	40	30	20
3	900	1000	1100	1200	—	—	—
4	700	800	900	1000	1100	1100	1200
5	—	600	700	800	900	900	1000
6	—	—	500	600	700	700	800
7	—	—	—	—	500	500	600
8	—	—	—	—	300	300	400
9	—	—	—	—	—	200	300
10	—	—	—	—	—	—	200

7. 合成坡度

合成坡度是指路面上的纵向坡度与横向坡度组合而成的坡度，其方向即流水线方向。将合成坡度控制在一定范围内，目的是控制急弯和陡坡的组合，防止车辆在弯道上行驶时由于合成坡度过大而引起的不适和危险。表 2.18 为各级公路最大允许合成坡度规定值。

公路最大合成坡度   表 2.18

公路等级	高速公路			一级公路			二级公路		三级公路		四级公路
设计速度(km/h)	120	100	80	100	80	60	80	60	40	30	20
合成坡度值(%)	10.0	10.0	10.5	10.0	10.5	10.5	9.0	9.5	10.0	10.0	10.0

在设计中可由式（2-41）计算平曲线上允许的最大纵坡：

$$I_{max} = \sqrt{i^2 + i_h^2} \quad (2-41)$$

式中 I_{max}——最大允许合成坡度（%）；

i——平曲上允许的最大纵坡度（%）；

$i_h(i_G)$——超高横坡度或路拱横坡度（%）。

（二）竖曲线设计标准

1. 竖曲线半径的选用

各级公路在纵坡变更处均应设置竖曲线，竖曲线的半径应大于我国《公路工程技术标准》JTG B01—2014 中规定的竖曲线的最小半径和最小长度，如表 2.19 所示。

竖曲线最小半径与竖曲线长度   表 2.19

设计速度（km/h）	120	100	80	60	40	30	20
凸形竖曲线最小半径（m）	11000	6500	3000	1400	450	250	100
凹形竖曲线最小半径（m）	4000	3000	2000	1000	450	250	100
竖曲线长度（m）	100	85	70	50	35	25	20

注："一般值"为正常情况下的采用值；"极限值"和"最小值"为条件受限制时可采用的值。

表中极限最小半径是为了缓和冲击和保证视距所需的最小半径的计算值，该值在受地形等特殊情况约束时方可采用。为了安全和舒适，应采用极限最小半径的 1.5～2.0 倍的数值，即表中规定的一般最小半径值。

2. 竖曲线最小长度

当坡差很小时，由计算得来的竖曲线往往很短，这样的竖曲线在视觉上不好，会给驾驶员一个很急促的折曲感觉，为了避免这种情况出来，坡差小时应尽量采用大的竖曲线半径。竖曲线的长度应大于表 2.19 中规定的最小竖曲线长度。

3. 视觉要求的最小竖曲线半径值

有条件的情况下，为获得平顺而连续的线形及满足视觉上的需要，竖曲线半径可参照表 2.20。

视觉所需要的最小竖曲线半径值   表 2.20

设计速度（km/h）	竖曲线半径（m）	
	凸 形	凹 形
120	20000	12000
100	16000	10000

续表

设计速度（km/h）	竖曲线半径（m）	
	凸 形	凹 形
80	12000	8000
60	9000	6000

三、纵断面设计与计算

纵断面设计是根据选线（定线）意图结合道路沿线地形、地质以及桥涵和重要建筑物进出口、沿街地坪标高等方面的要求，在综合考虑工程技术与工程经济的基础上最后定出路线纵断面设计线的工作。纵断面设计的主要任务就是根据汽车的动力特性、公路等级、当地的自然地理条件以及工程经济性等，确定起伏空间线几何构成的大小及长度，以便达到行车安全迅速、运输经济合理及乘客感觉舒适的目的。

（一）纵断面设计要求与控制因素

1. 纵断面设计要求

1）纵坡设计的要求

（1）平原地形的纵坡应均匀、平缓。

（2）丘陵地形的纵坡应避免过分迁就地形而起伏过大。山区的沿河线，应采用平缓的纵坡，坡长不宜超过规定的限值，纵坡不宜大于6%。

（3）山区的越岭线纵坡应力求均匀，不应采用极限或接近极限的坡度，更不宜连续采用极限长度的陡坡夹短距离缓坡的纵坡线形。越岭展线不应设置反坡。

（4）山区的山脊线和山腰线，除地形因素不得已时采用较大的纵坡外，在可能条件下应采用平缓的纵坡。

2）竖曲线设计的要求

（1）竖曲线应选用较大的半径。当地形条件受限制时，应采用有大于或接近于竖曲线最小半径的"一般值"；地形条件困难不得已时方可采用"极限值"。

（2）有条件时，宜采用大于等于表2.20所列视觉所需要的最小竖曲线半径值。

（3）注意相邻竖曲线的衔接。

2. 纵断面设计控制因素

1）设计标高的规定

纵断面路基设计标高规定如下：

（1）新建公路的路基设计标高：高速公路和一级公路采用中央分隔带的外侧边缘标高；二、三、四级公路宜采用路基边缘标高，在设置超高、加宽地段为设超高、加宽前该处边缘标高。

（2）改建公路的路基设计标高：一般按新建公路的规定执行，也可视具体情况采用中央分隔带中线或行车道中线标高。

（3）对于双向分离式路基，可采用分向路基的中线。

2）设计洪水频率的规定

（1）沿河及可能受水浸淹的公路，按设计标高推算的最低侧路基边缘标高，应高出表2.21规定洪水频率计算水位加壅水高、波浪侵袭高和0.5m的安全高度。

（2）沿水库上游岸边的路线，路基最低侧边缘标高应考虑水库水位升高后地下水位壅升,以及水库淤积后壅水曲线抬高及浪高的影响;在寒冷地区还应考虑冰塞壅水对水位增高的影响。

路基设计洪水频率   表 2.21

公路等级	高速公路	一级公路	二级公路	三级公路	四级公路
设计洪水频率	1/100	1/100	1/50	1/25	按具体情况确定

(3)大、中桥桥头引道(在洪水泛滥范围内)的路基最低侧边缘标高,一般应高于该桥设计洪水位(并包括壅水和浪高)至少 0.5m;小桥涵附近的路基最低侧边缘标高应高于桥(涵)前壅水水位至少 0.5m(不计浪高)。

3)纵断面设计主要控制因素

(1)路线起讫点及中间控制点的要求。

(2)构造物及附属设施的控制要求。

① 道路构造物控制的要求。高速公路、一级公路和二级公路桥下最小净空高度为 5.0m,三、四级公路为 4.5m。

② 人行通道控制的要求。人行通道和农用车辆通道的净高最小值分别为 2.2m 和 2.7m。

③ 构造物下的凹曲线控制的要求。

④ 铁路控制的要求。

⑤ 电力线控制的要求。

⑥ 地下设施控制的要求。

⑦ 水运航道控制的要求。

⑧ 涵洞和桥梁的安全高度控制的要求。

⑨ 其他控制要求。

其他特殊场地的净空要求,如机场、野生动物通道等,应以书面形式从相应主管部门获得。

(3)自然及环境因素控制要求。

自然及环境因素对道路设计高的影响较大,如地形、地质、水文地质、沿线居民条件及沿线城镇分布情况等因素都影响路线纵坡设计。

(二)纵坡设计

(1)纵坡设计必须满足《标准》关于纵坡的有关规定,不轻易使用极限值。

(2)纵坡应力求平缓,避免连续陡坡、过长陡坡和反坡。

(3)纵面线形应连续、平顺、均衡,并重视平纵面线形的组合。从行车安全、乘客舒适和视觉良好的要求来看,要求纵坡设计要注意以下几点:

① 短距离内要避免线形起伏过于频繁。

② 避免凹陷路段

③ 在较长的连续陡坡路段,宜将最陡的纵坡放在底部,接近顶部的纵坡放缓些。

④ 注意与平面线形的配合。

(4)纵坡设计应结合自然条件综合考虑。为利于路面和边沟排水,一般情况下最小纵坡以不小于 0.5%为宜。在受洪水影响的沿河路段及平原区的低洼路段,应保证路线的最低标高，以免受洪水冲刷，确保路基稳定。

（5）纵坡设计应争取填挖平衡，尽量利用挖方作就近填方，以减少借方和废方，降低工程造价。

（6）纵坡设计应根据公路沿线的实际情况，适当照顾农业机械、农田水利等方面的要求。

（7）桥梁桥面标高应满足要求：

① 公路桥梁桥面标高 $H_桥$。

$$H_桥 = h_水 + h_浪 + h_净 + h_桥 + h_面 \qquad (2-42)$$

式中　$h_水$——河道设计水位标高（m）；

　　　$h_浪$——浪高（m）一般取为 0.50m；

　　　$h_净$——河道通航净空高度（m），视通航等级而定；

　　　$h_桥$——桥梁上部建筑结构高度（m）；

　　　$h_面$——桥上路面结构厚度（m），应包括预留的路面补强厚度在内。

② 立交桥桥面标高 $H_桥$。

桥下为铁路时

$$H_桥 = h_轨 + h_净 + h_桥 + h_面 + h_沉 \quad (m) \qquad (2-43)$$

式中　$h_轨$——铁路轨顶标高（m）；

　　　$h_净$——铁路净空高度（m），一般蒸汽机车、内燃机车为 6.00m，电气机车为 6.55m；

　　　$h_沉$——桥梁预估沉降量（m）。

桥下为道路时

$$H_桥 = h_路 + h_净 + h_面 + h_桥 \quad (m) \qquad (2-44)$$

式中　$h_路$——路面标高（m），应包括预留的路面补强厚度在内；

　　　$h_净$——道路净空高度（m）。

（三）竖曲线设计与计算

1. 竖曲线设计一般要求

（1）宜选用较大的竖曲线半径。在不过分增加工程量的情况下，宜选用较大的竖曲线半径。通常采用大于竖曲线一般最小半径的半径值，特别是当坡度差较小时，更应采用大半径，以利于视觉和路容美观。只有当地形限制或其他特殊困难不得已时才允许采用极限最小半径。在有条件的路段，为获得平顺而连续且视觉良好的纵面线形，可参照表 2.20 选择竖曲线半径。

（2）注意相邻竖曲线的衔接。相邻两个同向凹形或凸形竖曲线，特别是同向凹形竖曲线之间，如直坡段不长应合并为单曲线或复曲线，避免出现"断臂曲线"，这样要求对行车有利，如图 2.20 所示。

（3）竖曲线设置应满足排水需要。若相邻纵坡之代数差很小时，采用大半径竖曲线可能导致竖曲线上的纵坡小于 0.3%，不利于排水，应重新进行设计。

2. 竖曲线要素的计算

竖曲线的形式为二次抛物线，其要素主要包括竖曲线长度 L、切线长度 T 和外距 E。由于在纵断面上只计水平距离和竖直高度，斜线不计角度而计坡度，因此，竖曲线的切线

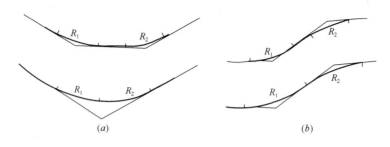

图 2.20 相邻竖曲线的衔接

长与曲线长是其在水平面上的投影,切线支距是竖直的高程差,相邻两坡度线的交角用坡度差来表示。

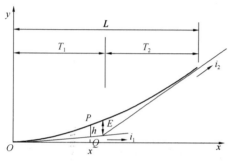

图 2.21 竖曲线要素示意图

如图 2.21 所示,设变坡点相邻两纵坡坡度分别为 i_1 和 i_2,它们的代数差用 ω 表示,即 $\omega = i_2 - i_1$。当 ω 为"+"时,表示凹形竖曲线;ω 为"-"时,表示凸形竖曲线。

竖曲线诸要素的计算公式为:

竖曲线长度 L 或竖曲线半径 R:

$$L = R\omega \quad 或 \quad R = \frac{L}{\omega} \tag{2-45}$$

竖曲线切线长 T:

$$T = \frac{L}{2} = \frac{R\omega}{2} \tag{2-46}$$

竖曲线外距 E:

$$E = \frac{T^2}{2R} = \frac{T\omega}{4} = \frac{L\omega}{8} \tag{2-47}$$

竖曲线上任一点竖距 h:

$$h = \frac{x^2}{2R} \tag{2-48}$$

式中 x ——竖曲线上任一点至竖曲线起点的距离。

对于凸形竖曲线,设计标高=切线高程-h。
对于凹形竖曲线,设计标高=切线高程+h。

四、平纵组合设计

公路线形最终是以平纵横面所组合的立体线形反映于驾驶员的视觉上,为保证汽车的安全与舒适,应把道路平、纵面结合作为立体线形来分析研究。对于不同设计速度的平面与纵面的组合设计指导原则有所不同。当计算行车速度大于或等于 60km/h 时,必须平、纵合理组合;而当计算行车速度小于或等于 40km/h 时,首先应在保证行驶安全的前提下,正确地运用线形要素规定值(最大、最小值),在条件允许情况下力求做到各种线形要合理组合,并尽量避免和减轻不利组合。平面线形与纵断面线形的组合,不仅要满足汽车的动力特性要求,而且应充分考虑驾驶视觉、心理上的要求。

1. 线形组合要素

按平面线形为直线、曲线,纵面线形为直线、凸形竖曲线、凹形竖曲线,可有六种不同的立体形组合要素，这六种组合要素为：

(1) 平面直线与纵面直线组合要素；
(2) 平面直线与凹形竖曲线组合要素；
(3) 平面直线与凸形竖曲线组合要素；
(4) 平曲线与纵面直线组合要素；
(5) 平曲线与纵面凹形竖曲线组合要素；
(6) 平曲线与纵面凸形竖曲线组合要素。

如图 2.22 所示。

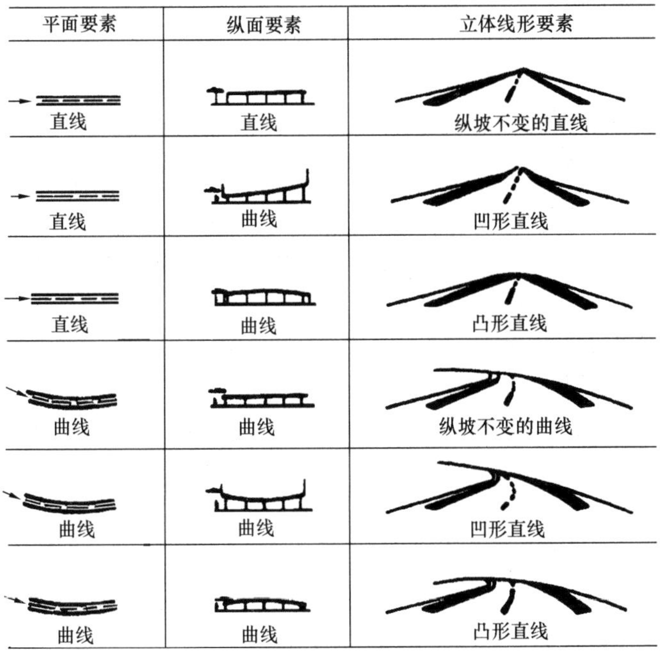

平面要素	纵面要素	立体线形要素
直线	直线	纵坡不变的直线
直线	曲线	凹形直线
直线	曲线	凸形直线
曲线	曲线	纵坡不变的曲线
曲线	曲线	凹形直线
曲线	曲线	凸形直线

图 2.22 直线和曲线组合的线形要素

2. 平、纵组合要点

平、纵组合设计，是公路线综合几何设计中应着重考虑的问题。路线平面或纵面设计仅是从满足汽车行驶力学上的要求及安全方面考虑的，平、纵组合设计则是同时考虑了路线几何线形对行驶中驾驶员的心理、生理因素、视觉等的影响。

1) 平曲线与竖曲线应相互重合，且平曲线稍长于竖曲线

平曲线与竖曲线完全对应就能保证视觉上连续性的线形，具体的做法是使平曲线包含竖曲线，如图 2.23 (a) 所示；若平面线形与纵断面线形不对应，如图 2.23 (b) 中的竖曲线的顶点设在平曲线的起点上，就不能给驾驶员一个顺滑的视线诱导，而且在纵断面的凹部底点附近产生排水问

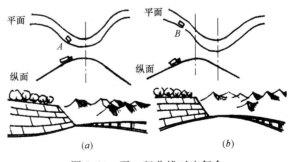

图 2.23 平、竖曲线对应复合
(a) 平、竖曲线重合；(b) 平、竖曲线错位

题和看起来公路好像断了似的感觉。此外，在一个平曲线中设几个竖曲线时，会使驾驶员把公路在视觉上分成了几段，这也是不适当的。

2）平曲线与竖曲线的大小应保持均衡

平曲线与竖曲线的大小应配合均衡。否则不仅造成工费的浪费，而且视觉上也要失掉均衡。根据德国计算统计，若平曲线的半径小于1000m，竖曲线半径约为平曲线半径的10～20倍，便可得到均衡的目的，可参考表2.22选用。

平、纵曲线半径的均衡值　　表2.22

平曲线半径（m）	竖曲线半径（m）	平曲线半径（m）	竖曲线半径（m）
500	10000	1100	30000
700	12000	1200	40000
800	16000	1500	60000
900	20000	2000	100000
1000	25000		

3）选择组合适当的合成坡度

在山岭地区，当纵坡较陡而又插入小半径平曲线时，就容易产生合成坡度大，这对行驶安全不利；而在平坦地区，当纵坡接近于水平时，在平曲线起讫点附近的合成坡度非常小，排水成了问题。因此，选择能够获得适当的合成坡度的平曲线与竖曲线的组合是必要的。

4）暗、明弯与凸、凹竖曲线

暗弯与凸形竖曲线和明弯与凹形竖曲线的组合是合理的、悦目的。对暗弯与凹形竖曲线和明弯与凸形竖曲线的组合，当坡差较大时会给人留下故意爬坡、绕弯的感觉。此种组合在山区难以避免，但坡差不宜太大。

5）平、竖曲线应避免的组合

平、竖曲线重合是一种理想的组合，但由于地形等条件的限制，这种组合往往不是总能争取到。如果平曲线的中点与竖曲线的顶（底）点位置错开不超过平曲线长度的四分之一时，仍然可以获得比较满意的外观。但是，如果错位过大或大小不均衡就会出现视觉效果很差的线形。

（1）要避免使凸形竖曲线的顶部或凹形竖曲线的底部与反向平曲线的拐点重合。二者都存在不同程度的扭曲外观。前者会使驾驶员操作失误，引起交通事故；后者虽无视线诱导问题，但路面排水困难，易产生积水。

（2）小半径竖曲线不宜与缓和曲线相重叠。对凸形竖曲线而言，诱导性差，事故率较高；而对凹形竖曲线来说，路面排水不良。

（3）设计速度≥40km/h的公路，应避免在凸形竖曲线顶部或凹形竖曲线底部插入小半径的平曲线（图2.24）。前者失去引导视线的作用，驾驶员须接近坡顶才发现平曲线，导致不必要的减速或交通事故；后者会出现汽车高速行驶时急转弯，不利行车安全。为了便于应用，把平曲线与竖曲线的组合形象地表示为图2.25所示。竖曲线的起终点最好分别放在平曲线的两个缓和曲线内，其中任一点都不要放在缓和曲线和曲线以外的直线上，也不要放在圆曲线之内。若平、竖曲线半径都很大，则平、竖位置可不受上述限制；若做不到平、竖曲线较好的组合，宁可把二者拉开距离，使平曲线位于直坡段或竖曲线位于直线上。

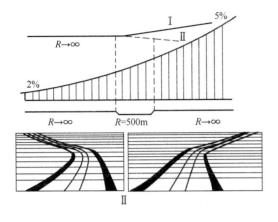

图 2.24　长竖曲线底部插入小半径曲线

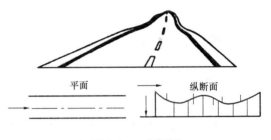

图 2.25　平曲线与竖曲线的组合

6) 直线与纵断面的组合

平面的长直线与纵面的直坡线配合，在平坦地区易与地形适应，对双车道公路超车方便，但行车单调乏味，易疲劳。平曲直线上一次变坡是很好的平、纵组合，从美学观点讲以包括一个凸形竖曲线为好，而包括一个凹形线次之；直线中短距离内二次以上变坡会形成反复凸凹的"驼峰"和"凹陷"，看上去线形既不美观也不连贯，使驾驶员的视线中断，如图 2.26、图 2.27 所示。因此只要路线有起伏，就不要采用长直线，最好使平面路线随纵坡的变化略加转折，并把平、竖曲线合理地组合，但要避免驾驶员一眼能看到路线方向转折两次以上或纵坡起伏三次以上，如图 2.28，则形成"波浪"。

图 2.26　"驼峰"

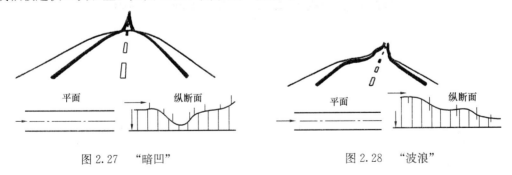

图 2.27　"暗凹"　　　　　　　　图 2.28　"波浪"

五、纵断面设计成果简介

路线纵断面图是纵断面设计的最终成果，是道路设计文件的重要组成部分。公路纵断面设计图采用直角坐标，以横坐标（水平方向）表示里程及桩号，纵坐标（垂直方向或称纵向）表示水准高程。为了突出地形起伏，纵、横坐标通常采用不同的比例尺。横坐标比例尺一般与路线平面图一致,为1∶2000或1∶5000,纵坐标的比例尺相应为1∶200或1∶500。

在纵断面图中,应示出以下主要内容:

① 里程桩号、地面高程与地面线、设计高程与设计线以及施工填挖值等;
② 设计的纵坡度和坡长;
③ 竖曲线及其要素、平面上的直线及平曲线;
④ 沿线桥涵及人工构造物位置、类型及孔径,跨线桥尚应示出交叉方式;
⑤ 隧道长度及高度;
⑥ 与公路、铁路交叉时的桩号及路名;
⑦ 沿线跨越河流的现有水位和设计洪水位,影响路基稳定的地下水位等;
⑧ 水准点的位置、编号及高程;
⑨ 沿线土壤地质分布情况;
⑩ 断链桩位置及长短链关系。

第五节 横 断 面 设 计

一、横断面组成及设计

(一)横断面组成

1. 一般组成

(1) 行车道:公路上供各种车辆行驶部分的总称,包括快车行车道和慢车行车道。

(2) 路肩:位于行车道外缘至路基边缘,具有一定宽度的带状结构部分。

(3) 中间带:高速公路及一级公路用于分隔对向车辆的路幅组成部分,通常设于车道中间。高速公路与一级公路的横断面组成如图 2.29 所示。二、三、四级公路的横断面组成如图 2.30 所示。

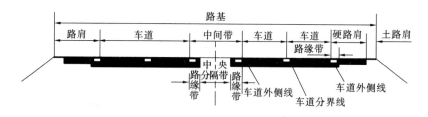

图 2.29 高速、一级公路横断面组成

2. 特殊组成

(1) 爬坡车道:设置在高速公路和一、二级公路的上坡路段,供慢速上坡车辆行驶用的车道。

(2) 加减速车道:供车辆驶入(离)高速车流之前(后)加速(减速)用的车道。

(3) 错车道:在单车道道路上,可通视的一定距离内,供车辆交错避让用的一段加宽车道。

(4) 紧急停车带:在高速公路和一级公路上,供车辆临时发生故障或其他原因紧急停车使用的临时停车地带。

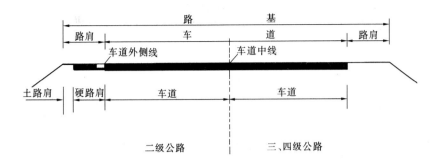

图 2.30 二、三、四级公路横断面组成

（5）避险车道：设置于连续长、陡下坡路段右侧弯道路避免车辆在行驶中速度失控而造成事故的路段，是在特殊路段设置的安全车道。

（二）公路路基宽度

各级公路的路基宽度一般规定如表2.23所示。

整体式路基宽度　　　　　　　　　　　　　表2.23

公路等级		高速公路							
设计速度（km/h）		120			100			80	
车道数		8	6	4	8	6	4	6	4
路基宽度（m）	一般值	42.00	34.50	28.00	41.00	33.50	26.00	32.00	24.50
	最小值	40.00		25.00	38.50		23.50		21.50
公路等级		一级公路							
设计速度（km/h）		100		80		60			
车道数		6	4	6	4	4			
路基宽度（m）	一般值	33.50	26.00	32.00	24.50	23.m			
	最小值		23.50		21.50	20.00			
公路等级		二级公路		三级公路		四级公路			
设计速度（km/h）		80	60	40	30	20			
车道数		2	2	2	2	2或1			
路基宽度（m）	一般值	12.00	10.00	8.50	7.50	6.50（双车道）	4.50（单车道）		
	最小值	10.00	8.50						

注："一般值"为正常情况下的采用值；"最小值"为条件受限时可采用的值。

四级公路宜采用3.5m的行车道和6.0m的路基；当交通量较大时，可采用6.0m的行车道和7.0m的路基。在工程特别艰巨以及交通量很小的路段，可采用4.5m的路基，但应在适当距离内设置错车道，并使驾驶人员能看到相邻两错车道的形式和尺寸。

高速公路、一级公路分离式路基宽度规定如表2.24所示。

53

高速公路、一级公路分离式路基宽度　　　　　　　表 2.24

公路等级		高速公路							
设计速度（km/h）		120			100			80	
车道数		8	6	4	8	6	4	6	4
路基宽度（m）	一般值	22.00	17.00	13.75	21.75	16.75	13.00	16.00	12.25
	最小值			13.25			12.50		11.25
公路等级		一级公路							
设计速度（km/h）		100		80			60		
车道数		6	4	6		4	4		
路基宽度（m）	一般值	16.75	13.00	16.00		12.25	11.25		
	最小值		12.50			11.25	10.25		

注：1. 八车道的内侧车道宽度如采用 3～50m，相应路基宽度可减 0.25m。

2. 表中所列"一般值"为正常情况下的采用值；"最小值"为条件受限制时可采用的值。

（三）行车道、中间带和路肩

1. 行车道

车道宽度根据设计速度规定如表 2.25 所示。

车　道　宽　度　　　　　　　　表 2.25

设计速度（km/h）	120	100	80	60	40	30	20
车道宽度（m）	3.75	3.75	3.75	3.50	3.50	3.25	3.00

注：1. 设计速度为 20km/h 且为单车道时，车道宽度应采用 3.50m。

2. 高速公路为八车道时，内侧车道宽度可采用 3.50m。

2. 中间带

高速公路、一级公路整体式路基必须设置中间带，中间带由两条左侧路缘带和中央分隔带组成。中间带宽度规定如表 2.26 所示。

中间带宽度　　　　　　　表 2.26

设计速度（km/h）		120	100	80	60
中央分隔带宽度（m）	一般值	3.00	2.00	2.00	2.00
	最小值	1.00	1.00	1.00	1.00
左侧路缘带宽度（m）	一般值	0.75	0.75	0.50	0.50
	最小值	0.75	0.50	0.50	0.50
中间带宽度（m）	一般值	4.50	3.50	3.00	3.00
	最小值	2.50	2.00	2.00	2.00

3. 路肩

各级公路右侧路肩宽度规定如表 2.27 所示。

右侧路肩宽度 表 2.27

设计速度（km/h）		高速公路			一级公路（干线功能）	
		120	100	80	100	80
右侧硬路肩宽度（m）	一般值	3.00（2.50）	3.00（2.50）	3.00（2.50）	3.00（2.50）	3.00（2.50）
	最小值	1.50	1.50	1.50	1.50	1.50
土路肩宽度（m）	一般值	0.75	0.75	0.75	0.75	0.75
	最小值	0.75	0.75	0.75	0.75	0.75
设计速度（km/h）		一级公路（集散功能）和二级公路		三级公路、四级公路		
		80	60	40	30	20
右侧硬路肩宽度（m）	一般值	1.50	0.75	—	—	—
	最小值	0.75	0.25	—	—	—
土路肩宽度（m）	一般值	0.75	0.75	0.75	0.50	0.25（双车道）0.50（单车道）
	最小值	0.50	0.50			

注：1. 正常情况下，应采用"一般值"；在设爬坡车道、变速车道和超车道路段，受地形、地物等条件限制路段及多车道公路特大桥，可论证采用"最小值"。
  2. 高速公路和作为干线公路的一级公路以通行小客车为主时，右侧硬路肩宽度可采用括号内数值。

（四）路拱、边沟和边坡

1. 路拱及横坡度

路拱的形式有直线形、抛物线形、折线形和双曲线拱形，但考虑机械化施工的要求，一般采用直线形。路拱坡度一般采用双向坡面，由公路中央向两侧倾斜；对于分离式路基且降雨量不大也可采用单向路拱横坡，但在积雪冰冻地区，应设置双向路拱。高速公路、一级公路位于中等强度降雨地区时，公路拱坡度宜采用高值；位于严重强度降雨地区时，路拱坡度可适当增大。

2. 边沟

边沟的作用是排除边坡及路面汇集的地表水，以确保路基与边坡的稳定。在公路挖方路段以及高度小于边沟深度的低填方路段应设置边沟。在路堤较高、边坡坡面未做防护而遭受路表面水流冲刷，或者坡面虽已采取防护措施，但仍有可能受到冲刷时，应沿路肩外侧边缘设置拦水带，汇集路面表面水，然后通过泄水口和急流槽排离路堤。

边沟形式主要有梯形、矩形及三角形，形式的选定取决于排水流量的大小、土质情况、公路性质以及施工方法。一般情况采用梯形边沟，岩石地段可做成矩形边沟。

3. 边坡坡度

路基边坡坡度应根据当地的土质类型、岩石构造和风化程度、水文条件、填筑材料、边坡高度及施工方法等因素分段确定。路基边坡设计一般分为路堤边坡和路堑边坡。路基边坡一般多采用直线形，当填挖高度较高或填方用不同土质分层填筑时可采用折线边坡。路基边坡坡度应根据填筑材料和边坡高度等按《公路路基设计规范》的规定选取。

二、加宽及计算

（一）加宽值和加宽过渡段长度的确定

1. 加宽值的确定

二级公路、三级公路、四级公路的圆曲线半径小于或等于250m时,应设置加宽。圆曲线上的路面加宽应设置在圆曲线的内侧。加宽值的大小应根据平曲线半径的大小,以及加宽类别从表2.28中选取。

双车道路面加宽值 表2.28

加宽类别	加宽值(m) 汽车轴距加前悬(m)	圆曲线半径(m) 250~200	<200~150	<150~100	<100~70	<70~50	<50~30	<30~25	<25~20	<20~15
1	5	0.4	0.6	0.8	1.0	1.2	1.4	1.8	2.2	2.5
2	8	0.6	0.7	0.9	1.2	1.5	2.0			
3	5.2+8.8	0.8	1.0	1.5	2.0	2.5				

注:单车道公路路面加宽值应为表2.28规定值的一半。

圆曲线加宽类别应根据该公路的交通组成确定。二级公路以及设计速度为40km/h的三级公路有集装箱半挂车通行时,应采用第3类加宽值;不经常通行集装箱半挂车时,可采用第2类加宽值。四级公路和设计速度为30km/h的三级公路可采用第1类加宽值。

2. 加宽过渡段长度的确定

(1) 设置回旋线或超高过渡段时,加宽过渡段长度应采用与回旋线或超高过渡段长度相同的数值。

(2) 不设回旋线或超高过渡段时,加宽过渡段长度应按渐变率为1:15且长度不小于10m的要求设置。

(二) 加宽过渡方式及其计算

二级公路、三级公路、四级公路的加宽过渡段的设置,应采用在相应的回旋线或超高、加宽过渡段全长范围内,按其长度成比例增加的方式。

1. 比例过渡

比例过渡也称线性过渡,是在加宽过渡段全长范围内按其长度成比例逐渐加宽的一种方式。加宽过渡段上,任意点的加宽值按下式计算:

$$b_x = \frac{L_x}{L_J} b \tag{2-49}$$

式中 L_x ——过渡段内任意点距加宽起点的距离(m);

L_J ——加宽过渡段长度(m);

b ——圆曲线上的全加宽值(m)。

比例过渡计算简单,但加宽后的路面内侧与行车轨迹不符,过渡段的起终点出现破折,路容不美观。这种方法用于二、三、四级公路的加宽过渡。

2. 高次抛物线过渡

在加宽过渡段上插入一条高次抛物线,抛物线上任意点的加宽值:

$$b_x = (4k^3 - 3k^4)b \tag{2-50}$$

式中 $k = \frac{L_x}{L_J}$;

其余符号同前。

用这种方法处理以后的路面内侧边缘圆滑、美观，适用于各级公路。

第一种方法计算简单，使用较多。为了路容的美观，宜尽量采用第二种方法，特别是高等级公路更应如此。

三、超高设计与计算

（一）超高横坡度的确定

当平曲线半径小于不设超高的最小半径时，应在曲线上设置超高。超高的横坡度根据公路等级、计算行车速度、平曲线半径，并结合路面类型、气候条件和车辆组成等条件确定。必要时应按运行速度予以验算。

各级公路圆曲线的超高值应根据上述情况按表2.29取值。

各级公路圆曲线最大超高值　　　　　　　　　　　　　　表2.29

公路等级	高速公路、一级公路	二级公路、三级公路、四级公路
一般地区（％）	8或10	8
积雪冰冻地区（％）	6	

注：高速公路、一级公路正常情况下采用8％；交通组成中小客车比例高时可采用10％。

各级公路圆曲线部分的最小超高值应与该公路直线部分的正常路拱横坡度值一致。

二级公路、三级公路、四级公路接近城镇且混合交通量较大的路段，车速受到限制时，其最大超高值可按表2.30执行。

车速受限制时最大超高值　　　　　　　　　　　　　　　表2.30

设计速度（km/h）	80	60	40
超高值（％）	6	4	2

各圆曲线半径所设置的超高值应根据设计速度、圆曲线半径、公路条件、自然条件等经计算确定。圆曲线半径与超高值的对应关系见《公路路线设计细则》条文说明表8.3.3。

（二）超高缓和段长度

1. 超高缓和段长度计算

超高缓和段的长度按下式计算：

$$L_c = \frac{B'\Delta_i}{p} \tag{2-51}$$

式中　L_c——超高缓和段长度（m）；

　　　B'——旋转轴至行车道（设路缘带时为路缘带）外侧边缘的宽度（m）；

　　　Δ_i——旋转轴外侧的超高与路拱坡度的代数差；

　　　p——超高渐变率，其值根据计算行车速度和超高过渡方式从表2.31中查取。

超高渐变率　　　　　　　　　　　　　　　　　　　　　表2.31

设计速度（km/h）	超高旋转轴位置	
	中　线	边　线
120	1/250	1/200
100	1/225	1/175

续表

设计速度（km/h）	超高旋转轴位置	
	中　线	边　线
80	1/200	1/150
60	1/175	1/125
40	1/150	1/100
30	1/125	1/75
20	1/100	1/50

根据上式计算的超高缓和段长度应取成5m的整倍数，并不小于10m的长度。

（1）无中间带的公路

绕行车道中心旋转： $B' = \dfrac{B}{2}$, $\Delta_i = i_h + i_G$ （2-52）

绕边线旋转： $B' = B$, $\Delta_i = i_h$ （2-53）

（2）有中间带的公路

绕中央分隔带边缘旋转： $B' = b_1 + B + b_2$, $\Delta_i = i_h + i_G$ （2-54）

绕各自行车道中心旋转： $B' = \dfrac{B}{2} + b_2$, $\Delta_i = i_h + i_G$ （2-55）

2. 超高缓和段的确定

超高缓和段长度主要从两个方面来考虑：一是从行车舒适性来考虑，缓和段长度越长越好；二是从横向排水来考虑，缓和段长度短些好，特别是路线纵坡较小时，更应注意排水的要求。

超高的过渡应在回旋线全长范围内进行。当回旋线较长时，其超高的过渡可采用以下方式：

（1）超高过渡段可设在回旋线的某一区段范围内，其超高过渡段的纵向渐变率不得小于1/330，全超高断面宜设在缓圆点或圆缓点处。

（2）六车道及其以上的公路宜增设路拱线。

四级公路超高的过渡应在超高过渡段的全长范围内进行。

对线形设计要求较高的公路，应在超高过渡段的起终点插入一段圆曲线或二次抛物线，以使连接圆滑、舒顺。

（三）超高过渡方式

1. 无中间带公路

1）超高横坡度等于路拱坡度时，将外侧车道绕路中线旋转，直至超高横坡值。

2）超高横坡度大于路拱坡度时，分别采用以下三种过渡方式：

（1）绕内侧车道边缘旋转：新建工程宜采用此种方式。

（2）绕路中线旋转：改建工程可采用此种方式。

（3）绕外侧车道边缘旋转：路基外缘标高受限制或路容美观有特殊要求时可采用此种方式。

2. 有中间带公路

（1）绕中间带的中心线旋转：中间带宽度小于或等于4.5m的公路可采用。

(2) 绕中央分隔带边缘旋转：各种宽度中间带的公路均可采用。

(3) 分别绕行车道中线旋转：车道数大于 4 条的公路可采用。

3. 分离式路基公路

分离式路基公路的超高过渡方式，宜按无中间带公路分别予以过渡。

(四) 横断面上超高值计算

1. 无中间带的公路

无中央带的公路的超高方式有三种，常用的只有两种：绕行车道中心旋转（简称绕中线）、绕未加宽未超高的内侧路面边缘旋转（简称边线旋转），前者一般适用于旧路改建，后者用于新建公路。以下超高值计算均为与设计高之高差，设计高的位置为路基外侧边缘。

(1) 绕内边线旋转先将外侧车道绕路中线旋转，待达到与内侧车道构成单向横坡后，整个断面再绕未加宽前的内侧车道边线旋转，直至超高横坡值。

(2) 绕中线旋转先将外侧车道绕路中线旋转，待达到与内侧车道构成单向横坡后，整个断面绕中线旋转，直至超高横坡度。表 2.32、表 2.33 中，可参见图 2.31。

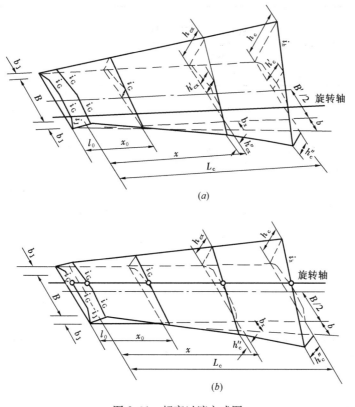

图 2.31 超高过渡方式图
(a) 绕内边线旋转；(b) 绕中线旋转

2. 有中间带的公路

有中间带的公路的超高方式有三种：绕中央分隔带边缘旋转；绕各自行车道中心旋转；绕中间带中心旋转。第一种方法适用于各种宽度的有中间带的公路，第二种方法适用于车道数＞4 的公路或分离式断面的公路，第三种方法适用于中间带宽度≤4.5m 的公路。

介绍这两种超高方式的超高计算如下。

绕内边线旋转超高值计算公式 表 2.32

超高位置		计算公式		备 注
		$x \leq x_0$	$x > x_0$	
圆曲线	外缘 h_c	$b_J i_J + (b_J + B) i_h$		1. 计算结果均为与设计高的高差;
	中线 h_c'	$b_J i_J + \dfrac{B}{2} i_h$		2. 临界断面距超高缓和段起点: $x_0 = \dfrac{i_G}{i_h} L_c$;
	内缘 h_c''	$b_J i_J - (b_J + b) i_h$		3. x 距离处的加宽值: $b_x = \dfrac{x}{L_c} b$
过渡段	外缘 h_{cx}	$b_J(i_J - i_G) + [b_J i_G + (b_J + B) i_h] \dfrac{x}{L_c}$ (或 $\approx \dfrac{x}{L_c} h_c$)		
	中线 h_{cx}'	$b_J i_J + \dfrac{B}{2} i_G$	$b_J i_J + \dfrac{B}{2} \cdot \dfrac{x}{L_c} i_h$	
	内缘 h_{cx}''	$b_J i_J - (b_J + b_x) i_G$	$b_J i_J - (b_J + b_x) \dfrac{x}{L_c} i_h$	

绕中线旋转超高值计算公式 表 2.33

超高位置		计算公式		备 注
		$x \leq x_0$	$x > x_0$	
圆曲线	外缘 h_c	$b_J(i_J - i_G) + \left(b_J + \dfrac{B}{2}\right)(i_G + i_h)$		1. 计算结果均为与设计高的高差;
	中线 h_c'	$b_J i_J + \dfrac{B}{2} i_G$		2. 临界断面距超高缓和段起点: $x_0 = \dfrac{2 i_G}{i_G + i_h} L_c$;
	内缘 h_c''	$b_J i_J + \dfrac{B}{2} i_G - \left(b_J + \dfrac{B}{2} + b\right) i_h$		3. x 距离处的加宽值: $b_x = \dfrac{x}{L_c} b$
过渡段	外缘 h_{cx}	$b_J(i_J - i_G) + \left(b_J + \dfrac{B}{2}\right)(i_G + i_h) \dfrac{x}{L_c}$ (或 $\approx \dfrac{x}{L_c} h_c$)		
	中线 h_{cx}'	$b_J i_J + \dfrac{B}{2} i_G$		
	内缘 h_{cx}''	$b_J i_J - (b_J + b_x) i_G$	$b_J i_J + \dfrac{B}{2} i_G - \left(b_J + \dfrac{B}{2} + b_x\right) \dfrac{x}{L_c} i_h$	

B——行车道宽度(m);
b_J——路肩宽度(m);
b——路基加宽值(m);
b_x——x 距离处的路基加宽值(m);
i_h——超高横坡度;
i_G——路拱横坡度;
i_J——路肩横坡度;
L_c——超高缓和段长度(或缓和曲线长度);
x_0——与路拱同坡度的单向超高点至超高缓和段起点的距离(m);
x——超高缓和段中任意一点至超高缓和段起点的距离(m)。

(1) 绕中央分隔带边缘旋转

将两侧行车道分别绕中央分隔带边缘旋转，使之各自成为独立的单向超高断面，此时中央分隔带维持原水平状态。内外侧都从超高缓和段起点开始超高。绕中央分隔带边缘旋转超高值计算公式见表2.34，图2.32。

表中仅列出了行车道外侧边缘和中央分隔带边缘的超高计算，对于硬路肩外侧边缘、路基边缘的超高值，根据路肩横坡和路肩宽度从行车道外侧边缘推算即可，这里不作说明（表2.35相同）。

(2) 绕各自行车道中心旋转

将两侧行车道分别绕各自的行车道中心线旋转，使之各自成为独立的单向超高断面，此时中央分隔带两边缘分别升高与降低而成为倾斜断面。内外侧都从超高缓和段起点开始超高。绕各自行车道中心旋转超高值计算公式见表2.35，图2.32。

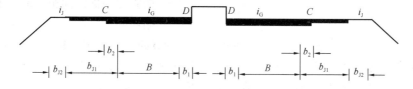

图2.32 超高计算点位置图

绕中央分隔带边缘旋转超高值计算公式　　　　表2.34

超高位置		计算公式	行车道横坡值	备 注
外侧	C	$(b_1+B+b_2)i_x$	$i_x=\dfrac{i_G+i_h}{L_c}x-i_G$	1. 计算结果为与设计高的高差； 2. 设计高程为中央分隔带外侧边缘D点的高程； 3. 加宽值b_x按加宽计算公式计算； 4. 当$x=L_c$时，为圆曲线上的超高值
	D	0		
内侧	D	0	$i_x=\dfrac{i_h-i_G}{L_c}x+i_G$	
	C	$-(b_1+B+b_x+b_2)i_x$		

绕各自行车道中心旋转超高值计算公式　　　　表2.35

超高位置		计算公式	行车道横坡值	备 注
外侧	C	$\left(\dfrac{B}{2}+b_2\right)i_x-\left(\dfrac{B}{2}+b_1\right)i_G$	$i_x=\dfrac{i_G+i_h}{L_c}x-i_G$	1. 计算结果为与设计高的高差； 2. 设计高程为中央分隔带外侧边缘D点的高程； 3. 加宽值b_x按加宽计算公式计算； 4. 当$x=L_c$时，为圆曲线上的超高值
	D	$-\left(\dfrac{B}{2}+b_1\right)(i_x+i_G)$		
内侧	D	$\left(\dfrac{B}{2}+b_1\right)(i_x-i_G)$	$i_x=\dfrac{i_h-i_G}{L_c}x+i_G$	
	C	$-\left(\dfrac{B}{2}+b_x+b_2\right)i_x-\left(\dfrac{B}{2}+b_1\right)i_G$		

表2.34、表2.35中：

B——左侧（或右侧）半幅行车道宽度（m）；

b_1——左侧路缘带宽度（m）；

b_2——右侧路缘带宽度（m）；

b_x——x距离处的路基加宽值（m）；

i_h——超高横坡度；

i_G——路拱横坡度；

x——超高缓和段中任意一点至超高缓和段起点的距离（m）。

四、路基土石方计算与调配

土石方计算与调配的主要任务是,计算路基土石方工程数量,合理进行土石方调配,并计算土石方的运量。为编制公路概(预)算、公路施工组织、施工计量支付提供依据。

(一)基本公式

路基土石方计算工作量较大,加之路基填挖变化的不规则性,要精确计算土石方体积是十分困难的。在工程上通常多采用近似计算。假定两相邻断面间为一棱柱体,如图 2.33 所示,按平均断面法计算,其公式为:

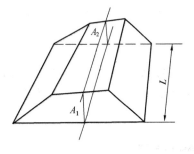

图 2.33 体积计算

$$V = \frac{1}{2}(A_1 + A_2)L \tag{2-56}$$

式中 A_1、A_2——两相邻断面的断面面积(m^2);
L——两相邻断面的间距(m),即两相邻断面的桩号差。

平均断面法计算简便、实用,是公路上目前常采用的方法。但其精度较差,该法只有当两相邻断面面积 A_1、A_2 相差不大时才较准确。当 A_1、A_2 相差较大时,则按棱台体公式则更为接近,其公式如下:

$$V = \frac{1}{3}(A_1 + A_2)L\left(1 + \frac{\sqrt{m}}{1+m}\right) \tag{2-57}$$

式中 $m = \frac{A_1}{A_2}$,其中 $A_2 > A_1$。

由式可知由此可知,当 $A_1 = A_2$ 时,$V = \frac{1}{2}(A_1 + A_2)L$;若 $A_1 = 0$,则 $V = \frac{1}{3}A_2L$。

由此可知,平均断面法的计算结果是偏大的。

(二)断面积计算

路基横断面面积为不规则的几何图形,计算方法有积距法、几何图形法、坐标法、方格法等多种方法。通常一般常用积距法和坐标法。

1. 积距法

如图 2.34,积距法的原理是:按单位宽度 b,把断面积切割成若干梯形与三角形条块,则每一小块面积为其平均高度 h_i 与 b 的乘积,即 $A_1 = bh_1$,$A_2 = bh_2$,……$A_n = bh_n$,总面积为:

$$A = A_1 + A_2 + \cdots + A_n = bh_1 + bh_2 + \cdots + bh_n = b\sum_{i=1}^{n} h_i \tag{2-58}$$

通常横断面图都是绘在方格米厘纸上的,直接可以用米厘格子 5mm 宽(等于 1m)来划分横断面。平均高度总和 Σh_i 用"卡规"法或用"纸条法"来求积距。其中纸条法多适用于求较大面积的积距。

2. 坐标法

如图 2.35,由解析几何公式很容易推出面积计算公式如下:

$$A = \frac{1}{2}\sum_{i=1}^{n}(x_i y_{i+1} - x_{i+1} y_i) \tag{2-59}$$

式中 x、y——设计线和地面线围成面积的各折点的坐标(m)。

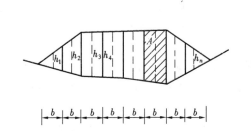
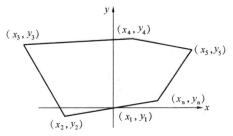

图 2.34 横断面面积计算（积距法）　　图 2.35 横断面面积计算（坐标法）

坐标法计算面积精度较高，但方法较烦琐，适用于计算机计算。路基土石方多采用表格计算。

（三）土石方的调配

土石方调配是指路基挖方合理移用填筑路堤，以及适当地布置取土坑及弃土堆的土石方调运量计算的工作。通过土石调配，合理地解决各种路段土石方平衡与利用问题，达到填方有所"用"，挖方有所"用"，避免不必要的路外借土和弃土，尽量减少占用耕地。

1. 调配要求

（1）土石方调配应按先横向后纵向的次序进行。横向调运则是指将本桩位内的挖方直接横向调运作本桩填方，达到横向平衡。纵向调运则是将本桩多余的挖方（称挖余）纵向运至其他桩号填筑或将其他桩号的挖余土石方运至本桩不足的填方（称填缺）进行填筑。由于横向调运就近填挖，运量小，先横向后纵向调运可减少总的运输量。

（2）纵向调运的最远距离一般应小于经济运距。路基填方的土石方来源，一是路上的纵向调运，二是就近在路基外借土。一般情况下，距离较近时纵向调运是比较经济的，但是如果调运的距离过长，以至于运价超过了在附近借方的费用时，纵向移挖作填就不如借方经济了。因此，是"调"还是"借"有一个限度问题，按费用经济计算的纵向调运的最大限度距离叫经济运距。计算的公式如下：

$$L_j = \frac{C}{C'} + L_m \tag{2-60}$$

式中　C——借方单价（元/m²）；
　　　C'——远运运费单价[元/（m³·km）]；
　　　L_m——免费运距（km）。

根据定额规定土方作业包括：挖、装、运、卸四项工序，在规定的距离内（一般人工运输为20m，轻轨运输为50m，汽车运输为1000m）只按方量计价，不另计运费，这一规定不单独计价的基本运距叫免费运距。在纵向调运计算运距时应扣除免费运距 L_m。

在调配时，应综合考虑不同的施工方法、运输条件、施工机械化程度及地形情况，选择合理的经济运距。在取土和弃土不受限制的路段，纵向调运运距应小于经济运距。

（3）土石方调运的方向应考虑桥涵位置和路线纵坡对施工运输的影响。一般情况下，不跨越深沟和少做上坡调运。

（4）借方、弃土方应与借土还田、整地建田相结合。尽量少占田地，减少对农业的影响。对于取土和弃土地点应事先同地方商量。

（5）不同性质的土方应分别调配。调运时可以石代土，但不能以土代石，以保证路基填方质量。调运时还要注意与人工构造物材料供应结合起来。

（6）回头曲线路段的土石调运，要优先考虑上下线的竖向调运。

2. 调配方法

土石调配应明确填挖情况、桥涵位置、纵坡、附近地形、施工方法和可借方和废方的地点等。调配可在土石方数量表上进行。首先进行横向调配，满足本桩号利用方的需要，然后计算挖余和填缺的数量。

根据挖余和填方分布情况，可以大致看出调运的方向和数量，结合纵坡情况和经济运距对利用方进行纵向调配，而后填方若有不足或挖方未尽利用，再选定废土或借土的合适地点，确定借方或废方数量。调配一般在本公里范围内进行，必要时也可跨公里调配，但需将数量和方向分别注明。

调配的结果示于土石方数量表上，并可按下式复核：

横向调运＋纵向调运＋借方＝填方

横向调运＋纵向调运＋弃方＝挖方

挖方＋借方＝填方＋弃方

最后计算得计价土石方数量，即

计价土石方数量＝挖方数量＋借方数量

五、横断面设计简介

1. 路基设计计算

路基设计计算包括每个横断面方向上的宽度及设计标高的计算（即路基加宽和超高计算），并将计算结果填入路基设计表。路基设计表是公路设计文件中的主要技术文件之一，它是综合路线平、纵、横设计资料汇编而成的，在表中填入公路平面线形、纵断面设计资料以及路基加宽、超高等数据。它是路基横断面设计的基本依据，也是施工放样、检查校核及竣工验收的依据。

路基设计表的填写方法如下：

（1）"桩号"、"地面标高"栏从中桩测量资料抄录；

（2）"平曲线"栏从平面资料抄录，供加宽、超高计算用；

（3）"竖曲线"栏从纵断面资料抄录，分别填入变坡点的桩号、高程、前后的坡度和坡长、竖曲线的要素、起终点桩号；

（4）"设计高程"、"填挖高度"栏从纵断面设计资料中抄录，其中填为"＋"，挖为"－"；

（5）"路基宽度"栏分别为路基左右侧路幅宽度值（高等级公路和低等级公路由于路幅组成不同而不同），有加宽的地方要进行加宽计算；

（6）"以下各点与设计高之高差"（"以下各点的设计高程"）栏为按一定超高方式进行超高计算后，与路基宽度相对应的各点相对于设计高程位置的高差（与路基宽度相对应的各点的高程），通过超高计算获得；

（7）"施工时中桩填挖高度"栏（高等级公路没有此栏）为"填挖高度"栏与"以下各点与设计高之高差"栏中路中线的高差相加。

2. 确定路基标准横断面图

路基横断面的形式及其横断布置、构造尺寸（主要包括路幅尺寸、坡度值、变坡高度、护坡道宽度、边沟尺寸、排水沟尺寸、截水沟位置与尺寸、挖台阶的宽度等）和选用条件均要参考路基标准横断面图进行设计和绘制，所以应先绘制路基标准横断面图。标准横断面图中应包括路基横断面中各种可能的形式及有关的支挡防护形式。

3. 绘制路基横断面图

路基横断面图的绘制按如下步骤进行：

（1）根据横断面测量资料按1:200（或1:400）的比例绘制横断面地面线；

（2）根据路基设计表中的有关数据，绘制路幅的位置和宽度；

（3）参照路基标准横断面图绘制路基边坡线与地面线相交，并在需要设置支挡防护处绘制支挡结构物的断面图；

（4）检查弯道路段横断面内侧的视距是否满足要求，是否需要清除障碍及设置视距台；

（5）根据综合排水设计，绘制路基边沟、排水沟和截水沟等在横断面上的位置。

横断面图中各个断面的排列顺序是按里程从左向右、从下到上排列，每个断面图上一般需要标明桩号、左右路基宽度、中桩填挖高、填挖面积。

4. 土石方计算和调配

横断面图绘制完后，可以计算土石方数量，并对土石方进行合理的调配。

横断面设计完成后应提供的最终成果有：路基设计表、路基标准横断面图、路基横断面图、土石方数量表、每公里土石方数量表。

5. 横断面设计成果简介

根据《公路工程基本建设项目设计文件编制办法》规定，公路路基设计的主要成果及要求如下：

（1）路基设计表：列出平曲线要素、纵坡（坡度、坡长、变坡点桩号及高程）、竖曲线要素、桩号、地面高程、设计高程、填挖高度、路基宽度（原宽、加宽、加宽后总宽）、缓和长度、超高值（左、右）、路基边缘与设计高之差（左、右）等。边沟（排水沟）需特殊设计时还应列出沟底纵坡设计资料、形状及尺寸、沟底高程（左、右）。

（2）边沟（排水沟）设计表：列出桩号、地面高程、设计高程，按左、右侧分别列出边沟或排水沟形式及尺寸、沟中心至中桩距离及沟底纵坡（设计资料、沟底高程、说明等）。

（3）路基标准横断面图：示出路中心线、行车道、拦水缘石、土路肩、路拱横坡、边坡、护坡道、边沟、碎落石、截水沟、用地界碑等各部分组成及其尺寸、路面宽度及概略厚度。

（4）路基一般设计图：绘出一般路堤、路堑、半填半挖路基、高填方路堤、深挖路基、水田内路堤及沿河（江）及水塘（库）等不同形式的代表性路基设计图，并应分别示出路基、边沟、碎落台、截水沟、护坡道、排水沟、边坡率、护脚墙、护肩、护坡、挡土墙等防护加固结构形式和标注主要尺寸。

（5）路基横断面设计图：绘出所有整桩、加桩的横断面图，示出加宽、超高、边坡、边沟、截水沟、碎落台、护坡道、路侧取土坑、开挖台阶及视距台等，注明用地界。挡土墙、护面墙、护脚、护肩、护岸、边坡加固、边沟（排水沟）及截水沟加固等均绘在本图上，并注明起讫桩号、圬工种类及断面尺寸（另绘有防护工程设计图的只绘出示意图，注明起讫桩号和设计图编号）。

（6）超高方式图：分类型绘出超高纵断面、缓和段代表性超高横断面，注出主要尺寸、超高渐变率、横坡及超高值。

（7）路基土石方数量表：列出桩号、断面积、平均断面积、挖方（总体积、土类、石类）、填方（总体积、填土及填石（分压实方和自然方））、本桩利用方、余方、欠方、远运利用方、调配示意、运量、借方（分土类、石类、运距、运量）、弃方（土、石、运距、运量）等。

（8）路基每公里土石方数量表：列出起讫桩号、长度、挖方（总体积、土类、石类）、填方（总石（分压实方和自然方）、本桩利用方、远运利用方、借方）、弃方、总运量、计价土。

（9）路基土石方运量统计表：列出起讫桩号、施工方法（人工施工土方、推土机施工土方、铲运机施工土方、挖土机配自卸汽车施工土方、人工施工石方、机械施工石方（人工清运）、机械施工石方（机械清运）等）、数量、平均运距。

（10）路基防护工程数量表：列出起讫桩号、工程名称、主要尺寸及说明、单位、数量（左、右）、工程及材料数量等（包括挡土墙、护墙、护脚、护肩、边坡加固、驳岸、护岸、防水堤坝等）。

第六节 公路设计示例

一、设计依据与标准

×××高速公路简介

1. 设计依据

（1）×××高速公路勘察设计合同；

（2）×××高速公路初步设计文件及修编文件；

（3）×××高速公路初步设计的批复；

（4）《公路工程技术标准》JTG B01—2014；

（5）《公路路线设计规范》JTG D20—2006；

（6）《公路路基设计规范》JTG D30—2015；

（7）《公路路基施工技术规范》JTG F10—2006。

2. 沿线自然条件

因篇幅关系，从略。

3. 设计标准

本项目主要技术标准（按《公路工程技术标准》JTG B01—2014）及采用值见表2.36。

主要技术标准及采用值　　　　　　表2.36

序号	技术指标名称	单位	规范值	主线采用值	备注
1	路线长度			2.697	
2	计算行车速度	km/h	100	100	

续表

序号	技术指标名称	单位	规范值	主线采用值	备注
3	平曲线最小半径（超高4%）	m	500	1500	
4	不设超高的最小平曲线半径	m	4000	4000	
5	最小缓和曲线长度	m	85	280	
6	同向平曲线间最小距离	m	600		
7	反向平曲线间最小距离	m	200	555.654	
8	停车视距	m	160	160	
9	最大纵坡及坡长	%/m	4/800	1.553/627.426	
10	最小坡长	m	250	627.426	
11	凸型竖曲线最小半径	m	6500		
12	凹型竖曲线最小半径	m	3000	30000	
13	路基宽度	m	26.00	26.00	
14	行车道宽度	m	4×3.75	4×3.75	
15	设计荷载		公路Ⅰ级	公路Ⅰ级	
16	桥梁净宽	m		2×11.50	
17	地震烈度	度	Ⅵ		
18	设计洪水频率		1/100（特大桥 1/300）		
19 桥梁通道净空	高速公路	m	≥5	≥5	
	汽车通道	m	≥3.5	≥3.5	
	机耕通道	m	≥2.7	≥2.7	
	人行通道	m	≥2.2	≥2.2	

4. 技术经济指标

主要技术经济指标，因篇幅关系，从略。

二、平面设计

1. 平面设计的要求

（1）平面线形应直捷、连续、均衡，并与地形、地物相适应，与周围环境相协调；

（2）公路不论转角大小均应敷设曲线，并尽量选用较大的圆曲线半径。公路转角过小时，应设法调整平面线形，当不得已而设置小于7°的转角时，则必须按规定设置足够长的曲线；

（3）两同向圆曲线间应设有足够长度的直线，不得以短直线相连，否则应调整线形使之成为一个单曲线或复曲线或运用回旋线组合成卵形、凸形、复合形等曲线；

（4）两反向圆曲线间夹有直线段时应设置不小于最小直线长度的直线段为宜，否则应调整线形或运用回旋线组合成S形曲线；

（5）应避免连续急弯的线形，可在圆曲线间插入足够长的直线或回旋线。

2. 平面设计标准

本项目属于重丘区，计算行车速度为100km/h，设计路基宽度为26m。公路平面线

形应由直线、圆曲线、回旋线三种要素组成,其设计标准如下:

(1) 同向圆曲线间最小直线长度不小于设计速度(km/h)的6倍为宜;反向圆曲线最小直线长度不小于2倍为宜。

(2) 圆曲线最大半径不宜超过10000m;圆曲线最小半径值(最大超高4%)500m、(最大超高6%)440m(最大超高8%)400m;不设超高的圆曲线最小半径4000m。

(3) 回旋线最小长度为85m。

(4) 圆曲线最大超高值选择8%,超高过渡方式采用绕中央分隔带边缘旋转,相应超高渐变率为1/175。超高的过渡应在回旋线全长范围内进行。当回旋线较长时,其超高的过渡段可设在回旋线的某一区段范围内,其超高过渡段的纵向渐变率不得小于1/330,全超高断面宜设在缓圆点或圆缓点处。

(5) 平曲线最小长度一般值为500m,最小值为170m。

(6) 高速公路的视距采用停车视距,本项目视距选择160m。

3. 导线要素及坐标计算

导线要素计算包括:导线间距离;导线方位角、偏角;圆曲线及组和曲线长、外距、切线长;交点及曲线特征桩号;公路逐桩坐标计算。

本项目有两控制交点:JD_1和JD_2,另有起点JD_0及终点JD_3,其坐标见表2.37。

各交点坐标表 表2.37

控制点	X	Y	控制点	X	Y
JD_0	2989187.91769246	485738.57890221	JD_2	2987138.01085911	485522.06277117
JD_1	2988583.44774848	485496.25256523	JD_3	2986547.08894018	485354.7014965

1) 交点间距和转角计算

设起点坐标为JD_0(X_{J0},Y_{J0}),第i个交点的坐标为JD_i(X_{Ji},Y_{Ji}),$i=1, 2\cdots\cdots n$,则

坐标增量:
$$\left.\begin{array}{l} DX = X_{Ji} - X_{Ji-1} \\ DY = Y_{Ji} - Y_{Ji-1} \end{array}\right\} \quad (2\text{-}61)$$

交点间距:$s = \sqrt{(DX)^2 + (DY)^2}$ (2-62)

象限角:$\theta = \arctan\left|\dfrac{DY}{DX}\right|$ (2-63)

计算方位角 A: $DX>0$,$DY>0$, $A=\theta$
$DX<0$,$DY>0$,$A=180-\theta$
$DX<0$,$DY<0$,$A=180+\theta$
$DX>0$,$DY<0$,$A=360-\theta$

转角:$\alpha_i = A_i - A_{i-1}$ (2-64)

α为"+"时,路线右偏;α为"-"时,表示左偏。

根据前面表2.37 JD_0、JD_1、JD_2、JD_3点的坐标,可以计算交点间距及转角,如表2.38所示。

交点间距及转角计算法 表2.38

点名	坐标		坐标增量		交点间距	方位角	路线转角
	X_i	Y_i	DX	DY			
JD_0	2989187.918	485738.5789					
			−604.469944	−242.326337	651.2341873	201°50′43.4″	
JD_1	2988583.448	485496.2526					左 22°52′06.1″
			−1445.43689	25.81020594	1445.667309	178°58′37.3″	
JD_2	2987138.011	485522.0628					右 16°50′10.3″
			−590.921919	−167.361275	614.1648887	195°48′47.6″	
JD_3	2986547.089	485354.7015					

2) 曲线要素与主点桩计算

本项目交点两个,分别为 JD_1 和 JD_2,其中 JD_1 桩号 K65+851.234,半径 $R=1500$m,组和曲线长度 $L_h=280$m,转角 $\theta_L=22°52′06.1″$;JD_2 桩号 K67+288.026,半径 $R=2000$m,组和曲线长度 $L_h=300$m,转角 $\theta_L=16°50′10.3″$。

JD_1 桩号计算

曲线要素计算:

$$\beta_0 = \frac{90}{\pi R}L_h = 5°20′51″$$

$$\Delta R = \frac{L_h^2}{24R} - \frac{L_h^4}{2688R^3} = 2.18\text{m}$$

$$q = \frac{L_h}{2} - \frac{L_h^3}{240R^2} = 139.96\text{m}$$

$$T = (R+\Delta R)\tan\frac{\theta}{2} + q = T' + q = 443.78\text{m}$$

$$L_y = l - 2L_h = R\frac{\pi}{180}(\theta - 2\beta_0) = 318.69\text{m}$$

$$L = R\frac{\pi}{180}\theta + L_h = R\frac{\pi}{180}(\theta - 2\beta_0) + 2L_h = 878.69\text{m}$$

$$E = (R+\Delta R)\sec\frac{\theta}{2} - R = 32.60\text{m}$$

$$J = 2T - L = 8.88\text{m}$$

主点桩号计算

$$ZH = JD - T = K65+407.451$$
$$HY = ZH + L_h = K65+687.451$$
$$YH = HY + L_y = K66+006.141$$
$$HZ = YH + L_h = K66+286.141$$
$$QZ = HZ - L/2 = K65+846.796$$
$$JD = QZ + J/2 = K65.851.234$$

JD_2 桩号计算,因篇幅关系从略。

3) 坐标计算

编制计算机程序或采用《道路勘测设计》坐标计算公式计算,附部分计算结果见表2.39。

逐桩坐标表（部分） 表2.39

桩 号	坐 标		桩 号	坐 标	
	N(X)	E(Y)		N(X)	E(Y)
K65+200	2989187.918	485738.5789	K65+328.349	2989068.785	485690.8198
K65+220	2989169.354	485731.1368	K65+329.745	2989067.49	485690.3004
K65+240	2989150.79	485723.6948	K65+340	2989057.971	485686.4845
K65+260	2989132.226	485716.2527	K65+360	2989039.407	485679.0424
K65+270.349	2989122.62	485712.4018	K65+365.681	2989034.134	485676.9285
K65+280	2989113.662	485708.8106	K65+380	2989020.843	485671.6003
K65+284.873	2989109.139	485706.9974	K65+400	2989002.279	485664.1583
K65+287.540	2989106.664	485706.005	K65+407.450	2988995.364	485661.3861
K65+300	2989095.099	485701.3686	K65+420	2988983.715	485656.7169
K65+302.050	2989093.196	485700.6058	K65+440	2988965.147	485649.2868
K65+320	2989076.535	485693.9265	K65+451.249	2988954.698	485645.1193
K65+327.973	2989069.134	485690.9597	K65+455.202	2988951.025	485643.6575
K65+328.128	2989068.99	485690.9021	K65+460	2988946.567	485641.8855

4. 视距

各级公路每条车道的停车视距规定如表2.40所示。平曲线上视距符合要求。

停 车 视 距 表2.40

设计速度（km/h）	120	100	80	60
停车视距（m）	210	160	110	75

三、纵断面设计

1. 纵断面设计要求

基本要求是纵坡均匀平顺，起伏和缓，坡长和竖曲线长短适当，平面和纵面组合设计协调，以及填挖经济、平衡。具体要求如下：

（1）纵断面设计应满足纵坡和竖曲线的各项规定（最大纵坡、最小纵坡、坡长限制、竖曲线最小半径及长度等）。

（2）为保证车辆能以一定速度安全顺适地行驶，纵坡应具有一定的平顺性，起伏不宜过大和过于频繁。尽量避免采用极限纵坡值。

（3）设计标高的确定，应结合沿线自然条件如地形、土壤、地质、水文、气候、排水等和各种构造物控制标高等因素综合考虑。

（4）纵断面的设计应与平面线形和周围自然景观相协调，即应考虑人体视觉心理上的要求，按照平竖曲线相协调及半径的均衡，来确定纵断面的设计线。

（5）一般情况下纵断面设计，应考虑填挖平衡，尽量就近移挖作填，以减少借方和弃方，降低造价和节省用地，保证自然环境。

（6）应考虑大中桥引道及隧道两端接线等，纵坡应和缓。

2. 纵断面设计标准

设计标高采用中央分隔带的外侧边缘标高，通常路基设计洪水频率宜为1/100。坡度及其他标准如下：

(1) 项目区为重丘区，按《公路路线设计规范》JTG D20—2006 要求，其最大纵坡为 4%。桥梁引道及隧道两端路线纵坡可适当放缓。

(2) 公路纵坡的最小坡度宜为 250m。最大坡长按纵坡的坡度变化，当纵坡坡度为 3%时，最大坡长为 1000m，当纵坡坡度为 4%时，最大坡长为 800m，当纵坡坡长为 5%时，其最长坡长 600m。

(3) 公路最大合成坡度为 10%，特殊情况可折减。

(4) 公路竖曲线最小半径和竖曲线最小长度规定如表 2.19 所示。

3. 纵坡设计

(1) 纵坡设计必须满足《公路路线设计规范》JTG D20—2006 关于纵坡的有关规定，不轻易使用极限值。

(2) 纵坡应力求平缓，避免连续陡坡、过长陡坡和反坡。纵面线形应连续、平顺、均衡，并重视平纵面线形的组合。

(3) 纵坡设计应结合自然条件综合考虑。为利于路面和边沟排水，公路纵坡不小于 0.3%为宜。在受洪水影响的沿河路段及平原区的低洼路段，应保证路线的最低标高，以免受洪水冲刷，确保路基稳定。

(4) 纵坡设计应争取填挖平衡，尽量利用挖方作就近填方，以减少借方和废方，降低工程造价。

(5) 桥梁桥面标高、桥上及桥头路线纵坡应满足要求。隧道内纵坡不应大于 3%，不小于 0.3%。

4. 竖曲线设计及计算

1) 竖曲线设计的要求

(1) 宜选用较大的竖曲线半径。

(2) 注意相邻竖曲线的衔接。

(3) 竖曲线设置应满足排水需要。

2) 竖曲线半径的选用

公路竖曲线最小半径和竖曲线最小长度规定如表 2.19 所示。为获得平顺而连续的线形及满足视觉上的需要，竖曲线半径可参照表 2.20 选用。

3) 竖曲线设计计算

竖曲线设计计算原理参考本章第四节。

第一变坡点计算：

第一变坡点里程桩号为 K65+860，该点高程为 298.0542m，相邻两坡段纵坡为 $i_1=-1.11\%$，$i_2=0.53\%$。竖曲线半径 30000m。现计算如下：

$\omega = i_2 - i_1 = 0.0053 - (-0.0111) = 0.0164$，为凹形。

竖曲线长度 $L = R \times \omega = 30000 \times 0.0164 = 492$m

切线长 $$T = \frac{L}{2} = 246\text{m}$$

外距 $$E = \frac{T^2}{2R} = 1.01\text{m}$$

竖曲线起点桩号为 K65+860.000−246=K65+614.000

竖曲线起点高程为 298.05－246×（－1.11％）＝300.78（m）

竖曲线终点桩号为 K65＋860.000＋246＝K66＋106.000

竖曲线终点高程为 298.05＋246×0.53％＝299.36（m）

中间各点高程以桩距 20m 按竖曲线上任一点竖距 $h:h=\dfrac{x^2}{2R}$，列表 2.41。

对于凹形竖曲线，设计标高＝切线高程＋h。

竖曲线计算表　　　　　　　　　　　表 2.41

桩号	坡段高程(m)	标高改正值 h (m)	竖曲线高程(m)	桩号	坡段高程(m)	标高改正值 h (m)	竖曲线高程(m)
K65＋614	300.78	0.00	300.78	＋880	298.16	0.85	299.01
＋620	300.72	0.00	300.72	＋900	298.27	0.71	298.97
＋640	300.50	0.01	300.51	＋920	298.37	0.58	298.95
＋660	300.27	0.04	300.31	＋940	298.48	0.46	298.94
＋680	300.05	0.07	300.12	＋960	298.58	0.36	298.94
＋700	299.83	0.12	299.95	＋980	298.69	0.26	298.95
＋720	299.61	0.19	299.80	K66＋000	298.80	0.19	298.98
＋740	299.39	0.26	299.65	＋020	298.90	0.12	299.03
＋760	299.16	0.36	299.52	＋040	299.01	0.07	299.08
＋780	298.94	0.46	299.40	＋060	299.11	0.04	299.15
＋800	298.72	0.58	299.30	＋080	299.22	0.01	299.23
＋820	298.50	0.71	299.21	＋100	299.33	0.00	299.33
＋840	298.28	0.85	299.13	K6＋6106	299.36	0.00	299.36
K65＋860	298.05	1.01	299.06				

第二变坡点计算，因篇幅关系，从略。

5. 平纵组合设计

公路线形最终是以平、纵、横面所组合的立体线形反映于驾驶员的视觉上，为保证汽车行驶的安全与舒适，应把道路平、纵面结合作为立体线形来分析研究。平面线形与纵断线形的组合，不仅要满足汽车的动力特性要求，而且应充分考虑驾驶员在视觉、心理和安全上的要求。因此需考虑如下：

（1）平、纵线形组合设计原则为宜相互对应。

（2）长直线不宜与坡陡或半径小且长度短的竖曲线组合。

（3）长的平曲线内不宜包含多个短的竖曲线；短的平曲线不宜与短的竖曲线组合。

（4）半径小的圆曲线起、讫点，不宜接近或设在凸形竖曲线的顶部或凹形竖曲线的底部。

（5）长的竖曲线内不宜设置半径小的平曲线。

（6）凸形竖曲线的顶部或凹形竖曲线的底部，不宜同反向平曲线的拐点重合。

（7）复曲线、S 形曲线中的左转圆曲线不设超高时，应采用运行速度对其安全性予以验算。

通常竖曲线的起终点最好分别放在平曲线的两个缓和曲线内，其中任一点都不要放在缓和曲线以外的直线上，也不要放在圆弧段之内。

本设计平纵组合适当，竖曲线起终点在缓和曲线内，平曲线包含相应的竖曲线。详细见纵断面设计图。

四、横断面设计

1. 公路横断面组成及设计

据设计要求，本项目为重丘区高速公路，拟定车道数为双向四车道。路基横断面采用整体式路基。整体式路基标准横断面由行车道、中间带、路肩（右侧硬路肩、土路肩）等部分组成，如图2.29所示。

本项目为双向四车道高速公路，设计速度为100km/h，根据《公路路线设计规范》JTG D20—2006，路基宽度取26m，取设计车道宽度为3.75m，得总车道宽度为3.75×4=15m，高速公路车速为100km/h设置硬路肩和土路肩，硬路肩（包括右侧路缘带）宽度为3×2=6.0m，土路肩的宽度为0.75×2=1.5m，中间带宽度为3.5m，其中中央分隔带2m，左侧路缘带为0.75×2=1.5m。如图2.36所示。

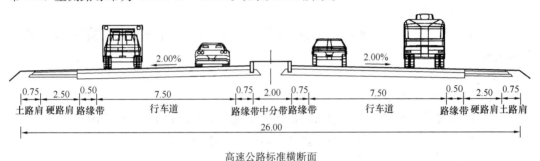

高速公路标准横断面

图2.36 26米高速公路标准横断面图

2. 中间带及分隔带

本设计中间带宽度3.0m，其中左侧路缘带2×0.5m，中央分隔带宽度2.0m。一般情况下，以每2km设一处开口为宜。开口位置应设在通视良好的路段，若位于曲线路段，其平曲线半径大于700m为宜。在互通式立体交叉、隧道、大桥、服务区等设施前后必须设置开口。开口端部形状采用半圆形。

3. 路拱、边沟和边坡

1) 路拱

《公路路线设计规范》JTG D20—2006规定，位于中等强度降雨地区时，路拱坡度宜为2%。位于降雨强度较大地区时，路拱坡度可适当增大。本项目路拱坡度为2%，土路肩的横向坡度为3%。路拱坡度应该采用双向坡面，由道路中央向两侧倾斜。

2) 边沟

本设计采用梯形边沟，底宽和深度为0.6m。附图从略。

3) 边坡

本设计边坡设三级边坡，坡高为6m，一级边坡坡度1:1.5，二级边坡坡度1:1.75，三级边坡坡度1:2.0。一级边坡设碎落台宽度1.5m。附图从略。

4. 超高、加宽设计

1) 加宽设计

《公路路线设计规范》JTG D20—2006规定，当平曲线半径大于250m时，可以对平曲线不进行加宽,本项目的设计平曲线半径均大于250m,所以不用对平曲线进行加宽设计。

2) 超高设计

为抵消车辆在曲线路段上行驶时所产生的离心力,在该路段横断面上设置的外侧高于内侧的单向横坡。当平曲线的半径小于不设超高的最小半径时,应在曲线上设置相应的超高。超高的横坡度根据公路的等级、计算的行车速度、平曲线的半径,并结合路面类型、气候条件和车辆组成等条件确定。

(1) 超高坡度

超高横坡度的计算公式:

$$i_h = \frac{V^2}{127R} - \mu \tag{2-65}$$

式中 μ——横向力系数;

V——设计速度;

R——曲线半径。

规范规定高速公路、一级公路最大超高值为8%或10%,本项目超高值为3%,符合规范要求。

(2) 超高方式

高速公路超高方式如下:

① 绕中间带的中心线旋转:中间带宽度小于或等于4.5m的公路可采用。

② 绕中央分隔带边缘旋转:各种宽度中间带的公路均可采用。

③ 分别绕行车道中线旋转:车道数大于4条的公路可采用。

本项目选择②绕中央分隔带边缘旋转方式。

(3) 超高缓和段长度的确定

① 超高缓和段长度的计算:

超高缓和段的长度按下式计算:

$$L_c = \frac{B'\Delta i}{p} \tag{2-66}$$

式中 L_c——超高缓和段长度(m);

B'——旋转轴至行车道(设路缘带时为路缘带)外侧边缘的宽度(m);

Δi——超高坡度与路拱坡度的代数差(%);

p——超高渐变率,即旋转轴与行车道(设路缘带时为路缘带)外侧边缘之间的相对坡度。其值如表2.31所示。

根据上式计算的超高缓和段长度应取成5m的整倍数,并不小于10m长度。

② 超高缓和段的确定

超高缓和段长度主要从两个方面来考虑:一是从行车过程中的舒适性来考虑,缓和段长度越长越好;二是从横向排水方面来考虑,缓和段长度短些好,特别是路线纵坡较小,更注意排水得要求。

确定缓和段长度 L_c 时应考虑以下几点:

a. 一般情况下,取 $L_c = L_h$(缓和曲线长度),即超高过渡在缓和曲线全长范围之内进行。

b. 若 $L_h > L_c$，但只要横坡从路拱横坡（-2%）过渡到（2%）时的，超高渐变率 $P \geqslant 1/330$，仍取 $L_c = L_h$。

第一平曲线主点桩号分别为：$ZH = K65+407.450$、$HY = K65+687.450$、$QZ = K65+846.796$、$YH = K66+006.143$、$HZ = K66+286.143$。平曲线半径 $R = 1500$m 和曲线 $L_h = 280$m，曲线左偏，路幅宽度组成为 $2 \times (1.0+0.75+7.5+3.0+0.75)$m，其中外侧右侧路缘带 0.5m 宽包含在 3.0m 硬路肩内。根据公路等级、设计速度和平曲线半径查表得圆曲线的超高值 $i_h = 3\%$，一般采用绕中央分隔带边缘旋转，超高渐变率 $p = 1/175$。外侧土路肩不超高。

确定超高缓和段长度

$$L_c = \frac{B' \Delta i}{p} = \frac{(0.75+7.5+0.5) \times (3\%+2\%)}{1/175} = 76.56\text{m}$$

缓和曲线 $L_h = 280$m $> L_c = 76.56$m，先取 $L_c = L_h = 280$m，然后检查横坡从路拱横坡 -2% 过渡到 3% 时得超高渐变率：

$$p = \frac{(0.75+7.5+0.5) \times (3\%+2\%)}{280} = \frac{1}{640} < \frac{1}{330}$$

因为不设超高的半径为 4000m，此点距 ZH 点的距离为：

$$L = \frac{A^2}{4000} = \frac{1500 \times 280}{4000} = 105\text{m}$$

据此确定的超高缓和段长度为：280-105=175m，取整 175m。横坡从路拱横坡 -2% 过渡到 3% 时得超高渐变率：

$$p = \frac{(0.75+7.5+0.5) \times (3\%+2\%)}{175} = \frac{1}{400} < \frac{1}{330}$$

不能满足排水要求，因此考虑前述因素，最小可取 80m，采用纬地软件设计，纬地取 95m，便于同图文一致，本计算相应取 95m。当然也可以修改纬地超高文件，同计算相一致。

$$p = \frac{(0.75+7.5+0.5) \times (3\%+2\%)}{95} = \frac{1}{217.14} > \frac{1}{330}$$

可以满足着排水及要求。

计算临界断面 x_0

$$x_0 = \frac{2i_G}{i_G + i_h} L_c = 76\text{m}$$

计算各桩号处的超高值：

超高起点为 K65+592.450（K66+101.143）。直线段的硬路肩坡度与行车道相同，为 2%；土路肩为 3%。圆曲线内侧的土路肩、内外侧的硬路肩坡度与行车道的坡度相同，均为 3%；外侧的土路肩为 -3%（即向路面外侧）。内侧土路肩坡度过渡段的长度为：

$$l_{0内} = \frac{(3\%-2\%) \times 0.75}{1/100} = 0.75\text{m}$$

取 $l_0 = 1$m，内侧土路肩坡度在超高缓和段起点之前（即 K65+591.450～K65+592.450、K66+101.143～K66+102.143 段内完成路肩的过渡）变成 -3%，与路面横坡相同。

分别计算出各桩号距离超高点的 x 值，然后分别代人表 2.34 的计算公式中。计算结果见表2.42。

超高值计算结果　　　　　　　　　　　　表2.42

桩号	x (m)	内侧（左侧）				外侧（右侧）			
		A (m)	B (m)	C (m)	D (m)	D (m)	C (m)	B (m)	A (m)
K65+407.450（ZH）	直线段	−0.248	−0.225	−0.175	0.000	0.000	−0.175	−0.225	−0.248
65592.45	超高点	−0.248	−0.225	−0.175	0.000	0.000	−0.175	−0.225	−0.248
65600	7.550	−0.248	−0.225	−0.175	0.000	0.000	−0.140	−0.180	−0.203
65620	27.550	−0.248	−0.225	−0.175	0.000	0.000	−0.048	−0.062	−0.084
65640	47.550	−0.248	−0.225	−0.175	0.000	0.000	0.044	0.057	0.034
65668.45	76.000	−0.248	−0.225	−0.175	0.000	0.000	0.175	0.225	0.203
65680	87.550	−0.313	−0.293	−0.228	0.000	0.000	0.228	0.293	0.271
K65+687.450（HY）	圆曲线	−0.360	−0.338	−0.263	0.000	0.000	0.263	0.338	0.315
K65+846.796（QZ）	圆曲线	−0.360	−0.338	−0.263	0.000	0.000	0.263	0.338	0.315
K66+006.143（YH）	圆曲线	−0.360	−0.338	−0.263	0.000	0.000	0.263	0.338	0.315
66020.000	81.143	−0.272	−0.255	−0.199	0.000	0.000	0.199	0.255	0.233
66025.143	76.000	−0.248	−0.225	−0.175	0.000	0.000	0.175	0.225	0.203
66040.000	61.143	−0.248	−0.225	−0.175	0.000	0.000	0.107	0.137	0.115
66060.000	41.143	−0.248	−0.225	−0.175	0.000	0.000	0.014	0.019	−0.004
66080.000	21.143	−0.248	−0.225	−0.175	0.000	0.000	−0.078	−0.100	−0.122
66101.143	超高点	−0.248	−0.225	−0.175	0.000	0.000	−0.175	−0.225	−0.248
K66+286.143（HZ）	直线段	−0.248	−0.225	−0.175	0.000	0.000	−0.175	−0.225	−0.248

注：表中 A（路基外侧边缘）、B（硬路肩外侧边缘）、C（外侧路缘带边缘）、D（中央分隔带边缘）点距离中内分隔带边缘的宽度分别为 12m、11.25m、8.75m、0m。

第二平曲线计算，因篇幅关系，从略。

3) 超高设计图

图2.37、图2.38从距缓和曲线起点185m、205m开始超高，外侧逐渐抬高，内侧不变，至距HY点19m时，内侧同外侧一同超高，直至缓和曲线终点（HY）超高达到全值，其间是按直线变化，符合缓和曲线上的曲率变化规律，也符合行车离心力的变化规律。在路面外侧边线抬高过程中，与中线相交一次，此点路面外侧横坡为0，对横向排水不利。

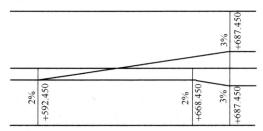

图2.37　K65+407.450（ZH）～K65+687.450（HY）超高设计图

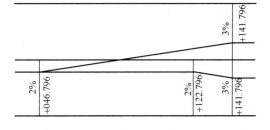

图2.38　K66+841.796（ZH）～K67+141.796（HY）超高设计图

5. 横断面视距的保证

根据横断面视距计算，本项目横断面视距符合要求。

6. 路基土石方的计算与调配

路基土石方的计算与调配，因篇幅关系，从略。

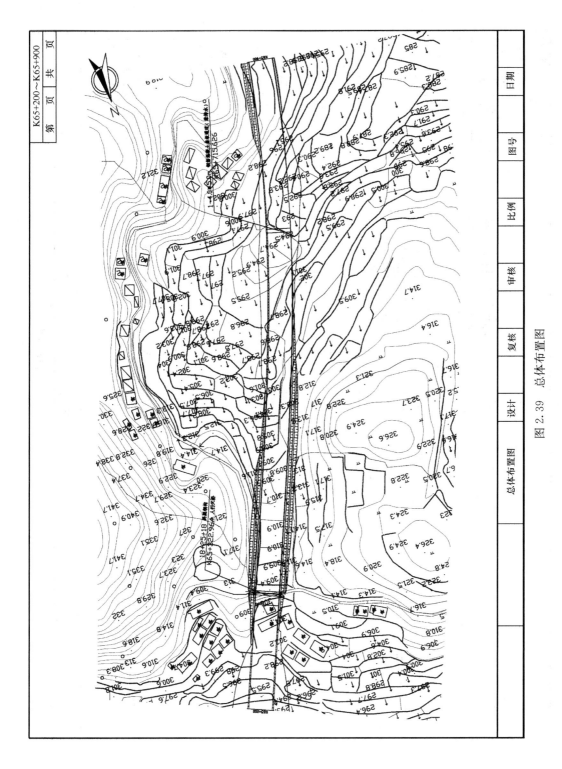

图 2.39 总体布置图

K65+751.014～K65+833.160	
第　　页	共　　页

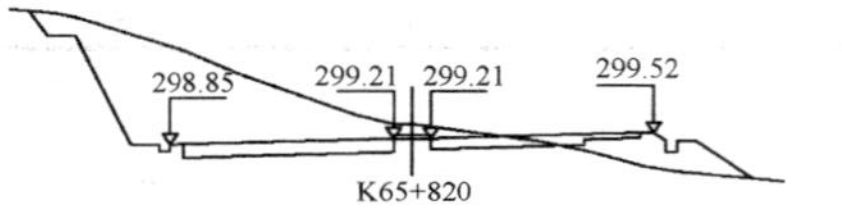

桩　号：K65+820			挖：0.79M		
路基宽	左路幅		分隔带	右路幅	
	12.00		2.00	12.00	
路基横坡变化点(A.B.C)与设计高之高差					
左　路　幅			右　路　幅		
A	B	C	C	B	A
−0.36	−0.34	−0.25	0.25	0.34	0.31
边　坡	左：1:0.50		右：1:1.50		
面　积	填：10.95		挖：75.24		

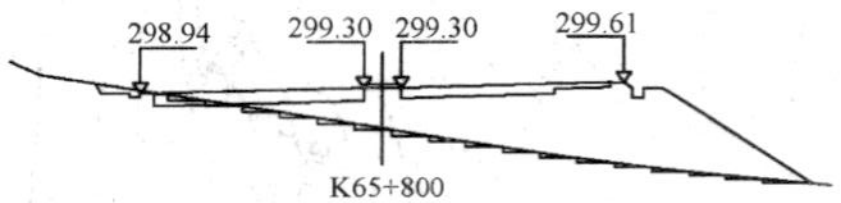

桩　号：K65+800			填：2.31M		
路基宽	左路幅		分隔带	右路幅	
	12.00		2.00	12.00	
路基横坡变化点(A.B.C)与设计高之高差					
左　路　幅			右　路　幅		
A	B	C	C	B	A
−0.36	−0.34	−0.25	0.25	0.34	0.31
边　坡	左：1:0.50		右：1:1.50		
面　积	填：74.41		挖：2.68		

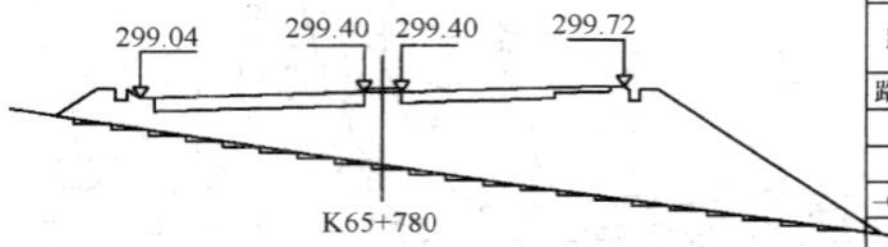

桩　号：K65+780			填：4.02M		
路基宽	左路幅		分隔带	右路幅	
	12.00		2.00	12.00	
路基横坡变化点(A.B.C)与设计高之高差					
左　路　幅			右　路　幅		
A	B	C	C	B	A
−0.36	−0.34	−0.25	0.25	0.34	0.31
边　坡	左：1:0.50		右：1:1.50		
面　积	填：145.49		挖：		

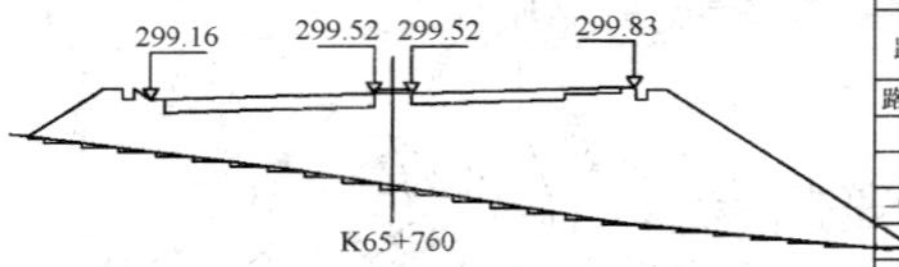

桩　号：K65+760			填：5.18M		
路基宽	左路幅		分隔带	右路幅	
	12.00		2.00	12.00	
路基横坡变化点(A.B.C)与设计高之高差					
左　路　幅			右　路　幅		
A	B	C	C	B	A
−0.36	−0.34	−0.25	0.25	0.34	0.31
边　坡	左：1:0.50		右：1:1.50		
面　积	填：201.32		挖：		

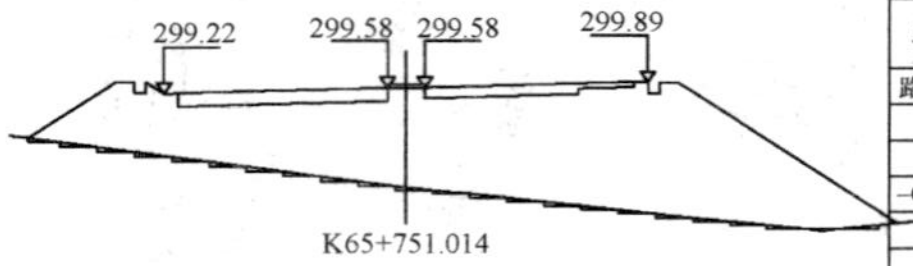

桩　号：K65+751.014			填：5.58M		
路基宽	左路幅		分隔带	右路幅	
	12.00		2.00	12.00	
路基横坡变化点(A.B.C)与设计高之高差					
左　路　幅			右　路　幅		
A	B	C	C	B	A
−0.36	−0.34	−0.25	0.25	0.34	0.31
边　坡	左：1:1.50		右：1:1.50		
面　积	填：205.83		挖：		

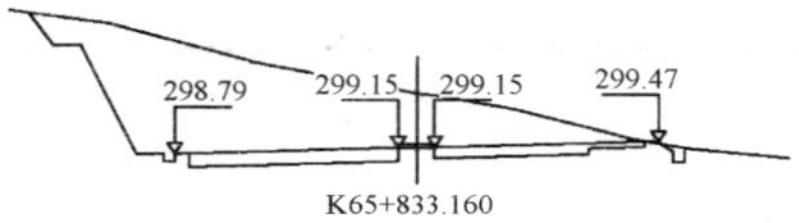

桩　号：K65+833.160			挖：2.98M		
路基宽	左路幅		分隔带	右路幅	
	12.00		2.00	12.00	
路基横坡变化点(A.B.C)与设计高之高差					
左　路　幅			右　路　幅		
A	B	C	C	B	A
−0.36	−0.34	−0.25	0.25	0.34	0.31
边　坡	左：1:0.50		右：1:1.50		
面　积	填：0.03		挖：122.85		

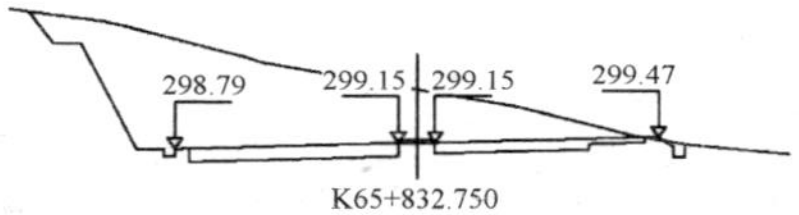

桩　号：K65+832.750			挖：3.00M		
路基宽	左路幅		分隔带	右路幅	
	12.00		2.00	12.00	
路基横坡变化点(A.B.C)与设计高之高差					
左　路　幅			右　路　幅		
A	B	C	C	B	A
−0.36	−0.34	−0.25	0.25	0.34	0.31
边　坡	左：1:0.50		右：1:1.50		
面　积	填：0.08		挖：121.83		

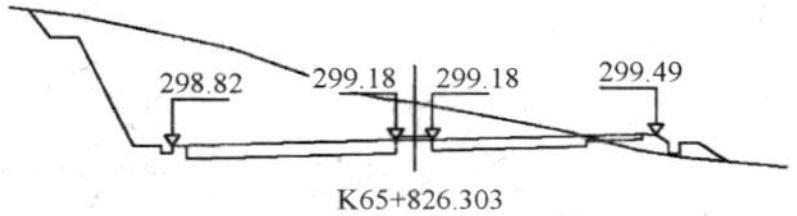

桩　号：K65+826.303			挖：2.10M		
路基宽	左路幅		分隔带	右路幅	
	12.00		2.00	12.00	
路基横坡变化点(A.B.C)与设计高之高差					
左　路　幅			右　路　幅		
A	B	C	C	B	A
−0.36	−0.34	−0.25	0.25	0.34	0.31
边　坡	左：1:0.50		右：1:1.50		
面　积	填：3.66		挖：103.89		

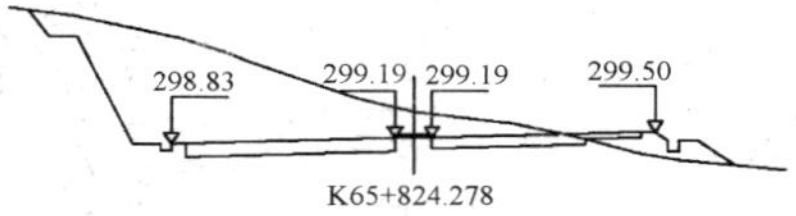

桩　号：K65+824.278			填：1.44M		
路基宽	左路幅		分隔带	右路幅	
	12.00		2.00	12.00	
路基横坡变化点(A.B.C)与设计高之高差					
左　路　幅			右　路　幅		
A	B	C	C	B	A
−0.36	−0.34	−0.25	0.25	0.34	0.31
边　坡	左：1:0.50		右：1:1.50		
面　积	填：5.73		挖：94.59		

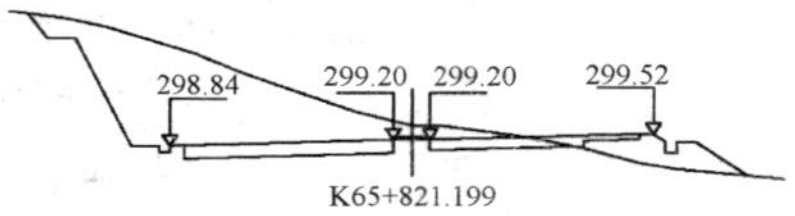

桩　号：K65+821.199			填：0.80M		
路基宽	左路幅		分隔带	右路幅	
	12.00		2.00	12.00	
路基横坡变化点(A.B.C)与设计高之高差					
左　路　幅			右　路　幅		
A	B	C	C	B	A
−0.36	−0.34	−0.25	0.25	0.34	0.31
边　坡	左：1:0.50		右：1:1.50		
面　积	填：9.33		挖：80.76		

		路基横断面设计图	设计		复核		审核		比例		图号		日期	

图 2.40　路基横断面图

表 2.43

路基土石方数量计算表

第 页 共 页

桩号	横断面面积 (m²) 挖方	横断面面积 (m²) 填方	距离 (m)	总数量	挖方分类及数量 (m³) 土 I %	挖方分类及数量 (m³) 土 I 数量	挖方分类及数量 (m³) 土 II %	挖方分类及数量 (m³) 土 II 数量	挖方分类及数量 (m³) 土 III %	挖方分类及数量 (m³) 土 III 数量	挖方分类及数量 (m³) IV %	挖方分类及数量 (m³) IV 数量	挖方分类及数量 (m³) 石 V %	挖方分类及数量 (m³) 石 V 数量	挖方分类及数量 (m³) VI %	挖方分类及数量 (m³) VI 数量	填方数量 (m³) 总数量	填方数量 (m³) 土	填方数量 (m³) 石	本桩利用 土	本桩利用 石	借方 土	缺 石	利用方数量及调配 挖 土	利用方数量及调配 余 石	远运利用及纵向调配示意	备注
1	2	3	4	5	6	7	8	9	10	11	12	13	14	15	16	17	18	19	20	21	22	23	24	25	26	27	28
K65+200	510.68	0.00	20.00														9059.3	9059.3				9059.3					
K65+220	395.25	0.00	20.00		20		60		20								6528.3	6528.3				6528.3					
K65+240	257.58	0.00	20.00		20		60		20								3272.8	3272.8				3272.8					
K65+260	69.70	0.00	10.35	60.2	20	12.0	60	36.1	20	12.0							401.7	401.7		52.0		349.8					
K65+270.349	11.64	7.94	9.65	210.4	20	42.1	60	126.2	20	42.1							57.3	57.3		57.3				144.0			
K65+280	31.96	3.93	4.87	191.7	20	38.3	60	115.0	20	38.3							16.1	16.1		16.1				173.1			
K65+284.873	46.71	2.66	2.67	157.2	20	31.4	60	94.3	20	31.4							3.6	3.6		3.6				153.1			
K65+287.540	71.20	0.04	12.46	1004.0	20	200.8	60	602.4	20	200.8							0.2	0.2		0.2				1003.7			
K65+300	89.95	0.00	2.05	190.4	20	38.1	60	114.2	20	38.1														190.4			
K65+302.050	85.78	0.00	17.95	2527.2	20	505.4	60	1516.3	20	505.4														2527.2			
K65+320	185.80	0.00	2.96	577.4	20	115.5	60	346.5	20	115.5														577.4			
K65+322.964	203.84	0.00	4.50		20		60		20																		
K65+327.464	231.22	0.00	0.51	118.5	20	23.7	60	71.1	20	23.7														118.5			
K65+327.973	234.31	0.00	0.15	36.4	20	7.3	60	21.8	20	7.3														36.4			
K65+328.128	235.34	0.00	0.22	52.2	20	10.4	60	31.3	20	10.4														52.2			
K65+328.349	236.83	0.00	1.40	337.1	20	67.4	60	202.3	20	67.4														337.1			
K65+329.745	246.12	0.00	10.25	2638.2	20	527.6	60	1582.9	20	527.6														2638.2			
K65+340	268.40	0.00	20.00	5663.6	20	1132.7	60	3398.1	20	1132.7														5663.6			
K65+360	297.96	0.00	5.68	1723.9	20	344.8	60	1034.3	20	344.8														1723.9			
K65+365.681	308.95	0.00	14.32	4533.8	20	906.8	60	2720.3	20	906.8														4533.8			
K65+380	324.31	0.00	20.00	6535.9	20	1307.2	60	3921.5	20	1307.2														6535.9			
K65+400	329.28	0.00	7.45	2454.7	20	490.9	60	1472.8	20	490.9														2454.7			
K65+407.450	329.71	0.00	12.55	4103.6	20	820.7	60	2462.2	20	820.7														4103.6			
K65+420	324.25	0.00	20.00	6159.6	20	1231.9	60	3695.8	20	1231.9														6159.6			
K65+440	291.71	0.00	11.25	3242.9	20	648.6	60	1945.7	20	648.6														3242.9			
K65+451.249	284.85	0.00	3.95	1123.7	20	224.7	60	674.2	20	224.7														1123.7			
K65+455.202	283.66	0.00																									
小计				43643		8729		26186		8729							19339	19339		129		19210		43493			
累计				43643		8729		26186		8729							19339	19339		129		19210		43493			

编制：　　　　　　　　　　　　复核：

远运利用及纵向调配示意： 土 4769.0 (56m)；土 17482.4 (142m)；土 13489.4 (1178m) 弃方 (倒弃土坑K66+285.143)

第三章 平交与立体交叉设计

第一节 平交口设计

交叉口设计的基本要求：一是保证车辆与行人在交叉口能经最短的时间顺利通过，使交叉口的通行能力能适应各条道路的行车要求。二是正确设计交叉口立面，保证转弯车辆的行车稳定，同时符合排水要求。

一、交叉口组成

平面交叉口通常由交叉道路、展宽车道、交通岛、人行横道、标志标线等部分组成，如图3.1所示。

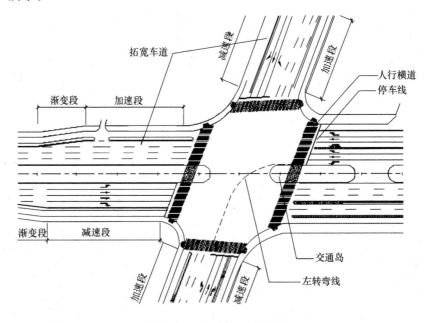

图3.1 平面交叉口的组成

（1）交叉道路

交叉道路是与交叉口联结的道路在交叉口附近的路段。

（2）展宽车道

展宽车道是为左、右转弯车设置的专用转弯和变速的车道。右转弯车道是为右转弯车设置的转弯专用车道，左转弯车道是为左转弯车辆减速、等待左转弯的机会、停留而设置的转弯专用车道。变速车道是加速车道与减速车道的总称。为使合流车辆加速到能安全合流的车速，给出的必要的合流距离而设置的加速车道；为使由高速的主交通流中减速分流出来的车流距离而设置的车道，在不妨碍主交通流情况下达到安全减速的目的而设置的车道称减速车道。

(3) 交通岛

为控制车辆行驶位置或为保护行人，在车道之间设置的岛状区域称为交通岛。按其作用不同可分为导流岛、分隔岛、中心岛、安全岛等。导流岛又称方向岛，是在交叉口为将交通流引导到规定路线，防止其无秩序地行驶为目的而设置的岛；分隔岛是把两股交通流分开为目的而设置的岛；安全岛是为行人横道安全而设置的岛；中心岛是设在交叉口中央，用来组织左转弯车辆和分隔对向车流的岛。

(4) 人行横道

供行人横穿道口而设置的，以避免行人与车辆间相互干扰。

(5) 标志标线

交通标志用图形、符号和文字传达交通特定信息、实行交通管理、指导行人和车辆行进。交通标线用路面画线和箭头、文字、立面标记、突起路标以及路边线轮廓标进行管制交通和引导车辆行人行进。

(6) 交叉口范围

交叉口范围一般是指把相交道路直线段的缘石线延长线或连线所包括的范围；若无缘石时，把车行道边线的延长线或连线所包括的范围。但从交通工程角度看，把在人行横道线及转角缘石所围的范围看成为交叉口范围比较恰当。

二、交叉口类型及选择

1. 交叉口类型和适应范围

平面交叉口的形式取决于道路网的规划和周围建筑的情况，以及交通量、交通性质和交通组织。常见的形式有"十"字形、"T"字形、"X"形、"Y"形、错位交叉口、多路交叉口等（图3.2）。在具体设计中，城市道路平面交叉口应按交通组织方式分类，并应符合满足下列要求：

1) A类：信号控制交叉口

平 A_1 类：交通信号控制，进口道展宽交叉口（图3.3）。

为使左右转弯车辆不影响直行车辆的正常行驶，在交叉口展宽进出口车道的平面交叉口。该类型交叉口可以单独增设右转或左转车道，也可以同时增设左、右转弯车道。可减少转弯交通对直行交通的干扰。适用于交通量较大、转弯车辆较多的城市主次干路间和二级公路间交叉口。

平 A_2 类：交通信号控制，进口道不展宽交叉口。

交叉口形式简单，进口道不展宽，采用交通信号控制车辆通行。适用交通量不大，转弯车辆较少的次干路—支路或支路—支路和三、四级公路交叉口。设计时主要解决合适的

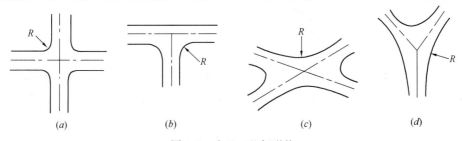

图 3.2 交叉口几何形状
(a) 十字形；(b) T形；(c) X形；(d) Y形

转角曲线半径和足够视距问题。

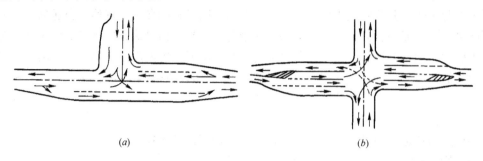

图 3.3 进口道展宽交叉口

2）B 类：无信号控制交叉口

平 B_1 类：干路中心隔离封闭、支路只准右转通行的交叉口（简称右转交叉口）。

交叉口形式简单，主干路中心隔离封闭，支路没有直行车辆，支路只准右转车辆通行。通常适用主干路—支路交叉口。

平 B_2 类：减速让行或停车让行标志管制交叉口（简称让行交叉口）。

交叉口形式简单，采用减速让行或停车让行标志管制交通，适用次干路—支路、支路—支路或三、四级公路交叉口。

平 B_3 类：全无管制交叉口。

交叉口形式简单，无交通管制措施，适用支路—支路或低等级公路交叉口。

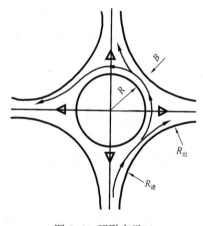

图 3.4 环形交叉口

3）C 类：环形交叉口

平 C 类：环形交叉口（图 3.4）。

在交叉口中央设置中心岛，用环道组织渠化交通，使进入环道的所有车辆一律按逆时针方向绕岛单向行驶，直至所要去的路口离岛驶出的平面交叉口。环形交叉口的优点：驶入交叉口的各种车辆可连续不断地单向运行，没有停滞，减少了车辆在交叉口的延误时间；环道上行车只有分流和合流，消灭了冲突点，提高了行车的安全性；交通组织简便，不需信号管制；对多路交叉和畸形交叉，用环道组织渠化交通更为有效；中心岛绿化可美化环境。缺点：占地面积大，城区改建困难；增加了车辆绕行距离，特别是左转弯车辆；一般造价高于其他平面交叉；不宜用于城市主干道交叉口和坡度大于 3% 平面交叉口。

2. 交叉口形式的选择

交叉口形式选择，涉及因素较多，如交叉口现状、交通量及交通组成、地形地物和道路用地，应根据具体情况进行分析，然后做出不同交叉口设计方案，有利于减少或消除冲突点以及提高交叉口通行能力。

一般情况，交叉口形式选择可按如下要求进行：

（1）相交道路条数宜少，形式尽量简单；

(2) 尽量使相邻交叉口间的道路直通；

(3) 交叉道路应避免锐角相交，尽量以近于90°相交；

(4) 主要道路线形尽量顺直；

(5) 应尽量避免近距离错位交叉。

三、交叉口平面与视距设计

(一) 道路平纵线形设计

1. 平面线形

1) 公路要求

(1) 平面交叉口范围内两相交公路应正交或接近正交，且平面线形宜为直线或大半径曲线，不宜采用需设超高的曲线半径。

(2) 新建公路与等级较低的现有公路斜交时，应对次要公路在交叉前后一定范围内作局部改线，使交叉的交角不小于70°。

(3) 当既有公路提高等级、扩建改建或路面大修时，为扭正交叉的改线中应采用较高的线形指标和较长路段的改移。

2) 城市道路要求

(1) 新建平面交叉口不得出现超过4叉的多路交叉口、错位交叉口、畸形交叉口以及交角小于70°(特殊困难时为45°)的斜交交叉口。已有的错位交叉口、畸形交叉口应加强交通组织管理，并加以改造。

(2) 平面交叉口范围内道路平面线形宜采用直线；当需要采用曲线时，其曲线半径不宜小于不设超高的最小圆曲线半径。

2. 纵面线形

1) 公路要求

(1) 平面交叉口范围内，两相交公路的纵面宜平缓。纵面线形应满足停车视距的要求。

(2) 主要公路在交叉范围内的纵坡应在0.15%~3%的范围内；次要公路紧接交叉口的引道部分应以0.5%~2.0%的上坡通往交叉口。

(3) 主要公路在交叉口范围内的圆曲线设置超高时，次要公路的纵坡应服从主要公路的横坡。

2) 城市道路要求

平面交叉口进口道纵坡不宜大于2.5%，困难情况下不应大于3%，山区城市道路等特殊情况，在保证安全的情况下可适当增加。

(二) 交叉口的视距设计

1. 视距三角形

对无交通控制的平交口，为了保证交叉口上行车安全，驾驶员在进入交叉口前的一段距离内，应能看到相交道路上的行车情况，以便能及时采取措施顺利驶过或安全停车。这段距离应该大于或等于停车视距 S_T。由相交道停车视距所组成的三角形称为视距三角形。在其范围内不能有任何阻挡驾驶员视线的障碍物，如图3.5所示。

公路规范规定：两相交公路间，由各自停车视距所组成的三角区内不得存在任何有碍通视的物体，如表3.1所示。

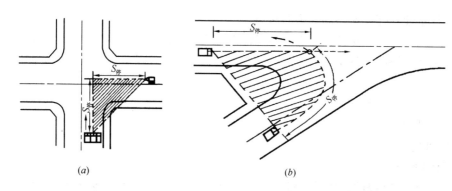

图 3.5 视距三角形
(a) 十字形；(b) T 字形

公路安全交叉停车视距 表 3.1

设计速度（km/h）	100	80	60	40	30	20
停车视距（m）	160	110	75	40	30	20
安全交叉停车视距（m）	250	175	115	70	55	35

城市道路平面交叉口视距三角形范围内，不得有任何高出路面 1.2m 的妨碍驾驶员视线的障碍物。交叉口视距三角要求的停车视距应符合表 3.2 的规定。

交叉口视距三角形要求的停车视距 表 3.2

交叉口直行车设计速度（km/h）	60	50	45	40	35	30	25	20	15	10
安全停车视距（m）	75	60	50	40	35	30	25	20	15	10

2. 识别距离

为保证车辆安全顺利通过交叉口，应使驾驶员在交叉口前的一定距离能识别交叉口的存在及交通信号和交通标志等，这段距离称为识别距离。该识别距离随交通管制条件而异。

（1）无信号控制的交叉口

对无任何信号控制的交叉口，通常都是等级低、交通量小及车速不高的次要交叉口，识别距离应满足安全要求，可采用各相交道路的停车视距（表 3.1、表 3.2）。

（2）有信号控制及停车标志控制交叉口

信号控制及停车标志控制交叉口的识别距离见表 3.3，在此范围内不能有任何障碍物。

交叉口的识别距离（m） 表 3.3

计算行车速度（km/h）	信号控制交叉口				停车标志控制交叉口	
	公路		城市道路			
	计算值	采用值	计算值	采用值	计算值	采用值
80	348	350	—	—	—	—
60	237	240	171	170	104	105
40	143	140	99	100	54	55
30	102	100	68	70	35	35
20	64	60	42	40	19	20

(三）交叉口缘石半径设计

为了保证各种车辆能以一定速度顺利转弯，交叉口转角处的缘石或行车道路面边缘应做成圆曲线或复曲线，圆曲线的半径 R_1 称为转角半径，如图 3.6 所示。

在未考虑机动车道加宽的情况下，转角半径 R_1 为

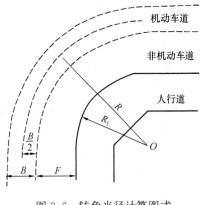

$$R_1 = R - \left(\frac{B}{2} + F\right) \quad (3-1)$$

$$R = \frac{V_1^2}{127(\mu \pm i_h)} \quad (3-2)$$

图 3.6 转角半径计算图式

式中 B——机动车道宽度（m），一般采用 3.5m；

F——转弯处的非机动车道宽度（m），没有非机动车道时，$F=0$；

R——右转车道中心线半径（m）；

V_1——右转弯设计速度（km/h），可取路段设计速度的 0.5～0.7 倍，计算时可用 0.6 倍；

μ——横向力系数，在 0.15～0.20 之间取值；

i_h——交叉口路面横坡度，一般采用 2%。

城市道路单、双幅路交叉口的缘石转角最小半径见表 3.4，城市道路三、四幅路交叉口的缘石转角最小半径应满足非机动车行车要求。我国非机动车（多以自行车为主）转角最小半径宜大于 3m，一般最小半径为 5m，在条件允许时应尽量采用大转角半径，以有利于行车和以后交通发展的需要。

缘石转弯半径 表 3.4

右转弯设计速度（km/h）	30	25	20	15
无非机动车道路缘石推荐半径（m）	25	20	15	10

注：有非机动车道时，推荐转弯半径可减去非机动车道及机非分隔带的宽度。

各级公路平面交叉口的转弯设计以 16m 总长的鞍式列车进行控制设计。鞍式列车在各种转弯速度情况下，转角曲线路面内缘的最小半径如表 3.5 所示。

转角曲线路面内缘的最小半径 表 3.5

转弯速度（km/h）	≤15	20	25	30	40	50	60	70
最小半径（m）	15	20 (15)	25 (20)	30	45	60	75	90
最小超高（%）	2	2	2	2	3	4	5	6
最大超高（%）	一般值：6，极限值：8							

注：条件受限制时可采用括号内的值。

（四）交通岛设计

交通岛一般可分为：

导流岛——用于控制和引导车流行驶；用以指引行车方向，它在渠化交通中起着很大作用，许多复杂的交叉口，往往只需用几个简单的导流岛，就能组织好交通，减少或消灭冲突点。

分隔岛——用于分隔反向和同向车流；用来分隔机动车和非机动车、快速车和慢速车，以及对向行驶的车流，保证行车速度和交通安全的长条形交通岛，有时也可在路面上画线来代替分隔岛。

安全岛——用于行人横过路口时暂时避让的地点；供行人过街时避让车辆之用。在宽阔的交通繁忙的街道上，宜在人行横道线中央设置安全岛，以保证行人过街安全。

中心岛——设在交叉口中央，用来组织左转弯车辆和分隔对向车流的交通岛。

交通岛设置条件：

(1) 需分隔右转弯曲线车道与直行车道时，应设置导流岛。

(2) 信号交叉中，左转弯为两条车道时，在左转弯与直行车道间应设导流岛。

(3) 左转车道与对向直行车道间应设置分隔岛。

(4) T形交叉中，次要道路岔口的两左转弯行迹间应设置分隔岛。

(5) 对向行车道间需提供行人越路的避险场所，或需树立标志、信号柱时，应设置分隔岛。

导流岛一般采用缘石围成高出路面的实体岛。当岛面积较小时，可采用交通标线表示的隐形岛。导流岛边缘的线形为直线与圆曲线组合，其端部最小圆曲线半径为 0.5m，如图 3.7 所示偏移距 S 和内移距 Q，应根据设计速度按图 3.7 和表 3.6 选用。当导流岛特别大时，导流岛端部内移距在主要道路一侧按 1/10～1/20 过渡，次要道路一侧为 1/5～1/10。导流岛各部分要素（图 3.8）最小值可按表 3.7 取用。

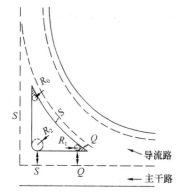

图 3.7 偏移距、内移距及端部圆曲线半径最小值

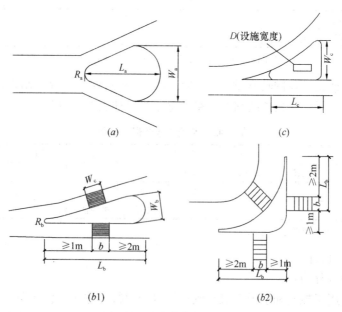

图 3.8 导流岛各部分要素

(a) 只分隔交通流时；(b1) 兼作安全岛时；(b2) 兼作安全岛时；(c) 设置设施时

导流岛边缘的线形取决于相邻车道的路缘线形，直行车道边缘的岛缘线应根据缘石构造作不同值的偏移，岛端迎车流边应偏移且圆滑化。

导流岛偏移距、内移距、端部圆曲线半径最小值　　　　　表3.6

设计速度（km/h）	偏移距 S（m）	内移距 Q（m）	R_0（m）	R_1（m）	R_2（m）
≥50	0.50	0.75	0.5	0.5～1.0	0.5～1.5
<50	0.25	0.50			

导流岛各要素的最小值（m）　　　　　表3.7

图示	(a)			(b)			(c)	
要素	W_a	L_a	R_a	W_b	L_b	R_b	W_c	L_c
最小值（m）	3.0	5.0	0.5	3.0	(b+3)	1.0	(D+3)	5.0

中心岛的设计见本节。

安全岛是作为行人过街时避让车辆之用。如车行道很宽，宜在行人横道的中央设置安全岛，以保证行人过街的安全，为保证岛上滞留行人的安全，应在岛边的适当位置设置防冲护栏。

四、交叉口展宽设计

当相交道路的交通量较大、转弯车辆较多而车速又高时，若交叉口进口道仍然采用路段上车道数，会导致转弯车辆和直行车辆受阻，分流与合流困难，且易发生交通事故。可向进口道的一侧或两侧展宽车道，增辟左、右专用车道，以改善交叉口的通行条件，提高交叉口的通行能力。进口道车道的宽度，应尽量与路段保持一致。需要变窄车道宽度时，最窄不得小于3m，一般在3～3.5m之间。交叉口展宽设计主要解决展宽车道的设置条件、设置方法以及长度计算三个问题。展宽车道包括右转车道和左转车道两种。

（一）设置条件

1. 右转车道的设置条件

（1）公路规范

两条一级公路相交或一级公路与交通量大的二级公路相交时，其右转弯运行应设置经渠化分隔的右转弯车道。

一级公路、二级公路的平面交叉中，符合下列情况之一者应设置右转弯车道：

① 斜交角接近于70°的锐角象限；

② 交通量较大，右转弯交通会引起不合理的交通延误时；

③ 右转弯车流中重车比例较大时；

④ 右转弯行驶速度大于30km/h时；

⑤ 互通式立体交叉连接线中的平面交叉右转弯交通量较大时。

（2）城市规范

当高峰15min内每信号周期右转车平均到达量达4辆或道路空间允许时，宜设置右转专用车道。改建及治理交叉口规划时，可通过缩减进口道车道的宽度、减窄机非分隔带或利用绿化带展宽成右转专用车道或直右混行车道。当设置2条右转专用车道时，宜对右转车流进行信号控制。

2. 左转车道设置条件

(1) 公路规范

除下列条件，平面交叉应设左转车道：

四车道公路除左转交通量很小者外，均应在平面交叉范围内设置左转弯车道。

二级公路符合下列情况之一者，应设置左转弯车道：

① 与高速公路或一级公路互通式立体交叉连接线相交的平面交叉；

② 非机动车较多且未设置慢车道的平面交叉；

③ 左转弯交通会引起交通拥阻或交通事故时。

(2) 城市规范

新建交叉口宜利用部分中央分隔带增辟左转专用车道；改建及治理交叉口，且高峰15min内每信号周期左转车平均交通量超过2辆时，宜设置左转专用车道。每信号周期左转车平均到达交通量达10辆或需要左转专用车道长度达90m时，宜设置2条左转专用车道。

(二) 设置方法

1. 右转车道设置方法

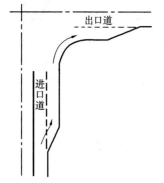

图3.9 展宽右转车道

右转车道设置方法比较简便，就是在进口道的右侧或同时在出口道的右侧展宽右转车道，如图3.9所示。

2. 左转车道设置方法

左转车道是向进口道左侧展宽的，依据相交道路是否设置中间带和中间带的宽窄展宽方法设置如下：

(1) 宽型中间带：当设有较宽中间带（一般不小于4.5m）时，将道口一定长度的中间带压缩宽度，由此增辟出左转车道，如图3.10(a)所示。

(2) 窄型中间带：当设有较窄中间带（宽度小于4.5m）时，利用中间带后宽度不够，可将道口单向或双向车道线向外侧偏移，增加不足部分宽度。向外侧偏移车道线后，在路幅总宽度不变的情况下，视具体条件可压缩人行道、两侧带或进口道车道宽度，如图3.10(b)所示。

(3) 无中间带：当相交道路不设中间带时，可通过两种途径增辟左转车道。一是向进口道的一侧或两侧扩宽，增加进口道路幅总宽度，在进口道中心线附近辟出左转车道，如图3.10(c)所示；二是不扩宽进口道，占用靠近中心线的对向车道作为左转车道。

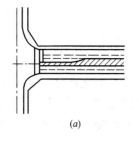
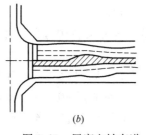
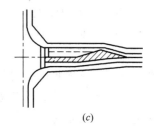

(a)　　　　　　　　(b)　　　　　　　　(c)

图3.10 展宽左转车道

（三）展宽车道长度

1. 右转车道的长度

交叉口的进口道设置了右转车道后，为了不影响横向相交道路上的直行车流，在横向相交道路的出口道应设加速车道，见图3.11。进口道处右转车道的长度应能满足右转车辆减速所需长度，也应保证右转车不受相邻等候车队长度的影响；出口道的加速车道应保证加速所需长度。

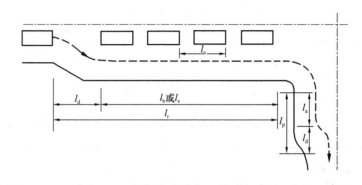

图3.11 交叉口展宽计算图式

（1）渐变段长度 l_d

渐变段的长度 l_d 可按转弯车辆经路段平均行驶速度 V_A 行驶时，每秒钟横移1.0m计算，即

$$l_d = \frac{V_A}{3.6J}B \tag{3-3}$$

式中 V_A——路段平均行驶速度（km/h）；
B——右转车道宽度（m）；
J——车辆行驶时变换车道的侧移率（m/s），一般取 $J=1.0$m/s。

最小渐变段长度可按表3.8选用。

最小渐变段长度　　　　表3.8

设计速度（km/h）	100	80	60	40
渐变段长度（m）	60	50	40	30

（2）减速所需长度 l_b 和加速所需长度 l_a

进口道减速所需长度 l_b 和出口道加速所需长度 l_a 可用下式计算

$$l_b(\text{或 } l_a) = \frac{V_A^2 - V_R^2}{26a} \tag{3-4}$$

式中 V_A——减速时进口道或加速时出口道处路段平均行驶速度（km/h）；
V_R——减速后的末速度或加速前的初速度（km/h）；
a——减速度或加速度（m/s²）。l_b 和出口道的 l_a 采用表3.9所列数值。

变速车道长度 表3.9

公路类别	设计速度(km/h)	减速车道长度(m) $a=-2.5m/s^2$ 末速(km/h)			加速车道长度(m) $a=1.0m/s^2$ 始速(km/h)		
		0	20	40	0	20	40
主要公路	100	100	95	70	250	230	190
	80	60	50	32	140	120	80
	60	40	30	20	100	80	40
	40	20	10	—	40	20	—
次要公路	80	45	40	25	90	80	50
	60	30	20	10	65	55	25
	40	15	10	—	25	15	—
	30	10	—	—	10	—	—

(3) 等候车队长度 l_s

右转车道长度应能使右转车辆从直行道最长的等候车队的尾车后驶入展宽的车道，其长度为：

$$l_s = nl_n \tag{3-5}$$

式中 l_n——直行车等候车辆所占长度（m），一般取6～12m，小型车取低值，大型车取高值；

n——一次红灯受阻的直行车辆数，可用下式计算

$$n = \frac{每条直行车道通行能力 \times (1-右转车比例)}{每小时周期数/该向红灯占周期长的比例}$$

所以，右转车道长度 l_r 为

$$l_r = l_d + \max(l_b, l_s) \tag{3-6}$$

式中 l_r——右转车道长度（m）；

l_d——渐变段长度（m）；

$\max(l_b, l_s)$——减速所需长度 l_b 和等候车队长度 l_s 中取大值。

(4) 出口道加速车道长度 l_p 为

$$l_p = l_d + l_a \tag{3-7}$$

式中 l_p——出口道加速车道长度（m）；

l_a——加速所需长度（m）；

l_d——意义同前。

2. 左转车道的长度

左转车道长度是由渐变段长度 l_d、减速所需长度 l_b 或等候车队长度 l_s 组成，即采用公式（3-6）计算。

但是，公式（3-5）中的 n 应为左转等候车辆数。对有信号控制的交叉口，可用下式计算

$$n = \frac{一条车道的通行能力 \times 车道数 \times 左转转车比}{每小时的周期数}(pcu/T)$$

对于无信号控制的交叉口，考虑到车辆到达的随机性，可按平均每分钟左转弯车辆数的两倍取用，即

$$l_s = 2nl_n$$

其余计算公式及符号意义同前。

（四）展宽车道的宽度

当右转弯车道为等宽车道时，其宽度应尽量与路段车道宽度保持一致。如因占地等限制，需要变窄车道宽度时，最窄不得小于3m，一般在3～3.5m。当右转弯车道为变宽车道时，应按非等宽渐变式时，其长度应不小于按减速时1.0m/s或加速时0.6m/s的侧移率变换车道的计算值。

左转弯车道的宽度规定如表3.10所示。

左转弯车道宽度（单位：m）　　　　　　　　　　表3.10

剩余分隔带类型	车道分画线	宽度大于0.5m的标线带	实体岛	
左转弯车道宽度	3.5	3.25	3.0	3.25
左路缘带宽度	0	0	0.5	0.3

五、环形交叉口设计

1. 中心岛的形状和半径

环形交叉口是在交叉口中央设置一个中心岛，用环道组织渠化交通，驶入交叉口的车辆，一律绕岛作逆时针单向行驶，至所需要去的路口离岛驶出。环形交叉口的组成如图3.12所示。

（1）中心岛的形状

中心岛的形状一般多用圆形、椭圆形、卵形、方形圆角等；交角不等的畸形交叉可采用复合曲线形。主要取决于相交道路的等级、角度和交通量大小。

（2）中心岛的半径

① 按计算行车速度要求

按计算行车速度要求的中心岛半径R仍然用平曲线半径公式计算，但因为绕岛车辆是在紧靠中心岛，宽度为b的车道中间行驶，距中心岛边缘$b/2$，故实际上采用中心岛半径应按下式计算：

$$R = \frac{V^2}{127(\mu \pm i_h)} - \frac{b}{2} \quad (3-8)$$

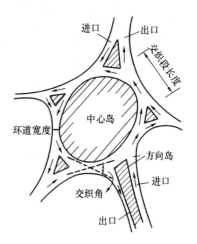

图3.12　环形交叉口组成示意图

式中　V——环道计算行车速度（km/h）。环道设计速度应按相交道路中最大设计速度的50%～70%计取，车速较大的，宜取较小的系数值；

　　　b——内侧车道宽（含车道加宽），可取5.5m（大型车）；

　　　μ——横向力系数，取0.14～0.18；

　　　i_h——环道横坡，取1.5%～2%。

中心岛最小半径与相应的环道设计速度应符合表3.11的规定。

环道设计速度与中心岛最小半径　　　　　　　　　表 3.11

环道设计速度（km/h）	20	25	30	35	40
中心岛最小半径（m）	20	25	35	50	65

② 按交织段长度的要求

交织就是两条车流汇合交换位置后又分离的过程。进环和出环的车辆，在环道行驶时互相交织，交换一次车道位置所行驶的距离，称为交织长度。交织长度的大小主要取决于车辆在环道上行驶的速度。通常可有两种方法确定：一是按进交叉口道路的机动车道边线的延长线和环道中心线相交的两个交点之间的车道中心线来标定，此法有利于计算，并适用于无导流岛的环形交叉口，如图 3.13 所示。二是按导流岛端部的延长线与环道中心线交点之间的距离来标定，此法适用于机、非混行的环行交叉口。

环道上不同车速所需要的最小交织段长度如表 3.12 所示。

最小交织长度　　　　　　　　　　　　　　　　表 3.12

环道设计速度 V（km/h）	20	25	30	35	40
最小交织长度 l（m）	25	30	35	40	45

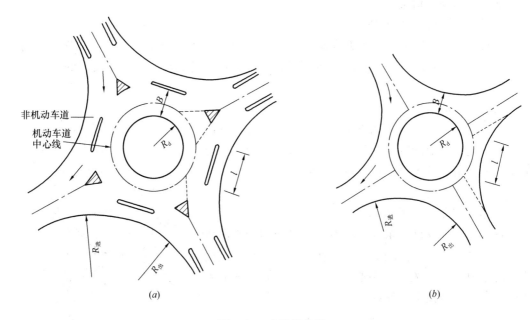

图 3.13 交织段长度

按交织长度所要求的中心岛半径 R_d，近似地按交织段长度所围成的圆周大小来推导，计算公式为

$$R_d = \frac{n(l + B_p)}{2\pi} - \frac{B}{2} \tag{3-9}$$

式中　n——相交道路的条数；

　　　l——相邻路口之间的交织段长度（m）；

　　　B——环道宽度（m）；

　　　B_p——相交道路的平均宽度（m）。中心岛为圆形，交汇道路为十字正交时，$B_p =$

$(B_1+B_2)/2$，其中 B_1 和 B_2 分别为相邻路口车行道宽度。

由式(3-9)可知，交叉口相交道路的条数越多，为保证最小交织段长度的要求，则中心岛的半径就越大，将会大大增加交叉口用地面积和车辆在环道上的绕行距离，这样既不经济也不合理。因此环形交叉口的相交道路以不多于六条为宜。

2. 环道的宽度

一般靠近中心岛的一条车道作绕行之用，最靠外侧的一条车道供右转弯之用，中间的一条至二条车道为交织之用，这样，环道上一般设计三到四条车道。实践证明，车道过多，不仅难于利用，反而易使行车混乱，导致不安全。

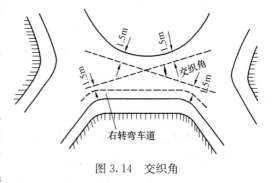

图 3.14 交织角

3. 交织角

交织角是进环车辆轨迹与出环车辆轨迹的平均相交角度。交织角是检验车辆在环道上交织行驶时的安全情况。它以距右转机动车的外缘 1.5m 和中心岛边缘 1.5m 的两条切线交角来表示，如图 3.14 所示。

根据经验，交织角以控制在 20°～30°之间为宜。通常在交织段长度已有保证的条件下，交织角多能满足要求。

4. 环道外缘线形及进出口曲线半径

实践证明，环道外缘平面线形宜采用直线圆角形状或三心复曲线形状。一般环道进口曲线半径采用接近或小于中心岛的半径，而且各相交道路的进口曲线半径不要相差太大。环道出口的曲线半径可较进口曲线半径大一些，以便车辆加速驶出环道，保持交叉口畅通。

5. 环道的横断面

环道的横断面形状对行车的平稳和路面的排水有很大关系，而横断面的形状又取决于路脊线的选择。通常环道横断面的路脊线设在交织车道的中间，若机动车与非机动车之间设有分隔带时，其路脊线也可设在分隔带上。

六、交叉口立面设计

交叉口立面设计（也称竖向设计）的目的是通过调整交叉口范围的行车道、非机动车道、人行道及附近地面等有关各点的设计标高，合理确定各相交道路间及交叉口和周围建筑物间共同面的形状，以符合行车舒适、排水迅速和建筑艺术三方面要求。

1. 交叉口立面设计的原则

立面设计主要取决于相交道路的等级、交通量、横断面形状、纵坡的大小和方向以及周围地形等。交叉口立面设计的基本要求是首先应满足主要道路的行车方便，在不影响主要道路行车平顺的前提下，适当变动主要道路的纵坡和横坡，以照顾次要道路的行车需要。交叉口立面设计的原则如下：

(1) 相同等级道路相交时，通常维持各自的纵坡不变，而改变它们的横坡度。

(2) 主要道路与次要道路相交时，主要道路的纵横坡度均维持不变，而将次要道路纵横坡度可适当改变。

(3) 为保证交叉口排水，设计时至少应有一条道路的纵坡方向背离交叉口。如遇特殊地形，所有道路纵坡方向都向着交叉口时，必须在交叉口内设置雨水口和排水管道，以保证排水要求。

（4）合理布置雨水井和变坡点，以确保雨水不流过交叉口人行横道或另一条道路。雨水井应设在交叉口行人横道的前面以截住来水的地方和竖向设计的低洼处。

（5）交叉口范围内横坡要平缓些。纵坡度宜不大于2%，困难情况下应不大于3%。

（6）交叉口立面设计标高应与周围建筑物的地坪标高协调。

2. 交叉口立面设计

交叉口立面设计的方法有方格网法、设计等高线法以及方格网等高线法三种。

现以方格网设计等高线法为例来介绍交叉口立面设计的方法和步骤如下（若采用方格网法，则不需勾绘设计等高线，而采用设计等高线法时，可不打方格，只加注一些特征点的设计标高即可）：

1) 收集资料

（1）测量资料：交叉口的控制标高和控制坐标；收集或实测1：500或1：200地形图，详细标注附近地坪及建筑物标高。

（2）道路资料：相交道路的等级、平纵横设计指标、交叉口控制标高和四周建筑物标高。

（3）交通资料：交通量及交通流向资料。

（4）排水资料：区域排水方式，已建或拟建地下、地上排水管渠的位置和尺寸。

2) 绘制交叉口平面图

按比例绘出道路中心线、车行道、人行道及分隔带的宽度，转角曲线和交通岛等。以相交道路中心线为坐标基线打方格网，斜交道路的方格网线应选在便于施工放样测量的方向，方格的大小一般采用5m×5m~10m×10m，并量测方格点的地面标高。

3) 确定交叉口的设计范围

交叉口的设计范围一般为转角圆曲线的切点以外5~10m（相当于一个方格的距离），主要用于过渡处理，如横坡的过渡，标高的过渡等。

4) 确定立面设计图式和等高距

根据相交道路的等级、纵坡方向、地形情况以及排水要求等，确定所采用的立面设计图式。根据纵坡度的大小和精度要求选定等高线间距h，一般$h=0.02~0.10$m，为便于计算取偶数为宜。

5) 特征断面的确定及计算

参看《道路交叉设计》、《道路勘测设计》教材。

6) 标高计算线网

（1）方格网法

如图3.15所示，方格网法标高计算线网就是前述已打了方格的交叉口平面图，该法适用于道路正交的交叉口。

根据路脊线交叉点A的控制标高h_A，可逐一推算出某些特征点的设计标高。转角曲线切点横断面上的三点标高为

$$h_G = h_A - AG \cdot i_1 \tag{3-10}$$

$$h_{E_3}（或 h_{E_2}）= h_G - \frac{B}{2} \cdot i_2 \tag{3-11}$$

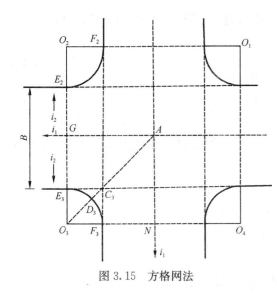

图 3.15 方格网法

同理，可求得其余三个切点横断面上的三点标高。

由 E_3 或 F_3 的标高可推算出行车道边线延长线交叉点 C_3 的标高，如不相等取平均值，即

$$h_{C_3} = \frac{(h_{E_3} + R \cdot i_1) + (h_{F_3} + R \cdot i_1)}{2} \quad (3\text{-}12)$$

过 C_3 的 A、O_3 连线与转角曲线相交于 D_3，则 D_3 点的标高为

$$h_{D_3} = h_A - \frac{h_A - h_{C_3}}{AC_3} \cdot AD_3 \quad (3\text{-}13)$$

转角曲线 E_3F_3 和路脊线 AG、AN 上所需其他各点标高，可根据已算出的特征点标高，用补插法求得。

同理，可推算出其余转角所需各点的设计标高。

（2）圆心法

如图 3.16 所示，在路脊线上按施工要求每隔一定距离或等分定出若干点，并与缘石转弯半径的圆心连成直线（只连到缘石曲线上），即得圆心法标高计算线网。

（3）等分法

如图 3.17 所示，将路脊线等分为若干份，相应地把缘石曲线也等分为相同份数，连接对应点，即得等分法标高计算线网。

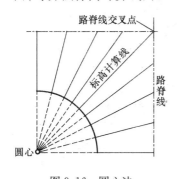

图 3.16 圆心法

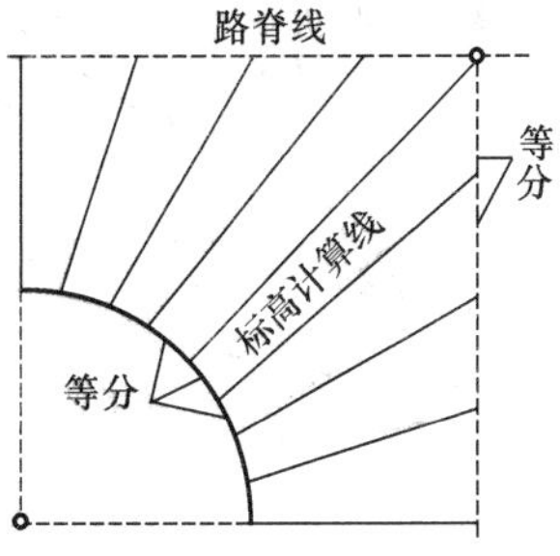

图 3.17 等分法

（4）平行线法

如图 3.18 所示，先把路脊线的交叉点与各缘石曲线的圆心连成直线，然后按施工要求在路脊线上分若干点，过这些点作该直线的平行线交于行车道边线，即得平行线法标高计算线网。

以上四种标高计算线网方法中，对于正交的十字形或 T 形交叉口，各种方法都可采用；而对斜交的交叉口宜采用圆心法和等分法。

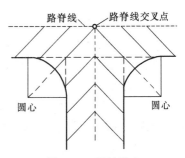

图 3.18 平行线法

标高计算线上标高点的方程与选用的路拱形式有关，当采用抛物线形路拱时，可用下列公式计算：

$$y = \frac{h_1}{B}x + \frac{2h_1}{B}x^2 \text{(m)} \tag{3-14}$$

$$y = \frac{h_1}{B}x + \frac{4h_1}{B^3}x^3 \text{(m)} \tag{3-15}$$

式中　h_1——标高计算线两端（其中一端在路脊线上）的高差或路拱高度（m），$h_1 = \frac{B}{2} \cdot i_h$；

　　　B——车行道宽度（m）；

　　　i_h——路拱横坡（%）。

以上两式可根据路面类型来选用，一般宽 14m 以下的次高级路面和中级路面可用式（3-14）计算；宽度 14m 以上的高级路面采用式（3-15）计算。

第二节　立体交叉设计

一、立交基本组成

立体交叉通常由跨线构造物、主线（或称正线）、匝道、出入口以及变速车道等部分组成，如图 3.19 所示。

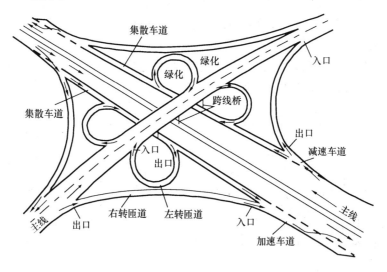

图 3.19　立交组成

(1) 跨线构造物

它是相交道路的车流实现空间分离的主体构造物，指设于地面以上的跨线桥（上跨式）或设于地面以下的地道或隧道（下穿式）。

(2) 主线

它是组成立体交叉的主体，指相交道路（含被交道路）的直行车行道，主要包括连接线跨线构造物两端到地坪标高的引道和立体交叉范围内引道以外的直行路段。

(3) 匝道

它是立体交叉的重要组成部分，是指供上、下相交道路的转弯车辆行驶的连接道路，有时也包括匝道与主线或匝道与匝道之间的跨线桥（或地道）。匝道使空间分离的两主线连接，形成互通式结构。按其作用可分为右转匝道和左转匝道两类。

(4) 出口和入口

出、入口是主线与匝道的结合部位。由主线驶出进入匝道的道口为出口，由匝道驶入主线的道口为入口。

(5) 变速车道

为适应车辆变速行驶的需要，而在主线右侧的出入口附近增设的附加车道。可分为减速车道和加速车道两种，出口端为减速车道，入口端为加速车道。

(6) 辅助车道

在高速道路立体交叉的分、合流附近，为使匝道与高速道路车道数平衡和保持主线的基本车道数而在主线外侧设置的附加车道。

(7) 匝道的端部

匝道的端部是指匝道两端分别与主线相连接的道口，它包括出入口、变速车道和辅助车道等。

(8) 绿化地带

在立体交叉范围内，由匝道与主线或匝道与匝道之间所围成的封闭区域，一般用以美化环境的绿化地带，也可布设排水管渠、照明杆柱等设施。

(9) 集散道路

在城市附近，为了减少车流进出高速道路的交织和出入口数量，可在高速道路的一侧或两侧设置与平行且分离的专用道路。

立体交叉的范围，一般是指各相交道路端部变速车道渐变段顶点以内所包含的主线、跨线构造物、匝道和绿化地带等的全部区域。

除此以外，还包括立体交叉范围内的排水系统、照明设备以及交通工程设施等。对城市道路立体交叉还应包括人行道、非机动车道和各种管线设施等。对于收费立体交叉也包含收费站、收费广场和服务设施等。

二、立体交叉的类型

不仅设跨线构造物使相交道路空间上分离，而且上下道路间用匝道连接，以供转弯车辆行驶的交叉方式。这种立交车辆可转弯行驶，全部或部分消灭了冲突点，各方向行车干扰较小，但立交结构复杂，构造物多，占地多，造价较高，但交通功能强大。

根据交叉处车流轨迹线的交叉方式和几何形状的不同，可分为部分互通式、完全互通式和环形立交三种类型。

1. 部分互通式立交

相交道路的车流轨迹线之间至少有一平面冲突点的交叉。当个别方向的交通量很小或分期修建时，高速道路与次要道路相交或用地和地形等限制时可采用这种类型立交。部分互通式的代表形式有菱形立交和部分苜蓿叶式立交等。

(1) 菱形立交：如图 3.20 (a) 为三路立交，图 3.20 (b) 为四路立交。

这种立交能保证主线直行车辆快速通畅；转弯车辆绕行距离较短；主线上具有高标准的单一进出口，交通标志简单；主线下穿时匝道坡度便于驶出车辆减速和驶入车辆加速；左转车辆绕行距离较短；形式简单，仅需一座桥，用地和工程费用小。但次线与匝道连接

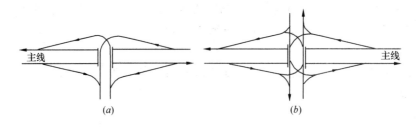

图 3.20 菱形立交

处为平面交叉,影响立交通行能力和行车安全。适应于出入交通量较少、匝道上无收费站的一般互通式立交。

(2) 部分苜蓿叶形立交,如图 3.21 所示,可根据转弯交通量的大小或场地的限制,采用图示任一种形式或其他变形形式。

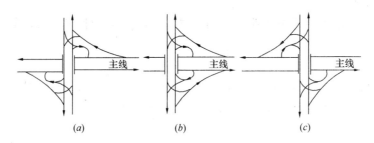

图 3.21 部分苜蓿叶形立交

此三种形式立交的主线直行车快速通畅;单一驶出方式简化了主线上的标志;仅需一座跨线桥,用地和工程费用较小;远期可扩建为全苜蓿叶形立交,但次线上存在平面交叉,有停车等待和错路运行的可能。适用于出入交通量较小的一般互通式立交。

2. 完全互通式立交

相交道路的车流轨迹线全部在空间分离的交叉。它是一种比较完善的高级形式,匝道数与转弯方向数相等,各转向都有专用匝道,适用于高速道路间相交。其代表形式有喇叭形、苜蓿叶形、Y 形和 X 形等。

① 喇叭形立交:如图 3.22 所示,是三路立交的代表形式,可分 A 式和 B 式,经小环道(转向约为 270°)左转匝道和一个半定向型匝道来实现左转所构成的立交形式。由小环道驶入主线为 A 式,驶出时为 B 式。

这种立交除小环道匝道适应车速较低外,其他匝道都能为转弯车辆提供较高速度的半定向运行;只需一座跨线构造物,投资较省;无冲突点和交织,通行能力大,行车安全;

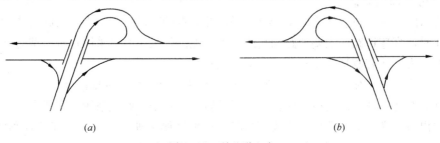

图 3.22 喇叭形立交

造型美观，行车方向容易辨别。适用于高速道路与一般道路相交的 T 形交叉。

布设时应将小环道匝道设在交通量小的方向上，主线交通量大时采用 A 式。次线上跨对转弯交通视野有利，下穿时宜斜交或弯穿。

② 苜蓿叶形立交：如图 3.23（a）为标准形，图 3.23（b）为带集散车道形。

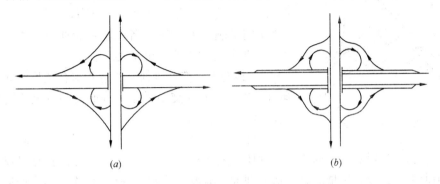

图 3.23 苜蓿叶形立交

由四个对称的小环道左转匝道来实现各方向左转弯车辆的运行。立交各匝道相互独立，交通运行连续而自然，无冲突点，可分期修建，仅需一座构造物，但这种立交占地面积大，左转小环道转向角 270°，转弯半径小，绕行距离较长，小环道匝道适应车速较低，且桥上、下存在交织，限制立交的通行能力。适用于两条高速公路或一级公路相交，左转交通量不大的郊区及乡村立交。

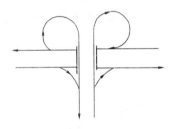

图 3.24 子叶形立交

③ 子叶形立交：如图 3.24 所示，由两个小环道来实现车辆左转。只需一座构造物，造价较低，造型美观，但交通运行条件不如喇叭形好，主线上存在交织，多用于苜蓿叶形立交的前期工程。布设时以使主线下穿为宜。

④ Y 形立交：如图 3.25（a）为定向 Y 形，图 3.25（b）为半定向 Y 形，右下图为三层式。

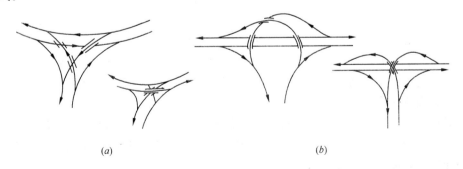

图 3.25 Y 形立交

该立交能为转弯车辆提供高速的定向或半定向运行；无交织，无冲突点，行车安全；方向明确，路径短捷，通行能力大；主线外侧占地宽度较小，但需要构造物多，造价较高。一般适用于各方向交通量很大的三路枢纽互通式立交。

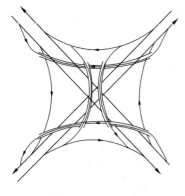

图 3.26 X 形立交

⑤ X 形立交：又称半定向式立交，如图 3.26 为对角左转匝道拉开布置。

该立交各方向运行都有专用匝道，自由流畅，转向明确；无冲突点，无交织，通行能力大；适应车速高，但占地面各色大，层多桥多，造价高，在城区很难实现。一般用于高速道路之间、各左转弯交通量均大、车速要求高、通行能力大的枢纽互通式立交。

⑥ 组合式立交：根据交通量并结合地形、地物限制条件，在同一座立交中采用两种或两种以上不同形式的左转匝道组合而成的立交，如图 3.27 所示。

这种立交主线双向在立交范围不拉开距离的情况下，左转匝道多为小环道和半定向匝道，立体形式多种多样；匝道布设形式与交通量相适应；充分利用地形、地物，因地制宜，造型别致、美观。适用于一个或两个左转弯交通量较小的枢纽互通式立交。

3. 环形立交

相交道路的车流轨迹线因匝道数不足而共同使用，且有交织路段的交叉，如图 3.28 所示。

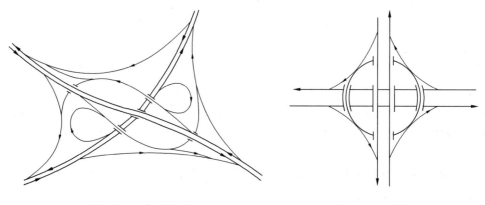

图 3.27 组合式立交　　　　图 3.28 环形立交

适用于主要道路与一般道路交叉，以用于五条以上道路相交为宜。这种立交能保证主线直行，交通组织方便，无冲突点，占地较少。但次要道路的通行能力受到环道交织能力的限制，车速受到中心岛直径的影响，构造物较多，左转车辆绕行距离长。

三、立交主线设计

互通式立交范围内有较多的出入口，主线应有足够的视距，以保证驾驶员做出准确的反应和判断，确保行车安全，为此立交范围内主线的平曲线半径、竖曲线半径、最大纵坡较主线标准段有更高的要求。

1. 主线设计要求

（1）主线设计应满足立交的易识性，保证足够的行车视距，使主线上行驶的车辆从较远处看清立交，有充裕的时间注意立交出入车辆及出入口位置。

（2）确保立交主线上车辆行驶的要求，以及进出口车辆行驶安全、便利，在主线设计的同时，还应综合考虑其他交通设施，如变速车道、集散道路、导流岛等设施。

（3）线形设计中，原则上匝道线形应服从主线线形的要求，在保证主线线形的前提下，主线和匝道综合考虑，为匝道设计创造较好的条件，便于进出口连接。

（4）主线线形应满足标准要求，在可能的条件下采用较高指标。相交主线力求正交，并在直线或大半径的曲线段相交。

（5）力求主线纵坡平缓，注意排水问题。

（6）保证两相交主线具有足够的跨越高度，经满足行车视距条件、桥下净空要求。

2. 平面线形设计

考虑立交主线的交通特征，主线平面设计应注意以下几点：

（1）尽量采用直线或大半径的曲线，避免使用小半径的曲线，以便进、出口连接和匝道、集散道路的设置。

（2）立交桥跨主线宜采用直线，避免设置曲线桥，以便于桥梁设计和施工。不得已采用曲线桥时，应尽可能使相交路线走向沿曲线桥的圆心方向。

（3）在考虑交叉角、交点位置及确定线形要素时，应选满足主要道路的线形要求，尽可能为主线创造较好的行车和车辆出入的条件。

根据公路立体交叉设计细则规定，互通式立交范围内，设有变速车道路段的主线圆曲线半径不应小于表 3.13 的规定值。

根据城市道路交叉口设计规程规定，立交主线平面线形技术要求应与路段一致。

变速车道路段的主线圆曲线最小半径 表 3.13

设计速度（km/h）		120	100	80	60
最小圆曲线半径（m）	一般值	2000	1500	1100	500
	极限值	1500	1000	700	350

3. 纵断面线形设计

当主线为半径较大的凹形竖曲线时，驾驶员视线开阔，容易看清立交的全貌；反之，若互通式立体交叉的主线处于半径较小的凸形竖曲线范围内或紧接其后时，立交的全部或部分被遮挡的可能，尤其是出口不易识别，从而影响行车安全。

立交主线纵面线形设计方法与一般道路纵面线形设计方法相同，除满足一般纵面设计的要求外，还应注意以下几点：

（1）注意满足控制高程的要求。立交交叉点的控制高程包括上线、下线的高程，是立交纵面设计的基本依据，是在立交规划中已经确定的，设计时应作为纵面设计的"控制点"控制。

（2）当需调整立交上线或下线的高程时，应注意保证相交路线有足够的跨越高度 H。

（3）主线进出口处的高程应与匝道设计整体考虑，一般是先定主线高程，再控制匝道。

（4）跨线桥下凹形竖曲线上方的净空高度应满足鞍式列车有效净空的要求，应使其有效净空高度大于规定的净空高度。

根据公路立体交叉设计细则规定，互通式立交范围内，主线竖曲线半径不应小于表 3.14 的规定值。

互通式立体交叉范围内主线竖曲线最小半径　　　　　　表 3.14

设计速度（km/h）			120	100	80	60
最小竖曲线半径（m）	凸形	一般值	45000	25000	12000	6000
		极限值	23000（29000）	15000（17000）	6000（8000）	3000（4000）
	凹形	一般值	16000	12000	8000	4000
		极限值	12000	8000	4000	2000

注：在分流鼻端前识别视距控制路段，主线凸形竖曲线最小半径取表中括号内的值。

4. 最大纵坡

交通事故与主线的纵坡有很大关系，立交范围内主线纵坡过大，会严重影响行车安全；互通式立交下坡坡度较大时，对驶出互通式立交的汽车减速不利，其结果将由于车速过大，车辆在驶出主线时易失去控制和稳定性；上坡坡度较大时，驶入主线的汽车不易加速，这不仅要延长加速车道的长度，而且即使加速车道长度得到保证，当大型车车速未增加到规定速度就与主线汇流，也会造成交通事故，因此主线的最大纵坡应规定在适当的范围内。

根据公路立体交叉设计细则规定，互通式立交范围内，减速车道下坡路段和加速车道上坡路段的主线纵坡不应大于表 3.15 的规定值。

减速车道下坡路段和加速车道上坡路段的主线最大纵坡　　　　表 3.15

设计速度（km/h）		120	100	80	60
最大纵坡（%）	一般值	2.0	2.0	3.0	4.5（4.0）
	极限值	2.0	3.0	4.0（3.5）	5.5（4.5）

注：当互通式立体交叉位于主线连续长大下坡路段底部时，减速车道下坡路段取表中括号内的值。

城市道路立交主线的最大纵坡应符合表 3.16 的规定。

机动车道最大纵坡度　　　　　　表 3.16

设计速度（km/h）	100	80	60	50	40
最大纵坡推荐（%）	3	4	5	5.5	6
最大纵坡限制（%）	5	6	7		8

注：1. 机动车道最大纵坡应采用小于或等于最大纵坡推荐值；受地形条件或特殊情况限制时，方可采用最大纵坡限制值。
2. 山区城市设计速度为 40km/h 的道路，经技术经济论证，最大纵坡可增加 1%。
3. 越岭路线连续上坡（或下坡）路段，地形相对高差为 200～500m 时，平均纵坡不应大于 5.5%；地形相对高差大于 500m 时，平均纵坡不应大于 5%，且连续 3km 路段的平均纵坡不应大于 5.5%。
4. 海拔 3000m 以上高原城市道路的最大纵坡推荐值可按表列值减小 1%，最大纵坡折减后若小于 4%，则仍采用 4%。
5. 冰冻积雪地区快速路最大纵坡不得超过 4%，其他道路不得超过 6%。

5. 主线横断面

互通式立交范围内主线横断面应和主线标准段一致，无特殊情况技术标准可按主线横断面技术标准采用，枢纽型立交范围主线横断面应和主线一致，保持车道数和硬路肩连续。

6. 主线视距保证

(1) 平面视距的保证

主线分流鼻之前应保证判断出口所需的识别视距。

交叉公路基本路段的视距应采用相应等级公路规定的停车视距,在分流鼻端之前宜采用表 3.17 规定的识别视距。当条件受限时,识别视距不应小于 1.25 倍的停车视距。

识别视距　　　　　　　　　　表 3.17

设计速度(km/h)	120	100	80	60
识别视距(m)	350～460	290～380	230～300	170～240

注:当驾驶者接受的信息较多时,宜采用较大(接近高限)值。

城市道路在进出立交的主线路段,其行车视距宜大于或等于 1.25 倍的停车视距。

(2) 纵面视距保证

纵面视距保证的措施和方法与一般道路相同,一般主要考虑跨线桥下视距的要求。跨线桥下位于凹形竖形曲线处,驾驶员视线受上部桥跨结构物的阻挡。这时应根据视距长度和桥下净高来选择适当的竖曲线半径和长度。

四、立交匝道设计

匝道是互通式立交必不可少的组成部分。其作用就是专供跨线构造物上、下相交道路的转弯车辆行驶。匝道设计的合理与否,直接关系到立交枢纽的功能、营运及安全等,因此匝道的合理布置及使用合适的线形非常重要。

(一) 匝道设计依据

1. 设计速度

互通式立交匝道的设计速度主要是根据立交的等级、转弯交通量的大小以及用地和投资费用等条件确定。如果匝道的设计速度能和主线一样,即使是采用不同设计速度的相交道路中较低者,车辆运行也是顺畅的。然而由于地形、用地和投资费用等的限制,匝道的计算行车速度通常都较主线低,但降低不得过大,以免车辆在离开或进入主线时急剧减速或加速,导致行车危险和不顺畅。匝道计算行车速度期望值以接近主线平均行驶速度为宜,当受用地或其他条件限制时,可适当降低,一般为主线设计速度的 50%～70%。

按公路立体交叉设计细则规定,公路立交匝道基本路段设计速度取值范围应符合表 3.18 的规定。

公路立交匝道基本路段设计速度的取值范围　　　　　　表 3.18

匝道类型		直连式		半直连式		环形匝道	
		标准型	变化型	内转弯式	外转弯式	标准型	变化型
一般互通式立体交叉	设计速度(km/h)	40～60	30～40	—	40～60	30～40	30～40
	匝道形式			—			

续表

匝道类型	直连式		半直连式		环形匝道	
	标准型	变化型	内转弯式	外转弯式	标准型	变化型
枢纽互通式立体交叉 设计速度（km/h）	60~80	50~60	60~80	40~60	40	40
枢纽互通式立体交叉 匝道形式						

公路出口匝道在分流鼻附近的设计速度可参照表3.19所列分流鼻端通过速度取值，但不应小于匝道基本路段的设计速度。入口匝道在合流鼻端附近的设计速度可采用匝道基本路段的设计速度。

公路出口匝道分流鼻端通过速度　　　　　　　　　　　　　表3.19

设计速度（km/h）		120	100	80	60
分流鼻端通过速度（km/h）	一般值	70	65	60	55
	极限值	65	60	55	45

城市道路立交匝道设计速度的规定分别见表3.20。

城市道路立交匝道设计速度（单位：km/h）　　　　　　　表3.20

交叉口类型	部位	交叉口设计车速
立体交叉	主线	所属路线相应等级道路的设计速度V_d
	定向匝道、半定向匝道及辅道	$(0.6 \sim 0.7)V_d$
	一般匝道、集散车道	$(0.5 \sim 0.6)V_d$
	菱形立交的平交部分	取规范表3.5.6平面交叉的设计车速

注：V_d为道路设计车速，应符合现行国家标准《城市道路交通规划设计规范》GB 50220的有关规定。

2. 设计交通量

匝道设计交通量是确定匝道类型、计算行车速度、车道数、几何形状、平交或立交及是否分期修建等的基本依据。设计交通量主要根据相交道路的交通量，结合交通调查资料进行直、左、右行方向交通量分配得到。设计交通量计算公式与相交道路相同。

3. 通行能力

匝道的通行能力取决于匝道本身的和出、入口处的通行能力，相关计算参见交通工程学知识。

交叉公路设计服务水平应按相应公路功能及等级选取，匝道、分流区、合流区、交织区和集散道的设计服务水平可比主线低一级，但不应低于四级。当设计服务水平采用四级时，匝道基本路段单车道和双车道的设计通行能力可由表3.21取值。

公路匝道基本路段的设计通行能力　　　表 3.21

匝道设计速度（km/h）		80	70	60	50	40	35	30
设计通行能力（pcu/h）	单车道	1500	1400	1300	1200	1000	900	800
	双车道	2900	2600	2300	2000	1700	1500	1300

（二）匝道的分类与布置

立体交叉中主线与被交线处于不同高程上，需用道路将其互通联系，便于各方向车流通达。这些起联系作用的道路通常称为匝道。

1. 匝道基本布置形式

就整个立交而言，由于地形、地物的限制，交通功能要求不同，线形布置繁杂多变。然而，其基本要求并不复杂，即每条进入交叉的主线或交叉线除已有具有直行交通功能之外，还应增加向左、向右转弯的交通功能，也就是增加右转匝道和左转匝道。

（1）右转匝道

右转匝道的基本形式如图 3.29 所示。车辆从交叉线右侧分流，通过匝道，从主线右侧进入主线。此种匝道特点是：右进右出，出入直接，方向明确，线形顺适，曲线半径较大，车速较高，车辆行程最短，采用较为广泛。

（2）左转匝道

供车辆实现左转弯行驶的匝道，车辆须转 90°～270°穿越对向车道及相交道路。左转匝道与直行车道之间以及与相邻的左转匝道之间干扰大，布置复杂，因而左转匝道的布置形式直接影响立交的功能及造型。左转匝道应根据相交道路的性质、交通量大小及其分布、地形条件，灵活合理布设，如图 3.30 所示。

（3）左右共行的匝道

供车辆同时实现左转和右转行驶的匝道。如菱形立交、环形立交、双喇叭形立交等，左右转车辆共用一条匝道，如图 3.31 所示。

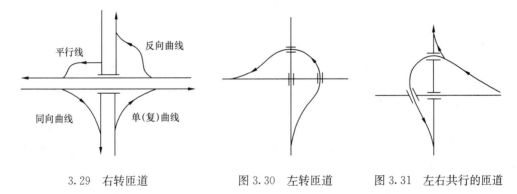

图 3.29 右转匝道　　图 3.30 左转匝道　　图 3.31 左右共行的匝道

2. 左转匝道的分类

匝道的分类，主要针对左转匝道而言，根据其几何布置可分为以下类型：

（1）直接型（定向型）

匝道从主线左侧驶出，左转弯行驶后，直接从另一主线左侧驶入，如图 3.32 所示。也称左出左进式。直接型匝道主要特点如下：

① 左出左进，转向约 90°，行驶路线短捷，立交营运费用低，能承担较大的左转交

通量。

② 左转车辆自主线左侧驶出，没有反向运行，平面线形较好。

③ 行车方向明确，行车顺适，出入口明显、易识别，一般不会在立交处发生错路运行。

④ 行车路线交叉多，使跨线构造物增加，立交工程费用增大。

⑤ 一般要求主线的双向行车道之间必须有足够的距离才能满足匝道上跨或下穿主线立面布置的要求。

⑥ 当主线单向有两个以上的车道时，主线快车道上的车辆自主线左侧驶出时，减速段的要求严格；主线慢车道上的重型车辆横移变换到左侧车道高速驶出困难，到相交道路后车辆从高速车道左侧汇入困难且不安全。

⑦ 匝道需连续两次跨越主线，纵面线形较差，并使桥跨结构物较多。

这类匝道适用于左转交通量特别大的情况，一般情况下较少选用。

直接型匝道布置可有三种形式，如图 3.32 所示。

(2) 半直接型（半定向型）

根据进出口匝道与主线连接关系的不同，这一类型的匝道有如下三种形式：

① A 型，如图 3.33 所示。这种匝道的主要特点是：

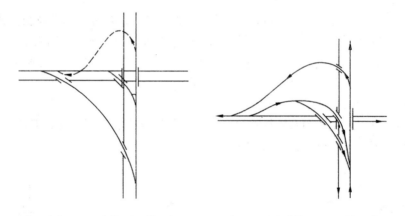

图 3.32　直接型匝道　　　　　图 3.33　半直接 A 型左转匝道

a. 左出右进，匝道有绕行。

b. 直接型匝道左出缺点仍然存在。

c. 连接匝道出口的主线双向行车道之间必须有相当大的间距，以便匝道竖向布置，因此主线设计时应与匝道设计一并考虑。

d. 转弯车流从主线右侧驶入，对主线车流干扰较小。

半直接型匝道布置形式有如图 3.33 所示的两跨两大层、一跨三层和一跨两层等。

② B 型，如图 3.34 所示，这种匝道的主要特点是：

a. 转弯车辆右出左进，匝道绕行略长。

b. 直接型匝道左进的缺点仍然存在，若当驶入的道路是双车道次要道路时，左进右出关系不大，此时采用这种匝道是可行的。

c. 由于匝道左进，驶入主线双向车道之间必须有足够的距离，因此主线设计应与匝道设计一并考虑。

d. 转弯车流从主线右侧驶出，对主线车流干扰较小。

③ C 型，如图 3.35 所示，这种匝道具有如下特点：

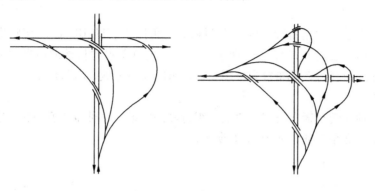

图 3.34 半直接 B 型左转匝道　　图 3.35 半直接 C 型匝道

a. 右出右进，匝道绕行距离较长，匝道需连续两次跨越主线，故桥跨较多。

b. 右出右进，避免了左出左进在运行上的困难和缺陷，车辆出入对主线干扰小，行车安全。

c. 驶出或驶入主线双向车道不必分开。

d. 匝道的纵面线形较好。

e. 这种匝道一般较适用于两条四车道以上的高等级公路相交且匝道连接象限左转交通量较大的情况。

直接型和半直接型匝道是直接左转的方式行车，两者主要区别在于绕行路线长以及进出方式不同而已。

（3）间接式匝道

① 小环道

小环道，有如图 3.36 所示四种形式，这种匝道的主要特点是：

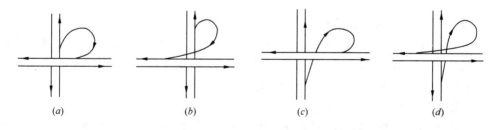

图 3.36 小环道

a. 车辆过交叉点后，从主线右侧驶出，变左转为右转，转向 270°，形成一个环道。

b. 匝道从右侧驶出、右侧驶入，不需设置任何构造物就达到独立左转的目的，经济安全。

c. 小环道绕行路线长，一般平曲线半径较小，适应车速较低，通行能力较小。出口设置在主线跨线桥（或地道）后面，行车不易识别，因而要求跨线桥下（或地道）具有良好的视距条件。

d. 小环道半径较大时，占地较多，采用小环道匝道构成的苜蓿叶形立交中两小环道间存在交织段，直接影响主线行车和立交匝道的通行能力，可采取增设集散道的措施加以改善。

② 迂回式匝道

迂回式匝道是一种先右转行驶一定距离后，再回头在转180°的左转匝道，由于绕行路线长，称迂回式匝道，如图3.37所示。迂回式匝道布置为长条形，当用地受限时可考虑采用。由于迂回绕行，常布置为公用匝道，可减少匝道数，节省用地。

（4）环道

环道是一种左转车辆在公用车道上交织行驶的匝道。这种匝道变左转为右转、绕中心岛行驶，实现立交全互通，如图3.38所示。

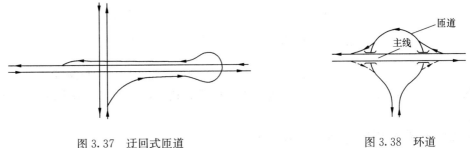

图3.37　迂回式匝道　　　　　　　图3.38　环道

这种匝道的主要特点是：

① 左转车辆与直行车辆、左转车辆与左转车辆共用一条匝道，产生交织运行。

② 环道半径较大，左转车行车方向明确，行车条件较好。

③ 由环道构成的环形立交结构紧凑，占地较少。

④ 环道上有交织路段，对通行能力及行车速度影响较大。

⑤ 转弯车辆绕行较长。

⑥ 环道构成的环形立交需要建两座构造物，造价较高。

（三）匝道平面线形设计

1. 平面线形设计的一般要求

匝道平面线形设计应与匝道的设计车速及类型相适应，同时考虑地形、地物、占地等条件，从而保证匝道上行驶的车辆连续、稳定、安全。要求如下：

（1）匝道平面线形要与汽车行驶速度相适应。

（2）匝道平面线形要考虑匝道相应的交通量大小。

（3）匝道的起、终点以及匝道的分、合流点，交通复杂，易发生事故，设计时应保证良好的视距条件。

（4）匝道起、终点、收费站等处，横断面组成、尺寸、横坡及线形等应满足行车要求并做到线形顺适圆滑，做好过渡段的设计。

（5）匝道线形组合更加灵活多样。

2. 匝道平面线形指标

匝道的平面线形应根据匝道设计速度、交叉类型、交通量、地形、用地条件、造价等因素确定。并保证车辆能连续安全地运行，力求达到工程及运营经济。

(1) 匝道的圆曲线半径的大小直接影响到立交的形式、用地、规模、造价以及行车的安全性和舒适性。最小半径的大小取决于匝道圆曲线最小半径，通常应选用大于一般值的半径，当受地形条件或其他特殊情况限制时，方可采用极限值。

公路立交匝道圆曲线半径不应小于表 3.22 规定值。不设超高的匝道圆曲线半径不应小于表 3.23 的规定值。当反向横坡超过 2.5% 时，应另行计算确定。

公路立交匝道圆曲线最小半径　　　　　　　　　　　　　表 3.22

匝道设计速度（km/h）		80	70	60	50	40	35	30
圆曲线最小半径（m）	一般值	280	210	150	100	60	40	30
	极限值	230	175	120	80	50	35	25

不设超高的匝道圆曲线最小半径　　　　　　　　　　　　表 3.23

匝道设计速度（km/h）		80	70	60	50	40	35	30
不设超高圆曲线最小半径（m）	反向横坡≤2.0%	2500	2000	1500	1000	600	500	350
	2.0%<反向横坡≤2.5%	3350	2600	1900	1300	800	600	450

城市立交圆曲线最小半径的规定如表 3.24 所示，选用时宜采用大于或等于表列超高 i_h＝2% 的最小半径，有条件的地方可采用不设超高的最小半径。

城市立交匝道圆曲线最小半径　　　　　　　　　　　　　表 3.24

匝道设计速度（km/h）		80	70	60	50	40	35	30	25	20
积雪冰冻地区		—	—	240	150	90	70	50	35	25
一般地区	不设超高	420	300	200	130	80	60	45	30	20
	i_{max}＝0.02	315	230	160	105	65	50	35	25	20
	i_{max}＝0.04	280	205	145	95	60	45	35	25	15
	i_{max}＝0.06	255	185	130	90	55	40	30	25	15

注：不设缓和曲线的匝道圆曲线极限最小半径与不设超高情况相同。积雪冰冻地区超高不大于 4%。

城市道路立交平曲线及圆曲线长度应大于或等于表 3.25 的规定。

城市道路立交匝道平曲线、圆曲线最小长度　　　　　　　表 3.25

匝道设计速度（km/h）	80	70	60	50	40	35	30	25	20
平曲线最小长度（m）	150	140	120	100	90	80	70	50	40
圆曲线最小长度（m）	70	60	50	45	35	30	25	20	20

(2) 匝道回旋线参数及长度要求，公路立交匝道回旋线参数及长度宜不小于表 3.26 的规定，回旋线长度不应小于超高过渡所需的长度。城市道路立交匝道回旋线参数 A 和缓和曲线最小长度应符合表 3.27 规定。

(3) 在分流鼻端处，公路出口匝道平曲线的最小曲线半径不宜小于表 3.28 规定值，出口匝道回旋线参数不宜小于表 3.29 的规定值，长度不宜小于超高过渡所需要的最小长度。城市道路立交匝道分流点的曲率半径与回旋线参数应符合表 3.30 的规定。

公路匝道回旋线最小参数及长度 表3.26

匝道设计速度（km/h）	80	70	60	50	40	35	30
回旋线参数 A（m）	140	100	70	50	35	30	20
回旋线长度（m）	70	60	50	40	35	30	25

城市道路立交匝道回旋线参数及长度 表3.27

匝道设计速度（km/h）	80	70	60	50	40	35	30	25	20
回旋线参数 A（m）	135	110	90	70	50	40	35	25	20
缓和曲线最小长度（m）	75	70	60	50	45	40	35	25	20

公路分流鼻端处出口匝道平曲线的最小曲线半径 表3.28

主线设计速度（km/h）		120	100	80	60
匝道最小曲线半径（m）	一般值	350	300	250	200
	极限值	300	250	200	150

公路分流鼻附近出口匝道回旋线最小参数 表3.29

主线设计速度（km/h）		120	100	80	60
匝道回旋线最小参数（m）	一般值	100	80	70	60
	极限值	80	70	60	40

城市道路立交分流点的曲率半径与回旋线参数 表3.30

主线设计速度（km/h）	分流点的行驶速度（km/h）	分流点的最小半径（m）	回旋线参数 A（m）	
			一般值	低限值
120	80	250	110	100
	60	150	70	65
100	55	120	60	55
80	50	100	50	45
60	≤40	70	35	30

（四）匝道纵断面线形设计

1. 纵断面设计一般要求

匝道纵断面设计应满足下列要求：

（1）匝道纵断面线形应尽可能连续、顺适、均衡，并避免生硬而急剧变化的线形，纵坡应平缓，避免不必反坡。

（2）尽可能用较大的竖曲线半径，特别是在匝道端部。

（3）驶入主线附近的匝道纵断面线形，必须有一段同主线的纵断面线形一致的平行路段，充分保证主线通视条件，便于汇入车辆的驾驶员识别。

（4）应尽量避免同向竖曲线间插入短直线。如有这种情况，可以采用大竖曲线包络两个竖曲线，予以改善。

（5）匝道应尽量采用较缓的纵坡以保证行驶的舒适与安全，尤其是加速上坡匝道和减速下坡匝道，更应采取较缓的纵坡，严禁采用纵坡值等于或接近最大纵坡值的纵坡。

(6) 匝道的纵断面线形设计应与平面线形设计相结合，构成良好的平纵组合线形。

(7) 收费站附近的纵坡应尽量小，竖曲线半径应尽量大，同时做成圆滑曲线，纵坡及竖曲线最小半径应满足规范规定。

(8) 出口匝道宜为上坡匝道，以利于车辆减速。

2. 匝道的纵断面线形指标

(1) 公路立交匝道的最大纵坡规定如表3.31所示，匝道合成坡度不宜大于9%，积雪冰冻地区不应大于7.5%。城市立交匝道最大纵坡不应大于表3.32规定值。

(2) 公路立交匝道竖曲线的最小半径及最小长度，表3.33所示，在分合流鼻端附近，出入口匝道竖曲线半径不宜小于表3.34的规定值。城市道路立交匝道竖曲线最小半径及长度应符合表3.35的规定。

公路匝道最大纵坡 表3.31

匝道设计速度（km/h）			80、70	60、50	40、35、30
最大纵坡（%）	出口匝道	上坡	3	4	5
		下坡	3	3	4
	入口匝道	上坡	3	3	4
		下坡	3	4	5

注：1. 因地形困难或用紧张时，最大纵坡可在表中规定值基础上增加1%；
2. 当地形特殊困难时，在非积雪冰冻地区，出口匝道上坡和入口匝道下坡可在表中规定值基础上增加2%。

城市立交匝道最大纵坡 表3.32

匝道计算行车速度（km/h）	80	70	60	50	≤40
一般地区	5	5.5	6	7	8
积雪冰冻地区	4	4	4	4	4

公路匝道竖曲线的最小半径及长度 表3.33

匝道设计速度（km/h）			80	70	60	50	40	35	30
竖曲线最小半径（m）	凸形	一般值	4500	3500	2000	1600	900	700	500
		极限值	3000	2000	1400	800	450	350	250
	凹形	一般值	3000	2000	1500	1400	900	700	400
		极限值	2000	1500	1000	700	450	350	300
竖曲线最小长度（m）		一般值	100	90	70	60	40	35	30
		极限值	75	60	50	40	35	30	25

公路鼻端附近匝道竖曲线最小半径 表3.34

主线设计速度（km/h）			120	100	80	60
匝道竖曲线最小半径（m）	凸形	一般值	3500	2800	2000	1800
		极限值	2000	1800	1400	1200
	凹形	一般值	2000	1800	1500	1200
		极限值	1500	1200	1000	850

城市道路立交匝道竖曲线最小半径及长度　　　　　　　表 3.35

匝道设计速度（km/h）			80	70	60	50	40	35	30	25	20
竖曲线最小半径（m）	凸形	一般值	4500	3000	1800	1200	600	450	400	250	150
		极限值	3000	2000	1200	800	400	300	250	150	100
	凹形	一般值	2700	2025	1500	1050	675	525	375	255	165
		极限值	1800	1350	1000	700	450	350	250	170	110
竖曲线最小半径（m）		一般值	105	90	75	60	55	45	40	30	30
		极限值	70	60	50	40	35	30	25	20	20

3. 出、入口处匝道纵坡衔接

匝道的起、终点即匝道与主线或交叉线纵坡连接点。此点的设计高程属于匝道纵坡设计的起始或终止高程，必须与主线或交叉线设计高程协调一致。

一般情况下，出口处匝道纵坡第一个变坡点设在匝道与主线分岔之后，相当于一个竖曲线切线长的距离之外。也就是说，在匝道与主线平面分岔之前匝道纵坡度应与主线纵坡度完全一致，这样才不致两线因纵坡度不同而出现高程差，造成横断面上路面横坡度不协调。入口处纵坡衔接也是如此。

4. 匝道纵断面与平面线形及桥跨布置协调配合

匝道在立交整体线形布置中，其纵断面也受许多因素控制，诸如主线、交叉线与匝道连接（包括交织交叉）；交叉线相互跨越（如定向式立交）；匝道跨越非机动车道及人行道；有时匝道与匝道相互跨越。这些连接、交织、跨越点，各自设置不同结构物或路基都有一定要求，其设计高程都控制着匝道纵坡设计。设计中要相互协调配合，合理安排平面位置，合理抬高或压低纵断面高程适应结构物设置，但不能过于恶化纵断面线形。必要时可适当修改平面线形，使平、纵、横三面和各种结构总体配合协调，求得合理的整体布置。这些问题在立交形式设计、方案选择时就要考虑并大体确定，后阶段的纵断面设计中，只有更细致具体加以落实而已。

（五）匝道横断面设计

1. 匝道横断面组成

匝道横断面组成，根据交通需要有单向单车道、单向或对向双车道、对向分离双车道三种形式。

（1）单向单车道横断面

其组成内容如图 3.39 所示。它有一个单向行车道，两侧分别设有左路肩和右路肩；左、右路肩中都包括路缘带、硬路肩和土路肩，硬路肩中包含路缘带。右侧硬路肩一般都考虑能临时停车。匝道常采用这类断面形式。

（2）单向或对向双车道横断面

其组成内容大体与单向单车道横断面相同，只是行车道为同向双车道。由于它具有双车道，便于偶尔停车而不致堵塞交通，两侧硬路肩都较窄，如图 3.40 所示。

（3）对向分离双车道横断面

其组成内容不同的是，两侧各设无左路肩的单向单车道，中间设分隔带以保证对向行驶车辆安全，如图 3.41 所示。这是对向行车道的一般断面形式。特殊条件下，如场地条件十分紧迫,车速较低,也可取消中间分隔带而调好置简易设施或画双黄线,但其安全度会随之降低。场地条件宽松时,对向行车匝道还可互相分离一定距离,各自设计成单车道道横断面。

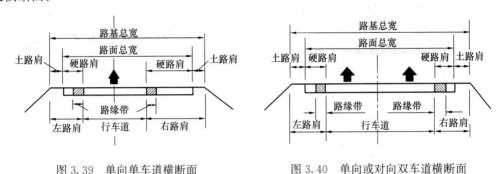

图 3.39 单向单车道横断面   图 3.40 单向或对向双车道横断面

(4) 匝道与主线连接处横断面

匝道与主线或交叉线衔接处,一般即为匝道起点或终点。该点横断面一般按匝道标准设计,但又可能属于变速车道范围之内。一般情况下,平行式变速车道出入口处,匝道左侧紧靠主线左侧路缘带;直接式变速车道出入口处,匝道并不靠近主线,离开主线的间距应按匝道平面布置计算决定。

平行式变速车道出入口处匝道的起点横断面如图 3.42 所示。

从图可知,此处匝道横断面仅有行车道和右路肩,与变速车道横断面一致,便于衔接,左侧紧靠主线或三角区,无须设置左路肩,一直到匝道分岔尖端之后,才能成为匝道的完整横断面。

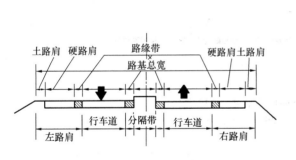 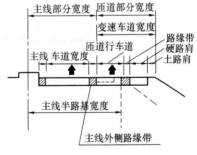

图 3.41 对向分离双车道横断面   图 3.42 匝道与主线连接处横断面

2. 匝道横断面类型及尺寸

(1) 横断面类型

我国公路立体交叉设计细则规定匝道横断面有四种基本类型,如图 3.43 所示。

(2) 各部尺寸

匝道横断面各组成部分的尺寸规定如下:

(1) 车道宽度为 3.5m。
(2) 路缘带宽度为 0.5m。
(3) 左侧硬路肩(含路缘带)宽度为 1.0m。

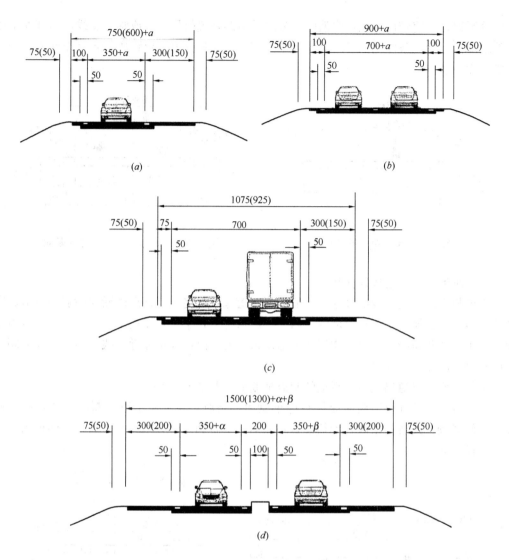

图 3.43 匝道横断面基本类型（尺寸单位：cm）

注：α、β 为圆曲线路段加宽值

(a) Ⅰ型——单向单车道匝道；(b) Ⅱ型——无紧急停车带的单向双车道匝道；
(c) Ⅲ型——有紧急停车带的单向双车道匝道；(d) Ⅳ型——对向分隔式双车道匝道

(4) 右侧硬路肩（含路缘带）宽度：设供紧急停车用硬路肩时为 2.50m，条件受限制时可采用 1.50m，但为对向分隔式双车道时宜采用 2.00m；不设供紧急停车用硬路肩时为 1.00m。

(5) 土路肩的宽度为 0.75m；条件受限制时，不设路侧护栏者可采用 0.5m。

(6) 中央分隔带的宽度应不小于 1.00m。

3. 路拱横坡、超高过渡及加宽设计

(1) 路拱。单车道匝道一般都采用单向横坡，双车道匝道采用双向横坡。在横断面上，路缘带的横坡与行车道相同，硬路肩的横坡一般情况下都和行车道相同，当采用双车道匝道时，建议参照《公路路线设计规范》的规定执行。正常路段和超高段外侧土路肩坡度采用向外 3%～4%。当超高值大于土路肩值时，内侧土路肩采用同行车道一致的横坡。

（2）超高值。当匝道圆曲线半径小于表 3.23 时，圆曲线路段应设置超高，并向曲线内侧倾斜。匝道圆曲线路段的最大超高宜采用 6%，在积雪冰冻地区，最大超高不得大于 6%。在非积雪冰冻地区，当交通组成以小客车为主时，匝道最大超高可适当增大，但不应大于 8%。匝道圆曲线段超高值可根据匝道设计速度、最大超高和圆曲线半径由《公路立体交叉设计细则》表 9.2.5 选取。

（3）加宽值。匝道圆曲线路段的路面加宽宜在曲线内侧进行，对向分隔式匝道宜在内、外侧分别进行加宽。匝道路面加宽过渡宜在回旋线路段或超高过渡段进行，且加宽过渡段长度不应小于 10m。公路匝道圆曲线路段路面加宽的通行条件应符合表 3.36 的规定，匝道圆曲线路段加宽值可由表 3.37 查取。加宽方式推荐采用抛物线加宽。城市立交匝道圆曲线加宽值应符合表 3.38 所列值。

匝道路面通行条件 表 3.36

匝道横断面类型	通行条件	
	一般通行条件	特殊通行条件
单向单车道（Ⅰ型） 对向分隔式双车道（Ⅳ型）	当路肩停有载重汽车时，铰接列车能慢速通过	当路肩停有小客车时，铰接列车能慢速通过
无紧急停车带的单向单车道（Ⅱ型） 有紧急停车带的单向双车道（Ⅲ型）	两辆铰接列车能慢速并行或错车通过	铰接列车与载重汽车能慢速并行或错车通过

公路匝道圆曲线路段路面加宽值 表 3.37

匝道圆曲线半径 R（m）				路面加宽值（m）
单向单车道（Ⅰ型）	无紧急停车带的单向双车道（Ⅱ型）	对向分隔式双车道（Ⅳ型）		
		曲线内侧车道	曲线外侧车道	
—	—	25≤R＜26	—	3.50
—	25≤R＜26	26≤R＜27	—	3.25
—	26≤R＜27	27≤R＜28	—	3.00
—	27≤R＜28	28≤R＜30	—	2.75
—	28≤R＜30	30≤R＜32	25≤R＜26	2.50
25≤R＜27	30≤R＜31	32≤R＜35	26≤R＜29	2.25
27≤R＜29	31≤R＜33	35≤R＜38	29≤R＜32	2.00
29≤R＜32	33≤R＜35	38≤R＜42	32≤R＜36	1.75
32≤R＜35	35≤R＜37	42≤R＜46	36≤R＜40	1.50
35≤R＜38	37≤R＜39	46≤R＜53	40≤R＜46	1.25
38≤R＜43	39≤R＜42	53≤R＜60	46≤R＜55	1.00
43≤R＜50	42≤R＜46	60≤R＜73	55≤R＜67	0.75
50≤R＜58	46≤R＜50	73≤R＜92	67≤R＜85	0.50
58≤R＜70	50≤R＜55	92≤R＜123	85≤R＜117	0.25
R≥70	R≥55	R≥123	R≥117	0

注：Ⅳ型匝道的圆曲线半径为中央分隔带中心线半径，其余为车道中心线半径。

城市立交匝道圆曲线每条车道的加宽值（m）　　　　表3.38

圆曲线半径(m) 车型	200<R≤250	150<R≤200	100<R≤150	60<R≤100	50<R≤60	40<R≤50	30<R≤40	20<R≤30	15<R≤20
小型汽车	0.28	0.30	0.32	0.35	0.39	0.40	0.45	0.60	0.70
普通汽车	0.40	0.45	0.60	0.70	0.90	1.00	1.30	1.80	2.40
铰接车	0.45	0.55	0.75	0.95	1.25	1.50	1.90	2.80	3.50

（4）超高渐变率

匝道的超高过渡方式采用绕车道中心旋转、绕左侧路缘带外边缘旋转。当有中央分隔时，旋转轴为两侧车道中心线、中央分隔带两侧外边缘线。当对向分隔式匝道的中央分隔带铺筑路面时，可将中间带中心线作为旋转轴。在计算超高渐变率时，路面宽度取至路面边缘。匝道超高渐变率不应大于表3.39的规定值。

公路匝道超高渐变率　　　　表3.39

旋转轴位置		车道中心		左侧路缘带外缘	
匝道横断面类型		单向单车道 对向分隔式双车道	单向双车道 对向非分隔双车道	单向单车道 对向分隔式双车道	单向双车道 对向非分隔双车道
匝道设计速度 （km/h）	80	1/250	1/200	1/200	1/150
	70	1/240	1/190	1/175	1/140
	60	1/225	1/175	1/150	1/125
	50	1/200	1/150	1/125	1/100
	≤40	1/150	1/150	1/100	1/100

当匝道超高过渡段位于凹形竖曲线底部或纵坡小于0.5%的路段时，在横坡接近水平状态的排水困难路段，超高渐变率不应小于表3.40的规定值。

公路排水困难路段匝道最小超高渐变率　　　　表3.40

匝道横断面类型		单向单车道 对向分隔式双车道	单向双车道 对向非分隔双车道
旋转轴位置	车道中心	1/800	1/500
	左侧路缘带外边缘	1/500	1/300

城市立交规范要求缓和曲线长度实际取值为超高缓和段长度和平曲线长度两者中的大值，即超高过渡段应在缓和曲线段进行。其超高渐变度可按表3.41取值。

城市立交匝道超高渐变率　　　　表3.41

匝道设计速度（km/h）	20	30	40	50	60	70	80
超高渐变率ε中	1/100	1/125	1/150	1/160	1/175	1/185	1/200
超高渐变率ε边	1/50	1/75	1/100	1/115	1/125	1/135	1/150

4. 匝道的视距

公路立交匝道全长范围内应具有不小于表3.42规定的视距。

公路立交匝道停车视距　　　　表3.42

设计速度（km/h）		80	70	60	50	40	35	30
停车视距 （m）	一般地区	110	95	75	65	40	35	30
	积雪冰冻地区	135	120	100	70	45	35	30

城市立交匝道停车视距不应小于表 3.43 的规定。

城市立交匝道停车视距 表 3.43

设计速度 (km/h)	80	70	60	50	40	35	30	25	20
停车视距 (m)	110	90	70	55	40	35	30	25	20

五、匝道连接部设计

匝道连接部是指匝道两端与主线相连接的道口，它包括出入口、变速车道及辅助车道等。因其结构复杂，行车速度变化较大，平、竖线形要求较高，成为立交设计的重点和难点。连接部设计的一般原则是：出入顺适、安全，线形与主线协调一致；出入口应视认方便；主线与匝道间应能相互通视。

（一）车道平衡设计

在高速公路、一级公路和城市快速路的全长或较长路段内，必须保持一定基本车道数。同时在主线与匝道的分、合流处必须保持车道数目的平衡，二者之间是通过辅助车道来协调的。

（1）基本车道数：是指一条道路或其某一区段内，根据交通量和通行能力的要求所必需的一定数量的车道数。基本车道数在相当长的路段内不应变动，不因通过互通式立交而改变基本车道数，目的是防止因修建立交而可能形成瓶颈或导致不必要的浪费。

（2）车道平衡原则：主线的车流必然会因分、合流的存在而发生变化，分流减少，合流增大。为适应这种车流量的变化，保证车流畅通和工程经济，在分、合流处的车道数应保持平衡。

车道平衡的原则为：

① 两条车流合流以后主线上的车道数应不小于合流前的交汇道路上所有车道数总和减 1；

② 主线上车道数应不小于分流以后分叉道路的所有车道数总和减 1；

③ 主线上的车道数每次减少不应多于一条。

分、合流处应按车道数平衡公式（3-16）进行计算，以检验车道数是否平衡，如图 3.44 所示。

$$N_C \geqslant N_F + N_E - 1 \qquad (3-16)$$

式中 N_C——分流前或合流后的主线车道数；

N_F——分流后或合流前的主线车道数；

N_E——匝道车道数。

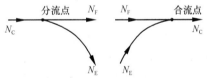

图 3.44 分、合流处车道的平衡

（3）辅助车道：在分、合流处，既要保持车道数平衡，又要保持基本车道数，如果二者发生矛盾时，可通过在分流点前与合流点后的主线上增设辅助车道的办法来解决，如图 3.45 所示。

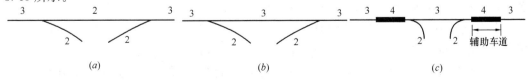

图 3.45 辅助车道

(a) 车道数平衡、但基本车道数不连续；(b) 基本车道数连续、但车道数不平衡；
(c) 车道数平衡，且基本车道数连续

在基本车道数连续的条件下，一般单车道匝道也能满足车道数平衡的要求；而设置双车道匝道时车道数不平衡，应增设辅助车道。辅助车道的设计参阅公路及城市道路立交相关规定。

（二）变速车道设计

在匝道与主线的连接路段，为适应车辆变速行驶的需要，而不致影响主线交通所设置的附加车道称为变速车道。在主线进口附近右侧增设的、为车辆加速进入主线而设的附加车道，称为加速车道。在主线出口附近右侧增设的、为车辆减速进入匝道而设的附加车道，称为减速车道。加速车道和减速车道总称为变速车道。

1. 变速车道的形式

变速车道一般分为平行式变速车道和直接式变速车道两种，如图 3.46 所示。

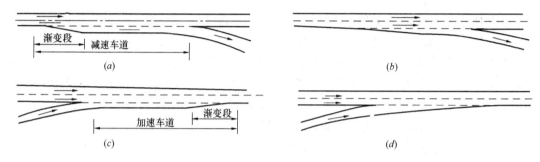

图 3.46　变速车道的形式
（a）平行式（减速）；（b）直接式（减速）；（c）平行式（加速）；（d）直接式（加速）

（1）平行式

具有一定宽度的车道与主线车道平行，在其端部做成斜锥形（渐变段）与主线相连接。其特点是：车道划分明确，行车容易辨认，但车辆出入须按 S 形行驶，即行驶在反向曲线上，对行车不利，尤其在短的变速车道上，出入车辆因来不及转动方向盘，易偏离行车道。

（2）直接式

直接式变速车道不设平行于主线的路段，由出入口处主线渐变加宽，逐渐变成一个附加的车道与匝道相连接，这个变速车道全段均为斜锥形状。其特点是：与平行式变速车道相比较，线形顺适圆滑，与进出匝道转弯车辆的行驶轨迹较吻合，车速能充分利用，行车有利；但变速车道起点位置不易识别，易使行车方向混淆。

公路立体交叉设计细则规定：①减速车道宜采用直接式，当主线圆曲线半径小于或等于表 3.13 规定的一般最小值，且设置直接式困难时，曲线外侧的减速车道可采用平行式，当出口匝道为环形时，减速车道宜采用平行式；②单车道加速车道宜采用平行式，当流入和直行交通量小，且加速车道全长利用率较小时，单车道加速车道可采用直接式，双车道加速车道宜采用直接式，当主线圆曲线半径小于或等于表 3.13 规定的一般最小值，且设置直接式困难时，曲线外侧双车道加速车道可采用平行式。

城市道路交叉口设计规程规定要求立体交叉直行方向的交通量较大时，变速车道可采用平行式；直行方向的交通量较少时，变速车道可采用直接式。

（3）变速车道的组成

直接式和平行式变速车道的组成及平面布置如图 3.47、图 3.48 所示。

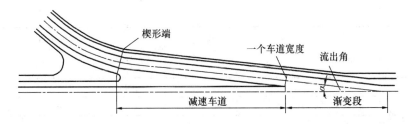

图 3.47 直接式变速车道的组成

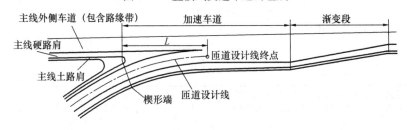

图 3.48 平行式变速车道的组成

2. 变速车道几何设计

变速车道长度为加速或减速车道长度与渐变段长度之和，如图 3.47、图 3.48 所示。

（1）加减速车道的长度

加减速车道是指渐变段车道宽度达到一个车道宽度的位置与分流或合流端间的距离。其计算公式：

$$L = \frac{V_1^2 - V_2^2}{26\alpha} \tag{3-17}$$

式中 V_1——与主线合流必须达到的速度（km/h）；

V_2——初速度，即匝道的设计速度（km/h）；

α——汽车由匝道汇入主线的平均速度（m/s²），一般加速时取 $\alpha = 0.8 \sim 1.2 \text{m/s}^2$，减速时取 $\alpha = 2 \sim 3 \text{m/s}^2$。

（2）渐变段长度

① 公路

我国《公路立体交叉设计细则》JTG D 21—2014 规定变速车道长度及有关参数见表 3.44。下坡路段的减速车道和上坡路段的加速车道，其长度应按表 3.45 中的修正系数予以修正。

变速车道各路段最小长度及出、入口最大渐变率　　表 3.44

变速车道类别		主线设计速度（km/h）	变速段长度 L_1（m）	渐变段长度 L_2（m）	出、入口渐变率	辅助车道长度 L_3（m）	全长 L（m）
减速车道	单车道	120	145	100	1/25	—	245
		100	125	90	1/22.5	—	215
		80	110	80	1/20	—	190
		60	95	70	1/17.5	—	165
	双车道	120	225	90	1/22.5	300	615
		100	190	80	1/20	250	520
		80	170	70	1/17.5	200	440
		60	140	60	1/15	180	380

续表

变速车道类别		主线设计速度（km/h）	变速段长度 L_1（m）	渐变段长度 L_2（m）	出、入口渐变率	辅助车道长度 L_3（m）	全长 L（m）
加速车道	单车道	120	230	90（180）	1/45	—	320（410）
		100	200	80（160）	1/40	—	280（360）
		80	180	70（160）	1/40	—	250（340）
		60	155	60（140）	1/35	—	215（295）
	双车道	120	400	180	1/45	400	980
		100	350	160	1/40	350	860
		80	310	150	1/37.5	300	760
		60	270	140	1/35	250	660

注：1. 括号内数值为直接式单车道加速车道的渐变段长度或全长，平行式采用括号外的值。
2. 表中符号意义见《公路立体交叉设计细则》JTG D 21—2014 图 10.2.3 和图 10.2.4。

公路大纵坡路段变速车道长度的修正系数　　　　　　　　表 3.45

主线纵坡 i（%）		$2<i\leqslant3$	$3<i\leqslant4$	$i>4$
修正系数	下坡减速车道	1.10	1.20	1.30
	上坡加速车道	1.20	1.30	1.40

② 城市道路

我国《城市道路交叉口设计规程》CJJ 152—2010 规定变速车道长度及出入口渐变率见表 3.46，下坡路段的减速车道和上坡路段的加速车道，其长度应按表 3.47 所列修正系数予以修正。

城市立交变速车道长度及出入口渐变率　　　　　　　　表 3.46

主线设计速度（km/h）		120	100	80	60	50	40
除宽度缓和部分外的减速车道规定长度（m）	1 车道	100	90	80	70	50	30
	2 车道	150	130	110	90	—	—
除宽度缓和部分外的加速车道规定长度（m）	1 车道	200	180	160	120	90	50
	2 车道	300	260	220	160	—	—
宽度缓和路段长（m）	1 车道	70	60	50	45	40	40
出口角度	1 车道	1/25		1/20		1/15	
	2 车道						
入口角度	1 车道	1/40		1/30		1/20	
	2 车道						

城市立交变速车道长度修正系数　　　　　　　　表 3.47

纵坡度（%）	$0<i\leqslant2$	$2<i\leqslant3$	$3<i\leqslant4$	$4<i\leqslant6$
下坡减速车道修正系数	1.00	1.10	1.20	1.30
上坡加速车道修正系数	1.00	1.20	1.30	1.40

变速车道采用直接式时，流出角一般取 1/25～1/15，流入角一般为 1/40～1/20。

3. 变速车道横断面设计

变速车道横断面由行车道、右路肩（包括路缘带）和左路缘带组成。各部分宽度如图 3.49 所示。

（三）出入口匝道及鼻端设计

1. 出入口设计

匝道出入口端部指匝道与主线分、合的端部，又叫鼻端，鼻端处车辆要分流或合流，行车复杂，且易发生碰撞（出口鼻端），因此是匝道端部设计的重要内容。设计时应注意满足以下要求：

（1）入口端部设计

① 入口楔形端的流入角度应尽量小一些，与主线有一定长度的能够相互通视的平行部分。为此应该使主线的纵坡与匝道纵坡在距楔形端较远之前取得一致。

② 入口端部应设在主线的下坡坡路段，以利用重型车辆加速，并在匝道汇入主线之前保持主线 100m 和匝道 60m 的三角区域内通视无阻（图 3.50）。

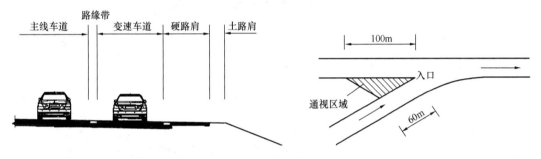

图 3.49 变速车道一个车道宽度处横断面示意图　　图 3.50 入口处通视区域

③ 整个三角区都应当铺砌。为了诱导驾驶员严格按车道行驶，除标出匝道两边的车道线外，三角区的构造与颜色应与行车道路面有所不同。

④ 入口端部行车方向明确，一般驾驶员不会弄错行驶方向，因而流入楔形端一般不需设置缩进间距。

（2）出口端部设计

① 出口端部应易于识别，一般设在跨线桥构造物之前。当设置在跨线桥后时，匝道出口至跨线桥的距离不应小于 150m。

② 出口最好位于上坡路段。

③ 主线路肩较窄时，分流楔形端部，为给弄错方向、误入匝道的直行车辆提供返回空间，必须设置缩进间距，并考虑减速车道的形状及形式。

④ 出口鼻端是易发生车辆碰撞护栏的地点，因此端部应缩进、后退，并设置防碰的安全设施（如防撞桶等），出口端应有足够的视距，并容易识别，避免产生不良的视线诱导，造成车辆误行。

2. 鼻端设计

1）分流鼻端设计

公路规定：

（1）在减速车道分流鼻端，主线侧可按偏置值控制，匝道侧可按偏置加宽值控制（图

3.51a)。

(2) 在主线相互分流鼻端，鼻端两侧均可按偏置值控制（图 3.51b）。

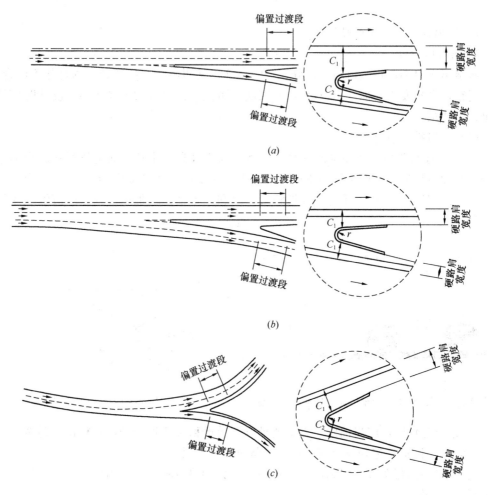

图 3.51 分流鼻处的铺面偏置加宽
(a) 减速车道分流鼻端；(b) 主线相互分流鼻端；(c) 匝道相互分流鼻流

(3) 在匝道相互分流鼻端，左匝道侧可按偏置值控制，右匝道侧可按偏置加宽值控制（图 3.51c）。

(4) 偏置值及偏置加宽值不应小于表 3.48 的规定值。当硬路肩宽度大于或等于表中规定偏置值时，偏置值可采用硬路肩宽度。

公路立交分流鼻最小偏置值及偏置加宽值　　　　表 3.48

分流类型	最小偏置值 C_1 (m)	最小偏置加宽值 C_2 (m)
减速车道分流	3.0	0.6～1.0
主线相互分流	1.8	—
匝道相互分流	2.5	0.6

(5) 偏置过渡段长度不宜小于10m,且过渡段渐变率不应大于表3.49的规定。
(6) 分流鼻端圆弧半径宜采用0.6~1.0m。

公路立交分流鼻偏置过渡段最大渐变率 表3.49

设计速度（km/h）	120	100	80	60	≤40
最大渐变率	1/12	1/11	1/10	1/8	1/7

分流鼻位于桥梁等构造物上时,自分流鼻端处之后应预留安装防撞垫等缓冲设施的位置,即分流鼻端处后方（行驶的前进方向）6~10m的区域应铺设桥面系统,并安装护栏。

城市道路规定：偏置加宽值和楔形端部鼻端半径应符合表3.50的规定。高架结构段可不设偏置加宽。楔形端端部后的过渡段长度根据表3.51的渐变率计算。当主线硬路肩宽度能满足停车宽度要求时,偏置值可采用硬路肩宽度。

城市立交分流点处偏置值与端部半径 表3.50

分流方向	主线偏置值 C_1（m）	匝道偏置值 C_2（m）	鼻端半径 r（m）
驶离主线	≥3.0	0.6~1.0	0.6~1.0
主线相互分岔	≥1.8		0.6~1.0

城市立交分流点处楔形端的渐变率 表3.51

设计速度（km/h）	120	100	80	60	≤40
渐变率	1/12	1/11	1/10	1/8	1/7

2) 合流鼻端设计

合流鼻端不应设偏置,鼻端圆弧半径宜采用0.6m。

(四) 主线的分流、合流和匝道的分流、合流

1. 概述

在枢纽式互通中,往往会遇到一条高速分岔成两条连接线转到另一条高速公路上,或者两条高速公路的连接线合流为一条高速公路的情况,如图3.52所示。对于这种高速公路分岔与合流的连接部的设计应作为特殊设计,此时分、合流两条均为多车道匝道,且无主次之分。

2. 设计及要求

(1) 主线的分流与合流端部

主线的分岔与合流连接部的设计应符合车道数平衡的规定。

(2) 主线的分流和合流中的渐变段：

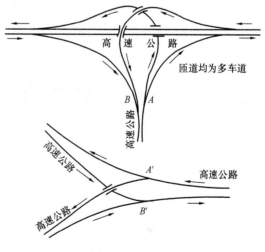

图3.52 主线分流和合流

① 自分流前或合流后的路幅(包括为维持车道数平衡而增加的辅助车道)至增加或减少一条车道(两幅行车道出现公共路缘带的断面)的渐变段内,路幅宽度应线性变化。

② 分流和合流渐变段的渐变率分别为1∶40和1∶80。

③ 渐变段的边线及其邻接的双幅路段的边线,其线形应连续。

(3) 匝道间的分流和汇流中的渐变段

① 匝道间分流、汇流前后车道数不同,应设分流、汇流渐变段。分流、汇流渐变段的最小长度规定见表3.52。

匝道间分流、汇流连接部渐变段的最小长度 表3.52

分、汇流速度(km/h)		80	70	60	50	40	35	30
渐变段最小长度(m)	分流	80	70	60	55	50	50	50
	合流	120	100	90	80	70	60	50

注:渐变段长度为行车道增加或减少一个车道间路缘带宽度的线性过渡长度。

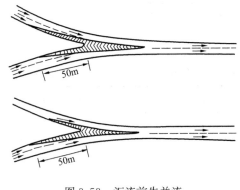

图3.53 汇流前先并流

② 在渐变段范围内行车道两边的线形应一致并与双幅路段边线的线形相连接。汇流鼻后或分流鼻前,两行车道的公共铺面路段的纵面线形应一致。

③ 汇流前的匝道仅为超车之需而采用双车道时,宜在汇流前先并流为单车道,如图3.53所示。在并流前应设置预告标志,且在并流渐变段内的路面上划有并流标志。

(4) 相邻出、入口的间距

① 公路立交连续分、合流鼻端距离不应小于表3.53~表3.55的规定值。

公路匝道上相邻分流鼻端最小间距 表3.53

主线设计速度(km/h)	120	100	80	60
相邻分流鼻端最小间距(m)	240	210	190	170

公路匝道上相邻合流鼻端最小间距 表3.54

主线设计速度(km/h)	80	70	60	50	40	35	30
相邻合流鼻端最小间距(m)	210	180	160	140	120	110	100

主线侧连续分、合流鼻端最小间距 表3.55

主线设计速度(km/h)		120	100	80	60
连续分、合流鼻端最小间距(m)	一般值	400	350	310	270
	极限值	350	300	260	220

② 城市道路规定：相邻匝道出入口间的最小净距 L（图 3.54）应符合表 3.56 的要求。还应考虑相邻驶入或驶出匝道的距离，驶入匝道紧接驶出匝道的情况，当不能保证出入口间交织长度和足够通行能力时，应设置集散车道。

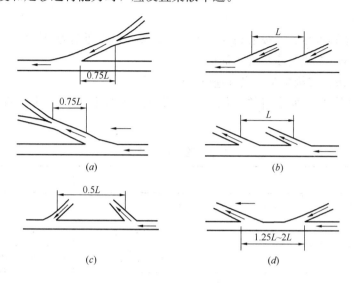

图 3.54 匝道口最小间距
（a）干道分合与匝道分合；（b）干道上连续驶入或驶出；
（c）干道上先驶出后驶入；（d）干道上先驶入后驶出

③ 当不能保证主线出入口间的应有距离或遇转弯车流的紧迫交织干扰主线车流量，应采用与主线相分隔的集散道将出入口串联起来。

④ 集散道由行车道、硬路肩、土路肩组成。集散道与主线间设分隔带，分隔带宽度不宜小于 2.0m。

⑤ 集散道一般为双车道；交通量较小时，非交织段可为单车道。右侧硬路肩的宽度一般为 2.50m；当双车道的交通量大于或略大于单车道的通行能力时，硬路肩的宽度可减至 0.1m。

⑥ 集散道与主线的连接应按出入口对待，并符合车道数平衡的原则。单车道出入口能满足交通量的需要时，可采用单车道出入口的双车道匝道的布置形式。

集散道上相继入口或出口的间距，应满足匝道出入口间距的规定；入口和后继出口的间距应满足交织的需要。

城市立交相邻匝道最小净距 L   表 3.56

距离 L（m）	干道设计速度（km/h）					
	120	100	80	60	50	40
极限值	165	140	110	80	70	55
一般值	330	280	220	160	140	110

注：图 3.54 中的（b）、（d）情况不宜采用极限值。

第三节 平交口设计示例

1. 原始资料

1) 交叉点里程桩号：二级公路为 Z2K0+145.240，A 匝道为 AK0+000.000。

2) 设计路线（二级公路）设计资料

(1) 公路等级：二级公路；设计速度：60km/h。

(2) 交叉口处于二级公路的直线段。二级公路中线上交叉点前后两点的坐标如表 3.57 所示。

二级公路中线坐标表　　　　　　　　　　表 3.57

序号	里程	X 坐标	Y 坐标
1	K0+000.000	X=3302851.525990	Y=501996.811080
2	K0+145.240	X=3302863.431094	Y=501852.059944
3	K0+290.416	X=3302875.331000	Y=501707.372000

(3) 二级公路路幅资料：路基宽 12m；行车道宽 7.0m，硬路肩宽 1.0m；土路肩宽 1.50m。

(4) 二级公路纵坡和横坡

纵坡：-0.344334%（从东向西）。

路拱横坡：2%；土路肩横坡：3%。

3) 被交线（A 匝道）平面设计资料

(1) 公路等级：立交双车道匝道；设计速度：60km/h。

(2) 交叉口处于被交线的直线段。被交线中线上两点坐标如表 3.58 所示。

被交线中线坐标表　　　　　　　　　　表 3.58

序号	里程	X 坐标	Y 坐标
1	K0+000.000	X=3302863.431094	Y=501852.059944
2	K0+107.304	X=3302966.777887	Y=501880.834130

(3) 被交线路幅资料：路基宽 12.0m；行车道宽 2×3.5m；硬路肩宽 2×1.75m；土路肩宽 2×0.75m。

(4) 被交线纵坡和横坡

纵坡：2.125179%（向交叉口倾斜）。

路拱横坡：2%；土路肩横坡：3%。

2. 平面几何设计

1) 直行道路平纵设计

《公路路线设计规范》JTG D 20—2006 规定：公路平面交叉口主要公路设计速度，宜与路段设计速度相同。两相交公路的功能等级或交通量相近时，平面交叉范围的直行车道的设计速度可适当降低,但不应低于路段的70%。

按《公路立体交叉设计细则》JTG D 21—2014规定,平面交叉范围内直行道路的圆曲线半径不应小于表3.59规定值。

平面交叉范围内直行道路圆曲线最小半径　　　　表3.59

直行道路设计速度（km/h）		80	70	60	50	40	35	30
圆曲线最小半径（m）	一般值	1050	910	670	460	320	230	160
	极限值	660	560	400	260	170	120	80

平面交叉口范围内相交二级公路及A匝道平面线形为直线线形。

《公路立体交叉设计细则》JTG D 21—2014规定,平面交叉范围内直行道路的纵坡不宜大于2.5%,当条件受限时,不应大于3%。凸形竖曲线半径不应小于表3.60的规定值。

安全交叉停车视距范围内主路凸形竖曲线最小半径　　　　表3.60

主路设计速度（km/h）	100	80	60	40	30
凸形竖曲线最小半径（m）	16000	8000	3500	1300	800

二级公路纵坡为−0.344334%（从东向西）,被交线纵坡为2.125179%（向交叉口倾斜）。安全交叉停车视距范围内二级公路及A匝道纵断面线形为直线段,满足要求。

2）转弯车道半径设计

《公路立体交叉设计细则》JTG D 21—2014规定,平面交叉转弯车道的设计速度采用20～30km/h,最大不超过40km/h。平面交叉转弯车道的圆曲线半径不应小于表3.61的规定值。

转弯车道圆曲线最小半径　　　　表3.61

转弯车道设计速度（km/h）		40	35	30	25	20
圆曲线最小半径（m）	一般值	70	55	40	30	20
	极限值	55	40	30	20	15

本交叉口为某二级公路进入高速公路的连接线公路,为便于设计,现简称二级公路东端为A端,二级公路西端为B端,A匝道连接二级公路与收费站地段为C端,如图3.55

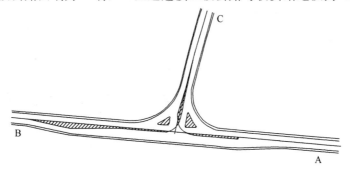

图3.55　平交口交通岛设计图

所示。按前述规范要求，本例 A-C 右转弯设计速度取 30km/h、C-B 右转弯设计速度取 25km/h。

转弯半径是重要参数，通常由式（3-18）可确定：

$$R = \frac{V^2}{127(\mu + i_h)} \tag{3-18}$$

式中　i_h——路面横坡，无超高时为路拱横坡，有超高时为超高横坡；
　　　μ——横向力系数，其值受汽车行驶的稳定性、乘客的舒适性和运营的经济性等因素的影响。

取 $\mu=0.15$，$i_h=2\%$，按公式（3-18）计算 A-C、C-B 右转弯最小半径分别为 41.69m、28.95m。而参考表 3.61 规定。取本例 A-C 右转弯半径为 45m，C-B 右转弯半径为 30m。

按《公路工程技术标准》JTG B01—2014，左转弯车道设计速度不宜大于 20km/h。按表 3.61 规定，本例左转弯设计速度为 20km/h，转弯半径为 20m。

通常转角曲线线形设计采用单圆形，也可以采用多心复曲线设计，本例采用较简单的单圆形设计。转角曲线设计方法有两种，一种是标明圆心的坐标；另一种是确定转角曲线的元素转角表，本例就是采用第二种，采用纬地软件主线平面设计或立交平面设计均可，然后选择表格—绘制元素曲线表即可。

3）视距检查

按《公路立体交叉设计细则》JTG D 21—2014 规定，如表 3.62、表 3.63 所示。本例设计视距符合设计要求。

引　道　视　距　　　　　　　　　　　　　　　　　表 3.62

	设计速度（km/h）	100	80	60	40	30
引道视距（m）	一般地区	160	110	75	40	30
	积雪冰冻地区	175	135	100	45	30

安全交叉停车视距　　　　　　　　　　　　　　　　表 3.63

	设计速度（km/h）	100	80	60	40	30
安全交叉停车视距（m）	一般地区	250	175	115	70	55
	积雪冰冻地区	265	200	140	75	55

3. 交通组织设计

1）右转弯车道设计

本例右转弯车道未进行特别设计，如右转弯车较多的话，可进行右转弯车道拓宽设计。

《公路立体交叉设计细则》JTG D 21—2014 规定（表 3.64），A-C 和 C-B 右转弯车道宽度为 4.5m、5.0m，加上车道两侧 0.5m 侧向余宽，则在交通岛附近车道宽度 5.5m、6.0m，满足设计要求。

平面交叉转弯车道宽度　　　　　　　　表 3.64

转弯车道圆曲线半径 R（m）	15≤R<16	16≤R<18	18≤R<20	20≤R<23	23≤R<28	28≤R<34	34≤R<46	46≤R<69	R≥69
转弯车道宽度（m）	7.5	7.0	6.5	6.0	5.5	5.0	4.5	4.0	3.5

2) 左转弯车道设计

B-C 侧左转弯车道参考《公路路线设计细则》JTG/T D 20—2009 公路上分隔岛设计，包括侧移渐变段、减速段（包括渐变段）和等候段三部分。其中等候段可按《公路路线设计规范》JTG D 20—2006 表 10.5.3-1 确定，渐变段长度按《公路路线设计规范》JTG D 20—2006 表 10.5.3-2 确定，而侧移渐变段可按《公路路线设计细则》JTG/T D 20—2009 确定。本例采用 120m（40m+40m+40m）。

左转弯车道宽度为 3.5m，分隔岛和导流岛间车道宽度参考表 3.64，可取 6.0m，加上两侧 0.5m 侧向余宽，共为 7.0m。

C-A 侧左转弯半径采用 20m，车道宽度为 3.5m，分隔岛和导流岛间车道宽度参考表 3.64，可取 6.0m，加上两侧 0.5m 侧向余宽，共为 7.0m。

3) 交通岛设计

本例采用渠化交通设计，因交叉口较大，防止车辆行驶混乱，采用导流岛来分隔道路交通流，采用分隔岛来分隔对向车流。《公路路线设计细则》JTG/T D 20—2009 图 12.6.10-2 可知，本例交叉口不大，交通岛较小，采用小型岛的设计，迎车流面岛缘石后退 1.0m，其他缘石后退 0.6m。岛端圆弧半径，迎流面采用 0.75m，大角采用 1.50m，小角采用 0.5m。

主要道路上的分隔岛图式如《公路路线设计细则》JTG/T D 20—2009 图 12.6.10-4，具体规格前述。A 端分隔岛为简单长条形，宽 1m，长度为 40m。

支路的分隔岛图式如《公路路线设计细则》JTG/T D 20—2009 图 12.6.10-3，交叉口两道路交角 θ 为 100°，查《公路路线设计细则》JTG/T D 20—2009 图 12.6.10-3 表格，对应 $d=2.0m$，因通过鞍式列车，左转弯半径为 15m。岛长度为 40m，岛端圆弧半径均为 0.75m，缘石后退时为 0.3m，在迎车流端加宽到 0.75m。设计图如图 3.56、图 3.57 所示。

4. 竖向设计

竖向设计模式：相交公路的等级相近，在交叉口范围内，主线与被交线的纵坡都保持不变，横坡都改变。

交叉口的交叉角为 80°，大于 75°，路脊线不用调整。交叉口特征点的设计标高可根据《道路交叉设计》《道路勘测设计》教材推荐的方法计算。标高计算线网采用方格法。

可采用鸿业设计软件进行设计。

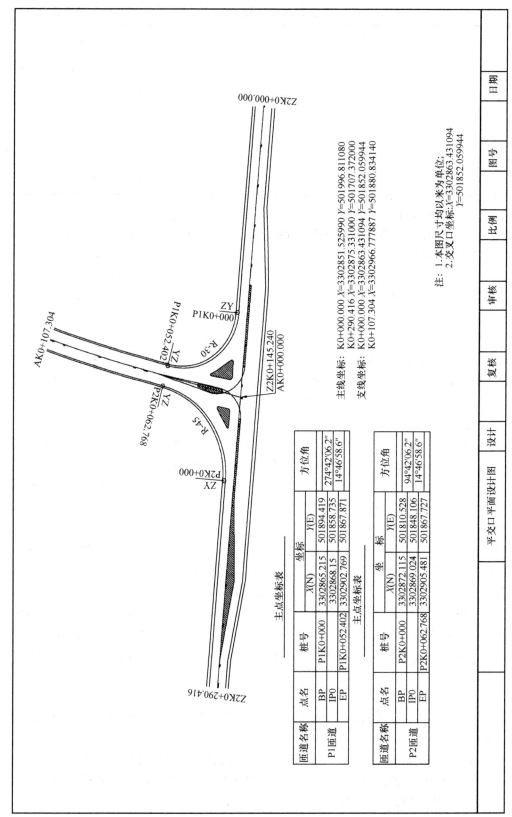

图 3.56 平交口平面设计图

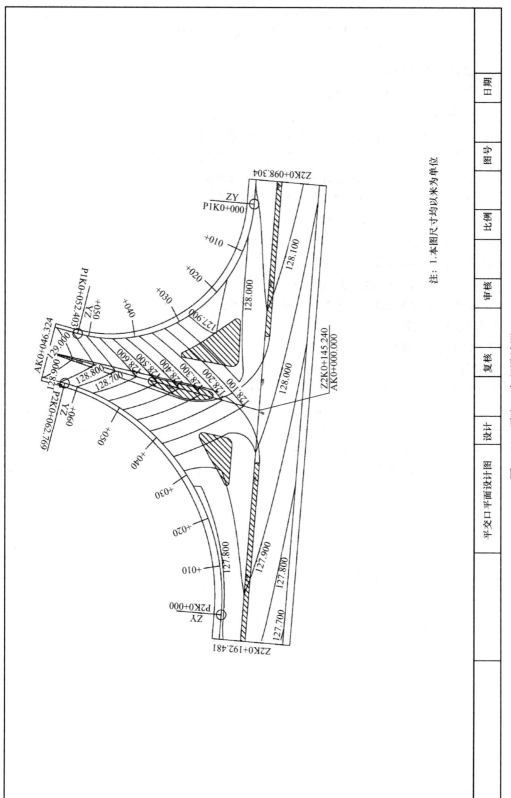

图 3.57 平交口高程设计图

第四节 立体交叉设计示例

一、设计依据与标准

立交简介，因篇幅关系，从略。

1. 设计依据

(1) ×××《×××高速公路建设前期工作协调会议纪要》；
(2) ×××《关于委托编制×××高速公路勘察设计文件的函》
(3) 《×××高速公路初步设计文件审查会专家组意见》；
(4) ×××《×××高速公路初步设计文件批复》；
(5) 《公路工程技术标准》JTG B01—2014；
(6) 《公路路线设计规范》JTG D 20—2006；
(7) 《公路立体交叉设计细则》JTG D 21—2014；
(8) 《公路路基设计规范》JTG D30—2015；
(9) 《公路路基施工技术规范》JTG F10—2006。

2. 沿线自然条件

因篇幅关系，从略。

3. 设计标准

本项目主要技术标准及采用值（按JTG B01—2014）见表3.65。

主线主要技术标准及采用值 表3.65

序号	技术指标名称	单位	规范值	主线采用值	备注
1	路线长度	km		2.003	
2	计算行车速度	km/h	80	80	
3	平曲线最小半径（超高4%）	m	300	1100	
4	不设超高的最小平曲线半径	m	2500	2500	
5	最小缓和曲线长度	m	70	130	
6	同向平曲线间最小距离	m	480	667.317	
7	反向平曲线间最小距离	m	160		
8	停车视距	m	110	110	
9	最大纵坡及坡长	%/m	5/700	1.515/306.795	
10	最小坡长	m	200	306.795	
11	凸型竖曲线一般最小半径	m	4500	25000	
12	凹型竖曲线一般最小半径	m	3000	50000	
13	路基宽度	m	24.50	24.50	
14	行车道宽度	m	4×3.75	4×3.75	
15	设计荷载		公路Ⅰ级	公路Ⅰ级	
16	桥梁净宽	m		2×11.50	
17	地震烈度	度		动峰值加速度：0.05g	

续表

序号	技术指标名称		单位	规范值	主线采用值	备注
18	设计洪水频率			1/100（特大桥 1/300）		
19	桥梁通道净空	高速公路	m	≥5	≥5	
		汽车通道	m	≥3.5	≥3.5	
		机耕通道	m	≥2.7	≥2.7	
		人行通道	m	≥2.2	≥2.2	

被交线、A_1 匝道、A_2、B、C、D 匝道技术标准及采用值，因篇幅关系，从略。

二、交通流量分析

因篇幅关系，从略。

三、主线、被交线设计

（一）平面设计

1. 平面设计要求

1）主线设计要求

详见本章第二节主线设计内容。

2）被交线设计要求

详见第二章第六节平面设计内容。

2. 平面设计标准

1）主线设计要求

本设计地区属于山岭区，计算行车速度为 80km/h，设计路基宽度为 24.50m。公路平面线形应由直线、圆曲线、回旋线三种要素组成，其设计标准如下：

（1）同向圆曲线间最小直线长度不小于设计速度（km/h）的 6 倍为宜；反向圆曲线最小直线长度不小于 2 倍为宜。

（2）圆曲线最大半径不宜超过 10000m；圆曲线最小半径（最大超高 4%）300m；不设超高的圆曲线最小半径 2500m。

（3）回旋线最小长度为 70m。

（4）圆曲线最大超高值选择 8%，超高过渡方式采用绕中央分隔带边缘旋转，相应超高渐变率为 1/150。超高的过渡应在回旋线全长范围内进行。当回旋线较长时，其超高的过渡段可设在回旋线的某一区段范围内，其超高过渡段的纵向渐变率不得小于 1/330，全超高断面宜设在缓圆点或圆缓点处。

（5）平曲线最小长度一般值为 400m，最小值为 140m。

（6）高速公路的视距采用停车视距，本项目设计视距选择 110m。

2）被交线设计要求

本设计地区属于山岭区二级公路，计算行车速度为 60km/h，设计路基宽度为 12.00m。公路平面线形应由直线、圆曲线、回旋线三种要素组成，其设计标准如下：

（1）同向圆曲线间最小直线长度不小于设计速度（km/h）的 6 倍为宜；反向圆曲线最小直线长度不小于 2 倍为宜。

（2）圆曲线最大半径不宜超过 10000m；圆曲线最小半径（最大超高 4%）150m；不

设超高的圆曲线最小半径 1500m。

(3) 回旋线最小长度为 50m。

(4) 圆曲线最大超高值选择 8%，超高过渡方式采用绕行车道中心旋转，相应超高渐变率为 1/175。超高的过渡应在回旋线全长范围内进行。当回旋线较长时，其超高的过渡段可设在回旋线的某一区段范围内，其超高过渡段的纵向渐变率不得小于 1/330，全超高断面宜设在缓圆点或圆缓点处。

(5) 平曲线最小长度一般值为 300m，最小值为 100m。

(6) 二级公路的视距采用停车视距，本项目设计视距选择 75m。

3. 导线要素及坐标计算

详见第二章第六节平面设计内容。

4. 视距

详见第二章第六节平面设计内容

(二) 纵断面设计

1. 纵断面设计要求

详见第二章第六节平面设计，本章第二节主线设计内容。

2. 纵断面设计标准

1) 主线纵断面设计标准

高速公路设计标高宜采用中央分隔带的外侧边缘标高，通常路基设计洪水频率宜为 1/100。坡度及其他标准如下：

(1) 项目区位于山岭区，按《公路工程技术标准》JTG B01—2014 要求，其最大纵坡为 5%。桥梁引道及隧道两端路线纵坡可适当放缓。

(2) 公路纵坡的最小坡长宜为 200m。最大坡长按纵坡的坡度而变化，当纵坡坡度为 3%时，最大坡长为 1100m；当纵坡坡度为 4%时，最大坡长为 900m；当纵坡坡长为 5%时，其最长坡长 700m。

(3) 公路最大合成坡度为 10%，特殊情况可折减。

2) 被交线纵断面设计标准

二级公路设计标高宜采用路基边缘标高，通常路基设计洪水频率宜为 1/50。坡度及其他标准如下：

(1) 项目区位于山岭区，按《公路路线设计规范》JTG D 20—2006 要求，其最大纵坡为 6%。桥梁引道及隧道两端路线纵坡可适当放缓。

(2) 公路纵坡的最小坡长宜为 150m。最大坡长按纵坡的坡度而变化，当纵坡坡度为 3%时，最大坡长为 1200m，当纵坡坡度为 4%时，最大坡长为 1000m，当纵坡坡长为 5%时，其最长坡长为 800m。

(3) 公路最大合成坡度为 9.5%，特殊情况可折减。

3. 竖曲线设计及计算

1) 竖曲线设计的要求

(1) 宜选用较大的竖曲线半径。

(2) 注意相邻竖曲线的衔接。

(3) 竖曲线设置应满足排水需要。

2）竖曲线半径的选用

公路竖曲线最小半径和竖曲线最小长度规定如表 3.14 所示。为获得平顺而连续的线形及满足视觉上的需要，竖曲线半径可参照表 3.14 选用。

3）竖曲线设计计算

竖曲线设计计算原理参考第二章第四节。

主线计算

第一变坡点里程桩号为 Z1K49+000，该点高程为 149.00m，相邻两坡段纵坡为 $i_1=1.5154\%$，$i_2=-0.645\%$。竖曲线半径 25000m。现计算如下：

$\omega = i_2 - i_1 = -0.00645 - 0.015154 = -0.021604$，为凸形。

竖曲线长度 $\quad L = R \times \omega = 25000 \times 0.021604 = 540.10\text{m}$

切线长 $\quad T = \dfrac{L}{2} = 270.05\text{m}$

外距 $\quad E = \dfrac{T^2}{2R} = 1.459\text{m}$

竖曲线起点桩号为 Z1K49+000.000−270.05＝Z1K48+729.950

竖曲线起点高程为 149.00−270.05×1.5154％＝144.91m

竖曲线终点桩号为 Z1K49+000.000+270.05＝Z1K49+270.050

竖曲线终点高程为 149.00+246×(−0.645％)＝147.26m

中间各点高程以桩距 20m 按竖曲线上任一点竖距 h：$h = \dfrac{x^2}{2R}$，列表 3.66。

对于凹形竖曲线，设计标高＝切线高程＋h。

竖曲线计算表　　　　　表 3.66

桩号	坡段高程（m）	标高改正 h (m)	竖曲线高程（m）	桩号	坡段高程（m）	标高改正 h (m)	竖曲线高程（m）
Z1K48+729.950	144.91	0.00	144.91	+020	148.87	1.25	147.62
+740	145.06	0.00	145.06	+040	148.74	1.06	147.69
+760	145.37	0.02	145.35	+060	148.61	0.88	147.73
+780	145.67	0.05	145.62	+080	148.49	0.72	147.76
+800	145.97	0.10	145.87	+100	148.36	0.58	147.78
+820	146.27	0.16	146.11	+120	148.23	0.45	147.78
+840	146.58	0.24	146.34	+140	148.10	0.34	147.76
+860	146.88	0.34	146.54	+160	147.97	0.24	147.73
+800	145.97	0.10	145.87	+180	147.84	0.16	147.68
+900	147.49	0.58	146.91	+200	147.71	0.10	147.61
+920	147.79	0.72	147.07	+220	147.58	0.05	147.53
+940	148.09	0.88	147.21	+240	147.45	0.02	147.44
+960	148.40	1.06	147.34	+260	147.32	0.00	147.32
+980	148.70	1.25	147.45	Z1K49+270.05	147.26	0.00	147.26
Z1K49+000	149.00	1.46	147.54				

第一变坡点计算，因篇幅关系，从略。

被交线立交范围没有变坡点，因故未做计算。

（三）横断面设计

1. 公路横断面组成

1）主线横断面组成

本项目为双向四车道高速公路，设计速度为80km/h，根据《公路路线设计规范》JTG D 20—2006，路基宽度取24.5m，取设计车道宽度为3.75m，得总车道宽度为3.75×4=15m，高速公路车速为80km/h设置硬路肩和土路肩，硬路肩（包括右侧路缘带）宽度为2.5×2=5.0m，土路肩的宽度为0.75×2=1.5m，中间带宽度为3.00m，其中中央分隔带2m，左侧路缘带为0.50×2=1.0m。如图3.58所示。

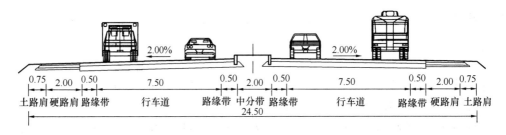

图 3.58　24.5m高速公路标准横断面图

中央分隔带的开口应设置在通视条件良好的路段。在互通式立交、隧道、特大桥、服务区等设施的前后必须设置开口。因中央分隔带宽度较小，故中央分隔带开口端部形状采用半圆形，中央分隔带开口间距为2km。

《公路路线设计规范》JTG D 20—2006 规定，位于中等强度降雨地区时，路拱坡度宜为2%。位于降雨强度较大地区时，路拱坡度可适当增大。本项目路拱坡度选择2%。直线段的硬路肩应该设置向外倾斜的横坡，其中坡度值应与行车道相同，路线的纵坡平缓，且设置拦水带时，其横坡值应该采用3%~4%；土路肩的横向坡度一般应较路面横向坡度大1%~2%，故取土路肩的横向坡度为3%。路拱坡度应该采用双向坡面，由道路中央向两侧倾斜。

2）被交线横断面组成

本项目为双向二车道二级公路，设计速度为60km/h，根据《公路路线设计规范》JTG D 20—2006，路基宽度取12.00m，取设计车道宽度为3.50m，得总车道宽度为3.50×2=7m，硬路肩（包括右侧路缘带）宽度为1.0×2=2.0m，土路肩的宽度为1.50×2=3.0m。如图3.59所示。

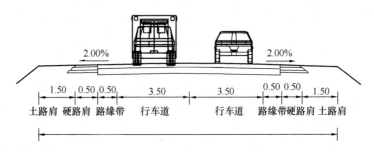

图 3.59　12m二级公路标准横断面图

取土路肩的横向坡度为3%。路拱坡度应该采用双向坡面，由道路中央向两侧倾斜。

2. 超高、加宽设计

1）加宽设计

当平曲线半径大于250m时，可以对平曲线不进行加宽，本立交主线和被交线的设计平曲线半径均大于250m，所以不用对平曲线进行加宽设计。

2）超高设计

详见第二章第六节内容

规范规定高速公路、一级公路最大超高值为8%或10%，本项目采用8%超高值。

本项目选择②绕中央分隔带边缘旋转方式。

主线第一平曲线主点桩号分别为：$ZH=Z1K48+693.205$、$HY=Z1K48+823.205$、$QZ=Z1K49+001.975$、$YH=Z1K49+180.746$、$HZ=Z1K49+310.746$。平曲线半径$R=1200$m和曲线$L_h=130$m，曲线右偏，路幅宽度组成为$2\times(1.0+0.50+7.5+2.5+0.75)$m，其中外侧右侧路缘带0.5m宽包含在2.5m硬路肩内。根据公路等级、设计速度和平曲线半径查表得圆曲线得超高值$i_h=3\%$，一般采用绕中央分隔带边缘旋转，超高渐变率$p=1/150$。

确定超高缓和段长度

$$L_c = \frac{B'\Delta i}{p} = \frac{(0.50+7.5+0.5)\times(3\%+2\%)}{1/150} = 63.75\text{m}$$

缓和曲线$L_h=130\text{m}>L_c=63.75\text{m}$，先取$L_c=L_h=130\text{m}$，然后检查横坡从路拱横坡（$-2\%$）过渡到（$3\%$）时得超高渐变率：

$$p = \frac{(0.50+7.5+0.5)\times(3\%+2\%)}{130} \approx \frac{1}{305.882} > \frac{1}{330}$$

因为不设超高的半径为2500m，此点距ZH点的距离为：

$$L = \frac{A^2}{2500} = \frac{1100\times 130}{2500} = 57.2\text{m}$$

据此确定的超高缓和段长度为：$130-57.2=72.8\text{m}$，取整80m。横坡从路拱横坡（-2%）过渡到（3%）时得超高渐变率：

$$p = \frac{(0.5+7.5+0.5)\times(3\%+2\%)}{80} \approx \frac{1}{188.235} > \frac{1}{330}$$

虽满足排水要求，且满足不设超高的曲率半径的要求。

综合前述分析，采用$L_c=80\text{m}$或全缓和段全长范围内均是可行的，本项目取$L_c=80\text{m}$。

计算临界断面x_0

$$x_0 = \frac{2i_G}{i_G+i_h}L_c = 64\text{m}$$

计算各桩号处的超高值：

超高起点为Z1K48+743.205（Z1K49+260.746）。直线段的硬路肩坡度与行车道相同，为2%；土路肩为3%。圆曲线内侧的土路肩、内外侧的硬路肩坡度与行车道的坡度相同，均为3%；外侧的土路肩为－3%（即向路面外侧）。内侧土路肩坡度过渡段的长度为：

$$l_{0内} = \frac{(3\% - 2\%) \times 0.75}{1/100} = 0.75 \text{m}$$

取 $l_0 = 1$m，内侧土路肩坡度在超高缓和段起点之前（即 Z1K48＋742.205～Z1K48＋743.205、Z1K49＋260.746～Z1K49＋261.746 段内完成路肩的过渡）变成－3%，与路面横坡相同。

分别计算出各桩号距离超高超点的 x 值，然后分别代入表 2.34 的计算公式中。计算结果见表 3.67。

超高值计算结果　　　　表3.67

桩号	x(m)	外侧(左侧)				内侧(右侧)			
		A(m)	B(m)	C(m)	D(m)	D(m)	C(m)	B(m)	A(m)
Z1K48＋693.205(ZH)	直线段	－0.233	－0.210	－0.170	0.000	0.000	－0.170	－0.210	－0.233
48743.205	超高点	－0.233	－0.210	－0.170	0.000	0.000	－0.170	－0.210	－0.233
48760	16.795	－0.107	－0.100	－0.081	0.000	0.000	－0.170	－0.210	－0.233
48780	36.795	0.034	0.031	0.025	0.000	0.000	－0.170	－0.210	－0.233
48800	56.795	0.174	0.163	0.132	0.000	0.000	－0.170	－0.210	－0.233
48807.205	64.000	0.225	0.210	0.170	0.000	0.000	－0.170	－0.210	－0.233
48820	76.795	0.315	0.294	0.238	0.000	0.000	－0.238	－0.294	－0.315
Z1K48＋823.205(HY)	圆曲线	0.338	0.315	0.255	0.000	0.000	－0.255	－0.315	－0.338
Z1K49＋001.975(QZ)	圆曲线	0.338	0.315	0.255	0.000	0.000	－0.255	－0.315	－0.338
Z1K49＋180.746(YH)	圆曲线	0.338	0.315	0.255	0.000	0.000	－0.255	－0.315	－0.338
49190.000	70.746	0.272	0.254	0.206	0.000	0.000	－0.206	－0.255	－0.272
49196.746	64.000	0.225	0.210	0.170	0.000	0.000	－0.170	－0.210	－0.233
49200.000	60.746	0.202	0.189	0.153	0.000	0.000	－0.170	－0.210	－0.233
49220.000	40.746	0.061	0.057	0.046	0.000	0.000	－0.170	－0.210	－0.233
49240.000	20.746	－0.079	－0.074	－0.060	0.000	0.000	－0.170	－0.210	－0.233
49260.746	超高点	－0.233	－0.210	－0.170	0.000	0.000	－0.170	－0.210	－0.233
Z1K49＋310.746(HZ)	直线段	－0.233	－0.210	－0.170	0.000	0.000	－0.170	－0.210	－0.233

注：A(路基外侧边缘)、B(硬路肩外侧边缘)、C(外侧路缘带边缘)、D(中央分隔带边缘)点距离中内分隔带边缘的宽度分别为 11.25m、10.5m、8.50m、0m。

第二平曲线计算，从略。

被交线为二级公路，其设计长度有限，为直线段，因而没有超高，因此不必须进行超高和加宽设计。

3. 横断面视距的保证

根据横断面视距计算，本项目横断面视距符合要求。

(四)平纵组合设计

本设计平纵组合适当,详细见纵断面设计图。

四、匝道设计

(一)平面设计

1. 平面设计要求

详见本章第二节内容。

2. 平面设计标准

匝道的平面线形应根据匝道设计速度、交叉类型、交通量、地形、用地条件、造价等因素确定。并保证车辆能连续安全地运行,力求达到工程及运营经济。设计标准见表3.18、表3.19、表3.20、表3.23、表3.26、表3.28和表3.29。

本立交设计指标如表3.68所示。

匝道设计参数   表3.68

匝道	匝道设计速度 (km/h)	圆曲线最小半径 (m)	回旋线参数 A (m)	回旋线参数 L (m)	分流鼻处匝道平曲线的最小曲率半径 (m)
A_1	60	150	70	50	250
B、C、D	40	60	35	35	250
A_2	35	40	30	30	250

3. 导线要素及坐标计算

立交每一匝道具体线形设计和计算一般由计算机交互完成。由于布线方法的不同,设计和计算过程往往有所区别。但不管采用什么方法,为适应地形、地物等的要求,每条匝道总需要一些已知控制线形,以求解连接线形参数,进而完成整条匝道的线形。现分述如下:

采用积木法编程计算,A匝道主点及各桩号坐标计算结果如表3.69所示。D匝道主点及各桩号坐标计算结果如表3.70所示。

A匝道主点坐标表   表3.69

点名	桩号	坐标 X(N)	坐标 Y(E)
BP	AK0+000	3302863.431	501852.060
ZH	AK0+054.491	3302916.119	501865.964
IP0		3302950.174	501874.951
HY	AK0+107.304	3302966.778	501880.834
IP1		3303064.192	501915.351
YH	AK0+307.234	3303123.014	502000.327
IP2		3303132.099	502013.451
GQ	AK0+355.093	3303148.253	502040.977
IP3		3303164.403	502068.497
HY	AK0+402.952	3303173.021	502081.925

续表

点名	桩号	坐标	
		X (N)	Y (E)
IP4		3303239.191	502185.026
YZ	AK0+644.646	3303340.482	502253.934
ZH	AK0+859.888	3303518.446	502375.004
IP5		3303553.914	502399.133
HY	AK0+923.888	3303567.011	502416.239
IP6		3303604.697	502465.463
YH	AK1+034.879	3303577.370	502521.109
IP7		3303558.619	502553.053
HY	AK1+097.069	3303528.877	502558.240
IP8		3303489.417	502565.121
YH	AK1+164.611	3303474.092	502528.114
IP9		3303464.430	502504.783
HZ	AK1+236.611	3303480.306	502458.034
EP	AK1+372.626	3303524.044	502329.243

D 匝道主点坐标表 表 3.70

点名	桩号	坐标	
		X (N)	Y (E)
BP	DK0+000	3303302.355	502229.250
IP0		3303319.133	502244.265
YH	DK0+045.010	3303336.985	502257.986
IP1		3303346.852	502265.569
GQ	DK0+082.339	3303367.044	502280.117
IP2		3303386.837	502294.377
HY	DK0+118.911	3303395.941	502302.504
IP3		3303467.775	502366.636
YH	DK0+294.978	3303452.042	502461.639
IP4		3303448.922	502480.479
HZ	DK0+352.121	3303436.655	502516.601
EP	DK0+469.649	3303398.862	502627.887

其他匝道主点坐标表从略。

4. 视距

匝道停车视距规定如表 3.42 所示。

(二) 纵断面设计

1. 纵断面设计要求

详见本章第二节内容。

2. 纵断面设计标准

公路立交匝道的最大纵坡规定如表 3.31 所示。公路立交匝道竖曲线的最小半径及最小长度，如表 3.33 所示。

3. 纵坡设计

一般情况下，匝道出口处的第一个竖曲线的起点不宜进入楔形端点，即匝道的第一个变坡点应设在匝道与主线分岔之后相当于一个竖曲线切线长的距离之外，在匝道与主线平面分岔之前匝道纵坡度应与主线纵坡完全一致，这样才能避免因两线坡度不同而出现的高程差，造成横断面上路面横坡不协调的情况。入口处纵坡衔接也是如此。

在设计出入口处匝道纵坡时，一般在距分岔处鼻端一定距离取一点，从主线分别推算这一点和鼻端点处匝道中线标高，两点高差除以点间距，作为出入口处匝道纵坡值。

A 匝道纵坡设计较复杂，一是考虑收费站的设计，收费站地面纵坡一般小于 2%；二是匝道纵坡与主线高速公路净空协调，满足各控制点的标高；三是入口处匝道与主线的纵坡衔接，保证主线与匝道分岔处能顺适连接。第一变坡点设在 AK0+280，前坡 2.125%，后坡 0.364%，大于最低坡度 0.3%，有利于排水，同时坡长 558.447m，可设置立交收费站。第二变点设在 AK0+838.447，前坡 0.364%，后坡 2.79%，A 匝道为下穿高速公路，经分析桥下净空大于 6.3m，完全满足桥下净空的要求。

第三变坡点设在 AK1+150，离匝道分岔处 115.121m，离加速车道 222.626m，变坡点切线在小鼻端内，前坡 2.790%，后坡 -0.645%，后坡的坡度是根据 A 匝道加速车道在主线高公路的标高而确定的。

B 匝道纵坡的设计取决于主线及 A 匝道分岔处的坡度，第一变坡点设在 BK0+215，在小鼻端外，前坡 -0.744%，主要根据 B 匝道在主线减速车道的标高而确定，后坡 -0.464%；第二变坡点设在 BK0+380 处，前坡为 -0.464%，后坡为 -2.790%，同 A 匝道第二变坡点后坡相同，避免 A、B 匝道在分岔处突变，同时变坡点在分岔处后面，且变坡点切线不影响分岔点前的坡度。

C 匝道纵坡设计较简单，两变坡点与主线和 A 匝道的坡度相关，确定原则同上，其中第一变坡点在 CK0+220 处，前坡为 0.389%，后坡为 -3.194%；第二变坡点在 CK0+410 处，前坡为 -3.194%，后坡为 -0.197%。

D 匝道纵坡设计较简单，两变坡点与主线和 A 匝道的坡度相关，确定原则同上，其中第一变坡点在 DK0+156 处，前坡为 0.532%，后坡为 3.896%；第二变坡点在 DK0+269 处，前坡为 3.896%，后坡为 0.631%。

4. 竖曲线设计及计算

1) A 匝道计算

第一变坡点里程桩号为 AK0+280，该点高程为 133.9804m，相邻两坡段纵坡为 $i_1=2.1252\%$，$i_2=0.3644\%$。竖曲线半径 7000m。现计算如下：

$\omega = i_2 - i_1 = 0.003644 - 0.02152 = -0.01761$，为凸形。

竖曲线长度 $L = R \times \omega = 7000 \times 0.01761 = 123.256$m

切线长 $T = \dfrac{L}{2} = 61.628$m

外距 $E = \dfrac{T^2}{2R} = 0.271$m

竖曲线起点桩号为 AK0+280.000－61.628＝AK0+218.372
竖曲线起点高程为 133.9804－61.628×2.1252‰＝132.67m
竖曲线终点桩号为 AK0+280.000＋61.628＝AK0+341.628
竖曲线终点高程为 133.9804＋61.628×0.3644‰＝134.20m

中间各点高程以桩距 20m 按竖曲线上任一点竖距 h：$h = \dfrac{x^2}{2R}$，列表 3.71。

对于凹形竖曲线，设计标高＝切线高程＋h。

竖曲线计算表 表 3.71

桩号	坡段高程 (m)	标高改正 h (m)	竖曲线高程 (m)	桩号	坡段高程 (m)	标高改正 h (m)	竖曲线高程 (m)
AK0+218.372	132.67	0.00	132.67	300.000	134.05	0.12	133.92
220.000	132.71	0.00	132.71	320.000	134.12	0.03	134.09
240.000	133.13	0.03	133.10	340.000	134.19	0.00	134.19
260.000	133.56	0.12	133.43	341.628	134.20	0.00	134.20
280.000	133.98	0.27	133.71				

第二变坡点、第三变坡点，略。

2）B 匝道计算

第一变坡点、第二变坡点，略。

3）C 匝道计算

第一变坡点里程桩号为 CK0+220，该点高程为 141.668m，相邻两坡段纵坡为 i_1＝0.2050‰，i_2＝－3.1942‰。竖曲线半径 1800m。现计算如下：

$\omega = i_2 - i_1 = -0.031942 - 0.002050 = 0.033992$，为凸形。

竖曲线长度　　　$L = R \times \omega = 1800 \times 0.033992 = 61.186\text{m}$

切线长　　　　　$T = \dfrac{L}{2} = 30.593\text{m}$

外距　　　　　　$E = \dfrac{T^2}{2R} = 0.260\text{m}$

竖曲线起点桩号为 CK0+220.000－30.593＝CK0+189.407
竖曲线起点高程为 141.668－30.593×0.2050‰＝141.61m
竖曲线终点桩号为 CK0+220.000＋30.593＝CK0+250.593
竖曲线终点高程为 141.668＋30.593×（－3.1942‰）＝140.69m

中间各点高程以桩距 20m 按竖曲线上任一点竖距 h：$h = \dfrac{x^2}{2R}$，列表 3.72。

对于凹形竖曲线，设计标高＝切线高程＋h。

竖曲线计算表 表 3.72

桩号	坡段高程 (m)	标高改正 h (m)	竖曲线高程 (m)	桩号	坡段高程 (m)	标高改正 h (m)	竖曲线高程 (m)
CK0+189.407	141.61	0.00	141.61	240.000	141.03	0.03	141.00
200.000	141.63	0.03	141.60	250.593	140.69	0.00	140.69
220.000	141.67	0.26	141.41				

第二变坡点，略。

4) D匝道计算

第一变坡点、第二变坡点，略。

(三) 横断面设计

1. 公路横断面组成

1) A1匝道横断面组成

A1匝道范围从AK0+000.000～AK1+0.34.879，设计速度为60km/h，由于A1匝道设置立交收费站，实际上立交收费站前后匝道横断面不同，根据《公路路线设计规范》JTG D 20—2006，A11匝道段路基宽度取12.0m，取设计车道宽度为3.50m，得总车道宽度为3.50×2=7m，硬路肩（包括右侧路缘带）宽度为1.25×2=2.50m，土路肩的宽度为0.75×2=1.5m，如图3.60所示。

A12匝道范围从AK0+599.879～AK1+0.34.879，路基宽度取15.5m，取设计车道宽度为3.50m，得总车道宽度为3.50×2=7m，中央分隔带1.0m，左侧路缘带0.5×2=1.00m，硬路肩（包括右侧路缘带）宽度为2.50×2=5.00m，土路肩的宽度为0.75×2=1.5m，如图3.61所示。

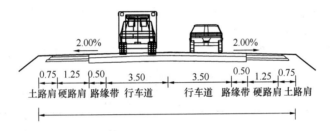

图3.60 12mA11匝道标准横断面图

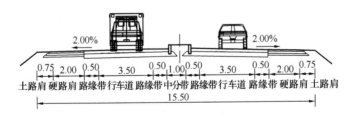

图3.61 15.5mA12匝道标准横断面图

2) A2、B、C、D匝道横断面组成

A2、B、C、D匝道为单向单车道，设计速度为35～40km/h，根据《公路路线设计规范》JTG D 20—2006，路基宽度取8.50m，取设计车道宽度为3.50m，左侧硬路肩（包括右侧路缘带）宽度为1.0m，右侧硬路肩（包括右侧路缘带）宽度为2.50m，土路肩的宽度为0.75×2=1.50m。如图3.62所示。

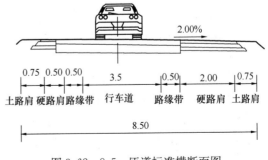

图3.62 8.5m匝道标准横断面图

2. 路拱设计

取土路肩的横向坡度为3%。路拱坡度应该采用双向坡面，由道路中央向两侧倾斜。单车道匝道路拱为单面坡。

3. 超高、加宽设计

1）加宽设计

（1）加宽值的确定

公路立交匝道圆曲线加宽值如表3.37所示。

本立交仅 A_2 匝道需要设计加宽，A_2 匝道圆曲线半径为50m，查表3.37，需加宽0.5m。

（2）加宽过渡段长度的确定

①有缓和曲线的平曲线，加宽过渡段长度等于缓和曲线的长度（$L_J=L_h$）；

②没有缓和曲线的平曲线，加宽过渡段长度等于超高过渡段的长度（$L_J=L_c$）；

③加宽过渡段的渐变率应该不大于1:15且长度不小于10m。

一般情况下，加宽过渡段不应该进入圆曲线内。

A_2匝道加宽段从 AK1+034.879～AK1+117.069、AK1+164.611～AK1+236.611，全加宽段范围为 AK1+117.069～AK1+164.611。

（3）加宽过渡方式及其计算

加宽计算公式参见第二章第五节公式（2-49）。计算结果如表3.73所示

A 匝道加宽值（m）　　　　　　　　　　　表3.73

桩号	加宽值（m）	桩号	加宽值（m）
AK1+034.879（YH）	0.000	1140	0.500
1040	0.041	1160	0.500
1060	0.202	1164.611（YH）	0.500
1080	0.363	1180	0.393
1097.069（HY）	0.500	1200	0.254
1100	0.500	1220	0.115
1120	0.500	1236.611（HY）	0.000

2）超高设计

（1）匝道超高标准

《公路路线设计规范》JTG D 20—2006规定，匝道超高设计标准如表3.39所示。最小超高渐变率如表3.40所示。

（2）超高设计

A 匝道第一平曲线主点桩号分别为：$ZH=AK0+054.491$、$HY=AK0+107.304$、$QZ=AK0+207.269$、$YH=AK0+307.234$、$CQ=AK0+355.093$。平曲线半径 $R=320$m 和前缓和曲线 $L_h=52.813$m，后缓和曲线 $L_h=47.859$m，曲线右偏，路面宽度 $B=7.0$m，硬路肩宽度1.75m，土路肩宽度0.75m，路拱坡度 $i_G=2\%$，土路肩坡度 $i_J=3\%$。根据公路等级、设计速度和平曲线半径查表得圆曲线得超高值 $i_h=6\%$，一般采用绕行车道中心旋转，超高渐变率 $p=1/175$。外侧土路肩不超高。

确定超高缓和段长度：

$$B' = \frac{B}{2} = \frac{7}{2} = 3.50\text{m}$$

$$\Delta i = i_h + i_G = 6\% + 2\% = 8\%$$

$$L_c = \frac{B'\Delta i}{p} = \frac{3.50 \times 8\%}{1/175} = 49\text{m}$$

前缓和曲线 $L_h = 52.813\text{m} > L_c = 49\text{m}$，先取 $L_c = L_h = 52.813\text{m}$。

计算临界断面 x_0

$$x_0 = \frac{2i_G}{i_G + i_h} L_c = 26.406\text{m}$$

$$p = \frac{3.5 \times 8\%}{52.813} \approx \frac{1}{188.618} > \frac{1}{330}$$

后缓和曲线 $L_h = 47.859\text{m} < L_c = 49\text{m}$，先取 $L_c = L_h = 47.859\text{m}$。

计算临界断面 x_0

$$x_0 = \frac{2i_G}{i_G + i_h} L_c = 23.930\text{m}$$

$$p = \frac{3.5 \times 8\%}{47.859} \approx \frac{1}{170.925} > \frac{1}{330}$$

计算各桩号处的超高值

超高起点为 AK0+054.491（AK0+355.093）。直线段的硬路肩坡度与行车道相同，为 2%；土路肩为 3%。圆曲线内侧的土路肩、内外侧的硬路肩坡度与行车道的坡度相同，均为 6%；外侧的土路肩为 -3%（即向路面外侧）。内侧土路肩坡度过渡段的长度为：

$$l_{0内} = \frac{(3\% - 2\%) \times 0.75}{1/100} = 0.75\text{m}$$

取 $l_0 = 1\text{m}$，内侧土路肩坡度在超高缓和段起点之前（即 AK0+053.491～AK0+054.491 段内完成路肩的过渡）变成 -3%，与路面横坡相同。

分别计算出各桩号距离超高超点的 x 值，然后分别代入表 2.33 的计算公式中。计算结果见表 3.74。

超高值计算结果 表 3.74

桩号	x (m)	外侧超高值（m）	中线超高值（m）	内侧超高值（m）
AK0+054.491（ZH）	0.000	0.008	0.128	0.008
+070.000	15.509	0.148	0.128	0.008
+080.898	26.407	0.248	0.128	0.008
+090.000	35.509	0.330	0.128	0.003
+107.304（HY）		0.488	0.128	−0.233
+207.269（QZ）		0.488	0.128	−0.233
+307.234（YH）		0.488	0.128	−0.233
+320.000	35.093	0.359	0.128	−0.078
+331.164	23.929	0.223	0.128	0.008
+340.000	15.093	0.159	0.128	0.008
+355.093（HZ）	0.000	0.008	0.128	0.008

其余匝道超高计算从略。

4. 横断面视距的保证

根据横断面视距计算，本项目横断面视距符合要求。

（四）连接部设计

端部设计的一般原则是：出入顺适、安全，线形与主线协调一致；出入口应视认方便；主线与匝道间应能相互通视。

1. 变速车道设计

（1）B-Z_1减速车道计算

依设计，B匝道起始端为高速进入立交的减速车道，高速公路设计速度为80km/h，B匝道设计速度为40km/h。减速车道是指渐变段车道宽度达到一个车道宽度的位置与分流或合流端间的距离。利用计算公式（3-17），减速度a取$2m/s^2$。

经计算 $L = \dfrac{80^2 - 40^2}{26 \times 2} = \dfrac{6400 - 1600}{52} = 96.31m$

渐变段长度是车辆变换车道所需的长度。查表3.44，取80m。减速车道总长度=96.31+80=176.31m。

同时查表3.44，B匝道的变速车道长度为110m，渐变段为80m，总长度为190m，综前所述，确定B匝道减速车道长度为190m。实际设计为192.469m。B-Z_1减速车道为下坡路段，纵坡值为-0.744%，查表3.45，不需要对减速车道长度进行修正。

立交范围内主线和A匝道部分坡度小于2%，并且为上坡段，加减速变速车道长度修正系数取1.00。

（2）A-Z_1加速车道计算

依设计，A匝道终端为加速车道，高速公路设计速度为80km/h，A匝道设计速度为35km/h。利用计算公式（3-17），加速度a取$1.2m/s^2$。

经计算表明，$L = \dfrac{80^2 - 35^2}{26 \times 1.2} = 165.87m$

查表渐变段为70m，两项合并为235.87m。

同时查表3.44，A匝道变速车道长度为180m，渐变段为70m，总长度为250m，实际设计长度为257.347m，完全满足要求。A-Z_1加速车道为下坡路段，纵坡值为-0.645%，并且为下坡段，不需要对加速车道长度进行修正。

（3）C-Z_1减速车道计算

计算方法及查表同（1），C匝道减速车道长度为190m。实际设计长度为194.491m。C-Z_1减速车道为上坡路段，纵坡值为0.205%，查表3.45，不需要对减速车道长度进行修正。

（4）C-A加速车道计算

经临近收费站，车辆行驶速度一般比较低，因此加速车道长度为84.656m。虽C-A加速车道为下坡段，纵坡值为-0.364%，考虑临近收费站，因此未对加速车道长度进行修正。

（5）D-A减速车道计算

因临近收费站，车道不高，因此减速车道长度总长度为140.503m。D-A减速车道为上坡路段，纵坡值为0.249%，查表3.45，不需要对减速车道长度进行修正

（6）D-Z_1加速车道长度

计算查表同（2），实际设计长度为250.850m。D-Z_1加速车道为上坡路段，纵坡值为

0.631%，查表 3.45，不需要对加速车道长度进行修正。

2. 出入口连接部设计

分流鼻端应设偏置，偏置值及偏置加宽值不应小于表 3.48 规定值，本项目偏置加宽值取 0.8m。偏置过渡段长度不应小于 10m，且过渡段渐变率不应大于表 3.49 规定值，分流鼻端圆弧半径宜采用 0.6～1.0m，本例取 0.6m。

（1）A-Z_1 连接部

A-Z_1 连接部为入口连接部，为 A 匝道的加速车道，如前所述，加速车道长度为 257.347m，A 匝道中心线位于主线第一车道外附加车道的中点，即为：1.0＋0.5＋7.5＋0.5＋1.75＝11.25m，鼻端处主、匝道硬路肩不加宽。

（2）A-B 分岔处

A-B 分岔处位于 A 匝道桩号 AK1＋034.879 点，鼻端处左侧匝道（B）偏置 2.5m、右侧匝道（A）硬路肩偏置加宽 0.8m。

（3）B-Z_1 连接部

B-Z_1 连接部为出口连接部，为 B 匝道的减速车道，减速车道长度为 192.469m，B 匝道的中心线位于主线第一车道中心，即 1.0＋0.5＋3.75＋1.875＝7.125m，鼻端处主线硬路肩加宽到 3.0m，B 匝道硬路肩加宽 0.8m。流出角度为 1/20。

（4）C-Z_1 连接部

C-Z_1 连接部为出口连接部，为 C 匝道的减速车道，减速车道长度为 194.491m，C 匝道的中心线位于主线第一车道中心，即 1.0＋0.5＋3.75＋1.875＝7.125m，鼻端处主线硬路肩加宽到 3.0m，C 匝道硬路肩加宽 0.8m。流出角度为 1/20。

（5）C-A 连接部

C-A 连接部为入口连接部，为 C 匝道的加速车道，如前所述，加速车道长度为 84.656m，C 匝道中心线位于 A 匝道第一车道外附加车道的中点，即为：0.5＋0.5＋3.50＋0.5＋1.75＝6.75m，鼻端处主、匝道硬路肩不加宽。

（6）D-A 连接部

D-A 连接部为出口连接部，为 D 匝道的减速车道，减速车道长度为 140.503m，D 匝道的中心线位于 A 匝道第一车道中心，即 0.5＋0.5＋1.75＝2.75m，鼻端处主线硬路肩加宽到 3.0m，C 匝道硬路肩加宽 0.8m。流出角度为 1/17.5。

（7）D-Z_1 连接部

D-Z_1 连接部为入口连接部，为 D 匝道的加速车道，如前所述，加速车道长度为 250.850m，D 匝道中心线位于主线第一车道外附加车道的中点，即为：1.0＋0.5＋7.5＋0.5＋1.75＝11.25m，鼻端处主、匝道硬路肩不加宽。

连接部设计部分指标如表 3.75、表 3.76 所示。

变速车道长度及分流鼻半径指标　　　　　表 3.75

变速车道类别	变速车道类别	主线设计速度（km/h）	变速段长度 L_1（m）	渐变段长度 L_2（m）	出、入口渐变率	全长 L（m）
A-Z_1	加速	80	180	70	1/40	250
B-Z_1	减速	80	110	80	1/20	190
C-Z_1	减速	80	110	80	1/20	190

续表

变速车道类别		主线设计速度（km/h）	变速段长度 L_1（m）	渐变段长度 L_2（m）	出、入口渐变率	全长 L（m）
C-A	加速	60	155	60	1/35	215
D-A	减速	60	95	70	1/17.5	165
D-Z_1	加速	80	180	70	1/40	250

各鼻端的桩号表　　　　　　　　　　　　　　　　表 3.76

连接部位置	鼻端（R=0.6m）	连接部位置	鼻端（R=0.6m）
Z_1-A	Z_1K49+704.578；AK1+192.053	A-B	AK1+085.819；BK0+388.282
Z_1-B	Z_1K49+504.551；BK0+192.469	A-C	AK0+685.595；CK0+449.608
Z_1-C	Z_1K50+079.151；CK0+194.461	A-D	AK0+735.623；DK0+136.078
Z_1-D	Z_1K49+743.539；DK0+289.206		

五、路基土石方的计算与调配

因篇幅关系，从略。

六、附属设施设计

1. 平交口设计

平交口设计见本章第三节。

2. 收费站设计

收费站的平面设计应考虑交通流量、交通安全等其他因素，因此应选择收费站的规模、收费出入口的数量等参数。一般应选择地形平坦、视野开阔的地段，同时收费岛最好位于直线段或大半径的平曲线上。同时纵面线形应尽量平顺，其纵坡一般不超过2%，以保证车辆的加速、减速和停靠方便。

本收费站地段纵坡0.364%，收费站距匝道起终点大约80m。收费站中心桩号位于A匝道AK0+489.589（坐标$x=3303224.909$，$y=502151.211$）。

收费站土路肩宽度0.75m，起点左路基宽度7.5m，起点右路基宽度7.5m，终点左路基宽度7.5m，终点右路基宽度7.5m，起始过渡段长度60m，终点过渡段长度60m，起点全路面长度40m，终点全路面长40m。

设计车道数左车道数3个，左侧单车道3.2m，左外侧车道宽4.0m。右车道数4个，右侧单车道宽3.2m，右外侧车道宽4.0m。普通岛宽2.2m，中岛宽2.2m，岛头直线长15m，岛尾直线长9m，岛头椭圆长5m。收费站全路面加铺水泥混凝土路面。如图3.63所示。

3. 收费管理所

本项目设计收费管理所，但未详细设计。

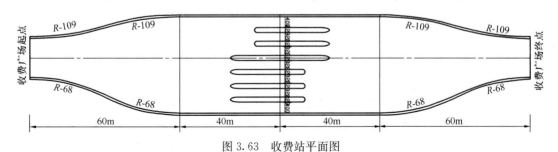

图 3.63　收费站平面图

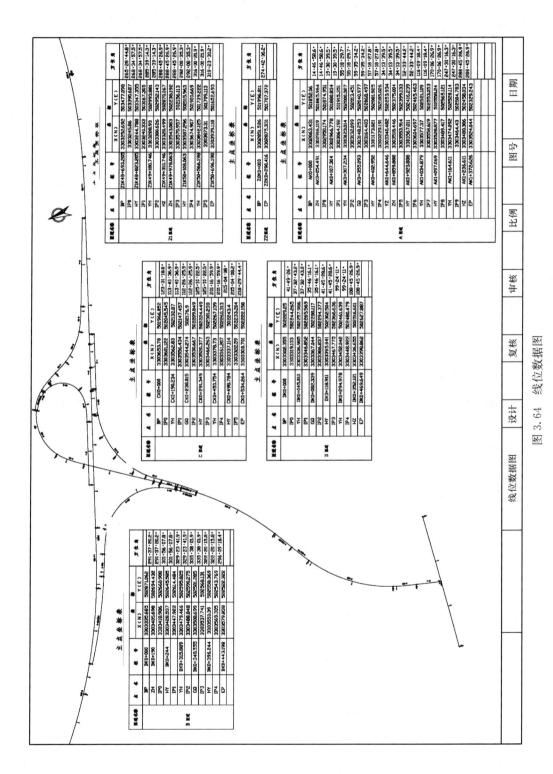

图 3.64 线位数据图

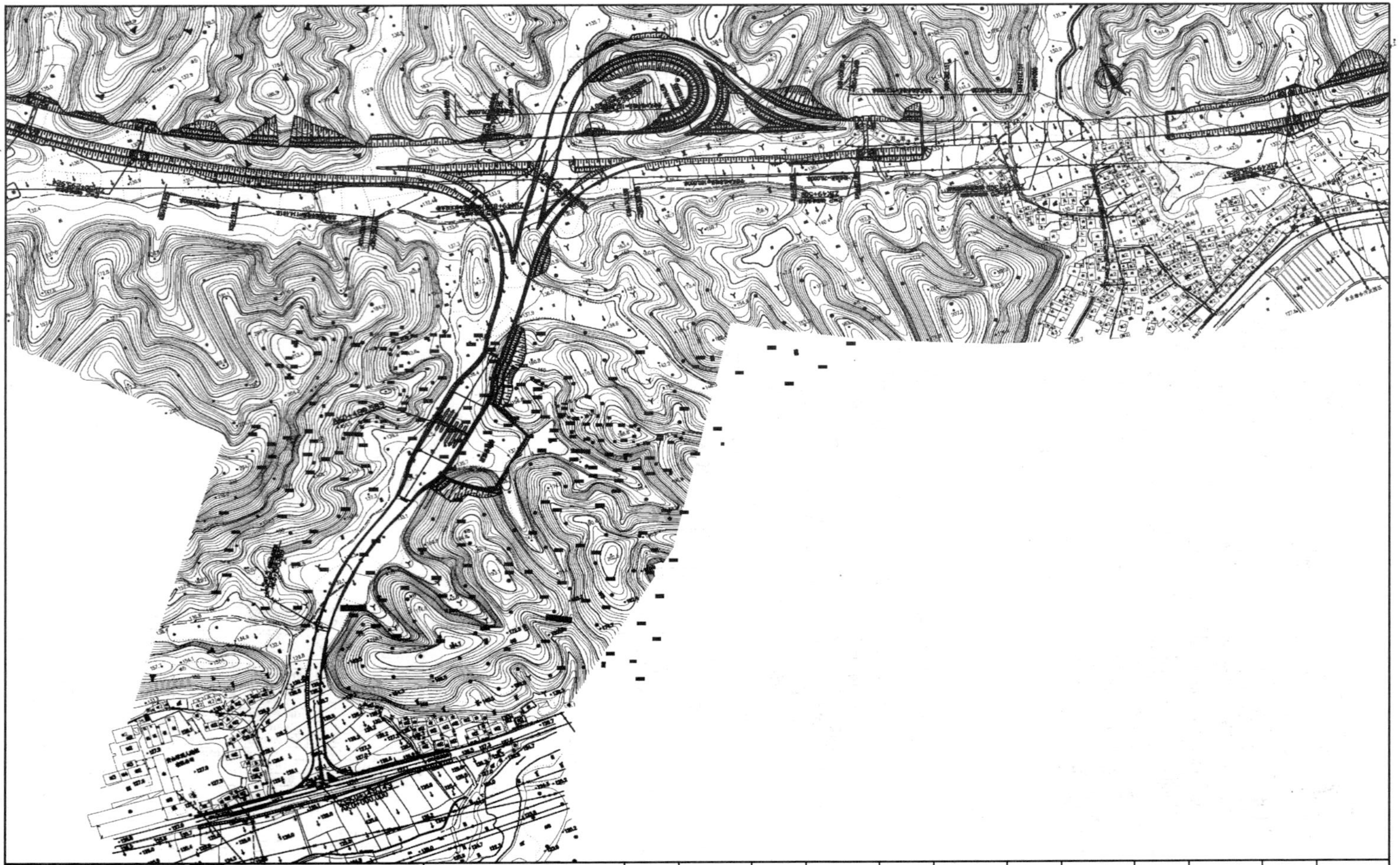

图 3.65 总体布置图

第四章 路 基 设 计

路基设计和路线设计、路面设计是相互关联的。路线设计时，必须根据路基设计的要求确定某些控制点标高（如路基最大填筑高度、挖方深度限制等），特殊土路段（如滑坡路段等），必须对路基设计方案与路线设计方案做综合技术经济分析后确定。而路面结构对路基湿度有严格要求，因此对路基最小填土高度应有所限制。路基承受行车荷载作用，通常应根据其使用要求和当地自然条件，并结合施工方案进行设计，既具有足够的强度和稳定性，同时经济合理。另外还必须考虑影响路基强度和稳定性的地面水和地下水，采取拦截或排出路基以外的措施，进行综合排水设计。

路基设计主要依据《公路路基设计规范》JTG D30—2015、《公路工程技术标准》JTG B01—2014、《公路自然区划标准》及《土的工程分类标准》GB/T 50145—2007 等进行。

第一节 一般路基设计

一般路基通常指修筑在良好的地质、水文、气候条件下，填方高度和挖方深度不大的路基。通常认为一般路基可以结合当地的地形、地质情况，直接选用典型横断面图或设计规定。

一、路基设计的要求

（1）路基应具有足够的强度、稳定性和耐久性。

（2）路基设计应从地基处理、路基填料选择、路基强度与稳定性、防护工程、排水系统以及关键部位路基施工技术等方面进行综合设计。

（3）路基设计应符合公路建设的基本原则，满足《公路工程技术标准》JTG B01—2014 和《公路路基设计规范》JTG D30—2015 规定的具体要求。

（4）路基设计应根据当地自然条件和工程地质条件，选择适当的路基横断面形式和边坡坡度。

（5）陡坡上的半填半挖路基，可根据地形、地质条件，采用护肩、砌石或挡土墙；当山坡高陡或稳定性差，不宜多挖时，可采用桥梁、悬出路台等构造物；三、四级公路的悬崖陡壁地段，当山体岩石整体性好时，可采用半山洞。

（6）沿河路基边缘标高应不低于路基设计洪水频率的水位加壅水高、波浪侵袭高，以及 0.5m 的安全高度。

二、路基横断面及组成

路基由路基本体和路基设施组成。路基本体是指路基断面中的填挖部分；路基设施是指为确保路基本体的稳定性而采用的必要的附属工程设施，它包括排水设施和防护支挡加固设施。按照路基断面形式，一般分为填方路基、挖方路基和半填半挖路基等。路基结构及各部位名称如图4.1所示。

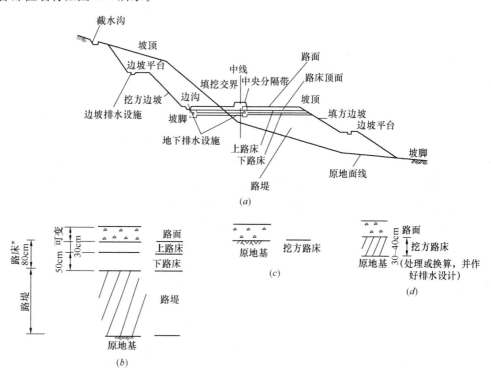

图4.1 路基结构图

(a) 路基横断面；(b) 填方路基剖面图；(c) 地基良好（岩石、砂砾土）段挖方路基剖面图；(d) 地基不良段挖方路基剖面图。路床为路槽底以下0～80cm范围内的路基

图4.2是一般路基常用的几种断面图式，设计时可结合当地具体条件参照选用。各级公路的路基宽度应满足《公路工程技术标准》JTG B01—2014的要求。

三、填方路基

1. 路基宽度设计

各级公路路基宽度按《公路工程技术标准》JTG B01—2014的规定进行设计。见表2.23、表2.24。

2. 路基高度设计

路基高度是指路堤的填筑高度和路堑的开挖深度，是路基设计高程和原地面高程之差。一般应高出表2.21规定设计洪水频率的计算水位加壅水高、波浪侵袭高和0.5m的安全高度。

3. 路基边坡坡度

路基边坡坡度，可用边坡高度与边坡宽度之比$H:b$的形式表示，并取$H=1$计算为$1:m$（路堤）或$1:n$（路堑）的形式表示边坡坡率。

路堤边坡形式和坡率应根据填料的物理力学性质、边坡高度和工程地质条件确定。

当地质条件良好，土质边坡高度不大于20m时，其边坡坡率不宜陡于表4.1的规定值。

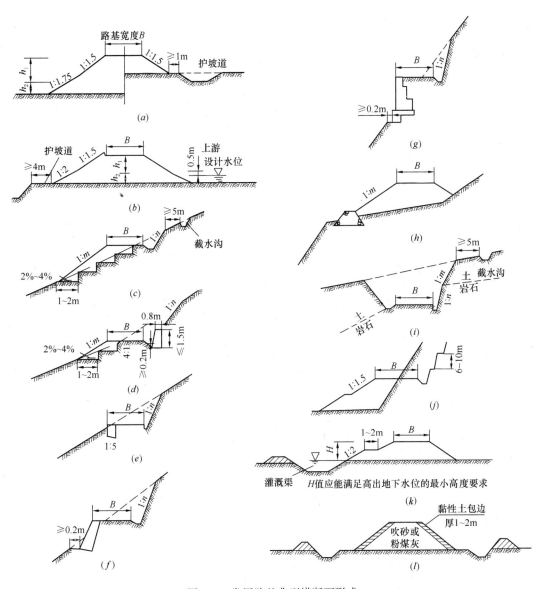

图 4.2 常用路基典型横断面形式

(a) 一般路基；(b) 沿河路基（桥头引道，河滩路堤）；(c) 半填半挖路基；(d) 矮墙路基；
(e) 护肩路基；(f) 砌石路基；(g) 设挡墙的路基；(h) 护脚路基；(i) 挖方路基；(j) 边坡
台阶型路基；(k) 利用挖渠的填土路基；(l) 吹砂或粉煤灰路基

路堤边坡坡率　　　　　　　　　　　　　表 4.1

填 料 类 别	边坡坡率	
	上部高度（$H \leqslant 8m$）	下部高度（$H \leqslant 12m$）
细粒土	1∶1.5	1∶1.75
粗粒土	1∶1.5	1∶1.75
巨粒土	1∶1.3	1∶1.5

对边坡高度超过 20m 的路堤，边坡形式宜采用阶梯形，边坡坡率应由稳定性分析计算确定，并应进行单独设计。

浸水路堤在设计水位以下的边坡坡率不宜陡于 1∶1.75。

砌石应选用当地不易风化的片、块石砌筑，内侧填石；岩石风化严重或软质岩石路段不宜采用砌石路基。砌石顶宽不小于 0.8m，基底面向内倾斜，砌石高度不宜超过 15m。砌石内、外坡率不宜陡于表 4.2 的规定值。

砌石边坡坡率　　　　　　　　　　　　　　表 4.2

序号	砌石高度（m）	内坡坡度	外坡坡度
1	≤5	1∶0.3	1∶0.5
2	≤10	1∶0.5	1∶0.67
3	≤15	1∶0.6	1∶0.75

4. 边坡稳定性分析

1）确定边坡形式及坡度

边坡形式有直线形、折线形和台阶形边坡。直线形边坡土质均匀、边坡高度小于或等于 8m 时，采用此形式边坡；折线形边坡，边坡高度大于 8m 和浸水路堤，常用上陡下缓的折线形边坡，填土性质不同时，也采用折线形边坡；台阶形边坡，浸水路堤和高路堤都有可能采用此形式边坡。

2）路堤基底的处理

若基底为黏土，应先夯（压）实基底，然后填筑路堤。若基底为水田或浅水塘，则应先挖沟疏干，清除表层淤泥、腐殖土等，然后填筑路堤。在基底强度不足或属软土时，则应作稳定性验算，并采取处理措施。

当基底为密实的斜坡时，可根据地面横坡坡度采取适当的技术措施。地面横坡为 1∶10～1∶5 时，应先挖表面草皮；陡于 1∶5 但缓于 1∶2.5 时，应先挖台阶（台阶宽度不小于 1.0m）而后填筑；陡于 1∶2.5 时，则需按陡坡路堤设计。

3）稳定性分析

由粗粒类材料填筑的路堤，边坡坍滑时破裂面的形状近似于平面，可按直线滑动面法验算边坡的稳定性。用带有黏性的土填筑路堤，滑坍时的破裂面形状为一曲面，为简化计算，通常近似地假设为一圆弧滑动面，用条分法计算。

（1）车辆荷载当量及土性参数

在稳定性验算时，车辆荷载可换算为当量土柱高 h_0。

$$h_0 = \frac{W}{\gamma BL} \tag{4-1}$$

式中　W——B 宽度内可布车辆的重量（kN）；

　　　B——横向分布车辆最外轮中心之间的宽度加轮胎着地宽度（m），依照《公路工程技术标准》JTG B01—2014）选定；

　　　L——前后轴距加轮胎着地长度（m）。

在验算稳定性时，如边坡由多层土体所构成，破裂面为平面时，所采用的参数 c、φ、γ 的数值，可采用加权平均法求得。

（2）直线滑动面法

先通过坡脚或变坡点，假设几个直线滑动面（如图4.3a所示），分别按式（4-2）计算填土沿滑动面下滑的稳定系数K；作$K=f(\alpha)$曲线（如图4.3b所示），由此求得最小稳定系数$K_{\min}$。当$K_{\min}>1.25$时，此路堤边坡即属稳定的。否则，需要重新拟定边坡坡度值，再作计算。

$$K = \frac{抗滑力}{下滑力} = \frac{W\cos\alpha\tan\varphi + cL}{W\sin\alpha} \tag{4-2}$$

式中 W——作用在滑动面上的土体重（含车辆荷载当量土柱高度）（kN）；

α——滑动面的倾角（°）；

c——填料的黏聚力（kPa）；

φ——填料的内摩擦角（°）；

L——滑动面的长度（m）。

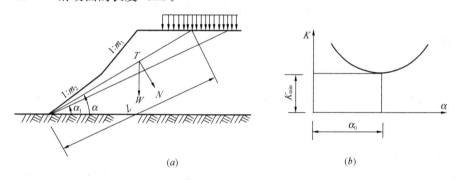

图4.3 直线滑动面法

（3）Fellimis条分法

此法略去各土条间侧向力的作用（或假定每一土条两侧的侧向力与土条底部切线平行并相互抵消）。分别计算每一土条对圆心O的力矩，可得土体沿圆弧滑动面下滑的稳定系数：

$$K = \frac{\sum(N_i\tan\varphi + cl_i)}{\sum W_i\sin\alpha_i} = \frac{\sum(\gamma b_i h_i\cos\alpha_i\tan\varphi + cl_i)}{\gamma\sum b_i h_i\sin\alpha_i} \tag{4-3}$$

式中 γ——填料的湿重度（kN/m³）；

c——填料的黏聚力（kPa）；

φ——填料的内摩擦角（°）；

l_i——土条宽度内滑动圆弧全长（m）；

b_i——各土条宽度（m）；

h_i——各土条高度，包括堤顶车辆荷载的换算土柱高度（m）。其余符号如图4.4（a）所示。

各土条c、φ值，应取该土条的底部弧段所处土层的指标值。以此法所得的稳定系数，往往偏低10%～15%，设计偏于保守。

（4）简化的毕肖普法

此法考虑土条间的侧向力，假设土条两侧侧向力的作用相互抵消，按照图4.4（b）所示，假定安全系数为K，可列出绕圆弧中心O的总滑动矩与总抗滑力矩，即得土体沿

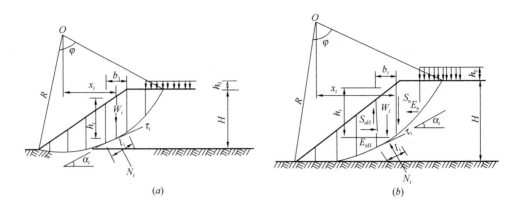

图 4.4 条分法
(a) 费勒纽斯条分法；(b) 简化毕肖普条分法

圆弧滑动面下滑的确定系数 K。

$$K = \frac{1}{\sum W_i \sin\alpha} \sum \left[(W_i \tan\varphi + cl_i) \frac{1}{m_a} \right] = \frac{1}{\gamma \sum b_i h_i \sin\alpha} \sum \left[(\gamma b_i h_i \tan\varphi + cl_i) \frac{1}{m_a} \right] \quad (4-4)$$

式中符号意义同前，m_a 包含未知数 K 值，因此验算需用试算法进行，见式（4-5）。

$$m_a = \cos\alpha_i \left(1 + \frac{\tan\alpha_i \tan\varphi}{K}\right) \quad (4-5)$$

四、挖方路基

路堑是从天然地层中开挖出来的路基结构物。路堑设计的中心问题是结构物的整体稳定性。

1. 土质路堑

土质路堑边坡形式及坡率应根据工程地质与水文地质条件、边坡高度、排水措施、施工方法，并结合自然稳定山坡和人工边坡的调查及力学分析综合确定。

边坡高度不大于 20m 时，边坡坡率不宜陡于表 4.3 的规定值。路堑边坡高度大于 20m 时，其边坡形式及坡率应由稳定性分析计算确定，并应进行单独设计。

土质路堑边坡坡率　　　　　　表 4.3

土 的 类 别		边坡坡度
黏土、粉质黏土、塑性指数大于 3 的粉土		1∶1
中密以上的中砂、粗砂、砾砂		1∶1.5
卵石土、碎石土、圆砾土、角砾土	胶结和密实	1∶0.75
	中密	1∶1

注：黄土、红黏土、高液限土、膨胀土等特殊土质边坡形式及坡度应按《公路路基设计规范》JTG D30—2015 第 7 章有关规定确定。

2. 岩质路堑

岩质路堑边坡形式及坡率应根据工程地质与水文地质条件、边坡高度、施工方法，结合自然稳定边坡和人工边坡的调查综合确定。必要时可采用稳定性分析方法予以验算。

边坡高度不大于 30m 时，无外倾软弱结构面的边坡按表 4.4 确定边坡坡率。对于有外倾软弱结构面的岩质边坡、坡顶边缘附近有较大荷载的边坡、边坡高度超过表4.4规定范围的边坡，边坡坡率应通过稳定性分析计算确定。

岩质路堑边坡坡率　　　　　表4.4

边坡岩体类型	风化程度	边坡坡率 $H<15m$	边坡坡率 $15m \leqslant H<30m$
Ⅰ类	未风化、微风化	1∶0.1～1∶0.3	1∶0.1～1∶0.3
Ⅰ类	弱风化	1∶0.1～1∶0.3	1∶0.3～1∶0.5
Ⅱ类	未风化、微风化	1∶0.1～1∶0.3	1∶0.3～1∶0.5
Ⅱ类	弱风化	1∶0.3～1∶0.5	1∶0.5～1∶0.75
Ⅲ类	未风化、微风化	1∶0.3～1∶0.5	—
Ⅲ类	弱风化	1∶0.5～1∶0.75	—
Ⅳ类	弱风化	1∶0.5～1∶1	—
Ⅳ类	强风化	1∶0.75～1∶1	—

注：1. 有可靠的资料和经验时，可不受本表限制；
　　2. Ⅳ类强风化包括各类风化程度的极软岩。

五、路基填料和压实标准

1. 填料选择

填方路基所选填料应能保证填方路基稳定、耐久、具有一定的承载能力、沉降量满足要求。由于填方路基工程量大，一般应尽可能移挖作填，需要借土时应利用工程所在地的土或固体废弃物，以降低成本。

填料宜选用级配较好的粗粒土，对用于高速公路和一级公路的填方路基，填料的最小强度（CBR值）和最大粒径应满足现行《公路路基设计规范》规定。

砾（角砾）类土、砂类土应优先选作路床填料，土质较差的细粒土可填于路堤底部。用不同填料填筑路基时，应分层填筑，每一水平层均应采用同类填料。

泥炭、淤泥、冻土、强膨胀土及易溶盐超过允许限量的土，不得直接用于填筑路基。冰冻地区上路床及浸水部分的路堤不应直接采用粉质土填筑。强风化岩石及浸水后容易崩解的岩石不宜作为浸水部分路堤填料。

若采用细粒土作填料，当土的含水量超过最佳含水量两个百分点以上时，应采取晾晒或掺入石灰、固化材料等技术措施进行处理。桥涵台背和挡土墙墙背填料，应优先选用内摩擦角值较大的砾（角砾）类土、砂类土填筑。

组成路基结构的路基土应均匀，其最小承载比应符合表4.5的规定。

路床填料最小承载比要求　　　　　表4.5

路基结构形式		路面底面以下深度（m）	填料最小承载比（CBR）（%） 高速公路、一级公路	二级公路	三、四级公路
上路床		0～0.3	8	6	5
下路床	轻、中等及重交通	0.3～0.8	5	4	3
下路床	特重、极重交通	0.3～1.2	5	4	—

续表

路基结构形式		路面底面以下深度 (m)	填料最小承载比（CBR）(%)		
			高速公路、一级公路	二级公路	三、四级公路
上路堤	轻、中等及重交通	0.8～1.5	4	3	3
	特重、极重交通	1.2～1.9	4	3	—
下路堤	轻、中等及重交通	>1.5	3	2	2
	特重、极重交通	>1.9			

注：1. 该表CBR试验条件应符合《公路土工试验规程》JTG E40的规定；
    2. 年平均降雨量小于400mm地区，路基排水良好的非浸水路基，通过试验认证可采用平衡湿度状态的含水量作为CBR试验条件，并应结合当地气候条件和汽车荷载等级，确定路基填料CBR控制标准；
    3. 当路基填料CBR值达不到要求时，可掺石灰或其他稳定材料处理；
    4. 当三、四级公路铺筑沥青混凝土和水泥混凝土路面时，应采用二级公路压实度标准

2. 路基填土与压实

路基土的强度是通过压实形成的，路基压实应充分考虑路基填土的工程性质、气候条件等制定合理的压实工艺，严格在最佳含水量下压实，合理选择压实标准。路基压实度应根据公路技术等级、填挖深度、交通荷载等级和填料特点等因素确定，《公路工程技术标准》JTG B01—2014规定，路基压实度应符合表4.6的规定。

路 基 压 实 度   表4.6

路基部位		路床顶面以下深度(m)	压实度（%）		
			高速公路、一级公路	二级公路	三级公路、四级公路
上路床		0～0.3	≥96	≥95	≥94
下路床	轻、中等及重交通	0.3～0.8	≥96	≥95	≥94
	特重、极重交通	0.3～1.2	≥96	≥95	—
上路堤	轻、中等及重交通	0.8～1.5	≥94	≥94	≥93
	特重、极重交通	1.2～1.9	≥94	≥94	—
下路堤	轻、中等及重交通	1.5以下	≥93	≥92	≥90
	特重、极重交通	1.9以下			

注：1. 表列压实度系按《公路土工试验规程》JFG E40重型击实试验法求得的最大干密度的压实度；
    2. 当三、四级公路铺筑沥青混凝土和水泥混凝土路面时，应采用二级公路压实度标准；
    3. 路堤采用粉煤灰、工业废渣等特殊填料，或处于特殊干旱或特殊潮湿地区时，保证路基强度和回弹模量要求的前提下，通过试验论证，压实度标准可降低1～2个百分比。

在满足路基各层压实度的前提下，应根据路基实际采用的填料类型和路面结构设计要求，确定路床顶面回弹模量标准。对于重载交通路基、软弱和特殊土路基，可适当提高路床顶面回弹模量标准。

六、路基附属设施

1. 取土坑和弃土堆

路基土石方的挖填平衡，是公路路线设计的基本原则，但往往难以做到完全平衡。土石方数量经过合理调配后，仍然会有部分借方和弃方（又称废方），路基土石方的借弃，

首先要合理选择地点，即确定取土坑或弃土堆的位置。

2. 护坡道与碎落台

护坡道是保护路基边坡稳定的措施之一，设置的目的是加宽边坡横向距离，减小边坡平均坡度。护坡道一般设在挖方坡脚处，边坡较高时亦可设在边坡上方及挖方边坡的变坡处。浸水路基的护坡道，可设在浸水线以上的边坡上。

碎落台设于土质或石质土的挖方边坡坡脚处，主要供零星土石碎块下落时临时堆积，以保护边沟不致阻塞，亦有护坡道的作用。

第二节 路基防护

合理的路基设计，应在路基位置、横断面尺寸、岩土组成等方面综合考虑。为确保路基的强度与稳定性，路基的防护与加固，也是不可缺少的工程技术措施。随着公路等级的提高，为维护正常的汽车运输，减少公路灾害，确保行车安全，保持公路与自然环境协调，路基的防护与加固更具有重要意义。

路基防护与加固设施，主要有边坡坡面防护、沿河路堤河岸冲刷防护与加固以及湿软地基的加固处治。

一、坡面防护

坡面防护，主要是保护路基边坡表面免受雨水冲刷，减缓温差及湿度变化的影响，防止和延缓软弱岩土表面的风化、碎裂、剥蚀演变进程，从而保护路基边坡的整体稳定性，在一定程度上还可兼顾路基美化和协调自然环境。

常用的坡面防护主要有植物防护和工程防护。

（一）植物防护

1. 种草

种草防护适用于边坡稳定，坡面受雨水冲刷轻微，且易于草类生长的路堤与路堑边坡。播种方法有撒播法、喷播法和行播法。当前推广使用的两种新方法是湿式喷播技术和客土喷播技术。

2. 铺草皮

铺草皮适用于需要迅速绿化的土质边坡。草皮护坡铺置形式有平铺式、叠铺式、方格式和卵（片）石方格式四种，如图4.5所示。

3. 植树

植树，主要用在堤岸边的河滩上，用来降低流速，促使泥沙淤积，防水直接冲刷路堤。多排林堤岸与水流方向斜交，还可起改变水流方向的作用。在沙漠与雪害地区，防护林带还起阻沙防雪作用。

（二）工程防护

一般有框格防护、封面、护面墙、干砌片石护坡、浆砌片石护坡、浆砌预制块护坡、锚杆钢丝网喷浆、喷射混凝土护坡等。

1. 框格防护

框格防护适用于对土质或风化岩石边坡的防护，框格防护可采用混凝土、浆砌片（块）石、卵（砾）石等做骨架。

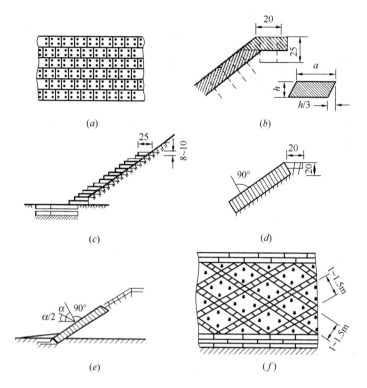

图 4.5 草皮防护示意图（除已注明尺寸外，其余单位为 cm）
(a) 平铺平面；(b) 平铺剖面；(c) 水平叠铺；(d) 垂直叠铺；(e) 斜交叠铺；
(f) 方格式；(图中 h 为草皮厚度，约 5~8cm；a 为草皮边长，约 20~25cm)

2. 封面

封面包括抹面、捶面、喷浆、喷射混凝土等防护形式。

（1）抹面防护适用于易风化的软质岩石挖方边坡，岩石表面比较完整，尚无剥落。

（2）捶面防护适用于易受雨水冲刷的土质边坡和易风化的岩石边坡。

（3）喷浆和喷射混凝土防护适用于边坡易风化、裂隙和节理发育、坡面不平整的岩石挖方边坡。

3. 护面墙

护面墙是浆砌片石的坡面覆盖层，用于封闭各种软质岩层和较破碎的挖方边坡以及坡面易受侵蚀的土质边坡。要求墙面紧贴坡面，表面砌平，厚度可不一。护面墙石料应符合规格。护面墙除受自重外，不承受其他荷重，亦不承受墙背土压力作用，其构造与布置如图 4.6 所示。

4. 石砌护坡

（1）干砌片石护坡适用于易受水流侵蚀的土质边坡、严重剥落的软质岩石边坡、周期性浸水及受水流冲刷较轻（流速小于 2~4m/s）的河岸或水库岸坡的坡面防护。

（2）浆砌片（卵）石护坡适用于防护流速较大（3~6m/s）、波浪作用较强，有流水、漂浮物等撞击的边坡。

（3）浆砌预制块防护适用于石料缺乏地区，预制块的混凝土强度不应低于C15。

5. 锚杆铁丝网喷浆或喷射混凝土护坡

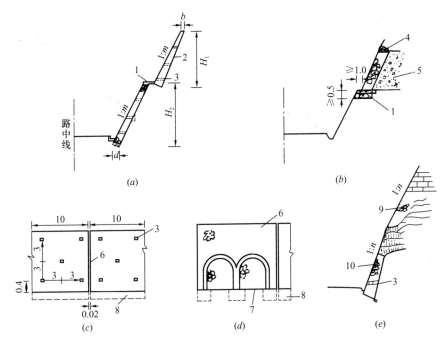

图 4.6 护面墙示意图（单位：m）
(a) 双层式；(b) 单层式；(c) 墙面；(d) 拱式；(e) 混合式；
1—平台；2—耳墙；3—泄水孔；4—封顶；5—松散夹层；6—伸缩缝；7—软地基；
8—基础；9—支补墙；10—护面墙

锚杆铁丝网喷浆或喷射混凝土护坡适用于直面为碎裂结构的硬岩或层状结构的不连续地层，以及坡面岩石与基岩分离并有可能下滑的挖方边坡。

二、冲刷防护

冲刷防护一般有直接防护和间接防护。

（一）直接防护

直接防护包括植物防护、石砌防护或抛石与石笼防护等。

1. 植物防护与石砌防护

植物防护与石砌防护，同坡面防护所述基本类同，但堤岸的防冲刷主要原因是洪水急流，水位变迁不定，水流速度较大，相应的要求更高。

2. 抛石防护

抛石防护，类似在坡脚处设置护脚，亦称抛石垛，如图 4.7 所示。用于经常浸水且水深较大的路基边坡或坡脚以及挡土墙、护坡的基础防护。抛石一般多用于抢修工程。

3. 石笼防护

沿河路堤坡脚或河岸，当受水流冲刷和风浪侵袭，且防护工程基础不易处理或沿河挡土墙、护坡基础局部冲刷深度过大时，可采用石笼防护。

一般当水流速度达到或超过 5.0m/s 时，宜用石笼防护。石笼是用铁丝编织成箱形或圆形框架。

（二）间接防护

间接防护是指通过设置导治结构物改变水流方向，消除和减缓水流对堤岸直接破坏，

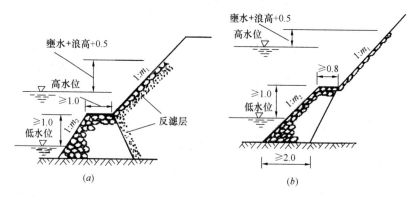

图 4.7 抛石防护示意图（单位：m）
(a) 新堤石垛；(b) 旧堤石垛

同时可减轻堤岸近旁淤积，彻底解除水流对局部堤岸的损害作用，起安全保护作用。用于防护堤岸的改河工程，一般限于小型工程，如裁弯取直、挖滩改道、清除孤石等，可在小河的局部段落上进行。导治结构物主要是设坝，按其与河道的相对位置，一般有顺坝、格坝、丁坝和改移河道。

三、软土地基加固

公路路基敷设于天然地基上，承受较大车辆荷载作用，要求地基应具有足够的承载能力，以保持地基稳定。软土地基天然含水量大，孔隙比大，压缩性高，强度低。其上修建公路时，易产生路堤失稳或沉降过大等问题，一般不能作为天然地基使用，需进行适当的加固处理，以增加其稳定性、减少沉降量。

1. 表层排水法

表层排水法是在路基填筑前，在地面开挖水沟，以排除地表水，同时降低地基表层的含水量，确保施工机械的作业条件，为了使开挖水沟在施工中发挥盲沟作用，常用透水性良好的砂砾回填。

2. 强夯法

强夯法是反复将重锤提到高处使其自由落下夯击地基，从而使地基的强度提高、压缩性得到降低的方法。强夯法适用于处理碎石土、砂土、粉土、黏性土、杂填土和素填土等地基，它不仅能提高地基的强度、降低其压缩性、还能改善其抗振动液化的能力和消除土的湿陷性，所以还常用于处理可液化砂土地基和湿陷性黄土地基等。

3. 换填法

换填法就是将基础底面以下不太深的一定范围内的软弱土层挖去，然后以质地坚硬、强度较高、性能稳定、具有抗侵蚀性的砂、碎石、卵石、素土、灰土、煤渣、矿渣等材料分层充填，并同时以人工或机械方法分层压、夯、振动，使之达到要求的密实度，成为良好的人工地基。换填法适用于浅层地基处理，包括淤泥、淤泥质土、松散素填土、杂填土、已完成自重固结的回填土等地基处理以及暗塘、暗洪、暗沟等浅层处理和低洼区域的填筑。

4. 土工合成材料法

土工合成材料是以人工合成的聚合物为原料制成的各种类型产品。可置于岩土或其他工程结构内部、表面或各种结构层之间，具有过滤、防渗、隔离、排水、加筋和防护等多种功能，发挥加强、保护岩土或其他结构功能的一种新型岩土工程材料。

5. 水泥搅拌桩法

水泥搅拌桩加固软土地基的机理主要是通过水泥的水解和水化反应及水泥水化物与黏土的化学反应及碳酸化作用，而形成强度相对较高的桩体与桩周软土一起形成复合地基，以起到提高地基承载力、增强路基稳定性及减少路基沉降的作用。水泥搅拌桩目前有喷浆法（湿法）和喷粉法（干法）。

第三节 支挡结构设计

一、挡土墙的定义、分类及计算参数

1. 挡土墙的定义

挡土墙是用来支承路基填土或山坡土体，防止填土或土体变形失稳的一种构造物。在路基工程中，挡土墙可用以稳定路堤和路堑边坡，减少土石方工程量和占地面积，防止水流冲刷路基，并经常用于整治坍方、滑坡等路基病害。

2. 挡土墙分类

1) 按挡土墙设计位置分类

按照挡土墙设置的位置，挡土墙可分为：

路堑墙、路堤墙、路肩墙和山坡墙、浸水挡土墙等类型，如图4.8所示。

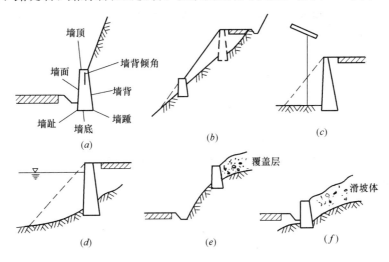

图4.8 设置挡土墙的位置

(a) 路堑墙；(b) 路堤墙（虚线为路肩墙）；(c) 路肩墙；
(d) 浸水挡土墙；(e) 山坡挡土墙；(f) 抗滑挡土墙

2) 按挡土墙结构形式分类

按照结构形式不同，挡土墙可分为以下类型：

(1) 普通结构挡土墙

分为重力式挡土墙（图4.9）、扶臂式挡土墙、悬臂式挡土墙。

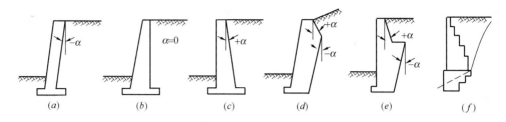

图 4.9 重力式挡土墙的常用类型
(a) 仰斜式;(b) 垂直式;(c) 俯斜式;(d) 凸式;(e) 衡重式;(f) 台阶式

（2）特殊结构挡土墙

分为桩板式挡土墙、锚定式挡土墙、加筋土挡土墙。

3. 挡土墙计算参数

1）墙背填土的物理力学性质

对于高速公路、一级、二级公路墙高 $H>5.0m$ 的挡土墙，原则上要根据试验确定设计填土的土性参数；对于墙高≤5.0m 的挡土墙，当缺乏试验数据时内摩擦角 φ 可采用《公路路基设计规范》JTG D30—2015 表 H.0.1-4 所列数值。墙背填土的标准重度 γ 可参照相关规范选用。

对于路堑挡土墙，内摩擦角 φ 和标准重度 γ 可参考天然坡角及路堑设计数据综合确定，也可参照相关规范数据选用。

2）墙背摩擦角 δ

填土与墙背间的摩擦角 δ 应根据墙背的粗糙程度和排水条件确定，当无试验资料时可按相关规范所列数值采用。

3）基底摩擦系数 μ

基底摩擦系数 μ 依基底粗糙程度、排水条件和土质而定，无试验资料时，可采用《公路路基设计规范》JTG D30—2015 表 H.0.2-1 所列数值。

4）地基承载力

岩石地基的承载力较高，一般不会产生不均匀沉陷。土质地基较为复杂，其承载力与地基的物理力学性质、地面形态、基础埋置深度、基底倾斜度等有关，可根据地质调查、钻探试验及既有建筑物的调查对比分析确定。

地基容许承载力可按照《公路设计手册·路基》及有关规范的规定选用。

二、挡土墙的构造与布置

（一）挡土墙的构造

挡土墙各部分的名称如图 4.8（a）所示。墙身靠填土（或山体）一侧称为墙背，大部分外露的一侧称为墙面（也称墙胸），墙的顶面部分称为墙顶，墙的底面部分则称为墙底，墙面与墙底的交线称为墙趾，墙背与墙底的交线称为墙踵。墙背与铅垂线的夹角称为墙背倾角，一般用 α 表示。工程中常用单位墙高与其水平长度之比来表示，即可表示为 $1:n$。墙踵到墙顶的垂直距离称为墙高，用 H 表示。此外，为计算土压力而采用的参数有：地面倾角 β、墙背摩擦角（即墙背与填土间的摩擦角）δ。

1. 墙身构造

（1）墙背

重力式挡土墙一般采用1∶0.25仰斜墙背，因为仰斜墙背所受的土压力较小，故墙身断面较经济。俯斜墙背所受的土压力较大。在地面横坡陡峻时，俯斜式挡土墙可采用陡直的墙面，借以减小墙高。俯斜墙背也可做成台阶形，以增加墙背与填料间的摩擦力。垂直墙背的特点介于仰斜和俯斜墙背之间。凸形折线墙背系将仰斜式挡土墙的上部墙背改为俯斜，以减小上部断面尺寸，多用于路堑墙，也可用于路肩墙。

衡重式墙在上下墙之间设衡重台，并采用陡直的墙面。适用于山区地形陡峻处的路肩墙和路堤墙，也可用于路肩墙。

（2）墙面

墙面一般均为平面，其坡度应与墙背坡度相协调。

（3）墙顶

墙顶最小宽度，浆砌挡土墙不小于50cm，干砌不小于60cm。

（4）护栏

护栏是为保证交通安全，在地形险峻地段或过高、过长的路肩墙的墙顶应设置护栏。

2. 基础构造

（1）基础类型

绝大多数挡土墙都直接修筑在天然地基上。

当地基承载力不足、地形平坦而墙身较高时，为了减小基底压应力和增加抗倾覆稳定性，常常采用扩大基础（图4.10a）；当地基压应力超过地基承载力过多时，需要的加宽值较大，为避免加宽部分的台阶过高，可采用钢筋混凝土底板（图4.10b）；地基为软弱土层（如淤泥、软黏土等）时，可采用砂砾、碎石、矿渣或灰土等材料予以换填，以扩散基底压应力，使之均匀地传递到下卧软弱土层中，如图4.10（c）所示。当挡土墙修筑在陡坡上，而地基又为完整、稳固、对基础不产生侧压力的坚硬岩石时，如图4.10（d）所示，设置台阶基础，以减少基坑开挖和节省圬工；如地基有短段缺口（如深沟等）或挖基困难（如需水下施工等），可采用拱形基础，以石砌拱圈跨过，再在其上砌筑墙身，如图4.15（e）所示。

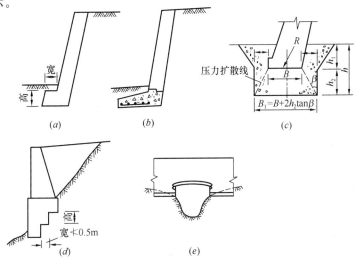

图4.10 重力式挡土墙的基础类型

(a) 墙趾或墙踵部分加宽；(b) 钢筋混凝土底板；(c) 换填地基；(d) 台阶基础；(e) 拱形基础

（2）基础埋置深度

对于土质地基，基础埋置深度应符合下列要求。

①无冲刷时，基底应在天然地面以下至少 1m；

②冲刷时，基底应在冲刷线以下至少 1 m；

③受冻胀影响时，基底应在冻结线以下不少于 0.25m；当冻深超过 1m 时，基底埋深应不小于 1.25m，且基底应夯填一定厚度的砂砾或碎石垫层，垫层底面亦应位于冻结线以下不少于 0.25m。

碎石、砾石和砂类地基，不考虑冻胀影响，但基础埋深不宜小于 1m。

对于岩石地基，应清除表面风化层。当风化层较厚难以全部清除时，可根据地基的风化程度及其容许承载力将基底埋入风化层中。基础嵌入岩层的深度，可参照相关规范确定。

3. 排水设施

挡土墙排水措施的作用在于疏干墙后土体和防止地表水下渗，防止墙后积水形成静水压力，减少季节性冰冻地区回填料的冻胀压力，消除黏性土填料浸水后的膨胀压力。

挡土墙的排水措施通常由地面排水和墙身排水两部分组成。地面排水主要是防止地表水渗入墙后土体或地基。

墙身排水主要是为了排除墙后积水，通常在墙身适当高度设置一排或数排墙身泄水孔。如图 4.11 所示。干砌挡土墙因墙身透水，可不设泄水孔。

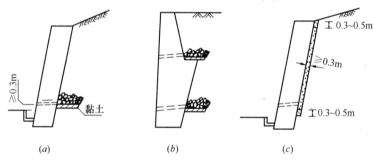

图 4.11 泄水孔和排水层

4. 沉降缝与伸缩缝

为避免因地基不均匀沉陷而引起墙身开裂，需根据地质条件的差异和墙高、墙身断面的变化情况设置沉降缝。为了防止圬工砌体因收缩硬化和温度变化而产生裂缝，应设置伸缩缝。设计时，一般将沉降缝与伸缩缝合并设置，沿路线方向每隔 10～15m 设置，兼起两者的作用，缝宽 2～3cm，缝内一般可用胶泥填塞。

（二）挡土墙的布置

1. 挡土墙位置的选定

路堑挡土墙大多数设在边沟旁。山坡挡土墙应考虑设在基础可靠处，墙的高度应保证墙后墙顶以上边坡的稳定。

当路肩墙与路堤墙的墙高或截面圬工数量相近、基础情况相似时，应优先选用路肩墙，按路基宽布置挡土墙位置，因为路肩挡土墙可充分收缩坡脚，大量减少填方和占地。若路堤墙的高度或圬工数量比路肩墙显著降低，而且基础可靠时，宜选用路堤墙，并做经济比较后确定墙的位置。

沿河路堤设置挡土墙时,应结合河流情况来布置,注意设墙后仍保持水流顺畅,不致挤压河道而引起局部冲刷。

2. 挡土墙的纵向布置

挡土墙纵向布置在墙趾纵断面图上进行,布置后绘成挡土墙正立面图,如图4.12所示。

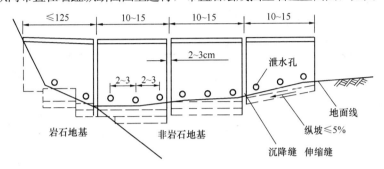

图 4.12 挡土墙正立面图

3. 挡土墙的横向布置

横向布置宜选择在墙高最大处、墙身断面或基础形式有变异处,以及其他必需桩号处的横断面图上进行。根据墙型、墙高及地基与填料的物理力学指标等设计资料,进行挡土墙设计或套用标准图,确定墙身断面、基础形式和埋置深度,布置排水设施等,并绘制挡土墙横断面图。

4. 平面布置

对于个别复杂的挡土墙,如高、长的沿河曲线挡土墙,应作平面布置,绘制平面图,标明挡土墙与路线的平面位置及附近地貌与地物等情况,特别是对挡土墙有干扰的建筑物的情况。沿河挡土墙还应绘出河道及水流方向、防护与加固工程等。

三、挡土墙土压力计算

(一)土压力概念与计算理论

1. 土压力的概念

各种形式的挡土墙,都以支撑土体使其保持稳定为目的,所以这类构造物的主要荷载就是土体的侧向压力,简称土压力。为了使挡土墙的设计经济合理,关键是正确地计算土压力,其中包括土压力的大小、方向与分布等。

2. 土压力的计算理论

土压力的计算是一个复杂的问题,它涉及填土、墙身以及地基三者之间的共同作用。

挡土墙一般都是条形建筑物,它的长度远较其高度大,且其断面在相当长的范围内是不变的。因此土压力计算可取1延长米的挡土墙来进行分析,即将土压力的计算当作平面问题来处理。

(1)库伦理论

假定破裂面形状,依据极限状态下破裂棱体的静力平衡条件来确定土压力,这类土压力理论最初是由法国的库伦(C. A. Coulomb)于1773年提出的,称为库伦理论。

(2)朗金理论

假定土体为松散介质,依据土中一点的极限平衡条件来确定土压力强度和破裂面方向，这类土压力理论是由英国的朗金（Rankine）于1857年提出的，称为朗金理论。

（二）土压力的分类

在影响挡土墙土压力大小及其分布规律的诸多因素中，挡土墙的位移方向和位移量是计算中要考虑的特殊因素。根据挡土墙的位移和墙后土体所处的应力状态，土压力有静止土压力、主动土压力和被动土压力三种类型（图4.13）。

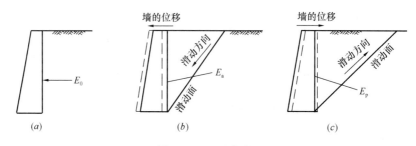

图 4.13 土压力类型
（a）静止土压力；（b）主动土压力；（c）被动土压力

1. 静止土压力 E_0

挡土墙在墙后填土的推力作用下，不发生任何方向的移动或转动时，墙后土体没有破坏，而处于弹性平衡状态，此时作用于墙背的水平压力称为静止土压力，用 E_0 表示。

2. 主动土压力 E_a

挡土墙在填土压力作用下，向着背离土体方向发生移动或转动时，墙对土体的侧向应力（它与土压力大小相等、方向相反）逐渐减小，土体便出现向下滑动的趋势，这时，土体内潜在滑动面上的剪应力逐渐增加以抵抗着这一滑动的产生，使作用在墙背上的土压力逐渐减小。当挡土墙的移动或转动达到一定数值，且土的抗剪强度充分发挥时，土压力减到最小值，墙后土体达到主动极限平衡状态，此时作用在墙背上的土压力，称为主动土压力 E_a（土体主动推墙）。

3. 被动土压力 E_p

当挡土墙在较大的外力作用下，向着土体的方向移动或转动时，墙后土体由于受到挤压，有向上滑动的趋势，土体内潜在滑动面上的剪应力反向增加，使作用在墙背上的土压力逐渐增大。当挡土墙的移动或转动达到一定数值时，墙后土体达到被动极限平衡状态，此时作用在墙背上的土压力，称为被动土压力 E_p（土体被动地被墙推移）。

（三）土压力的计算

土压力计算的理论和方法，在土力学中已有专门论述，这里仅结合路基挡土墙的设计，介绍库伦主动土压力计算方法的具体应用。

如图4.14所示，AB 为挡土墙墙背，BC 为破裂面，BC 与铅垂线的夹角 θ 为破裂角，ABC 为破裂棱体。棱体上作用着三个力，即破裂棱体自重 G、主动土压力的反力 E_a 和破裂面上的反力 R。E_a 的方向与墙背法线成 δ 角，且偏于阻止棱体下滑的方向；R 的方向与破裂面法线成 φ 角，且偏于阻止棱体下滑的方向。取挡土墙长度为1m计算，作用于棱体上的平衡力三角形 abc 可得：

$$E_a = \frac{\sin(90° - \theta - \varphi)}{\sin(\theta + \psi)} G = \frac{\cos(\theta + \varphi)}{\sin(\theta + \psi)} G \tag{4-6}$$

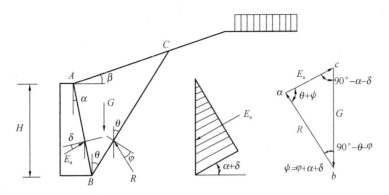

图 4.14 库伦主动土压力计算图示

滑裂面是任意给定的，不同滑裂面得到一系列土压力 E_a，E_a 是 θ 的函数，且存在最大值，为求最大土压力 E_a，首先要求对 θ 求导，并令：

$$\frac{dE_a}{d\theta} = 0 \tag{4-7}$$

因此，即可求得主动状态时的破裂角 θ，然后将 θ 代入上式，即可求得最大主动土压力值 E_a。

$$\begin{aligned} E_a &= \frac{1}{2}\gamma H^2 K_a \\ &= \frac{1}{2}\gamma H^2 \cdot \frac{\cos^2(\varphi-\alpha)}{\cos^2\alpha \cdot \cos(\alpha+\delta)\left[1+\sqrt{\dfrac{\sin(\varphi+\delta)\sin(\varphi-\beta)}{\cos(\alpha+\delta)\cos(\alpha-\beta)}}\right]^2} \end{aligned} \tag{4-8}$$

式中　γ——墙后填土的单位体积重力（kN/m³）；

　　　φ——填土的内摩擦角（°）；

　　　δ——墙背与填土间的摩擦角（°）；

　　　β——墙后填土表面的倾斜角（°）；

　　　α——墙背倾斜角（°），俯斜墙背时为正，仰斜墙背时为负；

　　　H——挡土墙高度（m）；

　　　K_a——主动土压力系数。

四、挡土墙稳定性验算

（一）挡土墙的荷载计算方法

1. 挡土墙的荷载

施加于挡土墙的作用（或荷载），按性质分类详如表 4.7 所示。

2. 荷载效应组合

挡土墙设计时，相应于各种设计状态，对可能同时出现的作用（或荷载），取其最不利情况，选择表 4.8 所列组合。

3. 挡土墙的设计方法

挡土墙按极限状态"分项系数法"进行设计。挡土墙构件承载能力极限状态设计的基本条件是结构抗力设计值应大于或等于计入结构重要性系数的作用（或荷载）效应的组合设计值，一般表达式如下。

荷 载 分 类 表4.7

作用（或荷载）分类		作用（或荷载）名称
永久作用（或荷载）		挡土墙结构重力
		填土（包括基础襟边以上土）重力
		填土侧压力
		墙顶上的有效永久荷载
		墙顶与第二破裂面之间的有效荷载
		计算水面的浮力与静水压力
		顶加力
		混凝土收缩与徐变
		基础变位影响力
可变作用（或荷载）	基本可变作用（或荷载）	车辆荷载引起的土侧压力
		人群荷载引起的土侧压力
	其他可变作用（或荷载）	水位退落时的动水压力
		流水压力
		波浪压力
		动胀压力和冰压力
		温度影响力
	施工荷载	与各类挡土墙施工有关的临时荷载
偶然作用（或荷载）		地震作用力
		滑坡、泥石流作用力
		作用于墙顶护栏上的车辆碰撞力

常用作用（或荷载）组合表 表4.8

组合	作用（或荷载）名称
Ⅰ	挡土墙结构重力、墙顶上的有效永久荷载、填土重力、填土侧压力及其他永久作用（或荷载）相组合
Ⅱ	组合Ⅰ与基本可变作用（或荷载）相组合
Ⅲ	组合Ⅱ与其他可变作用（或荷载）相组合

$$\gamma_0 S \leqslant R(\cdot) \tag{4-9}$$

$$R(\cdot) = R(\frac{R_k}{\gamma_f}, \alpha_d) \tag{4-10}$$

式中 γ_0——结构重要性系数，按表4.9的规定选用；

S——作用（或荷载）效应的组合设计值；

$R(\cdot)$——挡土墙结构抗力函数；

R_k——抗力材料的强度标准值；

γ_f——结构材料、岩土性能的分项系数，按表4.10的规定选用；

α_d——结构或结构构件几何参数的设计值。

结构重要性系数 γ_0 表 4.9

填 高	公路等级	
	高速公路、一级公路	二级及以下公路
≤5.00m	1.00	0.95
>5.00m	1.05	1.00

承载能力极限状态作用（或荷载）分项系数 表 4.10

情况	作用（或荷载）增大对挡土墙结构起有利作用时		作用（或荷载）增大对挡土墙结构起不利作用时	
组合	Ⅰ，Ⅱ	Ⅲ	Ⅰ，Ⅱ	Ⅲ
垂直荷载 γ_G	0.90		1.20	
恒载或车辆荷载、人群荷载引起的主动土压力分项系数 γ_{Q1}	1.00	0.95	1.40	1.30
被动土压力分项系数 γ_{Q2}	0.30		0.5	
水浮力分项系数 γ_{Q3}	0.95		1.10	
静水压力分项系数 γ_{Q4}	0.95		1.05	
动水压力分项系数 γ_{Q5}	0.95		1.20	

（二）挡土墙稳定性验算

1. 抗滑稳定性验算

1) 滑动稳定方程

为保证挡土墙抗滑稳定性，应验算在土压力及其他外力作用下，基底摩阻力抵抗挡土墙滑移的能力。如图 4.15 所示，滑动稳定方程如下：

$$[1.1G + \gamma_{Q1}(E_y + E_x \tan\alpha_0) - \gamma_{Q2} E_p \tan\alpha_0]\mu + (1.1G + \gamma_{Q1} E_y)\tan\alpha_0 - \gamma_{Q1} E_x + \gamma_{Q2} E_p > 0 \quad (4-11)$$

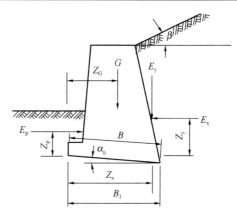

图 4.15 挡土墙抗滑稳定

式中 G——挡土墙自重（kN）；

E_x, E_y——墙背主动土压力的水平与垂直分力（kN）；

α_0——墙基底倾斜角（°）；

E_p——墙前被动土压力的水平分量（kN）；

γ_{Q1}, γ_{Q2}——主动土压力分项系数，墙前被动土压力分项系数，当缺乏可靠试验资料时，可按表 4.11 的规定选用。

μ——基底摩擦系数，可通过现场试验确定。无试验资料时，可参考表 4.11 的经验数据。

基底摩擦系数 μ 参考值 表 4.11

地基土分类	μ	地基土分类	μ
软塑黏土	0.25	碎石类土	0.5
硬塑黏土	0.3	软质岩石	0.4~0.6
砂类土、黏砂土、半干硬的黏土	0.3~0.4	硬质岩石	0.6~0.7
砂类土	0.4		

2）抗滑动稳定系数 K_c

$$K_c = \frac{[N+(E_x-E'_p)\tan\alpha_0]\mu+E'_p}{E_x-N\tan\alpha_0} \quad (4-12)$$

式中 N——作用于基底上合力的竖向分力（kN），浸水挡土墙应计浸水部分的浮力；

E'_p——墙前被动土压力水平分量的0.3倍（kN）。

2. 抗倾覆稳定性验算

1）倾覆稳定方程

为保证挡土墙抗倾覆稳定性，须验算它抵抗墙身绕墙趾向外转动倾覆的能力，如图4.16所示，倾覆稳定方程如下：

$$0.8GZ_G+\gamma_{Q1}(E_yZ_x-E_xZ_y)+\gamma_{Q2}E_pZ_p>0 \quad (4-13)$$

式中 Z_G——墙身、基础及其上的土重合力重心到墙趾的水平距离（m）；

Z_x——土压力垂直分力作用点到墙趾的水平距离（m）；

Z_y——土压力水平分力作用点到墙趾的水平距离（m）；

Z_p——墙前被动土压力的水平分量到墙趾的距离（m）。

2）抗倾覆稳定系数 K_0

$$K_0 = \frac{GZ_G+E_yZ_x+E'_pZ_p}{E_xZ_y} \quad (4-14)$$

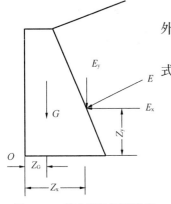

图4.16 挡土墙抗倾覆稳定

在规范规定的墙高范围内，验算挡土墙的抗滑动和抗倾覆稳定时，稳定系数不宜小于表4.12的规定。

抗滑动和抗倾覆的稳定系数　　　　表4.12

荷载情况	验算项目	稳定系数	
荷载组合Ⅰ、Ⅱ	抗滑动	K_c	1.3
	抗倾覆	K_0	1.5
荷载组合Ⅲ	抗滑动	K_c	1.3
	抗倾覆	K_0	1.3
施工阶段验算	抗滑动	K_c	1.2
	抗倾覆	K_0	1.2

在验算挡土墙的稳定性时，一般均未计趾前土层对墙面所产生的被动土压力。验算结果如不满足以上要求，则表明抗滑稳定性或抗倾覆稳定性不够，应改变墙身断面尺寸重新核算。

3. 基底应力和合力偏心距验算

为了保证挡土墙基底应力不超过地基承载力，应进行基底应力验算；同时，为了避免挡土墙不均匀沉陷，控制作用于挡土墙基底的合力偏心距。

1）基底合力的偏心距 e_0 可按下式计算：

$$e_0 = \frac{M_d}{N_d} \quad (4-15)$$

式中 N_d——作用于基底上的垂直力组合设计值（kN/m）；

M_d——作用于基底形心的弯矩组合设计值（MPa）。

挡土墙地基计算时，各类作用（或荷载）组合下，作用效应组合设计值计算式中的作用分项系数,除被动土压力分项系数 $\gamma_{Q2}=0.3$ 外,其余作用(或荷载)的分项系数规定均等于1。

2)基底压应力 σ 应按下列公式计算:

$$|e_0| \leqslant \frac{B}{6} \text{ 时}, \sigma_{1,2} = \frac{N_d}{A}\left(1 \pm \frac{6e_0}{B}\right) \tag{4-16}$$

位于岩石地基上的挡土墙

$$e_0 > \frac{B}{6} \text{ 时}, \sigma_1 = \frac{2N_d}{3\alpha_1}, \sigma_2 = 0 \tag{4-17}$$

$$\alpha_1 = \frac{B}{2} - e_0 \tag{4-18}$$

式中 σ_1——挡土墙趾部的压应力(kPa);
σ_2——挡土墙踵部的压应力(kPa);
B——基底宽度(m),倾斜基底为其斜宽;
A——基础底面每延米的面积,矩形基础为基础宽度 $B \times 1$ (m²)。

基底合力的偏心距 e_0,对土质地基不应大于 $B/6$;岩石地基不应大于 $B/4$。基底压应力不应大于基底的容许承载力 $[\sigma_0]$。

4. 墙身截面强度验算

重力式挡土墙、半重力式挡土墙的墙身材料强度可按现行《公路圬工桥涵设计规范》JTG D61—2005 的规定采用。必要时应做墙身的剪应力验算。

为了保证墙身具有足够的强度,应根据经验选择1~2个控制断面进行验算,如墙身底部、二分之一墙高处、上下墙(凸形及衡重式墙)交界处(图4.17)。

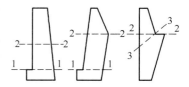

图 4.17 验算断面的选择

根据《公路砖石及混凝土桥涵设计规范》的规定,当构件采用分项安全系数的极限状态设计时,荷载效应不利组合的设计值,应小于或等于结构抗力效应的设计值。

第四节 路基排水设计

一、路基排水的一般规定

(1)排水设施要因地制宜、全面规划、合理布局、综合治理、讲究实效、注意经济,并充分利用有利地形和自然水系。

(2)各种路基排水沟渠的设置,应注意与农田水利相配合,必要时可适当地增设涵管或加大涵管孔径,以防农业用水影响路基稳定,并做到路基排水有利于农田排灌。

(3)设计前必须进行调查研究,查明水源与地质条件,重点路段要进行排水系统的全面规划,考虑路基排水与桥涵布置相配合,地下排水与地面排水相配合,各种排水沟渠的平面布置与竖向布置相配合,做到路基路面综合设计和分期修建。对于排水困难和地质不良的路段,还应与路基防护加固相配合,并进行特殊设计。

(4)路基排水要注意防止附近山坡的水土流失,尽量不破坏天然水系,不轻易合并自然沟溪和改变水流性质,尽量选择有利地质条件布设人工沟渠,减少排水沟渠的防护与加固工程。

(5) 路基排水要结合当地水文条件和道路等级等具体情况，注意就地取材，以防为主，既要稳固适用，又必须讲究经济效益。

(6) 为了减少水对路面的破坏作用，应尽量阻止水进入路面结构，并提供良好的排水措施，以便迅速排除路面结构内的水，亦可修筑具有能承受荷载和雨水共同作用的路面结构。

二、路基地面排水设计

地面排水设施一般有：边沟、截水沟、排水沟、跌水与急流槽等几种类型。

1. 边沟

设置在挖方路基的路肩外侧或低路堤的坡脚外侧，多与路中线平行，用以汇集和排除路基范围内和流向路基的少量地面水。

(1) 形式

常用边沟的横断面形式为：梯形、矩形、三角形和流线形，见图4.18。

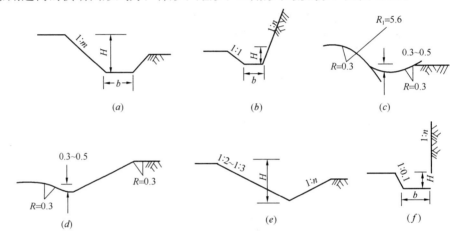

图4.18 边沟的横断面形式示意图（单位：m）
(a)、(b) 梯形；(c)、(d) 流线形；(e) 三角形；(f) 矩形

(2) 尺寸

高速公路和一级公路的边沟底宽与深度一般不小于0.6m，其他等级公路一般不小于0.4m。

(3) 长度

边沟长度一般不宜过长，尽量使沟内水流就近排至路旁自然水沟或低洼地带。纵坡一般与路线相同，但不小于5%。

2. 截水沟

设置在挖方路基边坡坡顶之外或山坡路堤上方的适当处，用以拦截流向路基的地面水，防止其冲刷和侵蚀挖方边坡和路堤坡脚，并减轻边沟的泄水负担。

(1) 形式

截水沟的横断面形式，一般为梯形，如图4.19所示，沟的边坡坡度，因岩土条件而定，一般采用1∶1.0～1∶1.5。

(2) 尺寸

沟底宽度不小于0.5m，沟深按设计流量而定，亦不应小于0.5m。

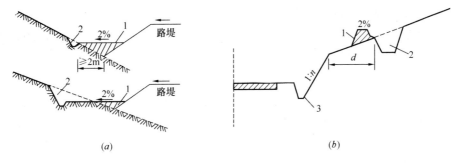

图 4.19 截水沟示意图
(a) 填方路段；(b) 挖方路段
1—土台；2—截水沟；3—边沟

(3) 长度

截水沟的长度以 200～500m 为宜。

3. 排水沟

排水沟的主要用途在于引水，将路基范围内各种水源的水流（如边沟、截水沟、取土坑、边坡和路基附近积水），引至桥涵或路基范围以外的指定地点。

(1) 形式

排水沟的横断面形式，一般为梯形。

(2) 尺寸

排水沟的尺寸大小应经过水力水文计算选定。用于边沟、截水沟及取土坑出水口的排水沟，横断面尺寸根据设计流量确定，底宽与深度不宜小于 0.5m，土沟的边坡坡度约为 1:1～1:1.5。

(3) 长度

排水沟的长度根据实际需要而定，通常宜在 500m 以内。排水沟应尽量采用直线，如必须转弯时，其半径不宜小于 10～20m。排水沟应具有合适的纵坡，以保证水流畅通，不致流速太大而产生冲刷，亦不可流速太小而形成淤积，为此宜通过水文水力计算而择优选定。一般情况下，可取 0.5%～1.0%，不小于 0.3%，亦不宜大于 3%。

(4) 出水口

排水沟水流注入其他沟渠和水道时，应使原水道不产生冲刷或淤积。通常应使排水沟与原水道两者成锐角相交，即交角不大于 45°，有条件时可用半径 $R=10b$（b 为沟顶宽）的圆曲线朝下游与其他水道连接。

4. 跌水与急流槽

跌水与急流槽是路基地面排水沟渠的特殊形式，用于陡坡地段，沟底纵坡可达 45°。由于纵坡陡、水流速度快、冲刷力大，要求跌水与急流槽的结构必须稳固耐久。

(1) 形式

跌水与急流槽的横断面形式，一般为矩形。通常应采用浆砌块石或水泥混凝土预制块砌筑。

(2) 尺寸

一般根据地形和地质条件等，经水力计算确定。

三、路基地下排水设计

路基及边坡土体中的上层滞水或埋藏很浅的潜水称为地下水。当地下水影响路基路面强度或边坡稳定时,应设置暗沟(管)、渗沟和检查井等地下排水结构物。

1. 暗沟

暗沟是设在地面以下引导水流的沟渠,无渗水和汇水作用。当路基范围内遇有个别泉眼,泉水外涌,路线不能绕避时,为将泉水引至填方坡脚以外或挖方边沟,予以排出,可在泉眼与出口之间开挖沟槽,修建暗沟。

2. 渗沟

采用渗透方式将地下水汇集于沟内,并通过沟底通道将水排至指定地点,此种地下排水设备统称为渗沟,它的作用是降低地下水位或拦截地下水,其水力特性是紊流。

3. 渗井

渗井属于水平方向的地下排水设备,当地下存在多层含水层,其中影响路基的上部含水层较薄,排水量不大,且平式渗沟难以布置时,采用立式(竖向)排水,设置渗井,穿过不透水层,将路基范围内的上层地下水,引入更深的含水层中去,以降低上层的地下水位或全部予以排除。

第五节 重力式挡土墙设计示例

一、设计资料

浆砌片石重力式路堤挡土墙(图 4.20),主要技术参数如下:

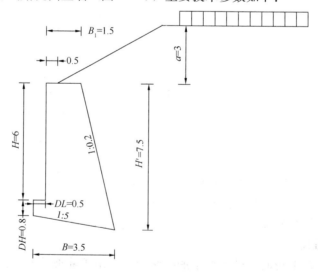

图 4.20 浆砌片石重力式路堤墙

(1) 砂浆砌片石墙身:圬工重度 $\gamma_k = 23kN/m^3$,抗压极限强度 $R_a = 600kPa$,墙身分段长度 10m;

(2) 墙后填土为碎石土,填土边坡坡度 1:1.5,重度 $\gamma = 18kN/m^3$,综合内摩擦角 $\varphi = 35°$;

(3) 墙背采用俯斜 1：0.2（$\alpha=11°19'$），墙背与填土间的摩擦角 $\delta=\varphi/2=17°30'$；

(4) 基底为碎石土，摩擦系数 $\mu=0.5$，基底倾斜 1：5（$\alpha_0=11°19'$），地基容许承载力 $[\sigma_0]=300\text{kPa}$；

(5) 汽车荷载等级公路-Ⅰ级，路基宽度 $L=33.5\text{m}$，土路肩宽度 $d=0.75\text{m}$（路肩）；

(6) 断面尺寸：$B_1=1.5\text{m}$，$DL=0.4\text{m}$，$H=6.0\text{m}$，$DH=0.76\text{m}$，$B=3.7\text{m}$，$H'=7.5\text{m}$，$a=3.0\text{m}$，$b=a\times1.5=4.5\text{m}$，$d=0.75\text{m}$。

二、主动土压力计算

1. 车辆荷载

车辆荷载作用在挡土墙墙背填土上引起的附加土体侧压力，换算成等代均布土层厚度计算。

$$h_0 = \frac{q}{\gamma} = \frac{15}{18} = 0.83\text{m}$$

2. 墙背土压力计算

在挡土墙基础一般埋深的情况下，挡土墙前的被动土压力不可计，只计墙背填土的主动土压力。

1）求破裂角 θ

(1) 假设破裂面交于荷载中部，则：

$$\psi = \varphi + \alpha + \delta = 63°49'$$

$$A_0 = \frac{1}{2}(a+H'+2h_0)(a+H') = 63.84$$

$$B_0 = \frac{1}{2}ab + (b+d)h_0 - \frac{1}{2}H'(H'+2a+2h_0)\tan\alpha = -0.2625$$

$$\tan\theta = -\tan\psi + \sqrt{(\cot\varphi+\tan\psi)\left(\frac{B_0}{A_0}+\tan\psi\right)} = 0.617$$

则，破裂角 $\theta=31°40'$。

(2) 验核破裂面是否交于荷载中部：

破裂面距墙背顶点

$$(H'+a)\tan\theta + H'\tan\alpha = 7.98\text{m}$$

荷载内边缘距墙背顶点

$$b+d-(B_1-0.5) = 4.25\text{m}$$

荷载外边缘距墙背顶点

$$b+L-d-(B_1-0.5) = 36.25\text{m}$$

因 $4.25<7.98<36.25$，故破裂面交于荷载中部，假设满足要求。

2）求主动土压力系数 K 和 K_1

$$K = \frac{\cos(\theta+\varphi)}{\sin(\theta+\psi)}(\tan\theta+\tan\alpha) = 0.326$$

$$h_1 = \frac{b-a\tan\theta}{\tan\theta+\tan\alpha} = 3.24\text{m}$$

$$h_2 = \frac{d}{\tan\theta+\tan\alpha} = 0.92\text{m}$$

$$h_3 = H' - h_1 - h_2 = 3.34 \text{m}$$

$$K_1 = 1 + \frac{2a}{H'}\left(1 - \frac{h_1}{2H'}\right) + \frac{2h_0 h_3}{H'^2} = 1.726$$

3) 求主动土压力 E_a 及其作用点位置

(1) 主动土压力 E_a

$$E_a = \frac{1}{2}\gamma H'^2 K K_1 = 284.85 \text{kN/m}$$

$$E_x = E_a \cos(\alpha + \delta) = 249.57 \text{kN/m}$$

$$E_y = E_a \sin(\alpha + \delta) = 137.3 \text{kN/m}$$

(2) 作用位置：

$$Z_y = \frac{H'}{3} + \frac{a(H' - h_1)^2 + h_0 h_3 (3h_3 - 2H')}{3H'^2 K_1} = 2.64 \text{m}$$

$$Z_x = B - Z_y \tan\alpha = 2.97 \text{m}$$

三、稳定性验算

1. 墙身截面性质计算

(1) 截面面积 $\Sigma A = 16.4 \text{m}^2$

(2) 作用于基底以上的重力（忽略墙顶部分的重力，只计墙身重力）

$$G = \gamma_k \cdot \Sigma A = 23 \times 16.4 = 377.2 \text{kN/m}$$

(3) 合力重心到墙趾的距离为：

$$Z_G = \frac{\Sigma A_i \cdot Z_{Gi}}{\Sigma A} = \frac{9 \times 1.25 + 3.6 \times 2.4 + 2.4 \times 2.13 + 1.4 \times 1.17}{16.4} = 1.624 \text{m}$$

2. 抗滑墙身稳定性验算

$$[1.1G + \gamma_{Q1}(E_y + E_x \tan\alpha_0)] \cdot \mu + (1.1G + \gamma_{Q1}E_y)\tan\alpha_0 - \gamma_{Q1}E_x$$
$$= [1.1 \times 377.2 + 1.0 \times (137.3 + 249.57 \times 0.2)] \times 0.5$$
$$+ (1.1 \times 377.2 + 1.0 \times 137.3) \times 0.2 - 1.4 \times 249.57$$
$$= 62.11 > 0$$

抗滑稳定性满足要求。

3. 抗倾覆稳定性验算

$$0.8GZ_G + \gamma_{Q1}(E_y Z_x - E_x Z_y)$$
$$= 0.8 \times 377.2 \times 1.624 + 1.0 \times (137.3 \times 2.97 - 249.57 \times 2.64)$$
$$= 238.97 > 0$$

抗倾覆稳定性满足要求。

4. 基底应力及合力偏心距验算

(1) 合力偏心距 e_0

$$e_0 = \frac{M_d}{N_d}$$

式中 N_d——作用于基底上的垂直力组合设计值（kN/m）；

M_d——作用于基底形心的弯矩组合设计值（MPa），$M_d = 1.4M_{E1} + 1.2M_G$。

则，

$$e_0 = \frac{M_d}{N_d} = \frac{1.4(E_y Z'_x - E_x Z'_y) + 1.2GZ'_G}{G + E_y}$$

求得形心坐标为（1.51，2.75）

则有，$Z'_x = Z_x - 1.51 = 1.46\text{m}$
$Z'_y = 2.75 - Z_y = 0.11\text{m}$
$Z'_G = Z_G - 1.51 = 0.114\text{m}$

则，
$$e_0 = \frac{1.4(E_y Z'_x - E_x Z'_y) + 1.2 G Z'_G}{G + E_y}$$
$$= \frac{1.4 \times (137.3 \times 1.46 - 249.57 \times 0.11) + 1.2 \times 377.2 \times 0.114}{377.2 + 137.3}$$
$$= 0.571\text{m} < \frac{B}{6} = 0.58\text{m}$$

本地基为碎石土，偏心距 $e_0 < B/6$，故满足要求。

(2) 基底应力

$e_0 < B/6$，则有，
$$\sigma_{1,2} = \frac{N_d}{A}\left(1 \pm \frac{6e_0}{B}\right) = \frac{285}{3}\text{kPa} < [\sigma_0] = 300\text{kPa}$$

所以，基底应力符合要求。

第五章 路 面 设 计

路面设计是确定路面等级，选择路面类型，进行结构组合设计，计算各结构层厚度及确定材料配合比，达到在不同季节和水文条件下承受各种车辆荷载时具有良好的稳定性和足够的强度，并能顾及行车速度与安全，道路维修和良好经济效益等各项要求。

路面设计的内容包括：①根据任务的要求、交通情况确定待设计路面的等级，选定相应的路面面层类型。②根据面层与基层相互配合要求，选取基层类型。对冰冻和水文条件不良地区，为防止路面冻胀翻浆，应作垫层设计和对土基特殊处理。③各个结构层应取得合理的组合，满足行车需要。④根据路面力学计算方法或其他经验公式计算确定各结构层厚度。⑤选配各结构层材料，包括粒料级配组成、结合料（水泥、沥青等）用量计算等。

第一节 沥 青 路 面 设 计

沥青路面是用沥青材料做结合料粘结矿料构筑面层与各类基层和垫层所组成的路面结构。沥青路面设计的任务是根据使用要求及气候、水文、土质等自然条件，密切结合当地实践经验，设计确定经济合理的路面结构，使之能承受交通荷载和环境因素的作用，在预定的使用期限满足各级公路对承载能力、耐久性、舒适性、安全性的要求。

一、设计指标控制

沥青路面在使用过程中，会产生各种类型的损坏，有裂缝类破损，如龟裂、块裂等；有变形类破损，包括车辙、沉陷、拥包和波浪等；有松散类破损，如松散、剥落和脱皮等引起的集料散失、坑槽等；还有泛油和磨光等其他破损。前述如松散和泛油等，不属于结构设计考虑的范畴；有些损坏（如沉陷），与路基土的压缩有关；再如反射裂缝则通过采取与荷载、温度或材料特性相适应的材料组成设计和结构措施可以使之避免出现或减轻其危害性。

通常认为，疲劳开裂、车辙（永久变形）和低温开裂是导致路面结构破坏的主要损坏模式，在路面结构设计中应着重考虑。

1) 疲劳开裂

路面材料在出现疲劳开裂前所能承受的荷载重复作用次数称为疲劳寿命。疲劳寿命的大小，与组成材料的特性、环境条件（温度）以及路面所承受的重复应变（或应力）大小有关。以疲劳开裂作为临界状态的设计，可以选用沥青层层底的拉应变（或拉应力）为设计指标，以标准轴载在当量疲劳温度时产生的沥青层底面拉应变（或拉应力）不大于该材料在该温度条件下的容许疲劳拉应变（或拉应力）作为设计标准。

2) 路表回弹弯沉

路表面在荷载作用下的回弹弯沉量，反映了路基路面结构的整体刚度。路面以回弹弯沉作为设计指标时，是以路基路面结构表面在双圆均布荷载作用下轮隙中心处的实测弯沉值小于或等于设计弯沉值作为确定路面结构厚度的设计标准。

3）车辙（永久变形）

车辙是路基路面各结构层在荷载反复作用下产生的塑性变形的累积。车辙的深度与重复应力的大小、作用次数、路基路面各结构层材料的模量以及温度状态有关。以车辙作为临界状态的设计方法，选用车辙深度或永久变形量作为指标，限定设计年限内的累积车辙深度或永久变形量不超出行驶质量和行车安全所容许的车辙深度或永久变形量。

4）低温开裂

要求面层材料因收缩受阻而产生的温度应力不大于该温度下沥青材料的抗拉强度。

二、沥青路面的设计原则

为了使沥青路面设计技术先进，经济合理，路面安全并与周围环境协调，在设计过程中应综合考虑如下原则：

1）路基路面整体综合设计原则；
2）满足交通与使用要求原则；
3）因地制宜、合理选材原则；
4）保护自然生态与沿线环境原则；
5）工厂及机械化施工，方便施工养护原则；
6）技术与经济性并重原则。

三、沥青路面设计

沥青路面设计包括原材料的调查与选择、沥青混合料配合比及基层材料配合比设计、各项设计参数的测定与选定、路面结构组合设计、材料组成设计、路面结构层厚度设计验算以及结构方案比选等。对于高速公路和一级公路，除了行车道路面外，路面设计还包括路缘带、匝道、硬路肩、加减速车道、紧急停车带、收费站和服务区路面设计，以及路面排水系统设计等。

（一）沥青路面结构组合设计

沥青路面结构组合设计实际就是结构方案设计。沥青路面结构层次的合理选择和安排，是整个路面结构能否在设计使用年限里承受行车荷载和自然因素的共同作用，同时又能发挥各结构层的最大效能，是整个路面结构经济合理的关键。路面结构组合设计中要遵循如下原则：

1. 适应行车荷载作用的要求

沥青路面结构在行车荷载作用下，各层应力状态通常为，自上而下，压应力从大到小，所以结构层设置从强到弱。此外，路面上层处于三向压缩区，主要考虑抗剪、低温抗裂和抗滑性能的需要；中层处于竖向压缩区，主要考虑抗车辙的要求；下层处于两向拉伸区，主要考虑弯拉、抗疲劳和密水性等性能。路面结构组合设计时，各结构层应按其受力性能自上而下变化规律进行安排，以便各结构层材料的效能得到充分发挥。表 5.1 和表 5.2 是各种结构层的适宜厚度以及考虑施工因素的最小厚度，可供设计时参考。

沥青面层推荐厚度列于表 5.3。

2. 在各种自然因素作用下稳定性好

沥青路面的基层一般应选择水稳性好的材料，在潮湿路段及中湿路段尤应如此。在季

沥青混合料的压实最小厚度与适宜厚度　　　　　　　　　　　　　　　表 5.1

沥青混合料类型		公称最大粒径 （mm）	最小压实厚度 （mm）	适宜厚度 （mm）
密级配沥青混凝土 （AC）	砂粒式	4.75	15	15～30
	细粒式	9.5	20	25～40
	细粒式	13.2	35	40～60
	中粒式	16	40	50～80
	中粒式	19	50	60～100
	粗粒式	26.5	70	80～120
密级配沥青碎石 （ATB）	粗粒式	26.5	70	80～120
		31.5	90	90～150
	特粗式	37.5	120	120～150

各种结构层的压实最小厚度和适宜厚度　　　　　　　　　　　　　　　表 5.2

结构层类型	施工最小厚度（mm）	适宜厚度（mm）
贯入式沥青碎石	40	40～80
上拌下贯沥青碎石	60	60～100
沥青表处	10	10～30
级配碎、砾石	80	100～200
水泥稳定类	150	180～200
石灰稳定类	150	180～200
石灰粉煤灰稳定类	150	180～200
贫混凝土	150	180～240
泥结碎石	80	100～150
填隙碎石	100	100～120

沥青层推荐厚度　　　　　　　　　　　　　　　　　　　　　　　　　表 5.3

公路等级	推荐厚度（cm）
高速公路	12～18
一级公路	10～15
二级公路	5～10
三级公路	2～4
四级公路	1～2.5

节性冰冻地区，当冻深较大，路基土为易冻胀土时，常常产生冻胀和翻浆。在这种路段上，路面结构中应设置防止冻胀和翻浆的垫层。根据经验及试验观测，表 5.4 给出路面防冻最小厚度推荐值，可供设计时使用。如按强度计算的路面总厚度小于表列厚度规定时，应增设或加厚垫层使路面总厚度达到表列要求。

最小防冻厚度（cm）　　　　　　　　　　　　　　　表 5.4

路基类型	道路冻深	黏性土、细砂质粉			粉性土		
		砂石类	稳定土类	工业废料类	砂石类	稳定土类	工业废料类
中湿	50～100	40～45	35～40	30～35	45～50	40～45	30～40
	100～150	45～50	40～45	35～40	50～60	45～50	40～45
	150～200	50～60	45～55	40～50	60～70	50～60	45～50
	>200	60～70	55～65	50～55	70～75	60～70	50～65
潮湿	60～100	45～55	40～50	35～45	50～60	45～55	40～50
	100～150	55～60	50～55	45～50	60～70	55～65	50～60
	150～200	60～70	55～65	50～55	70～80	65～70	60～65
	>200	70～80	65～75	55～70	80～100	70～90	65～80

注：1. 对潮湿系数小于 0.5 的地区，Ⅱ、Ⅲ、Ⅳ等干旱地区防冻厚度应比表中值减少 15%～20%；
　　2. 对Ⅱ区砂性土路基防冻厚度应相应减少 5%～10%。

3. 考虑结构层的特点

路面结构层通常是按密实级配、嵌挤型和稳定型形成的，因而如何构成具有要求强度和刚度并且稳定的结构层是设计和施工都必须注意的问题。影响结构层构成的因素，除材料选择、施工工艺之外，路面结构组合也是十分重要的。如沥青面层不能直接铺筑在铺砌片石基层上，而应在其间加设碎石过渡层，否则铺砌片石不平稳或片石可能的松动都会反映到沥青面层上，造成面层不平整甚至沉陷开裂。这类片石也不能直接铺在软弱的路基上，而应在其间铺粒料层。在进行路面设计时，要按照面层耐久、基层坚实、土基稳定的要求，贯彻因地制宜、合理选材方便施工、利于养护的原则以及上述结构组合原则，结合当地经验拟定几种路面结构方案，并优先选用便于机械化施工和质量管理的方案。

（二）交通量分析

路面设计的交通量分析就是根据所具有的交通观测或预测资料确定路面设计年限内累计标准轴载作用次数。因此必须采集交通量资料进行轴载换算。旧路改建需对当前的交通量和车型组成进行实地观测，通过调查分析预估交通量增长趋势，确定年平均增长率。新建道路需根据路网交通状况和当地经济发展情况进行预测。

1. 标准轴载

道路行驶的车辆类型很多，类型不同，其轴载也不相同，不同轴载对路面产生不同的损坏程度。所以必需选定一种标准轴载，把不同类型轴载的作用次数换算为这种标准轴载的作用次数。《公路沥青混凝土设计规范》JTG D50—2006 规定：我国路面设计以双轮组单轴载 100kN 为标准轴载。以 BZZ-100 表示。路面设计时，简单和通用的方法就是按照疲劳等效的原则将不同重量的轴载换算成标准轴载。

标准轴载的有关计算参数如表 5.5 所示。

标准轴载计算参数　　　　　　　　　　　　　　　表 5.5

标 准 轴 载	BZZ-100
标准轴载 P（kN）	100
轮胎接地压强 p（MPa）	0.70
单轮传压面当量直径 d（cm）	21.30
两轮中心距（cm）	1.5d

1) 当以设计弯沉值和沥青层层底拉应力为设计指标时，按式（5-1）完成轴载当量换算：

$$N = \sum_{i=1}^{K} C_1 C_2 n_i \left(\frac{P_i}{P}\right)^{4.35} \tag{5-1}$$

式中　　N——标准轴载的当量轴次（次/d）；

　　　　n_i——各种被换算车辆的作用次数（次/d）；

　　　　P——标准轴载（kN）；

　　　　P_i——各种被换算车型的轴载（kN）；

　　　　C_1——轴数系数；当轴间距大于 3m 时，按单独的一个轴计算，此时轴数系数为1；当轴间距小于 3m 时，双轴或多轴的轴数系数按式（5-2）计算：

$$C_1 = 1 + 1.2(m-1) \tag{5-2}$$

式中　　m——轴数；

　　　　C_2——轮组系数，双轮组为1，单轮组为6.4，四轮组为0.38；

　　　　K——被换算车型的轴载级别。

2) 当以半刚性材料层层底的拉应力为设计指标时，按式（5-3）完成轴载当量换算：

$$N = \sum_{i=1}^{K} C_1' C_2' n_i \left(\frac{P_i}{P}\right)^{8} \tag{5-3}$$

式中　　C_1'——轴数系数；

　　　　C_2'——轮组系数，双轮组为1.0，单轮组为18.5，四轮组为0.09。

当双轴及多轴的轴间距小于 3m 的轴数系数按式（5-4）计算：

$$C_1' = 1 + 2(m-1) \tag{5-4}$$

式中　　m——轴数。

3) 设计年限累计当量标准轴载数

设计年限内一个车道通过的累计标准当量轴次数 N_e 按式（5-5）计算：

$$N_e = \frac{[(1+\gamma)^t - 1] \times 365}{\gamma} \cdot N_1 \cdot \eta \tag{5-5}$$

式中　　N_e——标准轴载累计当量作用次数；

　　　　t——设计年限（年），应根据经济、交通发展情况以及该公路在公路网中的地位，考虑环境和投资条件综合确定，各级公路的沥青路面设计年限不宜低于表 5.6 的要求，若有特殊使用要求，可适当调整。

各级公路的沥青路面设计年限　　　　　　　　　　　　　表 5.6

公路等级	设计年限	公路等级	设计年限
高速公路、一级公路	15	三级公路	8
二级公路	12	四级公路	6

　　　　N_1——路面营运第一年双向日平均当量轴次（次/d）；

　　　　γ——设计年限内交通量年平均增长率（%）；

　　　　η——与车道数有关的车辆横向分布系数。由于车道数和车道宽度不同，车轮轮迹在横向分布的频率也不同，即路面横向各点实际所受轴载重复作用次数也随车道数、车道宽度增加而减少，所以引入车道系数 η 来考虑这一影响（按表 5.7 选用）。

车道系数表　　　　　　　　　　　　　表 5.7

车道特征	车道系数（η）	车道特征	车道系数（η）
双向单车道	1.00	双向六车道	0.30～0.40
双向双车道	0.60～0.70	双向八车道	0.25～0.35
双向四车道	0.40～0.50		

注：若公路无分隔时，路面窄宜选高值，路面宽宜选低值。

2. 交通等级

路面结构在设计年限内承担交通荷载的繁重程度以交通等级来划分。我国沥青路面按承担交通荷载的轻重划分为轻交通、中等交通、重交通和特重交通四级。其划分有两种方法：第一种方法以设计年限内一个车道通过的标准当量轴次进行划分；第二种方法以营运车辆中大客车、中型货车、大型货车、拖挂车等车型在一个车道上的日平均车辆数（辆/d/车道）进行划分，取两种方法得出的较高交通等级作为沥青路面交通等级，交通等级的划分标准见表 5.8。

沥青路面交通等级　　　　　　　　　　　　　表 5.8

交通等级	BZ-100 累计标准轴次 N_e（次/车道）	大客车及中型以上各种货车交通量 N_n（辆/d/车道）
轻交通	$<3\times10^6$	<600
中等交通	3×10^6～1.2×10^7	600～1500
重交通	1.2×10^7～2.5×10^7	1500～3000
特重交通	$>2.5\times10^7$	>3000

（三）结构层设计

在公路等级和交通等级确定后，即可进行路面结构层的设计。沥青路面结构层可由面层、基层、底基层、垫层等组成。

1. 面层设计

面层是直接承受车轮荷载反复作用和自然因素影响的结构层，可为单层、双层或三层。双层结构分为表面层、下面层。三层结构分为表面层、中面层、下面层。表面层应具有平整密实、抗滑耐磨、抗裂耐久的性能；中、下面层应具有高温抗车辙、抗剪切、密实、基本不透水的性能；下面层应具有耐疲劳开裂的性能。

各沥青层的厚度应与混合料的公称最大粒径相匹配，沥青混合料的一层压实最小厚度不宜小于混合料公称最大粒径的 2.5～3 倍，OGFC 或 SMA 的一层压实最小厚度不宜小于混合料公称最大粒径的 2～2.5 倍。

沥青混合料的压实最小厚度与适宜厚度宜符合表 5.1 的要求。贯入式沥青碎石、沥青表面处治的压实最小厚度与适宜厚度宜符合表 5.2 的要求。

2. 基层和底基层设计

基层是设置在面层之下，并与面层一起将车轮荷载的反复作用传递到底基层、垫层、土基，是起主要承重作用的结构层。应具有稳定、耐久和较高的承载能力，可为单层或双层。无论是沥青混合料、粒料类柔性基层，还是半刚性基层、刚性基层，均要求具有相对较高的物理力学性能指标。

基层可选用无机结合料稳定集料类或沥青混合料、粒料、贫混凝土等材料。

底基层是设置在基层之下，并与面层、基层一起承受车轮荷载反复作用的次承重层。底基层材料的强度指标要求可比基层材料略低。底基层应充分利用沿线地方材料，可采用无机结合料稳定粒土类或粒料类等。

各种结构层压实最小厚度与适宜厚度应符合表5.2的要求，并不得采用小于150mm厚的半刚性材料薄层。

3. 垫层设计

垫层是设置在底基层与土基之间的结构层，具有排水、隔水、防冻等作用。为排除路面、路基中滞留的自由水，确保路面结构处于干燥或中湿状态。

（四）设计指标的确定

1. 设计弯沉值和容许拉应力计算

1）设计弯沉值计算

设计弯沉值是路面竣工验收时、最不利季节、路面在标准轴载作用下测得的最大（代表）回弹弯沉值。设计弯沉值应根据公路等级、设计年限内累计标准当量轴次、面层和基层类型按式（5-6）算确定。

$$l_d = 600 N_e^{-0.2} A_c A_s A_b \tag{5-6}$$

式中　l_d——设计弯沉值（0.01mm）；

N_e——设计年限内一个车道累计当量轴次；

A_c——公路等级系数，高速公路、一级公路为1.0，二级公路为1.1，三、四级公路为1.2；

A_s——面层类型系数，沥青混凝土面层为1.0；热拌和冷拌沥青碎石、上拌下贯或贯入式路面、沥青表面处治为1.1。

A_b——基层类型系数，半刚性基层取1.0，柔性基层取1.6。

2）容许拉应力计算

沥青混凝土面层、半刚性材料基层和底基层以拉应力为设计或验算指标时，材料的容许拉应力应按式（5-7）计算：

$$\sigma_R = \frac{\sigma_{SP}}{K_S} \tag{5-7}$$

式中　σ_R——路面结构层材料的容许拉应力（MPa）；

σ_{SP}——沥青混凝土或半刚性材料的极限劈裂强度（MPa）；

K_S——抗拉强度结构系数。

沥青混凝土层的抗拉强度结构系数：$K_S = 0.09 N_e^{0.22}/A_c$

无机结合料稳定集料类：$K_S = 0.35 N_e^{0.11}/A_c$

无机结合料稳定细粒土类：$K_S = 0.45 N_e^{0.11}/A_c$

2. 路基回弹模量的确定

沥青路面设计的弹性层状体系理论中表征材料性质的参数是弹性模量和泊松比。在应用该理论进行路面计算时，必须确定路基土和路面材料的弹性模量值。工程上通常采用承压板试验或弯沉测定的方法确定路基土和路面材料回弹模量值，并将这种回弹模量作为弹性模量。

土基回弹模量（E_0）是路面结构设计的重要参数，其取值的大小对路面结构厚度有较大影响，正确地确定 E_0 是十分重要的。土基回弹模量值与土的性质、密实度、含水量、路基所处的干湿状态以及测试方法有密切的关系。土基回弹模量是路面设计的关键参数，也是随机性大和比较难确定的参数。确定的方法有两种，可称为经验法（查表法）和现场测定法。现场测定法主要有承载板试验法和贝克曼梁法。

新建公路初步设计时，可根据查表法（或现有公路调查法）、室内试验法、换算法等，经综合分析、论证，确定沿线不同路基状况的路基回弹模量设计值。

当路基建成后，在不利季节实测各路段路基回弹模量代表值，以检验是否符合设计值的要求。现场实测方法宜采用承载板法，也可采用贝克曼梁弯沉仪法。若在非不利季节测试，则应进行修正。

若现场实测路基回弹模量代表值小于设计值或弯沉值大于要求的检验值，应采取翻晒补压、掺灰处理或调整路面结构厚度等措施，以保证路基路面的强度和稳定性。

（五）新建沥青路面结构的厚度计算

新建公路沥青路面设计采用双圆垂直均布荷载作用下的多层弹性层状体系理论，以设计弯沉值为路面整体刚度的设计指标。对沥青混凝土面层和半刚性材料的基层、底基层应进行层底拉应力的验算。对于城市道路，由于汽车在沥青面层上启动、制动频繁，常会引起面层表面产生推挤和拥包等剪切破坏，所以城市道路须进行沥青面层的剪应力验算。

1. 计算图式

路面结构设计采用双圆均布荷载作用下的弹性层状连续体系理论进行计算，路面荷载及计算点如图 5.1 所示：A 点是路表弯沉的计算点，位于双圆均布荷载的轮隙中间，验算沥青混凝土层底部拉应力时，应力最大点在荷载中心（C 点）或单圆荷载中心（B 点）。

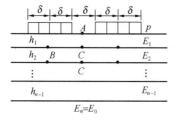
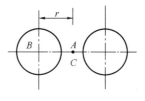

图 5.1　路面荷载及计算点图示

2. 弯沉和结构层底拉应力计算

由于弹性层状体系理论计算过程的复杂性，弯沉和结构层底拉应力计算一般需通过计算机进行求解。在不具备电算条件时，也可以通过诺谟图法进行路表弯沉和结构层底部拉应力的计算。

（1）弹性双层体系

弹性双层体系即将路基看成弹性半无限体，路面结构看成 E、μ 不同于路基的均质弹性层（图 5.2）所示。图 5.3 为双层体系双圆荷载中心处路表弯沉的理论弯沉系数诺谟图。计算时取 $\mu_1=0.25$，$\mu_0=0.35$。理论弯沉的计算公式如式（5-8）

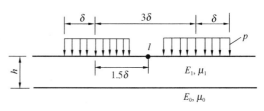

图 5.2　弹性双层体系双圆均布荷载计算图式

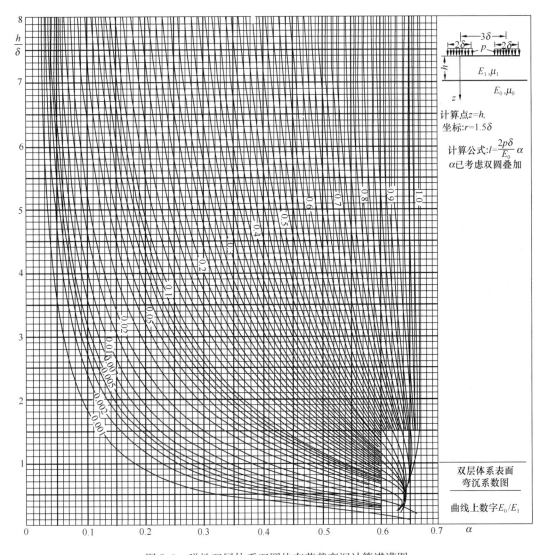

图 5.3 弹性双层体系双圆均布荷载弯沉计算诺谟图

所示：

$$l = \frac{2p\delta}{E_0}\alpha \tag{5-8}$$

式中 α——理论弯沉系数，查诺谟图 5.3。

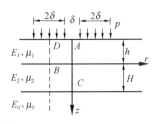

图 5.4 弹性三层体系双圆均布荷载计算图式

（2）弹性三层体系

弹性三层体系即将整个路基路面结构分为面层、基层和路基三个结构层，各结构层为均质弹性层，由不同的 E、μ 表征（图 5.4）所示。图 5.5 为三层体系双圆荷载轮隙中心处路表弯沉的理论弯沉系数诺谟图。计算时取 $\mu_1 = \mu_2 = 0.25$，$\mu_0 = 0.35$。理论弯沉的计算公式如式（5-9）所示。

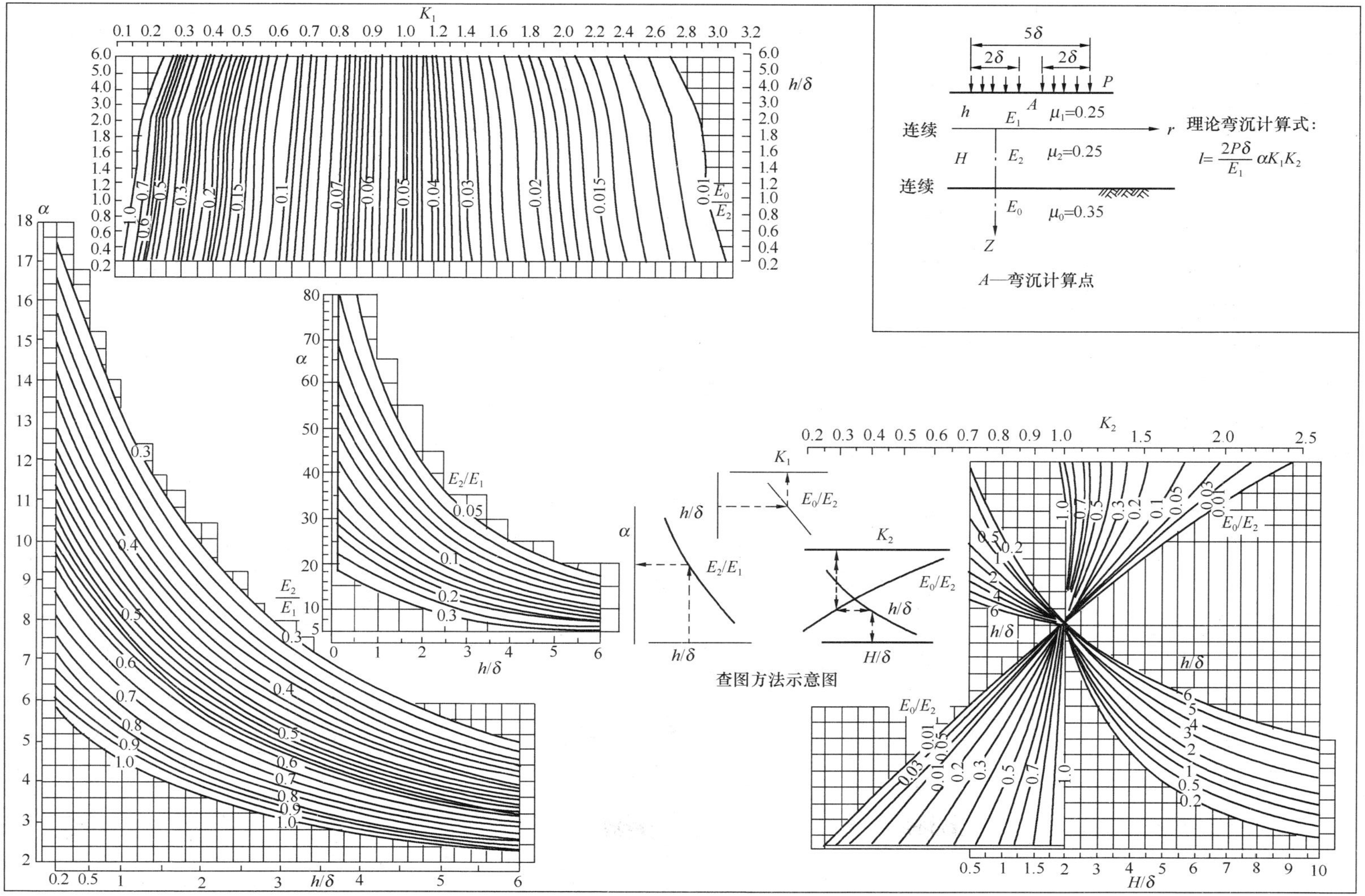

图 5.5 弹性三层体系表面弯沉系数诺谟图

$$l = \frac{2p\delta}{E_1}\alpha_c \tag{5-9}$$

式中 α_c——理论弯沉系数，$\alpha_c = aK_1K_2$ 查诺谟图 5.5。

车轮荷载在路面面层和基层底面产生的弯拉应力，用弹性层状体系理论方法计算。图 5.6 弹性三层连续体系上层层底拉应力系数诺谟图，计算时取 $\mu_1 = \mu_2 = 0.25$，$\mu_0 = 0.35$。上层层底拉应力计算公式如式（5-10）所示：

$$\sigma_m = p\bar{\sigma}_m \tag{5-10}$$

式中 $\bar{\sigma}_m$——上层层底拉应力系数，$\bar{\sigma}_m = \bar{\sigma}m_1m_2$，查诺谟图 5.6。

中层层底拉应力计算公式如式（5-11）所示：

$$\sigma_n = p\bar{\sigma}_n \tag{5-11}$$

式中 $\bar{\sigma}_n$——中层层底拉应力系数，$\bar{\sigma}_n = \bar{\sigma}m_1n_2$，查诺谟图 5.7。

图 5.8 为弹性三层体系表面最大剪应力系数诺谟图，计算时取 $\mu_1 = \mu_2 = 0.25$，$\mu_0 = 0.35$。

表面最大剪应力计算公式如式（5-12）所示：

$$\tau_m = p\bar{\tau}_m \tag{5-12}$$

式中 $\bar{\tau}_m$——剪应力系数，$\bar{\tau}_m = \bar{\tau}r_1r_2$，查诺谟图 5.8。

3. 多层路面的等效换算

沥青路面通常为多层结构，其计算可用弹性层状体系的计算机程序进行计算。当采用诺谟图法进行计算时，需要将多层路面结构按照弯沉或结构层底部拉应力等效的原则换算为三层（或双层）体系。

1) 等效路表回弹弯沉的结构层换算

当采用三层体系为计算体系时，需将多层体系按照弯沉等效的原则换算为三层体系。换算时将多层体系的第一层作为上层，其厚度和模量保持不变，将第 2~$n-1$ 层作为中层并把它们换算为第 2 层模量的等效厚度 H，再加上模量不变的下层半空间体则得到一个弯沉等效的三层体系（见图 5.9）。H 的换算公式如图 5.9 所示。

2) 等效弯拉应力的结构层换算

当采用三层体系计算多层路面的结构层层底拉应力时，需将多层路面按照拉应力相等的原则换算为含有上层、中层和下层半空间体的弹性三层体系。换算后使用三层体系相应层的拉应力计算诺谟图法求算拉应力。根据对电算结果的分析归纳得出计算上层和中层弯拉应力的多层路面换算方法：

(1) 等效上层底面拉应力的结构层换算

这里说的上层是换算为三层体系之后的上层，如图 5.10 所示。当计算第 j 层层底的拉压力时，需将 j 层及以上各层换算为模量为 E_j、厚度为 H_1 的上层结构层，H_1 的换算公式见图 5.10。将第 $j+1$ 层至第 $n-1$ 层换算为模量为 E_{j+1}、厚度为 H_2 的中层结构层，换算公式见图 5.10。

(2) 等效中层底面弯拉应力的结构层换算

此时即为计算路基之上的 $n-1$ 层的弯拉应力，就是中层为 $H_2 = H_{n-1}$（图 5.11），而上层则为 $n-2$ 层及以上各层换算为模量 E_{n-2} 的换算厚度，换算公式如图 5.11 所示。

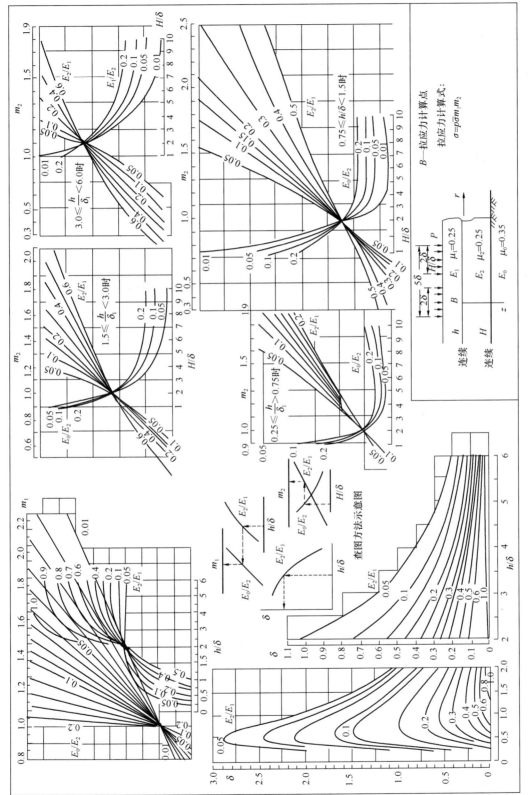

图 5.6 弹性三层连续体系上层层底拉应力系数诺谟图

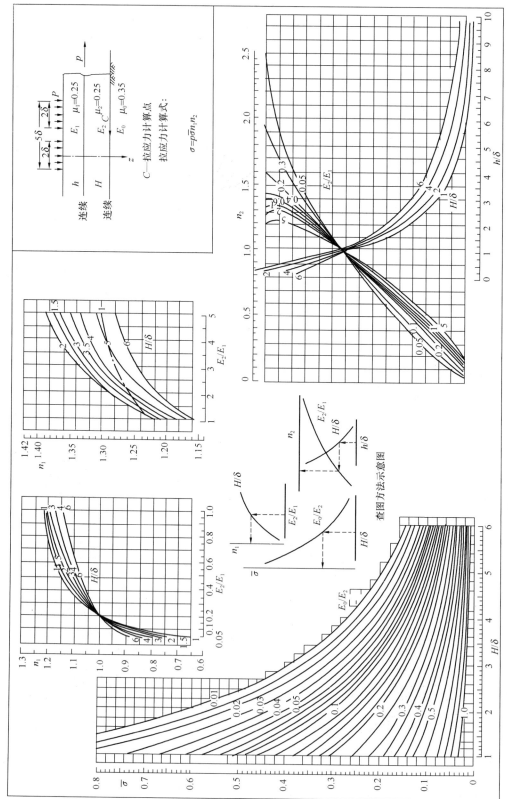

图 5.7 弹性三层连续体系中层层底拉应力系数诺谟图

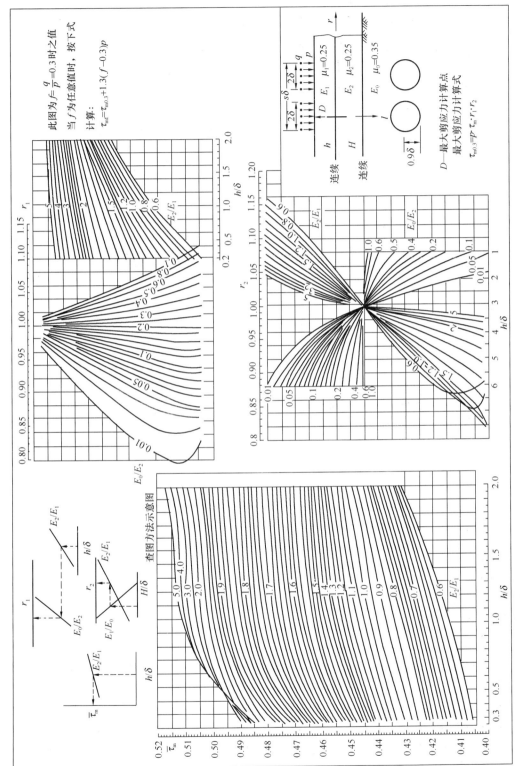

图 5-8 三层体系表面最大剪应力系数诺谟图

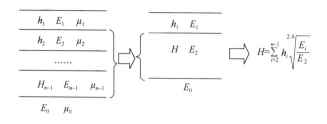

图 5.9 多层体系弯沉等效换算图示

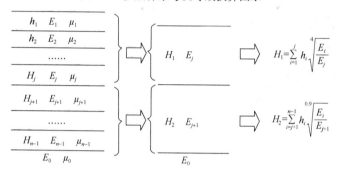

图 5.10 多层体系计算上层弯拉应力换算示意图

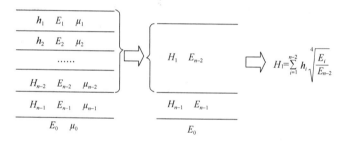

图 5.11 多层体系计算中层弯拉应力换算示意图

（3）等效面层剪应力的结构层换算

对于城市道路的沥青路面，需要验算沥青面层的抗剪强度，因此，当采用三层体系为计算体系时，需将多层体系按照剪应力等效的原则换算为三层体系。换算时同路表弯沉换算，即将多层体系的第一层作为上层，其厚度和模量保持不变，将第 $2 \sim n-1$ 层作为中层并把它们换算为第 2 层模量的等效厚度 H，再加上模量不变的下层半空间体则得到一个剪应力等效的三层体系（图 5.9）。H 的换算公式见图 5.9。

4. 路面各结构层厚度确定

在拟定路面各结构层，确定土基回弹模量、结构层材料回弹模量和劈裂强度等力学强度参数，确定了设计指标后，即可按计算法或验算法进行路面各结构层厚度确定。

1）计算法

根据路用性能要求或工程经验确定路面结构组合类型，先拟定某一层作为设计层，然后根据混合料类型与施工工艺要求确定其他各层的厚度，通过专用电算设计程序或查诺模图法求得设计层厚度。

（1）弯沉计算

路面厚度是根据多层弹性理论，并考虑路面实际使用情况及计算的合理性，以层间接触条件为完全连续体系时，在双圆均布荷载作用下，轮隙中心处实测路表弯沉值 l_s 等于设计弯沉值 l_d 的原则进行计算，如式（5-13）所示：

$$l_s = l_d \tag{5-13}$$

由于弹性层状体系计算模型与实际路面的差异，以及路基和路面材料的非线性及参数理论值与实际状态的差异等因素的影响，理论弯沉和实际弯沉之间存在着一定的误差，因此需要对理论弯沉进行修正，通过对实测资料进行分析，得到实测弯沉和理论弯沉关系式：

$$l_s = 1000 \cdot \frac{2p\delta}{E_0} \cdot \alpha_c \cdot F \tag{5-14}$$

$$F = 1.63 \left(\frac{l_s}{2000\delta}\right)^{0.38} \left(\frac{E_0}{p}\right)^{0.36} \tag{5-15}$$

由于上两式中包含了 F，而 F 又含有 l_s，故计算时需用试算法。先定一个 l'_s，算出 F，再按上式求出 l_s，如 l'_s 与 l_s 相差较大，则重新假定 l'_s 反复计算，直到两者相近为止。当然也可将 F 代入上式，直接解出 l_s：

$$l_s = 4398\delta p^{1.03} E_0^{0.58} \left(\frac{\alpha_c}{E_1}\right)^{1.61} \tag{5-16}$$

式中　l_s——路面实测弯沉值（0.01mm）；

　　　α_c——理论弯沉系数，$\alpha_c = f\left(\frac{h_1}{\delta}, \frac{h_2}{\delta} \cdots \frac{h_{n-1}}{\delta}, \frac{E_2}{E_1}, \frac{E_3}{E_2} \cdots \frac{E_0}{E_{n-1}}\right)$；

　　　F——弯沉综合修正系数。

路面厚度设计应拟定某基层或底基层作为设计层，拟定面层和其他各层的厚度，利用专用电算设计程序或查诺模图，即可求得设计层的厚度。通常对于采用半刚性基层、底基层的沥青路面，可任选一层为设计层；当采用半刚性基层、粒料类材料为底基层时，以半刚性基层为设计层；当采用柔性基层、底基层的沥青路面时，以柔性基层为设计层，此时，如计算出的柔性基层（粒料类基层）厚度过大，可考虑采用沥青碎石作为上基层，以减薄路面总厚度，同时增加结构的强度和稳定性。设计层厚度应不小于最小施工厚度。

（2）弯拉应力验算

对于高速公路、一级公路和二级公路的沥青路面，在以路表回弹弯沉值为设计指标计算出路面厚度后，还应验算沥青混凝土面层和半刚性材料基层、底基层的层底弯拉应力。即沥青混凝土面层和半刚性材料基层、底基层层底的最大弯拉应力 σ_m 应不超过材料的容许拉应力 σ_R（式 5-17）：

$$\sigma_m \leqslant \sigma_R \tag{5-17}$$

对于高速公路、一级公路和二级公路的沥青混凝土面层和半刚性材料基层、底基层的层底弯拉应力验算时，如不满足要求，应调整路面结构层厚度，或变更路面结构组合，或调整材料配合比等，再重新计算确定。

2）验算法：

根据本地区典型结构确定路面结构组合类型，然后根据混合料类型与施工工艺拟定各结构层的厚度，对拟定的路面结构层进行弯沉和弯拉应力验算，验算通过后即可作为备选结构。

5. 沥青路面结构设计步骤

1）根据设计要求，按弯沉或弯拉指标分别计算设计年限内一个车道的累计标准当量轴次，确定设计交通量与交通等级，拟定面层、基层类型，并计算设计弯沉值或容许拉应力。

2）按路基土类及干湿类型，将路基划分为若干路段（一般情况下路段长度不宜小于500m，若为大规模机械化施工，不宜小于1km），确定各路段土基回弹模量值。

3）可参考规范要求及本地区的经验，拟定几种可行的路面结构组合与厚度方案，根据工程选用的材料进行配合比试验，测定各结构层材料的抗压回弹模量、抗拉强度等，确定各结构层材料设计参数。

4）根据设计指标采用多层弹性体系理论计算或验算路面厚度。对高速公路、一级公路、二级公路沥青混凝土面层和半刚性材料的基层、底基层，应验算拉应力是否满足容许拉应力的要求。如不满足要求，可通过调整路面结构层厚度，或变更路面结构组合，或调整材料配合比、提高极限抗拉强度等方法，再重新计算。

第二节 水泥混凝土路面设计

水泥混凝土路面板具有较高的力学强度，在车轮荷载作用下变形小，同时按照现行的设计理论，混凝土板工作在弹性阶段，也就是在计算汽车荷载作用下，板内产生的最大应力不超过水泥混凝土的比例极限应力。当水泥混凝土板工作在弹性阶段时，基层和土基所承受的荷载单位压力及产生的变形也微小，它们也都工作于弹性阶段。同时，因为混凝土板与基层或土基之间的摩阻力一般不大，因此从力学体系上看，水泥混凝土路面结构属于弹性地基板。

混凝土路面板的弹性模量及力学强度大大高于基层和土基的相应模量和强度；其次，混凝土的抗弯拉强度远小于抗压强度，约为其的1/6~1/7，因此决定水泥混凝土板尺寸的强度指标是抗弯拉应力；由于混凝土的抗弯拉强度比抗压强度低得多，在车轮荷载作用下当弯拉应力超过混凝土的极限抗弯拉强度时，混凝土板便产生断裂破坏。且在车轮荷载的重复作用下，混凝土板会在低于其极限抗弯拉强度时出现破坏。此外由于板顶面和底面的温差会使板产生温度翘曲应力，板的平面尺寸越大，翘曲应力也越大。另外，水泥混凝土又是一种脆性材料，它在断裂时的相对拉伸变形很小。因此在荷载作用下土基和基层的变形情况对混凝土板的影响很大，不均匀的基础变形会使混凝土板与基层脱空，在车轮荷载作用下板产生过大的弯拉应力而遭破坏。

基于上述，为使路面能够经受车轮荷载的多次重复作用、抵抗温度翘曲应力、并对地基变形有较强的适应能力，混凝土板必须具有足够的抗弯拉强度和厚度。

水泥混凝土路面在行车荷载和环境因素的作用下可能出现的破坏类型主要有：1）断裂；2）唧泥；3）错台；4）拱起；5）接缝挤碎等。从保证路面结构承载能力的角度，混凝土路面结构设计应以防止面层板断裂为主要设计标准；从保证汽车行驶性能的角度，应严格控制接缝两侧的错台量。产生断裂、错台等的原因是多方面的，如基层的冲刷和排水条件。因此混凝土路面设计必须从多方面采取措施来保证它的使用寿命。

一、水泥混凝土路面结构设计内容

1）路面结构组合设计

水泥混凝土路面结构层的组合设计，应根据该路段的交通繁重程度，结合当地自然条件和材料供应情况综合考虑混凝土路面各结构层设计，主要包括面层、基层、垫层和土基的结构组合设计；各结构层的类型、弹性模量和厚度的确定等。同时基层、垫层的设置和抗冻的要求均应符合现行有关规范的规定。

2）混凝土面板厚度设计

混凝土面层板厚度设计，应按照设计标准的要求，确定满足设计年限内使用要求所需的混凝土面层的厚度。

3）混凝土面板的平面尺寸与接缝设计

根据混凝土面层板内产生的荷载应力和温度应力做出板的平面尺寸设计，确定接缝的位置，设计接缝的构造，并采取有效措施提高接缝的传荷能力。

4）路肩设计

高速公路和一级公路路肩路缘带的结构应与行车道的混凝土路面相同，并与行车道部分的混凝土面板浇筑成整体。路肩可采用水泥混凝土面层或沥青混合料面层，其基（垫）层结构应满足行车道路面结构和排水的要求。一般公路的混凝土路面应设置路缘石或加固路肩，路肩加固可采用沥青混合料或其他材料。

5）普通混凝土路面的钢筋配筋率设计

当混凝土路面板较长或交通量较大时、地基有不均匀沉降或板的形状不规则时，可沿板的自由边缘加设补强钢筋，在角隅处加设角隅钢筋，以阻止可能出现的裂缝。

二、水泥混凝土路面板厚度设计

（一）设计步骤

1）交通分析

收集交通量和轴载组成数据，确定轮迹分布系数，计算设计车道标准轴载作用次数；由道路等级确定设计年限，选定交通量年平均增长率，计算使用年限内标准轴载的累计作用次数，并确定道路的交通等级。

2）初拟路面结构

按道路等级、交通等级、使用要求和当地条件，选择路面结构层类型和层次以及各结构层的组成材料类型和厚度，并选择和布设路面表面和内部排水设施，初步拟定的路面结构。

3）确定材料参数

试验确定混凝土的设计弯拉强度和弹性模量，基层、垫层和路基的回弹模量，基层顶面的当量回弹模量。

4）应力分析

（1）计算荷载疲劳应力

由应力计算图或公式得到设计轴载在四边自由板临界荷位产生的荷载应力；按接缝类型选定接缝应力折减系数；按标准轴载累计作用次数计算得到疲劳应力系数；按交通等级选定综合系数；综合上述计算结果可得到荷载疲劳应力。

（2）计算温度应力

由所在地公路自然区划选择最大温度梯度；按路面结构和板平面尺寸计算最大温度梯度时的最大温度应力；按最大温度应力、自然区划和水泥混凝土弯拉强度标准值，确定温度应力系数；由此计算确定温度疲劳应力。

5）检验初拟路面结构

由公路等级确定安全等级，进而确定目标可靠度和变异水平，得出可靠度系数。以行车荷载和温度梯度综合作用产生的疲劳断裂作为设计的极限状态，判断所拟路面结构是否满足要求。如不满足要求，重新拟定路面结构进行验算。

（二）交通分析

1. 标准轴载和轴载换算

我国《公路水泥混凝土路面设计规范》JTGD 40—2011 以 100kN 的单轴双轮组荷载作为设计轴载，有关计算参数见表5.5。各种不同汽车轴载的作用次数，可按等效疲劳损伤原则换算成标准轴载的作用次数，并据此判断道路的交通繁重程度。水泥混凝土路面的轴载换算公式是在混凝土疲劳方程的基础上建立的。

轴载换算公式为：

$$N_s = \sum_{i=1}^{n} N_i \left(\frac{P_i}{P_s}\right)^{16} \tag{5-18}$$

式中　N_s——100kN 的单轴－双轮组标准轴载的作用次数；

　　　P_i——第 i 级轴载重（kN），联轴按每一根轴载单独计；

　　　P_s——设计轴载重（kN）；

　　　n——各级轴载的轴载级位数；

　　　N_i——i 级轴载的作用次数；

设计公路的初期年平均日交通量（双向）及其车辆类型组成数据，可利用当地交通量观测站的观测和统计资料，或者通过实地设立站点进行交通量观测和统计获取。2 轴 4 轮及以下的客、货运车辆，由于轴重很轻，对路面的损坏作用很轻微，因而可忽略不计。

2. 交通分析

《公路水泥混凝土路面设计规范》JTG D40—2011 规定，各级公路水泥混凝土路面结构的设计安全等级及相应的设计基准期、目标可靠指标与目标可靠度，应符合表5.9的规定。二级及二级以下公路路面结构破坏可能产生很严重后果时，可提高一级安全等级。

可靠度设计指标　　表5.9

公路技术等级	高速公路	一级公路	二级公路	三级公路	四级公路
安全等级	一级		二级	三级	
设计基准期（a）	30		20	15	10
目标可靠度（%）	95	90	85	80	70
目标可靠指标	1.64	1.28	1.04	0.84	0.52

设计基准期内标准轴载的累计作用次数与第一年的交通量、交通轴载组成和交通量的预测增长情况等因素有关。同时应对上述交通参数进行详细调查、观测与预测。然后根据所得到的交通资料，按下式计算确定设计使用年限内设计车道的标准轴载累计作用次数 N_e：

$$N_e = \frac{N_s \times [(1+g_r)^t - 1]}{g_r} \times 365 \times \eta \tag{5-19}$$

式中 N_e——标准轴载累计当量作用次数;

t——设计基准期(年);

g_r——交通量年平均增长率(%);

η——临界荷位处的车辆轮迹横向分布系数,它为路面横断面上某一宽度范围内实际受到的轴载作用次数占通过该车道断面的总轴数的比例。

车辆轮迹仅具有一定的宽度(一侧轮迹通常为50cm左右——包括轮胎宽2×20cm和轮隙10cm),车辆通过设计车道时只能覆盖一小部分的宽度,因此,车道横断面上各点所受到的轴载作用次数仅通过该断面的总作用次数的一部分(按表5.10选用)。

车辆轮迹横向分布系数 表5.10

公路等级		纵缝边缘处
高速、一级公路、收费站		0.17~0.22
二级及二级以下公路	行车道宽大于7m	0.34~0.39
	行车道宽小于或等于7m	0.54~0.62

水泥混凝土路面所承受的交通轴载作用,按设计基准期内设计车道所承受的标准轴载累计作用次数分为5个等级,分级范围如表5.11所示。

交通荷载分级 表5.11

交通荷载等级	极重	特重	重	中等	轻
设计基准期内设计车道承受标准轴载(100kN)累计作用次数 N_e (10^4)	>1×10^6	1×10^6~2000	2000~100	100~3	<3

(三)路面结构组合设计

组成水泥混凝土路面的结构层包括:垫层、基层和底基层、面层等,各结构层的功能和作用各不相同。

1. 垫层

垫层主要设置在温度和湿度状况不良的路段上,以改善路面结构的使用性能。《公路水泥混凝土路面设计规范》JTG D40—2011规定,当遇到下列情况时,需在基层下设置与路基同宽且不小于150mm的垫层:

(1)季节性冰冻地区,路面总厚度小于最小防冻厚度要求(表5.12)时,其差值应以垫层厚度补足,防冻垫层的设置可以使路面结构免除或减轻冻胀和翻浆病害;

(2)水文地质条件不良的土质路堑,路床土湿度较大时,宜设置排水垫层,用来疏干路床土,改善路面结构的支承条件;

(3)路基可能产生不均匀沉降或者不均匀变形时,可加设半刚性垫层。

水泥混凝土路面结构层最小防冻层厚度(m) 表5.12

路基干湿类型	路基土类型	当地最大冻深			
		0.50~1.00	1.00~1.50	1.50~2.00	>2.00
中湿路基	易冻胀土	0.30~0.50	0.40~0.60	0.50~0.70	0.60~0.95
	很易冻胀土	0.40~0.60	0.50~0.70	0.60~0.85	0.70~1.10

续表

路基干湿类型	路基土类型	当地最大冻深			
		0.50～1.00	1.00～1.50	1.50～2.00	＞2.00
潮湿路基	易冻胀土	0.40～0.60	0.50～0.70	0.60～0.90	0.75～1.20
	很易冻胀土	0.45～0.70	0.55～0.80	0.70～1.00	0.80～1.30

注：1. 易冻胀土——细粒土质砾（GM、GC）、除极细粉土质砂外的细粒土质砂（SM、SC）、塑性指数小于12的黏质土（CL、CH）。
2. 很易冻胀土——粉质土（ML、MH）、极细粉土质砂（SM）、塑性指数在12～22之间的黏质土（CL）。
3. 冻深小或填方路段，或基、垫层采用隔温性能良好的材料，可采用低值；冻深大或挖方及地下水位高的路段，或基、垫层采用隔温性能稍差的材料，应采用高值。
4. 冻深小于0.50m的地区，可不考虑结构层防冻厚度。

2. 基层和底基层

在面层下设置基层的主要目的是防止唧泥、错台和由此引起的面板断裂等损坏的出现。要求刚度与面层匹配，细粒土含量少、耐冲刷能力强和有排水设施。

基层和底基层可以按组成材料分为无机结合料类（包括贫混凝土、碾压混凝土、水泥稳定碎石、开级配水泥稳定碎石和石灰粉煤灰稳定碎石等）、沥青结合料类（包括沥青混凝土、沥青稳定碎石和开级配沥青稳定碎石等）和粒料类（包括级配碎石、级配砾石、未筛分碎石等）三大类型。

承受极重、特重或重交通荷载的路面，基层下应设置底基层；承受中等或轻交通荷载时，可不设底基层。当基层采用无机结合料稳定类材料，且上路床由细粒土组成时，应在基层下设置粒料类底基层。

（1）类型

由《公路水泥混凝土路面设计规范》JTG D40—2011可得适宜的基层类型如表5.13所示。

适宜各类交通等级的基层和底基层类型　　表5.13

交通荷载等级	基层材料类型	底基层材料类型
极重、特重	贫混凝土、碾压混凝土	级配碎石，水泥稳定碎石，石灰、粉煤灰稳定碎石
	沥青混凝土	
重	密级配沥青稳定碎石	
	水泥稳定碎石	
中等、轻	级配碎石	为筛分碎石、级配砾石，或不设
	水泥稳定碎石、石灰、粉煤灰稳定碎石	

（2）厚度

各种基层和底基层的结构层一般适宜压实厚度参见表5.14。

各类基层厚度的适宜范围　　表5.14

材料种类	适宜施工层厚（mm）
贫混凝土、碾压混凝土	120～200
无机结合料稳定粒料	150～200

续表

材料种类		适宜施工层厚（mm）
沥青混凝土	集料公称最大粒径 9.5mm	25～40
	集料公称最大粒径 13.2mm	35～65
	集料公称最大粒径 16mm	40～70
	集料公称最大粒径 19mm	50～75
沥青稳定碎石	集料公称最大粒径 19mm	
	集料公称最大粒径 26.5mm	75～100
多孔隙水泥稳定碎石		100～150
级配碎石、未筛分碎石、级配砾石或碎砾石		100～200

3. 面层

混凝土面层是路面结构的主要承重层，同时也是与车辆直接接触的表面层，因而，一方面要求面层具有足够的承载能力和耐久性，另一方面要求面层具有良好的抗滑、耐磨和平整度等良好的路用性能。

(1) 类型

一般采用设接缝的普通混凝土路面，只在接缝和局部范围（边缘和角隅）配置钢筋。对于不同等级公路承受不同交通等级作用时，面层类型选择见表 5.15 所示。对于承受特重交通的高速公路，可以选用连续配筋混凝土面层或选用连续配筋混凝土路面加沥青混凝土面层的复合式路面结构等。

面层类型选择 表 5.15

面层类型	适用条件
普通混凝土面层	各级公路
连续配筋混凝土面层	高速公路
沥青上面层与连续配筋混凝土或横缝设传力杆的普通混凝土下面层组成的复合式路面	特重交通的高速公路
碾压混凝土面层	二级及二级以下公路、服务区停车场
钢纤维混凝土面层	标高受限路段、收费站、混凝土加铺层和桥面铺装
矩形或异形混凝土预制块面层	服务区停车场、二级及以下公路桥头引道沉降未稳定段

由于表面平整度难以满足要求以及接缝处难以设置传力杆，碾压混凝土不宜用作高速或一级公路或承受特重或重交通的二级公路的面层。

(2) 厚度

在路面结构组合设计及初拟面层厚度时可参考表 5.16 所建议面层厚度参考范围选取。

水泥混凝土面层厚度参考范围 表 5.16

交通荷载等级	极重	特重			重		
公路等级	—	高速	一级	二级	高速	一级	二级
变异水平等级	低	低	中	中	中	低	中
面层厚度（mm）	≥320	320～280	300～260	280～240		270～230	260～220

续表

交通荷载等级	中等				轻	
公路等级	二级		三、四级		三、四级	
变异水平等级	高	中	高	中	高	中
面层厚度（mm）	250～220	240～210	230～200	220～190	210～180	

4. 路肩

路肩为行车道路面结构提供侧向支承，同时它也供车辆临时或紧急停靠，并在路面改建或维修时作为便道使用。此外观测资料表明，在主车道上行驶的车辆中，有6%～9%的车辆的右侧车轮越出车道线行驶在路肩上。因此路肩铺面结构应具有足够的承载能力。

路肩铺面应与行车道路面作为一个整体进行结构设计，协调结构层次和组成材料的选用，统一考虑路面和路肩结构的内部排水。

（四）路面材料参数确定

1. 面层

《公路水泥混凝土路面设计规范》JTG D40—2011规定，水泥混凝土的设计强度应采用28d龄期的弯拉强度。各交通荷载等级要求的水泥混凝土弯拉强度标准值不得低于表5.17的规定。

水泥混凝土设计弯拉强度标准值　　　　　　　　　　　　　　　　表5.17

交通等级	极重，特重，重	中等	轻
水泥混凝土的弯拉强度标准值（MPa）	≥5.0 5.0	4.5	4.0
钢纤维混凝土的弯拉强度标准值（MPa）	≥6.0 6.0	5.5	5.0

同时可得相应的水泥混凝土强度和弹性模量经验参考值如表5.18所示，水泥混凝土线膨胀系数经验参考值如表5.19所示。

水泥混凝土强度和弹性模量经验参考值　　　　　　　　　　　　　表5.18

弯拉强度（MPa）	1.5	2.0	2.5	3.0	3.5	4.0	4.5	5.0	5.5
抗压强度（MPa）	7	11	15	20	25	30	36	42	49
抗拉强度（MPa）	0.89	1.21	1.53	1.86	2.20	2.54	2.85	3.22	3.55
弹性模量（GPa）	15	18	21	23	25	27	29	31	33

水泥混凝土线膨胀系数经验参考值　　　　　　　　　　　　　　　表5.19

粗集料类型	石英石	砂岩	砾石	花岗岩	玄武岩	石灰岩
水泥混凝土线膨胀系数（$10^{-6}/℃$）	12	12	11	10	9	7

2. 基层

粒料类基层和底基层材料回弹模量经验参考值见表5.20。

无机结合料类基层和底基层材料在开放交通使用前或使用初期，由于湿度收缩和温度收缩作用而产生微裂隙，使其弹性模量值远低于由室内完整试件测定得到的模量值。在使用过程中，随着微裂隙的扩展和荷载裂缝的产生，弹性模量不断下降，直到结构层碎裂成颗粒状，其模量值接近于粒料的数值。按照无机结合料类材料的性状在使用期间的演变过程，将其弹性模量值分为试件模量、收缩开裂后模量和疲劳破坏后模量3种情况，并参照国内外的试验数据制定了表5.21所列的无机结合料类基层和底基层材料弹性模量参考值。无机结合料基层或底基层在铺筑面层开放交通时，由于温度和湿度变化的影响，往往已产生收缩裂缝或裂纹，使其模量值低于室内无裂隙试件得到的试验结果。因而建议设计时采用考虑收缩开裂后的模量值。

粒料类基层和底基层材料回弹模量经验参考值（MPa）　　　　表5.20

材料类型	取值范围	代表值
级配碎石（基层）	200～400	300
级配碎石（底基层）	180～250	220
未筛分碎石	180～220	200
级配砾石（基层）	150～300	250
级配砾石（底基层）	150～220	190
天然砂粒	105～130	120

无机结合料类基层和底基层材料弹性模量经验参考值（MPa）　　　　表5.21

材料类型	7d浸水抗压强度	试件模量	收缩开裂后模量	疲劳破坏后模量
水泥稳定类	3.0～6.0	3000～14000	2000～2500	300～500
	1.5～3.0	2000～10000	1000～2000	200～400
石灰、粉煤灰稳定类	≥0.8	3000～14000	2000～2500	300～500
	0.5～0.8	2000～10000	1000～2000	200～400
石灰稳定类	≥0.8	2000～4000	800～2000	100～300
	0.5～0.8	1000～2000	400～1000	50～200
开级配水泥稳定碎石（CTPB）	≥4.0	1300～1700	—	

基层沥青混合料的动态模量值，可参照表5.22取值。

沥青结合料类基层材料动态模量经验参考值　　　　表5.22

材料类型	条　件	取值范围（MPa）
沥青混凝土（AC-10）	20℃，10Hz，90A、110A，空隙率7%，沥青用量6%	4700～5600
沥青混凝土（AC-16）		4500～5400
沥青混凝土（AC-25）		4000～5000
密级配沥青碎石（ATB-25)		3500～4200
开级配沥青稳定碎石（ATPB）	20℃，沥青用量2.5%～3.5%	600～800

3. 路基回弹模量

路基的回弹模量值可根据土的类别由表5.23查取回弹模量经验参考值，并按路床顶距地下水位的距离由表5.24查取路基的湿度调整系数，二者相乘后得到回弹模量值。

路基回弹模量经验参考值 表5.23

土组	取值范围（MPa）	代表值（MPa）
级配良好砾（GW）	240～290	250
级配不良砾（GP）	170～240	190
含细粒土砾（GF）	120～240	180
粉质土砾（GM）	160～270	220
黏质土砾（GC）	120～190	150
级配良好砂（SW）	120～190	150
级配不良砂（SP）	100～160	130
含细粒土砂（SF）	80～160	120
粉质土砂（SM）	120～190	150
黏质土砂（SC）	80～120	100
低液限粉土（ML）	70～110	90
低液限黏土（CL）	50～100	70
高液限粉土（MH）	30～70	50
高液限黏土（CH）	20～50	30

注：1. 对于砾的砂，D_{60}（通过率为60%时的颗粒粒径）大时，模量取高值；D_{60}小时，模量取低值。
2. 对于其他含细粒的土组，小于0.075mm颗粒含量大和塑性指数高时，模量取低值；反之，模量取高值。

路基回弹模量湿度调整系数 表5.24

土组	路床顶距地下水位的距离（m）					
	1.0	1.5	2.0	2.5	3.0	4.0
细粒质砾（GF）土质砾（GM、GC）	0.81～0.88	0.86～1.00	0.91～1.00	0.96～1.00	—	—
细粒质砂（SF）土质砂（SM、SC）	0.80～0.86	0.83～0.97	0.87～1.00	0.90～1.00	0.94～1.00	—
低液限粉土（ML）	0.71～0.74	0.75～0.81	0.78～0.89	0.82～0.97	0.86～1.00	0.94～1.00
低液限黏土（CL）	0.70～0.73	0.72～0.80	0.74～0.88	0.75～0.95	0.77～1.00	0.81～1.00
高液限粉土（MH）高液限黏土（CH）	0.70～0.71	0.71～0.75	0.72～0.78	0.73～0.82	0.73～0.86	0.74～0.94

注：1. 小于0.075mm颗粒含量大和塑性指数高时，调整系数取低值；反之，调整系数取高值。
2. 当表中调整系数最大值为1.00时，调整系数取高值。

4. 基层顶面的当量回弹模量 E_t

混凝土面板下的地基包括路基和根据需要设置的垫层与基层，其整体路面结构为弹性多层体系。分析板内荷载应力时，应将多层体系换算为半无限体，以其顶面的当量回弹模量作为半无限地基的模量值。

（1）新建公路

新建公路板底地基当量回弹模量 E_t 按式（5-20）计算。为减少误差，规范仅限于换算粒料层顶面当量回弹模量，粒料层的回弹模量与路床回弹模量之比小于5的场合。

$$E_t = \left(\frac{E_x}{E_0}\right)^\alpha E_0 \tag{5-20}$$

$$\alpha = 0.86 + 0.26\ln h_x \tag{5-21}$$

$$E_x = \sum_{i=1}^{n}(h_i^2 E_i) / \sum_{i=1}^{n} h_i^2 \tag{5-22}$$

$$h_x = \sum_{i=1}^{n} h_i \tag{5-23}$$

式中 E_0——路床顶综合回弹模量（MPa）；

α——与粒料层总厚度 h_x 有关的回归系数，按式（5-21）计算；

E_x——粒料层的当量回弹模量（MPa），按式（5-22）计算；

h_x——粒料层的总厚度（m），按式（5-23）计算；

n——粒料层的层数；

E_i, h_i——第 i 结构层的回弹模量（MPa）与厚度（m）。

（2）旧沥青混凝土路面

在旧沥青混凝土路面上铺筑水泥混凝土面层时，原沥青混凝土路面顶面的地基综合当量回弹模量 E_t 可根据落锤式弯沉仪（荷载 50kN、承载板半径 150mm）的中心点弯沉的测定结果按式（5-24），或根据贝克曼梁（后轴重 100kN 的车辆）的弯沉测定结果，按式（5-25）计算确定。

$$E_t = 18621/\omega_0 \tag{5-24}$$

$$E_t = 13739/\omega_0^{-1.04} \tag{5-25}$$

$$\omega_0 = \overline{\omega} + 1.04 s_w \tag{5-26}$$

式中 ω_0——路段代表弯沉值（0.01mm），按式（5-26）计算；

$\overline{\omega}$——路段弯沉平均值（0.01mm）；

s_w——路段弯沉的标准差（0.01mm）。

（五）水泥混凝土路面应力分析

1. 水泥混凝土路面力学模型

（1）临界荷位

轴载在混凝土面层内产生的应力，采用半无限大地基上弹性小挠度薄板的力学模型和有限元法进行分析计算。为了简化计算工作，通常选取使面层板内产生最大应力或最大疲劳损伤的一个荷载位置作为应力计算时的临界荷位。由于现行设计方法采用疲劳断裂作为设计标准，选择临界荷位时应以产生最大疲劳损伤的荷载位置作为标准，即不仅要考虑应力大小，还要考虑所承受的荷载作用次数。利用荷载应力和温度应力综合疲劳作用的疲劳方程，分析具有不同接缝传荷能力的混凝土路面的疲劳损伤，得出以混凝土板的纵向边缘中部作为产生荷载应力和温度梯度综合疲劳损伤的临界荷位（图 5.12）。

（2）力学模型

水泥混凝土路面按弹性半空间地基板体系理论（有限元法），选取混凝土板的纵向边缘中部作为产生荷载应力和温度梯度综合疲劳

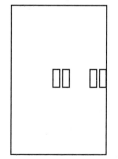

图 5.12 临界荷位

损伤的临界荷位进行应力分析。按基层和面层类型和组合的不同路面结构分析可分别采用下述力学模型：

1) 弹性地基单层板模型——适用于粒料基层上混凝土面层，旧沥青路面加铺混凝土面层；面层板底面以下部分按弹性地基处理。

2) 弹性地基双层板模型——适用于无机结合料类基层或沥青类基层上混凝土面层，旧混凝土路面上加铺分离式混凝土面层；面层和基层或者新旧面层作为双层板，基层底面以下或者旧面层底面以下部分按弹性地基处理。

3) 复合板模型——适用于两层不同性能材料组成的面层或基层复合板。旧混凝土路面上加铺结合式混凝土面层，两层不同性能材料组成的层间粘结的面层，作为弹性地基上的单层板或者弹性地基上双层板的上层板；无机结合料类基层或沥青类基层与无机结合料类底基层组成的基层，作为弹性地基上双层板的下层板。

2. 弹性单层板混凝土路面应力分析

1) 荷载应力计算

(1) 混凝土板四角自由时荷载应力计算

水泥混凝土板为四边自由板时，标准轴载在临界荷位处产生的荷载应力按式（5-27）确定。

$$\sigma_{ps} = 1.47 \times 10^{-3} r_g^{0.70} h_c^{-2} P_s^{0.94} \tag{5-27}$$

$$r_g = 1.21 \left(\frac{D_c}{E_t}\right)^{1/3} \tag{5-28}$$

$$D_c = \frac{E_c h_c^3}{12(1-\nu_c^2)} \tag{5-29}$$

式中 P_s——设计轴载的单轴重（kN）；

h_c、E_c、ν_c——混凝土面层板的厚度（m）、弯拉弹性模量（MPa）和泊松比；

r_g——混凝土面层板的相对刚度半径（m），按式（5-28）计算；

D_c——混凝土面层板的截面弯曲刚度（MN·m），按式（5-29）计算。

(2) 荷载疲劳应力计算

考虑纵向和横向接缝传荷能力等因素的影响，修正后的荷载疲劳应力按式（5-30）确定：

$$\sigma_{pr} = k_r k_f k_c \sigma_{ps} \tag{5-30}$$

式中 k_r——考虑接缝传荷能力的应力折减系数；采用混凝土路肩时，$k_r=0.87\sim0.92$（路肩面层与路面面层等厚时取低值，减薄时取高值）；采用柔性路肩或土路肩时，$k_r=1$；

k_f——考虑设计基准期内荷载应力累计疲劳作用的疲劳应力系数；按式（5-31）计算；

$$k_f = N_e^\lambda \tag{5-31}$$

N_e——设计基准期内设计轴载累计作用次数；

λ——材料疲劳指数；普通混凝土、钢筋混凝土、连续配筋混凝土，λ 为 0.065；钢纤维混凝土，$\lambda = 0.053 - 0.017\rho_f \dfrac{l_f}{d_f}$；

ρ_f——钢纤维的体积率（%）；

l_f——钢纤维的长度（mm）；

d_f——钢纤维的直径（mm）；

k_c——考虑计算理论与实际差异以及动载等因素影响的综合系数，按公路等级查表 5.25 确定。

综合系数 k_c　　　　　　　　　　　　　　　　表 5.25

公路等级	高速公路	一级公路	二级公路	三、四级公路
k_c	1.15	1.10	1.05	1.00

（3）最重荷载应力计算

最重轴载在面层板临界荷位处产生的最大荷载应力，按式（5-32）计算：

$$\sigma_{p,\max} = k_r k_c \sigma_{pm} \tag{5-32}$$

式中　$\sigma_{p,\max}$——最重轴载 P_m 在面层板临界荷位处产生的最大荷载应力（MPa）；

σ_{pm}——最重轴载 P_m 在四边自由板临界荷位处产生的最大荷载应力（MPa）。

按式（5-33）计算：

$$\sigma_{pr} = 1.47 \times 10^{-3} r_g^{0.70} h_c^{-2} P_m^{0.94} \tag{5-33}$$

2）温度应力计算

（1）最大温度梯度时的最大温度应力计算

最大温度梯度时混凝土面层板最大温度应力 $\sigma_{t,\max}$ 应按式（5-34）计算：

$$\sigma_{t,\max} = \frac{\alpha_c E_c h_c T_g}{2} B_L \tag{5-34}$$

式中　α_c——混凝土线膨胀系数，根据粗集料的岩性按表 5.19 取用；

T_g——公路所在地 50 年一遇的最大温度梯度，查表 5.26 取用；

最大温度梯度标准值 T_g　　　　　　　　　　　　　　表 5.26

公路自然区划	Ⅱ、Ⅴ	Ⅲ	Ⅳ、Ⅵ	Ⅶ
最大温度梯度（℃/m）	83~88	90~95	86~92	93~98

注：海拔高时，取高值；湿度大时，取低值。

B_L——综合温度翘曲应力和内应力的温度应力系数，按式（5-35）计算：

$$B_L = 1.77 e^{-4.48 h_c} C_L - 0.131(1 - C_L) \tag{5-35}$$

式中　C_L——混凝土面层板的温度翘曲应力系数，按式（5-36）计算：

$$C_L = 1 - \frac{\sinh t \cos t + \cosh t \sin t}{\cos t \sin t + \sinh t \cosh t} \tag{5-36}$$

$$t = \frac{L}{3 r_g}$$

式中　L——面层板的横缝间距，即板长（m）；

r_g——面层板的相对刚度半径（m）。

（2）温度疲劳应力系数计算

温度疲劳应力系数 k_t 应按式（5-37）计算。

$$k_t = \frac{f_r}{\sigma_{t,max}}\left[\alpha_t\left(\frac{\sigma_{t,max}}{f_r}\right)^{b_t} - c_t\right] \tag{5-37}$$

式中　α_t、b_t 和 c_t——回归系数，按所在地区的公路自然区划查表 5.27 确定。

回归系数 α_t、b_t 和 c_t　　　　表 5.27

系数	公路自然区划					
	Ⅱ	Ⅲ	Ⅳ	Ⅴ	Ⅵ	Ⅶ
α_t	0.828	0.855	0.841	0.871	0.837	0.834
b_t	1.323	1.355	1.323	1.287	1.382	1.270
c_t	0.041	0.041	0.058	0.071	0.038	0.052

（3）温度疲劳应力计算

在面层板临界荷位处的温度疲劳应力按式（5-38）计算：

$$\sigma_{tr} = k_t \sigma_{t,max} \tag{5-38}$$

式中　σ_{tr}——面层板临界荷位处的温度疲劳应力（MPa）；

$\sigma_{t,max}$——最大温度梯度时面层板产生的最大温度应力（MPa），按式（5-34）计算；

k_t——考虑温度应力累计疲劳作用的温度疲劳应力系数，按式（5-37）计算。

3. 弹性双层板混凝土路面应力分析

1）荷载应力计算

（1）面层板或上面层板荷载应力计算

①四边自由的混凝土面板荷载应力计算

标准轴载 P_s 在四边自由的混凝土面板临界荷位处产生的荷载应力 σ_{ps} 应按式（5-39）确定。

$$\sigma_{ps} = \frac{1.45 \times 10^{-3}}{1+D_b/D_c} r_g^{0.65} h_c^{-2} P_s^{0.94} \tag{5-39}$$

式中　D_b——下层板的截面弯曲刚度（MN·m），按式（5-40）计算；

$$D_b = \frac{E_b h_b^3}{12(1-\nu_b^2)} \tag{5-40}$$

式中　h_b，E_b，ν_b——下层板的厚度（m），弯拉弹性模量（MPa）和泊松比；

D_c——上层板的截面弯曲刚度（MN·m），按式（5-29）计算；

r_g——双层板的总相对刚度半径（m），按式（5-41）计算；

$$r_g = 1.21\left(\frac{D_c + D_b}{E_t}\right)^{1/3} \tag{5-41}$$

②面层板或上面层荷载应力计算

面层板或上面层板荷载应力 σ_{pr} 应按式（5-42）计算，其中，荷载疲劳应力系数 k_f、应力折减系数 k_r 和综合系数 k_c 的确定方法，与单层板的相同；

$$\sigma_{pr} = k_r k_f k_c \sigma_{ps} \tag{5-42}$$

（2）贫混凝土或碾压混凝土基层或下面层板荷载应力计算

贫混凝土或碾压混凝土基层板或者下面层板的荷载疲劳应力，应按式（5-43）计算。其中，疲劳应力系数 k_f 和综合系数 k_c 的确定方法与单层板的确定方法相同；设计轴载 P_s

在下层板临界荷位处产生的荷载应力应按式（5-44）计算。

$$\sigma_{\text{bpr}} = k_{\text{f}} k_{\text{c}} \sigma_{\text{bps}} \tag{5-43}$$

$$\sigma_{\text{bps}} = \frac{1.41 \times 10^{-3}}{1 + D_{\text{c}}/D_{\text{b}}} r_{\text{g}}^{0.68} h_{\text{b}}^{-2} P_{\text{s}}^{0.94} \tag{5-44}$$

式中　σ_{bpr}——下层板的荷载疲劳应力（MPa）；

　　　σ_{bps}——设计轴载 P_{s} 在下层板临界荷位处产生的荷载应力（MPa）。

（3）上层板最重荷载应力计算

最重轴载在上层板临界荷位处产生的最大荷载应力应按式（5-32）计算。其中，应力折减系数 k_{r} 和综合系数 k_{c} 同单层板；最重轴载在四边自由板临界荷位处产生的最大荷载应力应按式（5-45）计算。

$$\sigma_{\text{pr}} = 1.47 \times 10^{-3} r_{\text{g}}^{0.70} h_{\text{c}}^{-2} P_{\text{m}}^{0.94} \tag{5-45}$$

式中　P_{m}——最重轴载（以单轴计，kN）。

2）温度应力计算

上层板的温度疲劳应力 σ_{tr}、最大温度翘曲应力 $\sigma_{\text{t,max}}$、综合温度翘曲应力和内应力作用的温度应力系数 B_{L} 的计算式与单层板的相同，温度翘曲应力系数 C_{L} 应按式（5-46）确定。下层板的温度疲劳应力不需计算分析。

$$C_{\text{L}} = 1 - \left(\frac{1}{1+\xi}\right)\frac{\sinh t \cos t + \cosh t \sin t}{\cos t \sin t + \sinh t \cosh t} \tag{5-46}$$

$$t = \frac{L}{3r_{\text{g}}}$$

式中　L——面层板的横缝间距，即板长（m）；

　　　r_{g}——面层板的相对刚度半径（m）。

　　　ξ——与双层板结构有关的参数，计算如式（5-47）：

$$\xi = -\frac{(k_{\text{n}} r_{\text{g}}^4 - D_{\text{c}}) r_{\beta}^3}{(k_{\text{n}} r_{\beta}^4 - D_{\text{c}}) r_{\text{g}}^3} \tag{5-47}$$

式中　k_{n}——面层与基层之间竖向接触刚度，上下层之间不设沥青混凝土夹层或隔离层时，$k_{\text{n}} = \frac{1}{2}\left(\frac{h_{\text{c}}}{E_{\text{c}}} + \frac{h_{\text{b}}}{E_{\text{b}}}\right)^{-1}$ 设沥青混凝土夹层或隔离层时，k_{n} 取 3000MPa/m。

　　　r_{β}——层间接触状况参数，$r_{\beta} = \left(\frac{D_{\text{c}} D_{\text{b}}}{(D_{\text{c}} + D_{\text{b}}) k_{\text{n}}}\right)^{\frac{1}{4}}$。

（六）水泥混凝土设计厚度验证

1）可靠度系数确定

路面结构可靠度可定义为，在规定的时间段内，在规定的条件下，路面结构性使用性能满足预定水平要求的概率。因而，混凝土路面结构可靠度也可定义为，在规定的设计基准期内，在规定的交通和环境条件下，行车荷载疲劳应力和温度梯度疲劳应力的总和不超过混凝土弯拉强度的概率，或者最重轴载应力和最大温度翘曲应力的总和不超过混凝土弯拉强度的概率。

可靠度系数是目标可靠度及设计参数变异水平等级和相应的变异系数的函数。表5.28 所示的可靠度系数是按各变异水平等级的变异系数变化范围（表5.29），应用可靠度计算式推算得到的。设计时，可依据各设计参数变异系数值在各变异水平等级变化范围内的情况选择可靠度系数。

可靠度系数   表5.28

变异水平等级	目标可靠度（%）			
	95	90	85	80—70
低	1.20～1.33	1.09～1.16	1.04～1.08	—
中	1.33～1.50	1.16～1.23	1.08～1.13	1.04～1.07
高	—	1.23～1.33	1.13～1.18	1.07～1.11

注：变异系数接近表5.29下限时，可靠度系数取低值，接近上限时，取高值。

变异系数C_v的范围   表5.29

变异水平等级	低	中	高
水泥混凝土弯拉强度	$0.05 \leqslant C_v \leqslant 0.10$	$0.10 < C_v \leqslant 0.15$	$0.15 < C_v \leqslant 0.20$
基层顶面当量回弹模量	$0.15 \leqslant C_v \leqslant 0.25$	$0.25 < C_v \leqslant 0.35$	$0.35 < C_v \leqslant 0.55$
水泥混凝土面层厚度	$0.02 \leqslant C_v \leqslant 0.04$	$0.04 < C_v \leqslant 0.06$	$0.06 < C_v \leqslant 0.08$

2）水泥混凝土设计厚度验证

我国水泥混凝土路面设计方法采用单轴双轮组100kN标准轴载作用下的弹性半空间体系地基有限大矩形薄板理论有限元解为理论基础，以路面板在设计基准期内，在车辆荷载及温度梯度综合作用下，不产生疲劳断裂为设计指标，并以最重荷载和最大温度梯度综合作用下，不产生极限断裂作为验算指标。其极限状态设计表达式可分别采用式（5-48）和式（5-49）。

$$\gamma_r(\sigma_{pr} + \sigma_{tr}) \leqslant f_r \tag{5-48}$$

$$\gamma_r(\sigma_{p,max} + \sigma_{t,max}) \leqslant f_r \tag{5-49}$$

式中　γ_r——可靠度系数，依据所选目标可靠度（表5.9）、变异水平等级查表5.29确定可靠系数；

f_r——水泥混凝土弯拉强度标准值（MPa），按表5.18取值。

贫混凝土或碾压混凝土基层应以设计基准期内行车荷载不产生疲劳断裂作为设计标准。其极限状态设计表达式可采用式（5-50）。

$$\gamma_r \sigma_{bpr} \leqslant f_{br} \tag{5-50}$$

式中　σ_{bpr}——基层内产生的行车荷载疲劳应力（MPa），计算见式（5-43）；

f_{br}——基层材料的弯拉强度标准值（MPa）。

三、水泥混凝土路面接缝和配筋设计

水泥混凝土面层板具有热胀冷缩的性质，由于一年四季以及昼夜的温差会使混凝土面板内产生不均匀的温度内应力，造成面板的破坏。设置接缝，可减小混凝土板因变形受到约束而产生的内应力，并满足施工的需要。

（一）平面尺寸确定

在水泥混凝土路面板设计时，已根据混凝土面板内产生的荷载应力和温度应力给出了板的厚度，同时必须进行平面尺寸设计、布设各类接缝的位置和设计接缝结构，使接缝具

有一定的传荷能力。

普通水泥混凝土、钢筋混凝土、碾压混凝土和钢纤维混凝土面层板的平面布局宜采用矩形分块，其纵向和横向接缝应垂直相交，纵缝两侧的横缝不得相互错位。

1）板宽

水泥混凝土板的板宽，即纵向接缝的间距宜在 3.0～4.5m 范围内选用。

2）板长

水泥混凝土板的板长，即横向接缝的间距应按面层类型和厚度选定：

普通水泥混凝土面层宜为 4～6m，面层板的长宽比不宜超过 1.35，平面面积不宜大于 $25m^2$。

碾压混凝土或钢纤维混凝土面层宜为 6～10m。

钢筋混凝土面层宜为 6～15m，面层板的长宽比不宜超过 2.5，平面面积不宜大于 $45m^2$。

（二）接缝设计

1. 水泥混凝土路面的接缝设置目的

（1）水泥混凝土硬化过程中的收缩；

（2）施工过程应设置横向工作缝和纵向工作缝；

（3）混凝土面板的热胀冷缩。

2. 纵向接缝

纵向接缝为平行于行车方向的接缝，用来控制路面板因翘曲应力与荷载应力共同作用下产生不规则的纵向裂缝。纵向接缝的布设应视路面总宽度、行车道及硬路肩宽度以及施工铺筑宽度而定：

一次铺筑宽度小于路面宽度时，应设置纵向施工缝。纵向施工缝应采用设拉杆平缝形式，上部应锯切槽口，深度宜为 30～40mm，宽度宜为 3～8mm，槽内应灌塞填缝料。其构造如图 5.13（a）所示。

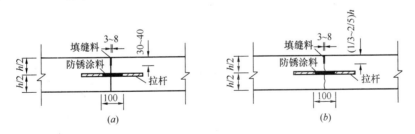

图 5.13 纵缝构造（尺寸单位：mm）
(a) 纵向施工缝；(b) 纵向缩缝

一次铺筑宽度大于 4.5m 时，应设置纵向缩缝。纵向缩缝应采用设拉杆假缝形式，锯切的槽口深度应大于施工缝的槽深度。采用粒料基层时，槽口深度应为板厚的 1/3；采用半刚性基层时，槽口深度应为板厚的 2/5。其构造如图 5.13（b）所示。

碾压混凝土面层一次摊铺宽度大于 7.5m 时，应设置纵向缩缝；钢纤维混凝土面层在摊铺宽度小于 7.5m 时，可不设纵向缩缝。

行车道路面与混凝土硬路肩之间的纵向接缝必须设置拉杆。

拉杆应采用螺纹钢筋,设在板厚中央,并应对拉杆中部100mm范围内进行防锈处理。拉杆的直径、长度和间距可参照表5.30选用。施工布设时,拉杆间距应根据横向接缝的实际位置予以调整,最外侧的拉杆距横向接缝的距离不得小于100mm。

拉杆直径、长度和间距（mm） 表5.30

面层厚度 (mm)	到自由边或未设拉杆纵缝的距离（m）					
	3.00	3.50	3.75	4.50	6.00	7.50
200~250	14×700×900	14×700×800	14×700×700	14×700×600	14×700×500	14×700×400
≥260	16×800×800	16×800×700	16×800×600	16×800×500	16×800×400	16×800×300

注：拉杆尺寸表示方法为直径×长度×间距。

3. 横向接缝

垂直于行车方向的接缝,包括缩缝、胀缝和施工缝。

缩缝：保证面板因温度和湿度的降低而收缩时沿该薄弱断面缩裂,从而避免产生不规则的裂缝。横向缩缝可等间距或变间距布置,应采用假缝形式。极重、特重和重交通荷载公路的横向缩缝,中等和轻交通荷载公路邻近胀缝或自由端部的3条横向缩缝,收费广场的横向缩缝,应采用设传力杆假缝形式,其构造如图5.14(a)所示。其他情况可采用不设传力杆假缝形式,其构造如图5.14(b)所示。传力杆的设置不应妨碍相邻混凝土板的自由伸缩,钢筋表面应作防锈处理。

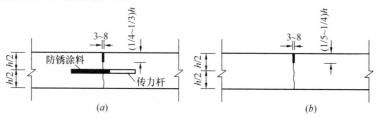

图5.14 横向缩缝构造（尺寸单位：mm）
(a) 设传力杆假缝型；(b) 不设传力杆假缝型

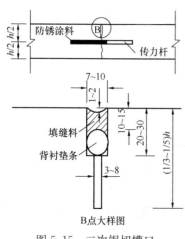

图5.15 二次锯切槽口构造（尺寸单位：mm）

横向缩缝顶部应锯切槽口,设置传力杆时槽口深度宜为面层厚度的1/4~1/3,不设置传力杆时槽口深度宜为面层厚度的1/5~1/40,槽口宽度应根据施工条件、填缝料性能等因素而定,宽度宜为3~8mm槽内应填塞填缝料。二级及二级以下公路的槽口可一次锯切成型。高速和一级公路槽口宜二次锯切成型,在第一次锯切缝的上部宜增设宽7~10mm的浅槽口,槽口下部应设置背衬垫条,上部应用填缝料灌填,其构造如图5.15所示。

缩缝间距一般4~6m,同板长,根据气温状况、地质水文情况选择。如：5m×4m的板块,按5m固定间距设置缩缝。

胀缝：保证板在温度升高时能部分伸张,从而避免产生路面板在热天的拱胀和折断破坏，同时胀缝也能起到缩缝的作用。目前只在构造物位置设置胀缝，如在邻近桥梁或其他固定构造物处，或者与其他道路相处。设置胀缝的数量与水泥混凝土路面长度没有关系。胀缝条数应根据膨胀量大小设置。胀缝是贯通接缝、缝宽宜为20～25mm，缝内应设置填缝板和可滑动的传力杆。胀缝的构造如图5.16所示。

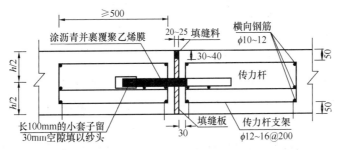

图5.16 胀缝构造（尺寸单位：mm）

传力杆应采用光圆钢筋。横向缩缝传力杆的尺寸、间距和要求与胀缝相同，可按表5.31选用。最外侧传力杆距纵向接缝或自由边的距离宜为150～250mm。

传力杆尺寸和间距（mm）　　　　　　　　　　表5.31

面层厚度	传力杆直径	传力杆最小长度	传力杆最大间距
220	28	400	300
240	30	400	300
260	32	450	300
280	32～34	450	300
≥300	34～36	500	300

施工缝：每日施工结束或因临时原因中断施工时，必须设置横向施工缝，其位置宜选在缩缝或胀缝处。设在缩缝处的施工缝，应采用加传力杆的平缝形式，其构造如图5.17所示；设在胀缝处的施工缝，其构造应与胀缝相同，如图5.16所示。

4. 水泥混凝土路面与其他路面相接时的处理

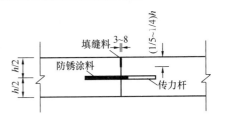

图5.17 横向施工缝构造
（尺寸单位：mm）

两条道路正交时，各条道路宜保持本身纵缝的连贯，而相交路段内各条道路的横缝位置应按相对道路的纵缝间距作相应变动，保证两条道路的纵横缝垂直相交，互不错位。两条道路斜交时，主要道路宜保持纵缝的连贯，而相交路段内的横缝位置应按次要道路的纵缝间距作相应变动，保证与次要道路的纵缝相连接。相交道路弯道加宽部分的接缝布置，应不出现或少出现错缝和锐角板；当出现错缝、锐角板时，宜加设防裂钢筋和角隅补强钢筋。

混凝土路面与桥涵、通道及隧道等固定构造物相衔接的胀缝无法设置传力杆时，可在毗邻构造物的板端部内配置双层钢筋网；或在长度为6～10倍板厚的范围内逐渐将板厚增加20%，如图5.18所示。

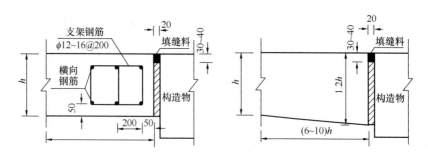

图 5.18 邻近构造物胀缝构造（尺寸单位：mm）

混凝土路面与沥青路面相接时，应设置不小于 3m 的过渡段。过渡段的路面应采用两种路面呈阶梯状叠合布置，其下面铺设的变厚度混凝土过渡板的厚度不得小于 200mm，如图 5.19 所示。过渡板顶面应设横向拉槽，沥青层与过渡板之间应粘结良好。过渡板与混凝土面层板相接处的接缝内宜设置直径 25mm、长 700mm、间距 400mm 的拉杆。混凝土面层毗邻该接缝的 1～2 条横向接缝应采用胀缝形式。

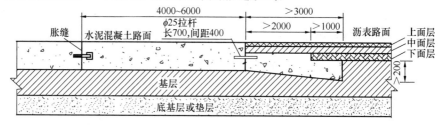

图 5.19 混凝土路面与沥青路面相接段的构造布置（尺寸单位：mm）

（三）配筋设计

1. 普通混凝土面层配筋

1) 边缘钢筋布置

普通混凝土面层基础薄弱的自由边缘、接缝为未设传力杆的平缝、主线与匝道相接处或与其他类型路面相接处，可在面层边缘的下部配置钢筋。可选用两根直径为 12～16mm 的螺纹钢筋，置于面层底面之上 1/4 厚度处并不小于 50mm，间距为 100mm，钢筋两端向上弯起，如图 5.20 所示。

2) 角隅钢筋布置

承受极重、特重或重交通的水泥混凝土面层的胀缝、施工缝和自由边的角隅以及承受极重交通的水泥混凝土面层缩缝的角隅，宜配置角隅钢筋。可选用 2 根直径为 12～16mm

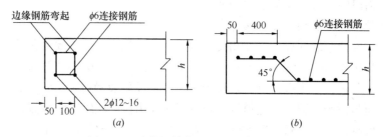

图 5.20 边缘钢筋布置（尺寸单位：mm）
(a) 横向剖面；(b) 纵向剖面

的螺纹钢筋，置于面层上部，距顶面不小于50mm，距边缘为100mm，如图5.21所示。

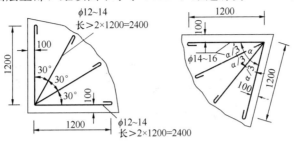

图5.21 角隅钢筋布置（尺寸单位：mm）

3）构造物横穿处钢筋布置

（1）箱形构造物横向穿越

混凝土面层下有箱形构造物横向穿越，其顶面至混凝土面层底面的间距小于800mm时，在构造物顶宽及两侧各$1.5H+1.5m$且不小于4m的范围内，混凝土面层内应布设双层钢筋网，上下层钢筋网应分别设置在距面层顶面和底面$1/4\sim 1/3$厚度处，如图5.22所示。构造物顶面至面层底面的距离在800～1600mm时，应在上述长度范围内的混凝土面层中布设单层钢筋网。钢筋网应设在距顶面$1/4\sim 1/3$厚度处，如图5.23所示。钢筋直径宜为12mm，纵向钢筋间距宜为100mm，横向钢筋间距宜为200mm。配筋混凝土面层与相邻混凝土面层之间应设置设传力杆的缩缝。

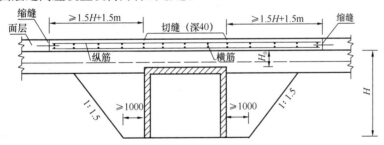

图5.22 箱形构造物横穿公路处的面层配筋（$H_0<800mm$）（尺寸单位：mm）

H—面层底面至构造物底面的距离；H_0—面层底面至构造物顶面的距离

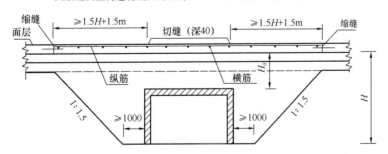

图5.23 箱形构造物横穿公路处的面层配筋（$H_0=800\sim 1600mm$）（尺寸单位：mm）

H—面层底面至构造物底面的距离；H_0—面层底面至构造物顶面的距离

（2）圆形管状构造物横穿

混凝土面层下有圆形管状构造物横向穿越，其顶面至面层底面的距离小于1200mm

时,在构造物两侧各 $1.5H+1.5m$,且不小于 4m 的范围内,混凝土面层内应布设单层钢筋网,钢筋网应设在距面层顶面 1/4~1/3 厚度处,如图 5.24 所示。钢筋尺寸和间距及传力杆接缝设置与箱形构造物横穿相同。

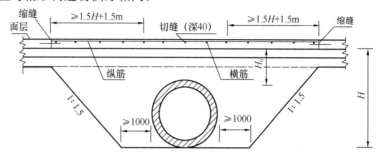

图 5.24 圆形管状构造物横穿公路处的面层配筋($H_0<1200mm$)(尺寸单位:mm)
H—面层底面至构造物底面的距离;H_0—面层底面至构造物顶面的距离

2. 钢筋混凝土面层配筋

(1) 配筋量计算

钢筋混凝土面层的配筋量应按式(5-51)确定。

$$A_S = \frac{16L_s h\mu}{f_{sy}} \quad (5-51)$$

式中 A_S——每延米混凝土面层宽(或长)所需的钢筋面积(mm^2);
L_S——计算纵向钢筋时,为横缝间距(m);计算横向钢筋时,为无拉杆的纵缝或自由边之间的距离(m);
h——面层厚度(mm);
μ——面层与基层之间的摩阻系数,按表 5.32 选用;
f_{sy}——钢筋的屈服强度(MPa),按表 5.33 选用。

混凝土面层和基层间摩阻系数经验参考值　　　　表 5.32

基层材料	取值范围	代表值
级配碎石、级配砾石或碎砾石	0.5~4.0	2.5
沥青混凝土、沥青碎石	2.5~15	7.5
无机结合料稳定粒料	3.5~13	8.9
贫混凝土、碾压混凝土	3.0~20	8.5

注:当基层不是沥青混合料,但基层与面层间设置沥青隔层时,摩阻系数按照沥青混合料基层时选取。

钢筋强度和弹性模量经验参考值　　　　表 5.33

钢筋种类	钢筋直径 d(mm)	屈服强度 f_{sy}(MPa)	弹性模量 E
HPB235	6~22	235	210000
HPB300		300	
HRB335	6~50	335	200000
HRB400		400	
HRB500		500	

(2) 钢筋选择

纵向和横向钢筋宜采用相同或相近的直径，直径差不应大于 4mm。钢筋的最小直径和最大间距，应符合表 5.34 的规定。钢筋的最小间距宜为集料最大粒径的 2 倍。

钢筋最小直径和最大间距（mm） 表 5.34

钢筋类型	最小直径	纵向钢筋最大间距	横向钢筋最大间距
光圆钢筋	8	150	300
螺纹钢筋	12	350	600

(3) 钢筋布置要求

钢筋布置应符合下列要求：

纵向钢筋应设在面层顶面下 1/3～1/2 厚度范围内，在不影响施工的情况下宜设在接近面层顶面下 1/3 厚度处。

横向钢筋应位于纵向钢筋之下。

纵向钢筋的搭接长度宜大于 35 倍钢筋直径，搭接位置应错开，各搭接端连线与纵向钢筋的夹角应小于 60°。

边缘钢筋至纵缝或自由边的距离宜为 100～150mm。

四、路肩设计

路肩为行车道路面结构提供侧向支承，同时，它也供车辆临时或紧急停靠，并在路面改建或维修时作为便道使用。此外，观测资料表明，在主车道上行驶的车辆中，有 6%～9% 的车辆的右侧车轮越出车道线行驶在路肩上。因此，路肩铺面结构应具有足够的承载能力，其结构层组合和材料选用应与行车道路面相协调，不应使渗入的路表水积滞在行车道路面结构内。

高速公路和一级公路以及承受极重、特重和重交通荷载等级的公路，路肩铺面应采用与行车道路面相同的结构层组合和组成材料类型。其他等级公路，路肩铺面的基层和底基层应采用与行车道路面结构相同的材料类型和厚度。

路肩面层可选用水泥混凝土或沥青类材料。路肩面层选用沥青类材料时，中等交通荷载以上等级公路，应采用热拌沥青混合料；低等级公路和轻交通荷载等级公路，可采用沥青表面处治。路肩基层为粒料类材料时，其细料（小于 0.075mm）含量不应超过 6%。

第三节 路面设计示例

一、新建沥青路面设计实例

公路自然区划Ⅳ5区将修建一条高速公路，为双向六车道，拟采用沥青路面结构，设计路段路基处于中湿状态，路基土为低液限粉土。按工程可行性研究报告上所提供的调查数据，交通量及车辆组成如下表 5.35，预测交通量增长率前 5 年为 8%，之后 5 年增长率为 7%，最后的增长率为 5%。

交通量及车辆组成 表 5.35

车型分类	代表车型	数量（辆/d）
小客车	桑塔纳 2000	2927
中客车	江淮 AL6600	874
大客车	黄海 DD680	816
轻型货车	北京 BJ130	353
中型货车	东风 EQ140	633
重型货车	黄河 JN163	765
铰接挂车	东风 SP9250	312

1. 交通分析

（1）轴载换算

由设计资料可知，该路段交通组成如表 5.36 所示。

预测交通组成表 表 5.36

车型分类	代表车型	前轴重（kN）	后轴重（kN）	后轴数	后轴轮组数	后轴距（m）	日交通量（辆/d）
小客车	桑塔纳 2000	7.9	7.9	1	1	—	2927
中客车	江淮 AL6600	17.0	26.5	1	2	—	874
大客车	黄海 DD680	49.0	91.5	1	2	—	816
轻型货车	北京 BJ130	13.4	27.4	1	2	—	353
中型货车	东风 EQ140	23.6	69.3	1	2	—	633
重型货车	黄河 JN163	58.6	114.0	1	2	—	765
铰接挂车	东风 SP9250	50.7	113.3	3	2	>3m	312

《公路沥青混凝土设计规范》JTG D50—2006 规定：我国路面设计以双轮组单轴载 100kN 为标准轴载。

标准轴载的有关计算参数见表 5.5。

由于不同力学参数的疲劳等效效应不同，我国规范规定，当量轴载换算分两种情况进行：

当以弯沉值和沥青层的层底拉应力为设计指标时，按式（5-1）完成轴载当量换算：

$$N = \sum_{i=1}^{K} C_1 C_2 n_i \left(\frac{P_i}{P}\right)^{4.35}$$

式中 N——标准轴载的当量轴次（次/d）；

n_i——各种被换算车辆的作用次数（次/d）；

P——标准轴载（kN）；

P_i——各种被换算车型的轴载（kN）；

C_1——轴数系数；

C_2——轮组系数，双轮组为 1，单轮组为 6.4，四轮组为 0.38；

当轴间距大于 3m 时，按单独的一个轴计算，此时轴数系数为 1；当轴间距小于 3m

时,双轴或多轴的轴数系数按式(5-2)计算:

$$C_1 = 1 + 1.2(m-1)$$

式中 m——轴数。

弯沉轴载换算结果如表 5.37 所示。

弯沉轴载换算结果表   表 5.37

车型		P_i(kN)	C_1	C_2	n_i(次/d)	$C_1 C_2 n_i \left(\dfrac{P_i}{P}\right)^{4.35}$ (次/d)
桑塔纳 2000	前轴	7.9	1	6.4	2927	0
	后轴	7.9	1	6.4		0
江淮 AL6600	前轴	17.0	1	6.4	874	3
	后轴	26.5	1	1		3
黄海 DD680	前轴	49.00	1	6.4	816	235
	后轴	91.50	1	1		554
北京 BJ130	前轴	13.55	1	6.4	353	0
	后轴	27.2	1	1		1
东风 EQ140	前轴	23.7	1	6.4	633	8
	后轴	69.2	1	1		128
黄河 JN163	前轴	58.6	1	6.4	765	479
	后轴	114.0	1	1		1353
东风 SP9250	前轴	50.7	1	6.4	312	104
	后轴	113.3	3	1		1611
$N = \sum_{i=1}^{K} C_1 C_2 n_i \left(\dfrac{P_i}{P}\right)^{4.35}$						4479

当以半刚性材料结构层的层底拉应力为设计指标时,按式(5-3)完成轴载当量换算:

$$N = \sum_{i=1}^{K} C_1' C_2' n_i \left(\frac{P_i}{P}\right)^8$$

式中 C_1'——轴数系数;

C_2'——轮组系数,双轮组为 1.0,单轮组为 18.5,四轮组为 0.09。

轴间距的划分方式同式(5-4),对于轴间距小于 3m 的双轴及多轴的轴数系数按式(4-23)计算:

$$C_1' = 1 + 2(m-1)$$

式中 m——轴数。

弯拉应力轴载换算结果如表 5.38 所示。

弯拉应力轴载换算结果表 表5.38

车型		P_i (kN)	C_1	C_2	n_i (次/d)	$C_1 C_2 n_i \left(\dfrac{P_i}{P}\right)^8$ (次/d)
桑塔纳2000	前轴	7.9	1	18.5	2927	0
	后轴	7.9	1	18.5		0
江淮AL6600	前轴	17.0	1	18.5	874	0
	后轴	26.5	1	1		0
黄海DD680	前轴	49.00	1	18.5	816	50
	后轴	91.50	1	1		401
北京BJ130	前轴	13.55	1	18.5	353	0
	后轴	27.2	1	1		0
东风EQ140	前轴	23.7	1	18.5	633	0
	后轴	69.2	1	1		33
东风SP9250	前轴	50.7	1	18.5	312	25
	后轴	113.3	3	1		2542
黄河JN163	前轴	58.6	1	18.5	765	197
	后轴	114.0	1	1		2182
$N = \sum\limits_{i=1}^{K} C_1 C_2 n_i \left(\dfrac{P_i}{P}\right)^8$						5430

(2) 累计当量轴次计算：

设计年限内一个车道通过的累计标准当量轴次数 N_e 按式 (5-5) 计算：

$$N_e = \frac{[(1+r)^t - 1] \times 365}{r} \cdot N_1 \cdot \eta$$

式中 N_e ——标准轴载累计当量作用次数；

t ——设计基准期（年）（按表5.6选用）；

N_1 ——路面营运第一年双向日平均当量轴次（次/d）；

γ ——设计年限内交通量年平均增长率（%）；

η ——与车道数有关的车辆横向分布系数（按表5.7选用）。

本设计为高速公路，双向六车道，由表5.6可知，设计年限 t 为15年；由表5.7可知，车道系数 η 取0.4。由工程可行性研究报告上所提供的调查数据可知，设计年限内交通量前5年增长率 γ_1 为8%，之后5年增长率 γ_2 为7%，最后5年的增长率 γ_3 为5%。

当计算弯沉和计算沥青混凝土层底拉应力时，设计年限内一个车道上的累计当量轴次为：

$$N_e = N_{1\sim5} + N_{6\sim10} + N_{11\sim15}$$

$$= \frac{[(1+\gamma_1)^5 - 1] \times 365}{\gamma_1} \times N_1 \times \eta + \frac{[(1+\gamma_2)^5 - 1] \times 365}{\gamma_2} \times N_6 \times \eta$$

$$+ \frac{[(1+\gamma_3)^5 - 1] \times 365}{\gamma_3} \times N_{11} \times \eta = 1.66 \times 10^7 (\text{次/车道})$$

当计算半刚性基层层底拉拉应力时，设计年限内一个车道上的累计当量轴次为：

$$N_e = N_{1\sim 5} + N_{6\sim 10} + N_{11\sim 15}$$
$$= \frac{[(1+\gamma_1)^5 - 1] \times 365}{\gamma_1} \times N_1 \times \eta + \frac{[(1+\gamma_2)^5 - 1] \times 365}{\gamma_2} \times N_6 \times \eta$$
$$+ \frac{[(1+\gamma_3)^5 - 1] \times 365}{\gamma_3} \times N_{11} \times \eta = 2.01 \times 10^7 (次/车道)$$

路面结构在设计年限内承担交通荷载的繁重程度以交通等级来划分。由我国沥青路面交通等级划分表 5.8 可知,本沥青路面公路等级为重交通。

2. 初拟路面结构

在公路等级和交通等级确定后,即可根据本地区的路用材料,结合已有工程经验与典型结构,拟定结构组合方案。根据各结构层的最小施工厚度、材料、水文、交通量等因素,初步确定路面结构组合与各层厚度如下:

4cm	细粒式密级配沥青混凝土
5cm	中粒式密级配沥青混凝土
7cm	粗粒式密级配沥青混凝土
38cm	水泥稳定碎石基层
? cm	水泥石灰砂砾土层
E_0	路基

3. 路面材料参数确定

以设计弯沉值计算路面厚度并对结构层进行层底拉应力验算时,各层材料的模量均采用抗压回弹模量。

(1) 沥青面层

沥青混合料结构层的抗压回弹模量按我国《公路工程沥青及沥青混合料试验规程》JTG E20—2011) 有关规定进行试验测定。

以路表弯沉为设计试验指标时,取标准试验温度为 20℃;

以层底弯拉应力为设计试验指标时,取标准试验温度为 15℃。沥青混合材料设计参数如表 5.39 所示。

沥青混合材料设计参数　　　　　　表 5.39

材料名称		劈裂强度		15℃劈裂强度 (MPa)	备 注
		20℃	15℃		
细粒式沥青混凝土	密级配	1200~1600	1800~2200	1.2~1.6	AC-10,AC-13
	开级配	700~1000	1000~1400	0.6~1.0	OGFC
沥青玛瑞脂碎石		1200~1600	1600~2000	1.4~1.9	SMA
中粒式沥青混凝土		1000~1400	1600~2000	0.8~1.2	AC-16,AC-20
密级配粗粒式沥青混凝土		800~1200	1000~1400	0.6~1.0	AC-25
沥青碎石基层	密级配	1000~1400	1200~1600	0.6~1.0	ATB-25,ATB-35
	半开级配	600~800	—	—	AM-25,AM-35
沥青贯入式		400~600	—	—	—

(2) 半刚性基层

半刚性材料的抗压回弹模量按我国《公路工程无机结合料稳定材料试验规程》JTG E51—2009 有关规定进行试验测定，并按规定龄期，测定各类混合料的抗压回弹模量值。基层、底基层材料具体设计参数如表 5.40 所示。

基层、底基层材料设计参数　　　　　　　　　表 5.40

材料名称	配合比或规格要求	抗压模量 E（MPa）（弯沉计算用）	抗压模量 E（MPa）（拉应力计算用）	劈裂强度 σ（MPa）
水泥砂砾	4%～6%	1100～1500	3000～4200	0.4～0.6
水泥碎石	4%～6%	1300～1700	3000～4200	0.4～0.6
二灰砂砾	7:13:80	1100～1500	3000～4200	0.6～0.8
二灰碎石	8:17:80	1300～1700	3000～4200	0.5～0.8
石灰水泥粉煤灰砂砾	6:3:16:75	1200～1600	2700～3700	0.4～0.55
水泥粉煤灰碎石	4:16:80	1300～1700	2400～3000	0.4～0.55
石灰土碎石	粒料>60%	700～1100	1600～2400	0.3～0.4
碎石灰土	粒料>40%～50%	600～900	1200～1800	0.25～0.35
水泥石灰砂砾土	4:3:25:68	800～1200	1500～2200	0.3～0.4
二灰土	10:30:60	600～900	2000～2800	0.2～0.3
石灰土	8%～12%	400～700	1200～1800	0.2～0.25

(3) 土基

该路段处于 IV5 区，中湿状态，路基土为低液限粉土，根据室内试验法确定土基回弹模量设计值为 40MPa。

可得该沥青路面结构层材料参数如表 5.41 所示。

路面结构层材料参数　　　　　　　　　表 5.41

结构层材料名称	抗压模量（MPa）		劈裂强度（MPa）	厚度（cm）
	20℃	15℃		
细粒式沥青混凝土	1400	2000	1.2	4
中粒式沥青混凝土	1200	1800	0.8	5
粗粒式沥青混凝土	900	1200	0.7	7
水泥稳定碎石	1400	3500	0.4	38
水泥石灰砂粒土层	800	2000	0.3	?
路基	40			

4. 路面结构层计算

1) 设计弯沉值计算

《公路沥青混凝土设计规范》JTG D50—2006 规定路面设计弯沉值 l_d 由式（5-6）计算确定：

$$l_d = 600 N_e^{-0.2} A_c A_s A_b$$

式中　l_d——设计弯沉值（0.01mm）；

N_e ——设计年限内一个车道累计当量轴次；

A_c ——公路等级系数，高速公路、一级公路为 1.0，二级公路为 1.1，三、四级公路为 1.2；

A_s ——面层类型系数，沥青混凝土面层为 1.0；热拌和冷拌沥青碎石、上拌下贯或贯入式路面、沥青表面处治为 1.1。

A_b ——基层类型系数，半刚性基层取 1.0，柔性基层取 1.6，本设计为高速公路，沥青混凝土面层和半刚性基层，则有：

$l_d = 600 N_e^{-0.2} A_c A_s A_b = 600 \times (1.66 \times 10^7)^{-0.2} \times 1.0 \times 1.0 \times 1.0 = 21.58(0.01\text{mm})$

2）设计结构层厚度确定

设计路面结构为多层体系，用诺模图法进行结构层厚度计算时，需将多层路面结构按照弯沉或结构层层底拉应力等效的原则换算成三层体系。现已求出设计弯沉值为 0.2158mm，故可将此路面结构层进行弯沉等效换算。

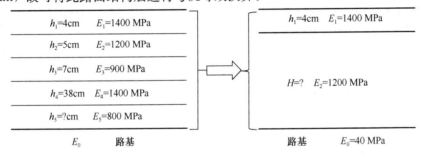

具体求解过程如下：

令 $l_s = l_d = 21.58(0.01\text{mm})$

则：$F = 1.63 \left(\dfrac{l_s}{2000\delta}\right)^{0.38} \left(\dfrac{E_0}{p}\right)^{0.36} = 1.63 \times \left(\dfrac{21.58}{2000 \times 10.65}\right)^{0.38} \left(\dfrac{40}{0.7}\right)^{0.36} = 0.5092$

由于：$l_s = 1000 \cdot \dfrac{2p\delta}{E_1} \cdot \alpha_c \cdot F$

则：$\alpha_c = \dfrac{l_s \cdot E_1}{2000 p\delta \cdot F} = \dfrac{21.58 \times 1400}{2000 \times 0.7 \times 10.65 \times 0.5092} = 3.979$

查弹性三层体系表面弯沉系数诺谟图，得：

$$\alpha = f\left(\dfrac{h_1}{\delta}, \dfrac{E_2}{E_1}\right) = f(0.376, 0.857) = 6.25$$

$$K_1 = f\left(\dfrac{h_1}{\delta}, \dfrac{E_0}{E_2}\right) = f(0.376, 0.033) = 1.36$$

则：$K_2 = \dfrac{\alpha_c}{\alpha \cdot K_1} = \dfrac{3.979}{6.25 \times 1.36} = 0.468$

由 $K_2, \dfrac{h_1}{\delta} = 0.376, \dfrac{E_0}{E_2} = 0.033$，可查得：$\dfrac{H}{\delta} = 6.2$

因此，$H = 6.2 \times 10.65 = 66 \text{cm}$

另，由等效路表回弹弯沉的结构层换算公式：$H = \sum\limits_{i=2}^{5} h_i \sqrt[2.4]{\dfrac{E_i}{E_2}}$

得，$5 + 7 \times \sqrt[2.4]{\dfrac{900}{1200}} + 38 \times \sqrt[2.4]{\dfrac{1400}{1200}} + h_5 \times \sqrt[2.4]{\dfrac{800}{1200}} = 66$

得，$h_5 = 17\text{cm}$

即水泥石灰沙粒土层厚度为 17cm。

则，计算路面结构层如下：

$h_1 = 4\text{cm}$ 细粒式沥青混凝土	$E_1 = 2000\text{MPa}$	$\sigma_{sp1} = 1.2\text{MPa}$
$h_2 = 5\text{cm}$ 中粒式沥青混凝土	$E_2 = 1800\text{MPa}$	$\sigma_{sp2} = 0.8\text{MPa}$
$h_3 = 7\text{cm}$ 粗粒式沥青混凝土	$E_3 = 1200\text{MPa}$	$\sigma_{sp3} = 0.7\text{MPa}$
$h_4 = 38\text{cm}$ 水泥稳定碎石	$E_4 = 3500\text{MPa}$	$\sigma_{sp4} = 0.4\text{MPa}$
$h_5 = 17\text{cm}$ 水泥石灰沙粒土层	$E_5 = 2000\text{MPa}$	$\sigma_{sp5} = 0.3\text{MPa}$
路基	$E_0 = 40\text{MPa}$	

5. 路面结构层厚度验算

1) 容许拉应力

沥青混凝土面层、半刚性材料基层和底基层以拉应力为设计或验算指标时，材料的容许拉应力应按式（5-52）计算：

$$\sigma_R = \frac{\sigma_{SP}}{K_S} \tag{5-52}$$

式中 σ_R——路面结构层材料的容许拉应力（MPa）；

σ_{SP}——沥青混凝土或半刚性材料的极限劈裂强度（MPa）；

K_S——抗拉强度结构系数。

沥青混凝土面层：

$$K_S = 0.09 N_e^{0.22}/A_c = \frac{0.09 \times (1.66 \times 10^7)^{0.22}}{1.0} = 3.49$$

水泥稳定碎石基层：

$$K_S = 0.35 N_e^{0.11}/A_c = \frac{0.35 \times (2.01 \times 10^7)^{0.11}}{1.0} = 2.23$$

水泥石灰砂粒土层：

$$K_S = 0.45 N_e^{0.11}/A_c = \frac{0.45 \times (2.01 \times 10^7)^{0.11}}{1.0} = 2.86$$

故，路面结构层容许拉应力如表 5.42 所示。

路面结构层容许拉应力　　　　表 5.42

结构层材料名称	σ_{SP}	K_S	$\sigma_R = \frac{\sigma_{SP}}{K_S}$
细粒式沥青混凝土	1.2	3.49	0.34
中粒式沥青混凝土	0.8	3.49	0.20
粗粒式沥青混凝土	0.7	3.49	0.17
水泥稳定碎石	0.4	2.23	0.18
水泥石灰沙粒土层	0.3	2.86	0.10

2) 各结构层层底拉应力验算

(1) 等效上层（面层）底面拉应力的结构层验算（因篇幅关系，仅以面层层底为例）

将多层路面结构按等效面层层底拉应力原则换算成如下三层体系，进行面层层底的拉应力验算，具体验算过程如下：

h_1=4cm	E_1=1200 MPa
h_2=5cm	E_2=1800 MPa
h_3=7cm	E_3=1200 MPa
h_4=38cm	E_4=3500 MPa
h_5=17cm	E_5=2000 MPa
E_0 路基	

⟹

$h=\sum_{i=1}^{j}h_i\sqrt[4]{\dfrac{E_i}{E_j}}$　　E_1=1200 MPa

$H=\sum_{i=j}^{n-1}h_i\sqrt[0.9]{\dfrac{E_i}{E_{j+1}}}$　　E_2=3500 MPa

路基　　E_0=40 MPa

$$h=\sum_{i=1}^{3}h_i\sqrt[4]{\dfrac{E_i}{E_3}}=4\times\sqrt[4]{\dfrac{2000}{1200}}+5\times\sqrt[4]{\dfrac{1800}{1200}}+7=17.08\text{cm}$$

$$H_2=\sum_{i=4}^{5}h_i\sqrt[0.9]{\dfrac{E_i}{E_4}}=38+17\times\sqrt[0.9]{\dfrac{2000}{3500}}=47.13\text{cm}$$

则有，

$$h/\delta=17.08/10.65=1.604; H/\delta=47.13/10.65=4.425;$$
$$E_0/E_2=40/3500=0.011; E_2/E_1=3500/1200=2.9167。$$

查弹性三层连续体系上层层底拉应力系数诺谟图，发现拉应力系数已经不能从图中查到，可知，沥青混凝土面层底将受拉应力（或者拉应力很微小），应视为验算通过。

（2）等效中层（基层）底面拉应力的结构层验算（因篇幅关系，仅以基层层底为例）

将多层路面结构按等效基层层底拉应力原则换算成如下三层体系，进行基层层底的拉应力验算，具体验算过程如下：

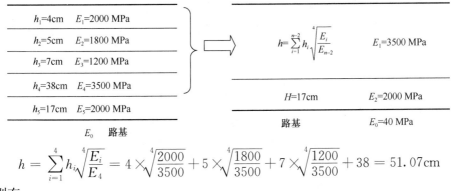

$$h=\sum_{i=1}^{4}h_i\sqrt[4]{\dfrac{E_i}{E_4}}=4\times\sqrt[4]{\dfrac{2000}{3500}}+5\times\sqrt[4]{\dfrac{1800}{3500}}+7\times\sqrt[4]{\dfrac{1200}{3500}}+38=51.07\text{cm}$$

则有，

$$h/\delta=51.07/10.65=4.795; H/\delta=17/10.65=1.596;$$
$$E_0/E_2=40/2000=0.02; E_2/E_1=2000/3500=0.571。$$

查弹性三层连续体系中层层底拉应力系数诺谟图可得：

$\bar{\sigma}=0.412, n_1=1.0, n_2=1.13$；

则有，$\bar{\sigma}_{r1}=\bar{\sigma}n_1n_2=0.412\times1.15\times0.18=0.0853$

水泥稳定碎石基层层底拉应力计算值为：

$\sigma_r=p\cdot\bar{\sigma}_{r1}=0.7\times0.0853=0.06\text{MPa}$

因为 $\sigma_r=0.06<\sigma_R=0.18$，所以水泥稳定碎石基层层底拉应力通过验算。

通过上述计算可知，拟定的沥青路面以设计弯沉为指标所求出的设计层厚度合理，且各结构层层底拉应力验算通过，满足设计要求。

二、新建水泥路面设计实例

（设计资料同沥青混凝土路面设计实例）

公路自然区划Ⅳ5区将修建一条高速公路，为双向六车道，拟采用水泥混凝土路面结构，设计路段路基处于中湿状态，路基土为低液限粉土。按工程可行性研究报告上所提供的调查数据，交通量及车辆组成如表5.43所示，预测交通量增长率前5年为8%，之后5年增长率为7%，最后的增长率为5%。

交通量及车辆组成　　　　　　表5.43

车型分类	代表车型	数量（辆/d）
小客车	桑塔纳2000	2927
中客车	江淮AL6600	874
大客车	黄海DD680	816
轻型货车	北京BJ130	353
中型货车	东风EQ140	633
重型货车	黄河JN163	765
铰接挂车	东风SP9250	312

1. 交通分析

（1）轴载换算

我国《公路水泥混凝土路面设计规范》JTG D40—2011以100kN的单轴双轮组荷载作为设计轴载，有关计算参数见表5.5。

各种不同汽车轴载的作用次数，按等效疲劳损伤原则，按式（5-18）换算成标准轴载的作用次数。

$$N_s = \sum_{i=1}^{n} N_i \left(\frac{P_i}{P_s}\right)^{16}$$

式中　N_s——100kN的单轴—双轮组标准轴载的作用次数；

　　　P_i——第i级轴载重（kN），联轴按每一根轴载单独计；

　　　P_s——设计轴载重（kN）；

　　　n——各级轴载的轴载级位数；

　　　N_i——i级轴载的作用次数；

轴载换算结果表　　　　　　表5.44

车型分类	代表车型	车轴	轴轮型	P_i（kN）	交通量（次/d）	$N_i\left(\frac{P_i}{P_s}\right)^{16}$
小客车	桑塔纳2000	前轴	1-1	7.9	2927	0
		后轴	1-1	7.9		0
中客车	江淮AL6600	前轴	1-1	17.0	874	0
		后轴	1-2	26.5		0

续表

车型分类	代表车型	车轴	轴轮型	P_i (kN)	交通量（次/d）	$N_i \left(\dfrac{P_i}{P_s}\right)^{16}$
大客车	黄海 DD680	前轴	1-1	49.00	816	0
		后轴	1-2	91.50		197
轻型货车	北京 BJ130	前轴	1-1	13.55	353	0
		后轴	1-2	27.2		0
中型货车	东风 EQ140	前轴	1-1	23.7	633	0
		后轴	1-2	69.2		2
重型货车	黄河 JN163	前轴	1-1	58.6	765	0
		后轴	1-2	114.0		6225
铰接挂车	东风 SP9250	前轴	1-1	50.7	312	0
		后轴	3-2	113.3		6902
$N_s = \sum_{i=1}^{n} N_i \left(\dfrac{P_i}{P_s}\right)^{16}$						13324

注：1-1 为单轴单轮，1-2 为单轴双轮，3-2 为 3 轴双轮。

由上述计算可知，本路建成初期每昼夜双向混合交通量换算成标准轴载的作用次数为 13324 次/d。

(2) 累计当量轴次计算

由《公路水泥混凝土路面设计规范》JTG D40—2011 可得高速公路的设计基准期为 30 年，安全等级为一级，具体数值见表 5.9。

设计基准期内路面的标准轴载累计作用次数 N_e 按式（5-19）计算：

$$N_e = \frac{N_s \times [(1+g_r)^t - 1]}{g_r} \times 365 \times \eta$$

式中 t——设计基准期（年），按表 5.9 选用；

g_r——交通量年平均增长率（%）；

η——临界荷位处的车辆轮迹横向分布系数，按表 5.10 选用。

本设计为双向六车道高速公路，设计年限内交通量前 5 年增长率 γ_1 为 8%，之后 5 年增长率 γ_2 为 7%，最后的增长率 γ_3 为 5%。由表 5.10 可知，临界荷位处的车辆轮迹横向分布系数取 0.22。则有，

$$\begin{aligned}N'_e &= N_{1\sim 5} + N_{6\sim 10} + N_{11\sim 30} \\ &= \frac{[(1+\gamma_1)^5 - 1] \times 365}{\gamma_1} \times N_1 \times \eta + \frac{[(1+\gamma_2)^5 - 1] \times 365}{\gamma_2} \times N_6 \\ &\quad \times \eta + \frac{[(1+\gamma_3)^{20} - 1] \times 365}{\gamma_3} \times N_{11} \times \eta = 210757301 (次/d)\end{aligned}$$

由于路面设计依据的交通量是设计车道上的交通量，而本设计工程可行性研究报告上所提供的交通调查数据为双向交通量，所以，应对道路交通量乘以方向不均匀系数及车道不均匀系数。

经调查分析，方向分配系数取 0.5。2 轴 6 轮及以上车辆交通量的车道分配系数由表

5.45可知，取0.5。则有，
$$N_e = N'_e \times 0.5 \times 0.5 = 5.27 \times 10^7$$

2轴6轮及以上车辆交通量的车道分配系数　　　　表5.45

单向车道数		1	2	3	4
车道分配系数	高速公路	—	0.7～0.85	0.45～0.60	0.40～0.50
	其他等级公路	1.00	0.50～075	0.50～0.75	—

注：交通受非机动车和行人影响较严重的取低值，反之取高值。

水泥混凝土路面所承受的交通轴载作用，按设计基准期内设计车道所承受的标准轴载累计作用次数分为5个等级，分级范围如表5.11所示。

由表5.11可知，本道路交通属于特重交通。

2. 路面结构组合设计

依据公路等级、交通荷载、路基条件、当地温度和湿度状况以及使用性能要求，初步拟定水泥混凝土路面结构。

(1) 基层和底基层设计

在面层下设置基层的主要目的是防止唧泥、错台和由此引起的面板断裂等损坏的出现。要求刚度与面层匹配、细粒土含量少、耐冲刷能力强和有排水设施。

规范规定，当承受极重、特重或重交通荷载的路面，基层下应设置底基层；

由于本公路为高速公路，交通等级为特重交通，因此需设置底基层。

参照表5.13可知，本设计路面基层采用碾压混凝土。同时考虑到特重交通的需求，选用级配碎石底基层。

《公路水泥混凝土路面设计规范》JTG D40—2011规定，贫混凝土或碾压混凝土基层上应铺设沥青混凝土夹层，层厚不宜小于40mm。因此，在面层和碾压混凝土基层之间铺设40mm的沥青混凝土夹层。

各种基层和底基层的结构层适宜压实厚度，应依据结构层成型、施工方便（单层摊铺碾压）或排水要求等因素选择，一般适宜压实厚度参见表5.14。

由于本设计采用碾压混凝土基层，考虑特重交通需求，并结合碾压混凝土的材料性能，拟采用160mm的碾压混凝土基层。级配碎石底基层的厚度综合考虑采用150mm。

(2) 面层设计

水泥混凝土面层应具有足够的强度、耐久性、表面抗滑、耐磨、平整。参照表5.15，该设计选用普通混凝土面层。

混凝土面板的厚度取决于公路和交通等级，和变异水平。本设计为高速公路，变异水平为低级，参考表5.16所建议的面层厚度，初步拟定普通混凝土面层厚度为0.29m。

(3) 路肩设计

路肩的作用是为路面提供侧向支承，并承受一定的荷载。

本设计路肩铺面采用水泥混凝土面层。高速公路硬路肩水泥混凝土面层的厚度采用与行车道面层等厚，基层与行车道基层相同。

3. 路面结构层设计

(1) 初拟路面结构

通过路面结构组合设计，初步拟定该路面结构如下：

0.29m	普通混凝土面层
0.04m	沥青混凝土夹层
0.16m	碾压混凝土基层
0.15m	级配碎石底基层
	路基

水泥混凝土面板的平面尺寸为：长为5.0m，宽从中央分隔带至路肩依次为4.5m（行车道宽度3.75m+左侧路缘带0.75m）、3.75m（行车道）、3.75m（行车道）、3.25m（硬路肩）；纵缝为设拉杆平缝，横缝为设传力杆的假缝。碾压混凝土基层设置与混凝土面层相对应的接缝。硬路肩采用与行车道等厚混凝土并设拉杆与行车道板相连。

（2）路面材料参数确定
①面层
规范规定，各交通荷载等级要求的水泥混凝土弯拉强度标准值不得低于表5.17的规定。

本设计为特重交通，故取普通混凝土面层的弯拉强度标准值为5.0MPa，相应的水泥混凝土强度和弹性模量经验参考值如表5.18所示，弹性模量标准值为31GPa。
②基层和底基层
碾压混凝土弯拉强度标准值为4.0MPa，查表5.18可知，碾压混凝土弹性模量标准值为27GPa。又由表5.20可知，级配碎石底基层回弹模量取200MPa。
③路基
由设计资料可知，路基土为低液限粉土，查表5.23得，路基回弹模量经验参考值为90MPa。

查表5.23取低液限粉土路基回弹模量90MPa，由表5.24可得路基处于中湿状态时，路床顶距离地下水位的距离$H>1.5$m，路基土为低液限粉土，由表5.24查取路基的湿度调整系数为0.8。因此，路床顶综合回弹模量为$90\times0.8=72$MPa。

因此，该路面结构材料设计参数如下：

普通混凝土面层	$h_c=0.29$m	$E_c=31$GPa	$f_r=5.0$MPa
沥青混凝土夹层	0.04m		
碾压混凝土基层	$h_b=0.16$m	$E_b=27$GPa	$f_r=4.0$MPa
级配碎石底基层	$h_3=0.15$m	$E_3=200$MPa	
路基		$E_0=72$MPa	

（3）地基综合当量回弹模量
混凝土面板下的地基包括路基和根据需要设置的垫层与基层，水泥混凝土路面结构分析采用弹性地基板理论，因此，在分析板内荷载应力时，应将多层体系换算为半无限体，以其顶面的综合当量回弹模量作为半无限地基的模量值。

本设计为新建公路，同时粒料层的回弹模量与路床回弹模量之比小于5，因此，按规范规定，板底地基当量回弹模量E_t按式（5-20）进行计算，并且仅需换算粒料层顶面当量回弹模量。

$$E_t = \left(\frac{E_x}{E_0}\right)^\alpha E_0$$

$$\alpha = 0.86 + 0.26\ln h_x$$

$$E_x = \sum_{i=1}^{n}(h_i^2 E_i) / \sum_{i=1}^{n} h_i^2$$

$$h_x = \sum_{i=1}^{n} h_i$$

式中 E_0——路床顶综合回弹模量（MPa）；

α——与粒料层总厚度 h_x 有关的回归系数，按式（5-21）计算；

E_x——粒料层的当量回弹模量（MPa），按式（5-22）计算；

h_x——粒料层的总厚度（m），按式（5-23）计算；

n——粒料层的层数；

E_i，h_i——第 i 结构层的回弹模量（MPa）与厚度（m）。

将粒料层设计数据代入上式，可得：

$$E_x = \sum_{i=1}^{n}(h_i^2 E_i) / \sum_{i=1}^{n} h_i^2 = \frac{200 \times 0.15^2}{0.15^2} = 200\text{MPa}$$

$$h_x = \sum_{i=1}^{n} h_i = 0.15\text{m}$$

$$\alpha = 0.86 + 0.26\ln h_x = 0.86 + 0.26\ln(0.15) = 0.367$$

$$E_t = \left(\frac{E_x}{E_0}\right)^\alpha E_0 = \left(\frac{200}{72}\right)^{0.367} \times 72 = 104.8\text{MPa}$$

板底地基综合当量模量 E_t 取为 100MPa。

（4）荷载应力计算

规范规定，除粒料类基层外，其他各类基层与混凝土面层应按分离式双层板模型进行结构分析。本设计为碾压混凝土基层，因此，按弹性地基双层板模型进行应力分析。

①混凝土面板的弯曲刚度 D_c 计算如下：

$$D_c = \frac{E_c h_c^3}{12(1-\nu_c^2)} = \frac{31000 \times 0.29^3}{12 \times (1-0.15^2)} = 64.5(\text{MN}\cdot\text{m})$$

式中 h_c，E_c，ν_c——混凝土面层板的厚度（m），弯拉弹性模量（MPa）和泊松比。

②半刚性基层板的弯曲刚度 D_b 计算如下：

$$D_b = \frac{E_b h_b^3}{12(1-\nu_b^2)} = \frac{27000 \times 0.16^3}{12 \times (1-0.15^2)} = 9.4(\text{MN}\cdot\text{m})$$

式中 h_b，E_b，ν_b——碾压混凝土基层板的厚度（m），弯拉弹性模量（MPa）和泊松比。

③路面结构总相对刚度半径 r_g 计算如下：

$$r_g = 1.21\left(\frac{D_c + D_b}{E_t}\right)^{1/3} = 1.21 \times \left(\frac{64.5 + 9.4}{100}\right)^{1/3} = 1.121$$

④荷载应力

标准轴载 P_s 在四边自由的混凝土面板临界荷位处产生的荷载应力 σ_{ps} 计算如下：

$$\sigma_{ps} = \frac{1.45 \times 10^{-3}}{1+D_b/D_c} r_g^{0.65} h_c^{-2} P_s^{0.94}$$

$$=\frac{1.45\times10^{-3}}{1+9.4/64.5}\times1.121^{0.65}\times0.29^{-2}\times100^{0.94}$$
$$=1.230\text{MPa}$$

最重荷载 P_m 在四边自由的混凝土面板临界荷位处产生的荷载应力 σ_{pm} 计算如下：

$$\sigma_{pm}=\frac{1.45\times10^{-3}}{1+D_b/D_c}r_g^{0.65}h_c^{-2}P_m^{0.94}$$
$$=\frac{1.45\times10^{-3}}{1+9.4/64.5}\times1.121^{0.65}\times0.29^{-2}\times114^{0.94}$$
$$=1.391\text{MPa}$$

规范规定，当采用贫混凝土或碾压混凝土基层时，需计算其荷载疲劳应力，并检算荷载疲劳应力与可靠度系数的乘积是否小于其材料的弯拉强度标准值。标准轴载 P_s 在碾压混凝土板临界荷位处产生的荷载应力 σ_{bps} 计算如下：

$$\sigma_{bps}=\frac{1.41\times10^{-3}}{1+D_c/D_b}r_g^{0.68}h_b^{-2}P_s^{0.94}$$
$$=\frac{1.41\times10^{-3}}{1+64.5/9.4}1.121^{0.68}\times0.16^{-2}\times100^{0.94}$$
$$=0.574\text{MPa}$$

考虑纵向和横向接缝传荷能力等因素的影响，需对四角自由的荷载疲劳应力进行修正，修正后的设计轴载在面层板临界荷位处产生的荷载疲劳应力计算如下：

$$\sigma_{pr}=k_r k_f k_c \sigma_{ps}$$

式中 k_r——考虑接缝传荷能力的应力折减系数，采用混凝土路肩时，$k_r=0.87\sim0.92$（路肩面层与路面面层等厚时取低值，减薄时取高值）；采用柔性路肩或土路肩时，$k_r=1$；

k_f——考虑设计基准期内荷载应力累计疲劳作用的疲劳应力系数；

$$k_f=N_e^\lambda$$

式中 N_e——设计基准期内设计轴载累计作用次数；

λ——材料疲劳指数，普通混凝土、钢筋混凝土、连续配筋混凝土，λ 为 0.057；碾压混凝土和贫混凝土，λ 为 0.065；钢纤维混凝土，

$$\lambda=0.053-0.017\rho_f\frac{l_f}{d_f}$$

式中 ρ_f——钢纤维的体积率（%）；

l_f——钢纤维的长度（mm）；

d_f——钢纤维的直径（mm）；

k_c——考虑计算理论与实际差异以及动载等因素影响的综合系数，按公路等级查表 5.25 确定。

本设计采用混凝土路肩，且路肩面层与路面面层等厚，故取 k_r 取 0.87。

对普通混凝土面层，$k_f=N_e^\lambda=(5.27\times10^7)^{0.057}=2.755$；

对于碾压混凝土基层，$k_f=N_e^\lambda=(5.27\times10^7)^{0.065}=3.176$。

本设计为高速公路，故取 k_c 取 1.15。

因此，面层疲劳应力 σ_{pr} 计算如下：

$$\sigma_{pr} = k_r k_f k_c \sigma_{ps} = 0.87 \times 2.755 \times 1.15 \times 1.230 = 3.39$$

面层最大荷载应力 $\sigma_{p,max}$ 计算时，无需考虑设计基准期内累计疲劳作用的影响，故，$\sigma_{p,max}$ 计算如下：

$$\sigma_{p,max} = k_r k_c \sigma_{pm} = 0.87 \times 1.15 \times 1.391 = 1.39$$

基层疲劳应力 σ_{bpr} 计算时，接缝对其影响较小，忽略不计，故 σ_{bpr} 计算如下：

$$\sigma_{bpr} = k_f k_c \sigma_{bps} = 3.176 \times 1.15 \times 0.574 = 2.10$$

(5) 温度应力计算

本设计为碾压混凝土基层，因此，按弹性地基双层板模型进行应力分析。对于双层板模型，在进行温度应力计算时，只需计算上层板的温度疲劳应力。

最大温度梯度时混凝土面层板最大温度应力 $\sigma_{t,max}$ 计算如下：

$$\sigma_{t,max} = \frac{\alpha_c E_c h_c T_g}{2} B_L$$

式中　α_c ——混凝土线膨胀系数，根据粗集料的岩性按表 5.19 取用；
　　　T_g ——公路所在地 50 年一遇的最大温度梯度，查表 5.26 取用；
　　　B_L ——综合温度翘曲应力和内应力的温度应力系数，计算如下：

$$B_L = 1.77 e^{-4.48 h_c} C_L - 0.131(1 - C_L)$$

式中　C_L ——混凝土面层板的温度翘曲应力系数，计算如下：

$$C_L = 1 - \left(\frac{1}{1+\xi}\right) \frac{\sinh t \cos t + \cosh t \sin t}{\cos t \sin t + \sinh t \cosh t}$$

$$t = \frac{L}{3 r_g}$$

式中　L ——面层板的横缝间距，即板长 (m)；
　　　r_g ——面层板的相对刚度半径 (m)。
　　　ξ ——与双层板结构有关的参数，计算如下：

$$\xi = -\frac{(k_n r_g^4 - D_c) r_\beta^3}{(k_n r_\beta^4 - D_c) r_g^3}$$

式中　k_n ——面层与基层之间竖向接触刚度，上下层之间不设沥青混凝土夹层或隔离层时按下式计算，设沥青混凝土夹层或隔离层时，k_n 取 3000MPa/m。

$$k_n = \frac{1}{2}\left(\frac{h_c}{E_c} + \frac{h_b}{E_b}\right)^{-1}$$

　　　r_β ——层间接触状况参数，$r_\beta = \left(\frac{D_c D_b}{(D_c + D_b) k_n}\right)^{\frac{1}{4}}$

本设计在普通混凝土面层和碾压混凝土基层中设置有 40mm 的沥青混凝土夹层，k_n 取 3000MPa/m。则有，

$$r_\beta = \left(\frac{D_c D_b}{(D_c + D_b) k_n}\right)^{\frac{1}{4}} = \left[\frac{64.5 \times 9.4}{(64.5 + 9.4) \times 3000}\right]^{\frac{1}{4}} = 0.229$$

$$\xi = -\frac{(k_n r_g^4 - D_c) r_\beta^3}{(k_n r_\beta^4 - D_c) r_g^3} = -\frac{(3000 \times 1.121^4 - 64.5) \times 0.229^3}{(3000 \times 0.229^4 - 64.5) \times 1.121^3} = 0.708$$

普通混凝土面层板长 5m，则有，

$$t = \frac{L}{3 r_g} = \frac{5}{3 \times 1.121} = 1.49$$

$$C_L = 1 - \left(\frac{1}{1+\xi}\right)\frac{\sinh t \cos t + \cosh t \sin t}{\cos t \sin t + \sinh t \cosh t}$$

$$= 1 - \left(\frac{1}{1+0.708}\right)\frac{\sinh(1.49)\cos(1.49) + \cosh(1.49)\sin(1.49)}{\cos(1.49)\sin(1.49) + \sinh(1.49)\cosh(1.49)}$$

$$= 0.627$$

$$B_L = 1.77 e^{-4.48 h_c} C_L - 0.131(1 - C_L)$$

$$= 1.77 e^{-4.48 \times 0.29} \times 0.627 - 0.131 \times (1 - 0.627)$$

$$= 0.254$$

本公路位于Ⅳ江南丘陵过湿区，查表 5.26 可知，最大温度梯度取 88℃/m。设计采用的粗集料为花岗岩，查表 5.19 可知，混凝土线膨胀系数取 10×10^{-6}/℃。

最大温度梯度时混凝土面层板最大温度应力 $\sigma_{t,max}$ 计算如下：

$$\sigma_{t,max} = \frac{\alpha_c E_c h_c T_g}{2} B_L$$

$$= \frac{10 \times 10^{-6} \times 31000 \times 0.29 \times 88}{2} \times 0.254$$

$$= 1.01 \text{MPa}$$

温度疲劳应力系数计算如下：

$$k_t = \frac{f_r}{\sigma_{t,max}}\left[\alpha_t \left(\frac{\sigma_{t,max}}{f_r}\right)^{b_t} - c_t\right]$$

查表 5.27，本公路位于Ⅳ区，则有，$\alpha_t = 0.841$，$b_t = 1.323$，$c_t = 0.058$，则，

$$k_t = \frac{f_r}{\sigma_{t,max}}\left[\alpha_t \left(\frac{\sigma_{t,max}}{f_r}\right)^{b_t} - c_t\right]$$

$$= \frac{5.0}{1.01} \times \left[0.841 \times \left(\frac{1.01}{5.0}\right)^{1.323} - 0.058\right]$$

$$= 0.215$$

温度疲劳应力计算如下：

$$\sigma_{tr} = k_t \sigma_{t,max} = 0.215 \times 1.01 = 0.22 \text{ MPa}$$

(6) 结构极限状态校核

我国水泥混凝土路面设计方法采用单轴双轮组 100kN 标准轴载作用下的弹性半空间体系地基有限大矩形薄板理论有限元解为理论基础，以路面板在设计基准期内，在车辆荷载及温度梯度综合作用下，不产生疲劳断裂为设计指标，并以最重荷载和最大温度梯度综合作用下，不产生极限断裂作为验算指标。即是否满足：

$$\gamma_r(\sigma_{pr} + \sigma_{tr}) \leqslant f_r$$

$$\gamma_r(\sigma_{p,max} + \sigma_{t,max}) \leqslant f_r$$

式中　γ_r——可靠度系数，依据所选目标可靠度、变异水平等级及变异系数通过计算确定。

本设计为高速公路，由表 5.9 可知，安全等级为一级，目标可靠度为 95%，由表 5.28 可知，目标可靠度取 1.33，则，

$$\gamma_r(\sigma_{pr} + \sigma_{tr}) = 1.33 \times (3.39 + 0.22) = 4.80 \leqslant f_r = 5.0 \text{MPa}$$

$$\gamma_r(\sigma_{p,max} + \sigma_{t,max}) = 1.33 \times (1.39 + 1.01) = 3.19 \leqslant f_r = 5.0 \text{MPa}$$

贫混凝土或碾压混凝土基层应以设计基准期内行车荷载不产生疲劳断裂作为设计标准。其极限状态设计表达式：

$$\gamma_r \sigma_{bpr} = 1.33 \times 2.1 = 2.79 \leqslant f_{br} = 4.0 \text{MPa}$$

所拟定的 0.29m 普通混凝土面层和 0.16m 碾压混凝土基层组成路面结构满足车辆荷载和温度梯度的综合疲劳作用，同时满足最重轴载在最大温度梯度时的一次结构应力作用。

第六章 概预算设计

第一节 概算与预算定义

一、概算

设计概算指在初步设计或技术设计阶段,由设计单位根据设计图纸、概算定额、各类费用定额、建设地区的自然条件和技术经济条件等资料,预先计算和确定建设项目从筹建至竣工验收的全部建设费用的造价文件。它是设计文件的重要组成部分,也是编制固定资产投资计划、签订建设项目总包合同、贷款合同、实行建设项目投资包干的依据,也是控制基本建设拨款和施工图预算,以及考核设计经济合理性的依据。

二、施工图预算

施工图预算是以设计单位为主,必要时可邀请施工单位、建设单位参加,根据施工图设计的工程量和施工方案,按预算定额和各类费用定额,所编制的反映工程造价的文件。它是确定工程预算造价、签订建筑安装工程合同、实行建设单位和施工单位投资包干和办理工程结算的依据;对于进行施工招标的工程,施工图预算也是编制工程标底的依据。

施工图预算必须以施工图纸、说明书、施工组织设计(或施工方案)以及编制预算的法令性文件为依据。

三、施工预算

施工预算是指施工阶段,在施工图预算的控制下,施工单位根据施工图计算的分项工程量、施工定额、施工组织设计或分部分项施工过程的设计及其他有关技术资料,通过工料分析,计算和确定完成一个工程项目或一个单位工程或其中的分部分项工程所需的人工、材料、机械台班消耗量及其他相应费用的造价文件。

施工预算是施工单位进行成本控制与成本核算的依据,也是施工单位进行劳动组织与安排,以及进行材料和机械管理的依据,对施工组织和施工生产有着极为重要的作用。

第二节 概预算的作用及文件构成

一、概预算的作用

工程概预算是决定工程构筑物设计价值的造价文件,是基本建设管理工作中的重要环节,概预算的质量好坏,对国家基本建设资金是否正确合理使用有密切的关系。它既是衡量完成国家计划的依据,也是施工企业正确组织施工的前提。工程概预算是设计文件的组成部分,又是工程管理不可缺少的内容和依据。其作用归纳如下:

1) 编制基本建设计划,确定和控制基本建设投资额的依据;

2) 设计与施工方案优选的依据;
3) 实行基本建设招标投标、签订工程合同,及时进行工程拨款、贷款和结算的依据;
4) 施工企业加强经营管理,搞好经济核算的基础;
5) 对工程进行成本分析和统计工程进度的重要指标。

二、概预算的编制依据

编制的主要依据如下:

1) 法令性文件;
2) 设计资料;
3) 概预算定额,概算指标,取费标准,材料、设备预算价格等资料;
4) 施工组织设计资料;
5) 当地物资、劳力、动力等资源可资利用的情况;
6) 施工单位的施工能力及潜力;
7) 了解当地自然条件及其变化规律;
8) 其他工程及沿线设施。

三、概预算费用的组成

根据交通部《公路工程基本建设项目概算预算编制办法》(JTG B06—2007) 的规定,公路工程概预算费用由建设安装工程费,设备、工具、器具及家具购置费,工程建设其他费用,预备费用共四大部分费用组成,如图6.1所示。

四、概预算项目

公路工程概预算项目主要包括以下内容:

第一部分　建筑安装工程
第一项　临时工程
第二项　路基工程
第三项　路面工程
第四项　桥梁涵洞工程
第五项　交叉工程
第六项　隧道工程
第七项　公路设施及预埋管线工程
第八项　绿化及环境保护工程
第九项　管理、养护及服务房屋
第十项　利润

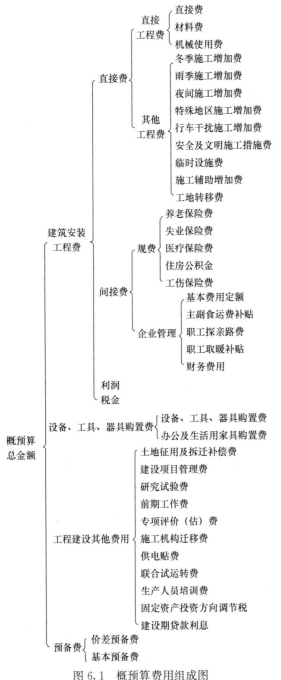

图 6.1　概预算费用组成图

第十一项　税金
第二部分　设备及工具、器具购置费
第三部分　工程建设其他费用

项目表的详细内容见《公路工程基本建设项目概算预算编制办法》（JTG B06—2007）。

三、概预算文件组成

1. 概预算编制说明

（1）建设项目设计依据及有关批准文号，如建设项目可行性研究报告文号、初步设计和概算批准文号（编修正概预算时），以及公路的测设资料及比选方案、公路施工方案等。

（2）采用的定额、费用标准，人工、材料、机械台班单价的依据或来源，补充定额及编制依据的详细说明。

（3）与概预算有关的委托书、协议书、会谈纪要等的主要内容（或将抄件附后）。

（4）总概预算金额，人工、钢材、水泥、木料、沥青的总需要量情况，各设计方案的经济比较以及编制中存在的问题。

（5）其他与概预算有关但不能在表格中反映的事项。

2. 概预算表格

概预算文件的主要内容和组成部分是概预算表格，它实际上是由一套规定的表格所组成。并且公路工程概预算应按统一的概预算表格计算。概预算表格是一个有机的整体，它们互相联系，共同反映出工程的费用；概预算的材料和机械台班单价及各项费用的计算都应通过表格反映。各种表格的计算顺序及相互关系，如图6.2所示。

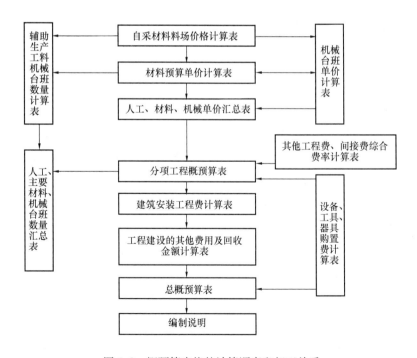

图6.2　概预算表格的计算顺序和相互关系

3. 甲组文件和乙组文件

概预算文件是设计文件的组成部分,应按《公路工程基本建设项目设计文件编制办法》关于设计文件报送份数要求,随设计文件一并报送。概预算文件按不同的需要分为两组,甲组文件为各项费用计算表;乙组文件为建筑安装工程费各项基础数据计算表,只供审批使用。乙组文件表是征得省、自治区、直辖市交通厅同意后,结合实际情况允许变动或增加某些计算过渡表式。不需要分段汇总的可不编(预)算汇总表。

甲、乙组文件包括的内容如下:

甲组文件
- 编制说明
- 总概(预)算汇总算(01-1表)
- 总概算人工、主要材料、机械台班数量汇总表(02-1表)
- 总概(预)算表(01表)
- 人工、主要材料、机械台班数量汇总表(02表)
- 建筑安装工程费计算表(03表)
- 其他工程费及间接费综合费率计算表(04表)
- 设备、工具、器具购置费计算表(05表)
- 工程建设其他费用及回收金额计算表(06表)
- 人工、材料、机械台班单价汇总表(07表)

乙组文件
- 建筑安装工程费计算数据表(08-1表)
- 分项工程概(预)算表(08-2表)
- 材料预算单价计算表(09表)
- 自采材料料场价格计算表(10表)
- 机械台班单价计算表(11表)
- 辅助生产工、料、机械台班数量表(12表)

第三节 概预算费用计算

一、建筑安装工程费计算

现行的《编制办法》规定建筑安装工程费用包括直接费、间接费、利润及税金四部分组成。其中直接费的计算是关键和核心,其他三部分费用则分别以规定的基数按各自的百分率计算取费。

1. 直接费计算

直接费是由直接工程费和其他工程费组成。

1)直接工程费

直接工程费是指施工过程中耗费的构成工程实体和有助于工程形成的各项费用,包括人工费、材料费、施工机械使用费。

(1)人工费。人工费系指列入概预算定额的直接从事建筑安装工程施工的生产工人开支的各项费用。

(2)材料费。材料费系指施工过程中耗用的构成工程实体的原材料、辅助材料、构(配)件、零件、半成品、成品的用量和周转材料的摊销量,按工程所在地的材料预算价格计算的费用。

(3) 施工机械使用费。施工机械使用费系指列入概预算定额的施工机械台班数量，按相应的机械台班费用定额计算的施工机械使用费和小型机具使用费。

2) 其他工程费

其他工程费系指直接工程费以外施工过程中发生的直接用于工程的费用。内容包括冬季施工增加费、雨季施工增加费、夜间施工增加费、特殊地区施工增加费、行车干扰工程施工增加费、安全及文明施工措施费、临时设施费、施工辅助费、工地转移费等九项。

公路工程中的水、电费及因场地狭小等特殊情况而发生的材料二次搬运等其他工程费已包括在概、预算定额中，不再另计。

2. 间接费

间接费由规费、企业管理费两项组成。

1) 规费

规费系指政府和有关权力部门规定施工企业必须缴纳的费用（简称规费）。包括：

(1) 养老保险费。系指施工企业按规定标准为职工缴纳的基本养老保险费。

(2) 失业保险费。系指施工企业按国家规定标准为职工缴纳的失业保险费。

(3) 医疗保险费。系指施工企业按规定标准为职工的基本医疗保险费和生育保险费。

(4) 住房公积金。系指施工企业按规定标准为职工缴纳的住房公积金。

(5) 工伤保险费。系指施工企业按规定标准为职工缴纳的工伤保险费。

各项规费以各类工程的人工费之和为基数，按国家或工程所在地相关部门规定的标准计算。

2) 企业管理费

企业管理费由基本费用、主副食运费补贴、职工探亲路费、职工取暖补贴和财务费用五项组成。

3. 利润

利润系指施工企业完成所承包工程应取得的盈利，利润按直接费与间接费之和扣除规费的7%计算。

4. 税金

税金系指按国家税法规定应计入建筑安装工程造价内的营业税，城市维护建设税及教育费附加等。税金计算公式如下：

$$综合税金额＝（直接工程费＋间接费＋利润）×综合税率 \quad (6-1)$$

综合税率：

(1) 纳税地点在市区的企业，综合税率为3.41%；

(2) 纳税地点在县城、乡镇的企业，综合税率为3.35%；

(3) 纳税地点不在市区、县城、乡镇的企业，综合税率为3.22%。

二、设备、工具、器具及家具购置费计算

1. 设备购置费

设备购置费系指为满足公路的营运、管理、养护需要，购置的达到固定资产标准的设备和虽低于固定资产标准但属于设计明确列入设备清单的设备的费用。包括渡口设备，隧

道照明、消防、通风的动力设备；高等级公路的收费、监控、通信、供电设备，养护用的机械、设备和工具、器具等的购置费用。

2. 工器具及生产家具（简称工器具）购置费

工器具购置费系指建设项目交付使用后为满足初期正常营运必须购置的第一套不构成固定资产的设备、仪器、仪表、工卡模具、器具、工作台（框、架、柜）等的费用。该费用不包括构成固定资产的设备、工器具和备品、备件；及已列入设备购置费中的专用工具和备品、备件。

3. 办公和生活用家具购置费

办公和生活用家具购置费系指为保证新建、改建项目初期正常生产、使用和管理所必须购置的办公和生活用家具、用具的费用。

三、工程建设其他费用

1. 土地征用及拆迁补偿费

土地征用及拆迁补偿费系指按照《中华人民共和国土地管理法》及《中华人民共和国土地管理实施条例》、《中华人民共和国基本农田保护条例》等法律、法规的规定，为进行公路建设需征用土地所支付的土地征用及拆迁补偿费等费用。

2. 建设项目管理费

建设项目管理费包括建设单位（业主）管理费、工程质量监督费、工程监理费、工程定额测定费、设计文件审查费和竣（交）工验收试验检测费。

3. 研究试验费

研究试验费系指为本建设项目提供或验证设计数据、资料进行必要的研究试验和按照设计规定在施工过程中必须进行试验、验证所需的费用，以及支付科技成果、先进技术的一次性技术转让费。

4. 建设项目前期工作费

建设项目前期工作费系指委托勘察设计、咨询单位对建设项目进行可行性研究、工程勘察设计，以及设计、监理、施工招标文件及招标标底或造价控制文件编制时，按规定应支付的费用。

5. 专项评价（估）费

专项评价（估）费系指依据国家法律、法规规定须进行评价（评估）、咨询，按规定应支付的费用。该费用包括环境影响评价费、水土保持评估费、地震安全性评价费、地质灾害危险性评价费、压覆重要矿床评估费、文物勘察费、通航认证费、行洪论证（评估）费、使用林地可行性研究报告编制费、用地预审报告编制费等费用。

6. 施工机构迁移费

施工机构迁移费系指施工机构根据建设任务的需要，经有关部门决定成建制地（指工程处等）由原驻地迁移到另一地区所发生的一次性搬迁费用。

7. 供电贴费

供电贴费系指按照国家规定，建设项目应交付的供电工程贴费、施工临时用电贴费。

8. 联合试运转费

联合试运转费指新建、改（扩）建工程项目，在竣工验收前按照设计规定的工程质量标准，进行动（静）载荷载实验所需的费用，或进行整套设备带负荷联合试运转期间所需的全部费用抵扣试车期间收入的差额。该费用不包括应由设备安装工程项下开支的调试费的费用。

9. 生产人员培训费

生产人员培训费指新建、改（扩）建公路工程项目，为保证生产的正常运行，在工程竣工验收交付使用前对运营部门生产人员和管理人员进行培训所必需的费用。

10. 固定资产投资方向调节税

固定资产投资方向调节税系指为了贯彻国家产业政策，控制投资规模，引导投资方向，调整投资结构，加强重点建设，促进国民经济持续稳定协调发展，依照《中华人民共和国固定资产投资方向调节税暂行条例》规定，公路建设项目应缴纳的固定资产投资方向调节税

11. 建设期贷款利息

建设期贷款利息系指建设项目中分年度使用国内贷款或国外贷款部分，在建设期内应归还的贷款利息。费用内容包括各种金融机构贷款、企业集资、建设债券和外汇贷款等利息。

四、预备费

预备费由价差预备费及基本预备费两部分组成。在公路工程建设期限内，凡需动用预备费时，属于公路交通部门投资的项目，需经建设单位提出，按建设项目隶属关系，报交通部或交通厅（局）基建主管部门核定批准。属于其他部门投资的建设项目，按其隶属关系报有关部门核定批准。

五、回收金额

概预算定额所列材料一般不计回收，只对按全部材料计价的一些临时工程项目和由于工程规模或工期限制达不到规定周转次数的拱盔、支架及施工金属设备的材料计算回收金额。

第四节 公路工程概预算文件编制

概预算文件的编制是公路工程设计与施工的重要部分，概预算文件编制质量的高低及各项计算的准确与否直接关系着国家和企业的经济利益。为了确保概预算文件的编制质量，必须根据工程概预算规范、国家的有关规定及编制步骤来进行。

1. 概预算编制步骤

1）熟悉设计图纸和资料

编制设计概算、修正概算、施工图预算等文件前，应对相应阶段的初步设计、技术设计和施工图设计内容进行检查和整理，认真阅读和核对设计图纸及有关表格，如工程一览表、工程数量表等，若图纸中所用材料规格要求不清时，要核对查实。

2）准备概预算资料和文件

概预算资料包括概预算表格、定额和有关文件及现场调查的一系列数据等。在编制概预算前，应将有关文件如《公路工程基本建设项目设计文件编制办法》、《公路工程基本建设项目概算预算编制办法》、地方和中央的有关文件（如《公路基本建设工程概算、预算

编制办法补充规定》等）准备好。确定概预算所需表格和文件。

3）分析外业调查资料及施工方案确定

（1）概预算调查资料分析。概预算资料的调查工作一般在公路外业勘察时同时进行。调查的内容很广，原则上凡对施工生产有影响的一切因素都必须调查，主要是筑路材料的来源（沿线料场及有无自采材料），材料运输方式及运距，运费标准，占用土地的补偿费、安置费及拆迁补偿费，沿线可利用房屋及劳动力供应情况等。对这些调查资料应进行分析，若有不明确或不全的部分，应另行调查，以保证概预算的准确和合理。

（2）施工方案的分析。对与相应设计阶段配套的施工组织设计文件（尤其是施工方案）应认真分析其可行性、合理性、经济性。因为施工方案将直接影响概预算金额的高低和定额的查用，因此编制概预算时，重点应对施工方案进行认真分析。

① 施工方法：同一工程内容，可以采用不同的施工方法来完成，如土方施工，有人工挖土方和机械挖土方两种方法；钢筋混凝土工程既可以采用现浇施工，也可以采用预制安装等。因此应根据工程设计的意图和要求同工程实际相结合，选择最经济的施工方法。

②施工机械：施工机械选择也将直接影响施工费用，因此，应根据选定的施工方法选配相应的施工机械，如挖填土方，既可以采用铲运机，又可以采用挖土机配自卸汽车；又如混凝土预制构件安装，也可采用多种机械施工等。

③其他方面：运距远近的选择（如土方中取土坑、弃土堆的位置），材料堆放的位置及仓库的设置，人员高峰期等。

2. 分项

公路工程概预算是以分项工程概预算表为基础计算和汇总而来的，所以工程分项是概预算工作中的一项重要基础工作。一般公路工程分项时必须满足如下三个方面的要求：

（1）按照概预算项目表的要求分项，这是基本要求。概预算项目表实质上是将一个复杂的建设项目分解成许多分项工程的一种科学划分方法。

（2）符合定额项目表的要求。定额项目表是定额的主体内容，分项后的分项工程必须能够在定额项目表中直接查到。

（3）符合费率的要求。其他直接费和间接费都是按不同工程类别确定的费率定额，因此，所分的项目应满足其要求。

按上面三个方面的要求分项后，便可将工程细目一一列出并填入08表中。

3. 计算工程量

在编制概预算时，应对各分项工程量按工程量计算原则进行计算。一是对设计中已有的工程量进行核对，二是对设计文件中缺少或未列的工程量进行补充计算，计算时应注意计算单位、计算规则与定额的计量单位、计算规则一致，将算得的分项工程量填入08表中。

4. 查定额

概预算定额就是以分项工程为对象，统一规定完成一定计量单位分项工程所需的人工、材料、机械台班消耗数量。分项工程一般是按照选用的施工方法，所使用的材料、结构构件规格等因素划分。经较为简单的施工过程就能完成，以适当的计量单位就可以计算工程量及其单价的建筑安装工程产品，是建设项目最基本的组成要素。因此，根据分项所得的工程细目（分项工程）即可从定额中查出相应的人工、材料、施工机械名称、单位及消耗量定额值。查出各分项工程的定额基价，并将查得的定额值和定额单位及定额号分别填入 08 表的有关栏目，再将各分项工程的实际工程量换算的定额单位工程数量乘以相应的定额即可得出各分项工程的资源消耗数量及定额基价，填入 08 表的数量栏中。

5. 基础单价的计算

编制概预算的另一项重要工作是确定基础单价。基础单价是人工工日单价、材料预算单价和施工机械台班单价的统称。定额中除基价和小额零星材料及小型机具用货币指标外，其他均是资源消耗的实物指标。要以货币来表现消耗，就必须计算各种资源的单价。公路工程概预算的基础单价通过 09 表、10 表和 11 表来计算。

（1）根据 08 表中所出现的材料种类、规格及机械作业所需的燃料和水电编制 09 表。

（2）根据实际工程所发生的自采材料种类、规格，按照外业料场调查资料编制"自采材料料场价格计算表"（10 表），并将计算结果汇入 09 表的材料原价栏中。

（3）根据 08 表、10 表中所出现的所有机械种类和 09 表中自办运输的机械种类，计算工程所有机械的台班单价，即编制"机械台班单价计算表"（11 表）。

（4）根据地区类别和地方规定等资料计算人工工日单价。

（5）将上面 1、2、3、4 项所算得的各基础单价汇总，编制人工、材料、机械单价汇总表（07 表）。

6. 计算分项工程的直接费和间接费

确定了各分项工程的资源消耗数量及基础单价，便可计算其直接费与间接费。

（1）将 07 表的单价填入 08 表中的单价栏，由单价与数量相乘得出人工费、材料费、机械使用费，并可算得工、料、机合计费用。

（2）根据工程类别和工程所在地区，取定各项费率并计算其他直接费率和间接费率，即编制 04 表。

（3）将 04 表中各费率填入 08 表中的相应栏目，并以定额基价为基数计算其他工程费和间接费。

（4）分别在 08 表中计算直接费和间接费。

7. 计算建筑安装工程费

建筑安装工程费通过 03 表计算。

（1）将 08 表中各分项工程的直接工程费、间接费按工程项目（单位工程）汇总填入 03 表中的相应栏目。

（2）按税收要求计算出间接费中的计税部分，为计算税收方便，也可对 04 表进行补充。

（3）按要求确定利润、税金的百分率，并填入 03 表的有关栏目。

（4）以直接费与间接费之和扣减规费为基数计算利润，以直接费、间接费和利润之和为基数计算税金。

（5）合计各单位工程的直接费、间接费、利润和税金，获得各单位工程的建筑安装工程费，总计各单位工程的建安费，得到工程项目的建安费。

8. 实物指标计算

概预算还必须编制工程项目的实物消耗量指标，这可通过 02 表的计算完成。

（1）将 09 表和 10 表中的人工、材料、机械消耗量及机械实物消耗量汇总，编制辅助生产工、料、机单位数量表（12 表）。

（2）汇总 08 表中人工、主要材料、机械台班数量。

（3）计算各种增工数量。

（4）合计上面 1、2、3 项中的各项数据得出工程概预算的实物数量，即得到 02 表。

9. 计算其他有关费用

按规定计算第二部分和第七部分费用，即编制 05 表和 06 表。

10. 编制总概预算表并进行造价分析

（1）编制总概预算表：将 03、05、06 表中的各项填入 01 表中相应栏目，并计算各项技术经济指标。

（2）造价分析：根据概算总金额、各单位工程或分项工程的费用比值和各项技术经济指标进行全面分析，对设计提出修改建议和从经济角度对设计是否合理予以评价，找出挖潜措施。

11. 编制综合概预算

根据建设项目要求，当分段或分部编制 01 表和 02 表时，需要汇总编制综合概预算。

（1）汇总各种概预算表，编制"总概预算汇总表"（01-1 表）。

（2）汇总各段的 02 表编制"总概预算人工、主要材料、机械台班数量汇总表"（02-1 表）。

12. 编制说明

概预算表格计算并编制完后，必须编制概预算说明，主要说明概预算编制依据，编制中存在的问题，工程总造价的货币和实物量指标及其他与概预算有关但不能在表格中反映的事项。

第五节　公路工程预算示例

一、工程概况

因篇幅关系，从略。

二、施工图预算编制说明

1. 编制范围

×××公路工程（K0+000—K17+640）。

2. 编制依据

1）施工图设计文件

第一册　总体设计、路线

第二册　路基、路面、路线交叉（分为上下两分册）

第三册　桥梁、涵洞

2)使用规范

(1) 中华人民共和国交通部《公路工程基本建设项目概算预算编制办法》JTG B06—2007;

(2) 中华人民共和国交通部《公路工程预算定额》JTG/T B06—02—2007;

(3) 中华人民共和国交通部《公路工程机械台班费用定额》JTG/T B06—03—2007;

(4) 湖南省交通运输厅《关于调整湖南省公路工程基本建设项目人工工日单价及税金的通知》(湘交造价字[2013]332号);

(5) 湖南省交通建设造价站发布的最新材料价格信息。

3. 建筑安装工程费

(1) 人工费：根据湘交(2013)332号湖南交通运输厅关于调整湖南省公路工程基本建设项目人工工日单价及税金的通知，采用人工工日单价为68.91元/工日。

(2) 材料费：本清单预算中的材料单价均为实际市场调查加运杂费、场外运输损耗和采购及保管费，按"编制办法"有关规定计算。

(3) 施工机械使用费：根据湘交造价(2013)332号湖南省交通运输厅关于调整湖南省公路工程基本建设项目人工工日单价及税金的通知，采用机械工日单价为68.91元/工日，养路费及车船使用税按有关规定计算。

(4) 其他直接费：根据"编制办法"及湖南省所属地区类别计取。

(5) 现场经费：根据"编制办法"计取，其中主副食运输补贴综合里程按4km计算，工地转移费按《公路基本建设工程概算、预算编制办法》按80km计算。

(6) 企业管理费：根据"编制办法"规定计取。

(7) 规费：根据湘交造价(2013)332号湖南省交通运输厅关于调整湖南省公路工程基本建设项目人工工日单价及税金的通知计算。

(8) 利润、税金：利润按直接费与间接费之和扣除规费的7%计算；税金按纳税地点在市区的企业，综合费率为3.48%计取。

4. 设备及工具、器具购置费

购置电脑管理设备4台。

5. 工程建设其他费用

(1) 本路段交工前养护里程17.64km，平均养护月数为3个月，每月养护费按每公里20000元计算。

(2) 本路段共占用农田13.22亩，青苗补偿费按14000元/亩计算。

(3) 不计研究试验费、施工机构迁移费、供电贴费、大型专用机械设备购置费、固定资产投资方向调节税和建设期贷款利息。

(4) 勘察设计费按20000元/km计。

(5) 预备费用未计算工程造价增涨预备费。

三、预算总金额

本项目预算总金额为玖仟贰佰伍拾贰万肆仟陆佰捌拾叁元整(92524683元)。

四、示例文件

封面、目录其他表格省略，部分表格见表6.1～表6.5。

总预算表　　　　　　　　　　　　　　　　表 6.1

建设项目名称：×××公路工程
编制范围：×××公路工程　　　　　　　　　第1页　共3页　01表

项	目	节	细目	工程或费用名称	单位	数量	预算金额（元）	技术经济指标	各项费用比例（%）	备注
				第一部分 建筑安装工程费	公路公里	17.640	86843361	4923093.03	93.33	
	一			临时工程	公路公里	17.640	994188	56359.86	1.07	
		1		临时便道的修建与维护	km	0.060	176755	2945916.67		
		2		临时电力线路	km	0.500	30633	61266.00		
		3		拌合站设置	座	1.000	786800	786800.00		
	二			路基工程	km	17.640	57236185	3244681.69	61.51	
		1		场地清理	km	17.640	891228	50523.13		
			1	清理与掘除	m²	196304.000	891228	4.54		
				1 清除表土	m³	68796.000	891228	12.95		
		2		挖方	m³	1606876.000	26082346	16.23		
			1	挖土方	m³	1120313.000	11477227	10.24		
				1 挖路基土方	m³	1120313.000	11477227	10.24		
			2	挖石方	m³	486563.000	14605119	30.02		
				1 挖路基石方	m³	486563.000	14605119	30.02		
		3		填方	m³	1482050.000	9899118	6.68		
			1	路基填方	m³	1482050.000	9899118	6.68		
				1 土方填筑	m³	1028000.000	4777936	4.65		
				2 石方填筑	m³	328450.000	3790189	11.54		
				3 零填及挖方路基	m²	125600.000	268861	2.14		
				4 整修路基	m²	234965.000	1062132	4.52		
		4		防护与加固工程	km	17.640	20363494	1154393.08		
			1	人工铺草皮	m²	29000.000	200625	6.92		
			2	挡土墙	m³/m	71325.000	20162869	282.69		
				1 干砌片石挡土墙		11105.000	2889039	260.16		
				2 M7.5浆砌片石挡土墙	m³/m	60220.000	17273830	286.85		

编制：　　　　　　　　　　　　　　　　　　　　　　　　　　　　　　　　　　　　　复核：

人工、材料、机械台班数量汇总表

表 6.2

建设项目名称：×××公路工程
编制范围：×××公路工程

第 1 页 共 6 页 02 表

序号	规格名称	单位	总数量	临时工程	分项统计				辅助生产	其他	场外运输损耗	
					路基工程	路面工程	桥梁涵洞工程	公路设施及预埋管线工程			%	数量
1	人工	工日	272360	2813	142295	42905	13962	16	58917	11451		
2	机械工	工日	58601	455	46662	6796	407	0	4281			
3	原木	m³	177	6	162		9	0				
4	锯材木中板 δ=19～35	m³	129	0	93	11	25					
5	光圆钢筋直径10～14mm	t	14	0		2	12	0				
6	带肋钢筋直径15～24mm, 25mm以上	t	134			80	54					
7	钢绞线普通，无松弛	t	2				2					
8	波纹管钢带	t	0			0	0					
9	型钢	t	11	0		9	1	0				
10	钢板	t	1			0	0					
11	钢管	t	1	0			1					
12	空心钢纤	kg	7176		5464				1712			
13	φ50mm以内合金钻头	个	11839		9236				2603			
14	钢丝绳	t	0			0	0					
15	钢纤维	t	0			0	0					
16	电焊条	kg	101			42	58					
17	组合钢模板	t	6				6					
18	板式橡胶支座	t	1	0			1	0				
19	板式橡胶支座	dm³	20				20					
20	模数式伸缩缝	t	0			0	0					
21	钢绞线群锚（3孔）	套	32				32					
22	铁件	kg	2658	197		804	1649	7				
23	铁钉	kg	713		554		159					

编制： 复核：

建筑安装工程计算表

表 6.3

建设项目名称：×××公路工程
编制范围：×××公路工程

第 1 页 共 2 页　　03 表

序号	工程名称	单位	工程量	直接费（元） 人工费	材料费	机械使用费	合计	其他工程费	合计	间接费（元）	利润（元）费率 7.0%	税金（元）综合税率 3.41%	建筑安装工程费 合计（元）	单价（元）
1	2	3	4	5	6	7	8	9	10	11	12	13	14	15
1	临时便道的修建与维护	km	0.060	47169		84859	132028	5038	137066	23885	9976	5829	176755	2945909.83
2	临时电力线路	km	0.500	2412	21593		24005	1448	25453	2293	1876	1010	30633	61265.68
3	拌合站设置	座	1.000	144236	343747	115602	603584	31824	635408	79361	46086	25945	786800	786800.24
4	清除表土	m³	68796.000	40294		708342	748635	20573	769208	37279	55351	29389	891228	12.95
5	挖路基土方	m³	1120313.000	362988	1102230	9380478	9743466	245138	9988604	393353	716802	378468	11477227	10.24
6	挖路基石方	m³	486563.000	1371856		9460323	11934409	381916	12316325	918306	888876	481612	14605119	30.02
7	土方填筑	m³	1028000.000	212518		3734051	3946570	140157	4086727	236822	296832	157555	4777936	4.65
8	石方填筑	m³	328450.000	1414595		1280016	2694611	106517	2801127	660483	203595	124984	3790189	11.54
9	零填及挖方路基	m²	125600.000	8655		213980	222635	8175	230810	12397	16788	8866	268861	2.14
10	整修路基	m²	234965.000	641303	108010		672274	25609	697883	278435	50790	35024	1062132	4.52
11	人工铺草皮	m²	29000.000	40967		30971	148977	8989	157967	24398	11644	6616	200625	6.92
12	干砌片石挡土墙	m³/m	11105.000	742922	1342874	9440	2095237	126427	2221663	408342	163767	95268	2889039	260.16
13	M7.5浆砌片石挡土墙	m³/m	60220.000	4969438	7357244	28318	12355000	745501	13100501	2638032	965684	569614	17273830	286.85
14	20cm厚5%水泥稳定砂砾基层	m²	169344.000	85187	4917042	655232	5657461	271713	5929174	257361	430726	225649	6842910	40.41
15	厚24cmC30水泥混凝土路面	m²	158760.000	999929	8433900	1798849	11232678	582077	11814755	681025	847337	455000	13798117	86.91
16	路面钢筋	t	79.380	32820	287587	881	321289	15390	336679	23741	24331	13120	397871	5012.23
17	路肩	m³	23284.800	344980		68130	413109	24927	438036	158125	32289	21430	649881	27.91
18	路缘石	m³	4233.600	1493695	974020	19940	2487655	123238	2610893	685207	189845	118871	3604815	851.48
19	φ1.5m钢筋混凝土圆管涵	m/道	613.000	599973	586028	120162	1306163	76382	1382544	304796	101693	61006	1850038	3018.01
20	1-4×4m钢筋混凝土盖板涵	m/道	85.000	265435	351597	26339	643371	38203	681573	138999	50175	29693	900441	10593.42
21	基础	m³	214.000	19826	42659	9070	71555	4398	75953	11858	5604	3185	96600	451.40
22	桥台	m³	223.400	24720	65214	15828	105763	6098	111861	15240	8220	4614	139935	626.39
23	上部构造	m³	54.400	20050	73086	10322	103458	5572	109030	12546	7962	4417	133954	2462.39

编制：　　　　　　　　　　　　　　　　　　　复核：

人工、材料、机械台班单价汇总表

表 6.4

建设项目名称：×××公路工程
编制范围：×××公路工程

第 1 页 共 3 页　　　　　　　　07 表

序号	名　　称	单位	代号	预算单价（元）	备注	序号	名　　称	单位	代号	预算单价（元）	备注
1	人工	工日	1	68.91		26	铸铁管	kg	682	2.00	
2	机械工	工日	2	68.91		27	橡皮线	m	713	6.16	
3	原木	m³	101	635.50		28	油漆	kg	732	12.32	
4	锯材木中板 δ=19～35	m³	102	964.53		29	桥面防水涂料	kg	735	6.20	
5	光圆钢筋直径10～14mm	t	111	3530.10		30	土工布	m²	770	9.71	
6	带肋钢筋直径15～24mm,25mm以上	t	112	3509.60		31	玻璃纤维布	m²	771	2.40	
7	波纹管普通，无松池	m	125	6500.00		32	塑料波纹管（φ100mm）	m	786	14.00	
8	钢绞线普通钢带	t	151	6350.00		33	油毛毡	m²	825	3.13	
9	型钢	t	182	4944.60		34	32.5级水泥	t	832	335.88	
10	钢纹纹管	t	183	5047.10		35	42.5级水泥	t	833	377.29	
11	钢管	t	191	5610.00		36	硝铵炸药	kg	841	7.21	
12	空心钢纤	kg	212	5.15		37	导火线	m	842	0.92	
13	φ50mm以内合金钻头	个	213	30.75		38	普通雷管	个	845	0.82	
14	钢丝绳	t	221	5853.00		39	石油沥青	t	851	4432.10	
15	钢纤维	t	225	4340.00		40	重油	kg	861	2.80	
16	电焊条	kg	231	5.16		41	汽油	kg	862	5.93	
17	钢板	t	271	5970.00		42	柴油	kg	863	5.27	
18	组合钢模板	t	272	4165.24		43	煤	t	864	294.01	
19	板式橡胶支座	dm³	402	80.00		44	电	kw-h	865	0.55	
20	模数式伸缩缝	套	541	43100.00		45	水	m³	866	0.50	
21	钢绞线群锚（3孔）	套	572	105.00		46	青（红）砖	千块	877	319.26	
22	铁件	kg	651	4.95		47	砂	m³	897	75.65	
23	铁钉	kg	653	4.95		48	中（粗）砂	m³	899	75.65	
24	8～12号铁丝	kg	655	4.94		49	砂砾	m³	902	81.58	
25	20～22号铁丝	kg	656	4.94		50	黏土	m³	911	24.82	

编制：　　　　　　　　　　　　　　　　　　　　　　复核：

机械台班单价计算表

建设项目名称：×××公路工程
编制范围：×××公路工程

表 6.5
第 1 页共 3 页
11 表

序号	定额号	机械规格名称	台班单价（元）	不变费用（元）			可变费用（元）												合计
				调整系数：1.0		机械工 68.91元/工日	重油 2.8元/kg		汽油 5.93元/kg		柴油 5.27元/kg		煤 294.01元/t		电 0.55元/kW·h		水 0.5元/m³		木柴 0.49元/kg	养路费及车船税	
				定额	调整值	定额 费用	定额	费用	定额	费用	定额	费用	定额	费用	定额	费用	定额	费用	定额 费用		
1	1003	75kW以内履带式推土机	672.65	245.140	245.14	2.000 137.82					54.970 289.69										427.51
2	1004	90kW以内履带式推土机	793.46	311.140	311.14	2.000 137.82					65.370 344.50										482.32
3	1006	135kW以内履带式推土机	1259.29	604.690	604.69	2.000 137.82					98.060 516.78										654.60
4	1027	0.6m³履带式单斗挖掘机	553.12	219.840	219.84	2.000 137.82					37.090 195.46										333.28
5	1035	1.0m³履带式单斗挖掘机	889.04	411.150	411.15	2.000 137.82					64.530 340.07										477.89
6	1037	2.0m³履带式单斗挖掘机	1479.04	855.380	855.38	2.000 137.82					92.190 485.84										623.66
7	1048	1.0m³轮胎式装载机	442.51	112.920	112.92	1.000 68.91					49.030 258.39									2.29	329.59
8	1050	2.0m³轮胎式装载机	763.20	200.440	200.44	1.000 68.91					92.860 489.37									4.48	562.76
9	1051	3.0m³轮胎式装载机	991.80	241.360	241.36	2.000 137.82					115.150 606.84									5.78	750.44
10	1057	120KW以内平地机	984.43	408.050	408.05	2.000 137.82					82.130 432.83									5.73	576.38
11	1058	150KW以内平地机	1164.89	503.440	503.44	2.000 137.82					98.270 517.88									5.75	661.45
12	1075	6～8t光轮压路机	278.35	107.570	107.57	1.000 68.91					19.330 101.87										170.78
13	1076	8～10t光轮压路机	308.67	117.500	117.50	1.000 68.91					23.200 122.26										191.17
14	1077	10～12t光轮压路机	393.43	146.870	146.87	1.000 68.91					33.710 177.65										246.56
15	1078	12～15t光轮压路机	446.45	164.320	164.32	1.000 68.91					40.460 213.22										282.13
16	1083	0.6t手扶式振动碾	122.61	38.100	38.10	1.000 68.91					2.960 15.60										84.51
17	1088	15t以内振动压路机	840.74	315.050	315.05	2.000 137.82					73.600 387.87										525.69
18	1094	夯击功200～620N·m	18.62	9.080	9.08											17.340 9.54					9.54
19	1159	200t/h以内稳定土厂拌设备	895.12	400.820	400.82	4.000 275.64										397.570 218.66					494.30
20	1160	300t/h以内稳定土厂拌设备	1028.04	455.640	455.64	4.000 275.64										539.560 296.76					572.40
21	1165	9.5m稳定土摊铺机	1963.81	1373.090	1373.09	2.000 137.82					85.940 452.90										590.72
22	1193	4000L以内沥青洒布车	453.57	179.140	179.14	1.000 68.91			34.280 203.28											2.24	274.43

编制：   复核：

第七章 城市道路设计

城市道路的平面设计受路网布局、道路规划红线宽度和沿街已有建筑物位置等因素约束,同时城市道路地形相对比较平坦,纵断面设计容易解决。但城市道路交通组织相对比较复杂,需要在横断面的布置设计中考虑机动车、非机动车和行人交通问题,因此城市设计一般先进行横断面设计,然后依次进行平面设计和纵断面设计。

第一节 基 本 规 定

一、道路分级

城市道路按道路在道路网中的地位、交通功能、对沿线的服务功能等,分为快速路、主干路、次干路和支路四个等级,并符合如下要求:

1) 快速路应设中央分隔、全部控制出入、控制出入口间距及形式,应实现交通连续通行,单向设置不应少于两条车道,并应设有配套的交通安全与管理设施。快速路两侧不应设置吸引大量车流、人流的公共建筑物的出入口。

2) 主干路应连接城市各主要分区,应以交通功能为主。主干路两侧不宜设置吸引大量车流、人流的公共建筑物的出入口。

3) 次干路应与主干路结合组成干路网,应以集散交通的功能为主,兼有服务功能。

4) 支路宜与次干路和居住区、工业区、交通设施等内部道路相连接,应解决局部地区交通,以服务功能为主。

二、设计速度

各等级道路设计速度应符合表 7.1 所示。

各级道路的设计速度 表 7.1

道路等级	快速路			主干路			次干路			支路		
设计速度(km/h)	100	80	60	60	50	40	50	40	30	40	30	20

快速路和主干路的辅路设计速度宜为主路的 0.4~0.6 倍;

在立体交叉范围内,主路设计速度应与路段一致,匝道及集散车道设计速度宜为主路的 0.4~0.7 倍;

平面交叉口内的设计速度宜为路段的 0.5~0.7 倍。

三、设计车辆

城市道路上行驶的机动车辆尺寸符合表 7.2 的规定,非机动车设计车辆的外廓尺寸应符合表 7.3 的规定。

机动车设计车辆及其外轮廓尺寸　　　　　　表 7.2

车辆类型	总长（m）	总宽（m）	总高（m）	前悬（m）	轴距（m）	后悬（m）
小客车	6	1.8	2.0	0.8	3.8	1.4
大型车	12	2.5	4.0	1.5	6.5	4.0
铰接车	18	2.5	4.0	1.7	5.8+6.7	3.8

注：1. 总长：车辆前保险杠至后保险杠的距离；
　　2. 总宽：车厢宽度（不包括后视镜）；
　　3. 总高：车厢顶或装载顶至地面的高度；
　　4. 前悬：车辆前保险杠至前轴轴中线的距离；
　　5. 轴距：双轴车时，为从前轴中线到后轴轴中线的距离；铰接车时分别为前轴轴中线至中轴轴中线、中轴轴中线至后轴轴中线的距离；
　　6. 后悬：车辆后保险杠至后轴轴中线的距离。

非机动车设计车辆及其外廓尺寸　　　　　　表 7.3

车辆类型	总长（m）	总宽（m）	总高（m）
自行车	1.93	0.60	2.25
三轮车	3.40	1.25	2.25

注：1. 总长：自行车为前轮前缘至后轮后缘的距离；三轮车为前轮前缘至车厢后缘的距离；
　　2. 总宽：自行车为车把宽度；三轮车为车厢宽度；
　　3. 总高：自行车为骑车人骑在车上时，头顶至地面的高度；三轮车为载物顶至地面的高度。

四、道路建筑限界

道路建筑限界应为道路上净高线和道路两侧侧向净宽边线组成的空间界线。其中，顶角抹角宽度（E）不应大于机动车道或非机动车道的侧向净宽（W_1），如图 7.1 所示。

道路建筑限界内不得有任何物体侵入。

道路最小净高应符合表 7.4 的规定。

道路最小净高　　　　　　表 7.4

道路种类	行驶车辆类型	最小净高（m）
机动车道	各种机动车	4.5
机动车道	小客车	3.5
非机动车道	自行车、三轮车	2.5
人行道	行人	2.5

如果设计的道路需要通行无轨电车、有轨电车、双层客车等其他特种车辆的道路，最小净高应满足车辆通行的要求。

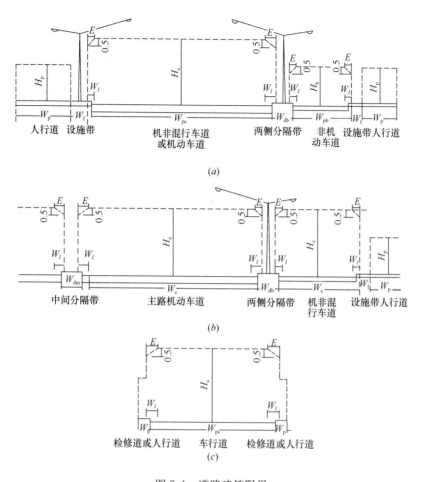

图 7.1　道路建筑限界

（a）无中间分隔带；（b）有中间分隔带；（c）隧道内

W_p—人行道宽度；H_p—人行道最小净高；W_f—设施带宽度；W_l—侧向净宽；

W_{pc}—机动车道或机非混行车道的路面宽度；H_c—机动车车行道最小净高；

W_{db}—两侧分隔带宽度；W_{pb}—非机动车道的路面宽度；

H_b—非机动车车行道最小净高；W_{dm}—中间分隔带宽度；

W_c—机非混行车道宽度；E—顶角抹角宽度

第二节　横 断 面 设 计

一、横断面设计要求

1）横断面设计应在规划红线的宽度范围内合理布设。横断面形式、布置、各组成部分尺寸及比例应按道路等级、计算行车速度、机动车、非机动车和人行流量综合考虑，满足绿化、排水、管线及交通设施布设的要求，保障车辆和人行交通的安全畅通。

2）横断面设计应满足远期交通功能需要。分期修建时应近远期结合，使近期工程成为远期工程的组成部分，应预留管线位置，控制道路用地，给远期实施留有余地。

3）改建道路应采取工程措施与道路交通管理相结合的方法布设横断面。以提高道路通行能力和保障交通安全。

二、横断面布置形式与选择

（一）横断面布置形式

城市道路横断面布置可分为单幅路、两幅路、三幅路、四幅路的断面，即是俗称的一块板、两块板、三块板、四块板，另外尚有特殊形式的断面。

各类断面的示意如图 7.2 所示。

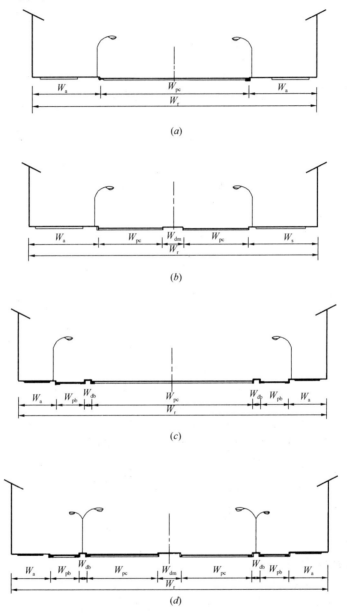

图 7.2 横断面形式

(a) 单幅路；(b) 两幅路；(c) 三幅路；(d) 四幅路

W_r—红线宽度；W_a—路侧带宽度；W_{pb}—非机动车道的路面宽度；
W_{db}—两侧分隔带宽度；W_{pc}—机动车道或机非混行车道的路面宽度；W_{dm}—中间分隔带宽度

(二) 横断面形式选择

1) 当快速路两侧设置辅路时，应采用四幅路；当两侧不设置辅路时，应采用两幅路。
2) 主干路宜采用四幅路或三幅路；次干路宜采用单幅路或两幅路，支路宜采用单幅路。
3) 对设置公交专用车道的道路，横断面布置应结合公交专用车道位置和类型全断面综合考虑，并应优先布置公交专用车道。
4) 同一条道路宜采用相同形式的横断面。当道路横断面变化时，应设置过渡段。

三、横断面组成与设计

城市道路横断面宜由机动车道、非机动车道、人行道、分隔带、设施带、绿化带等组成，特殊断面还可包括应急车道、路肩和排水沟等。

(一) 机动车道设计

1. 路段上机动车道通行能力计算

路段中一条车道的通行能力，可按车头间距和车头时距两种方法来计算。在计算时，应考虑影响通行能力的各种因素，如车道数、交叉口、行人的干扰和车道宽度等。

快速路及其他等级路基本路段一条车道的通行能力应符合表 7.5、7.6 的规定。

快速路基本路段一条车道的通行能力　　　表 7.5

设计速度（km/h）	100	80	60
基本通行能力（pcu/h）	2200	2100	1800
设计通行能力（pcu/h）	2000	1750	1400

其他等级道路路段一条车道的通行能力　　　表 7.6

设计速度（km/h）	60	50	40	30	20
基本通行能力（pcu/h）	1800	1700	1650	1600	1400
设计通行能力（pcu/h）	1400	1350	1300	1300	1100

2. 机动车车行道宽度

机动车道路面宽度应包括车行道宽度及两侧路缘带宽度，单幅路及三幅路采用中间分隔物或双黄线分隔对向交通时，机动车道路面宽度还应包括分隔物或双黄线的宽度。

机动车道宽度应符合表 7.7 的规定。

一条机动车道最小宽度　　　表 7.7

车型及车道类型	设计速度（km/h）	
	>60	≤60
大型车或混行车道（m）	3.75	3.50
小客车专用车道（m）	3.50	3.25

(二) 非机动车道设计

非机动车道主要是专供自行车、平板车和三轮车等非机动车行驶。在具备条件的大城市，宜考虑规划专用的非机动车道路系统，交通组织和横断面布置应尽可能和机动车分流行驶。

1. 非机动车道通行能力计算

非机动车的通行可按车头间距或车头时距两种方法来计算，一般以自行车为主要车辆验算。

不受平面交叉口影响的一条自行车道的路段设计通行能力，当有机非分隔设施时，应取 1600~1800veh/h；当无分隔时，应取 1400~1600veh/h。

受平面交叉口影响的一条自行车道的路段设计通行能力，当有机非分隔设施时，应取 1000~1200veh/h；当无分隔时，应取 800~1000veh/h。

信号交叉口进口道一条自行车道的设计通行能力可取为 800~1000veh/h。

2. 非机动车道宽度

非机动车道宽度如表 7.8 所示。

一条非机动车道宽度　　　　　　　　　　　　　　表 7.8

车辆种类	自行车	三轮车
非机动车道宽度（m）	1.0	2.0

与机动车道合并设置的非机动车道，车道数单向不应小于 2 条，宽度不应小于 2.5m。

非机动车专用道路宽度应包括车道宽度及两侧路缘带宽度，单向不宜小于 3.5m，双向不宜小于 4.5m。

（三）路侧带设计

路侧带指道路外侧部分，可由人行道、绿化带、设施带中的一种或多种组成。

1. 人行道设计

城市交通主要是由车辆和行人交通两部分组成，人行道是城市道路上的重要组成部分，人行道的主要功能是供行人步行交通，其次是供植树、立杆、布置阅报栏等设施，其地下空间可用来埋设地下管线。

1）人行道和横坡的确定

根据人行道的功能，人行道的总宽度应由行人步行道宽度和种植绿化、布设地面杆柱、设置橱窗报栏等组成；此外还应考虑在行人道地下埋设地下管线所需要的宽度。一般道路人行道两侧内缘 1.5m 或 1m 宽度范围内种植行道树。

为保证交通安全，人、车互不干扰，人行道一般应高出车行道 0.15m 左右。其横坡一般都采用直线型向侧石方向倾斜。为提高排水效果，人行道横坡采用 2%。

2）人行道的布置

人行道在道路横断面上的布置一般都对称布置在街道的两侧，但在受地形、地物限制或有其他特殊情况时，也可做不等宽布置。

3）人行道通行能力确定

人行道的基本通行能力和设计通行能力应符合表 7.9 的规定。

人行设施基本通行能力和设计通行能力　　　　　　　　　　表 7.9

人行设施类型	基本通行能力	设计通行能力
人行道，人/（h·m）	2400	1800~2100

4）人行道宽度

人行道宽度必须满足行人安全顺畅通过的要求，并应设置无障碍设施。人行道最小宽度应符合表 7.10 的规定。

人行道最小宽度 表 7.10

项目	人行道最小宽度（m）	
	一般值	最小值
各级道路	3.0	2.0
商业或公共场所集中路段	5.0	4.0
火车站、码头附近路段	5.0	4.0
长途汽车站	4.0	3.0

2. 绿化带设计

绿化带的宽度应符合现行行业标准《城市道路绿化规划与设计规范》CJJ 75 的相关要求。

3. 设施带设计

设施带宽度应包括设置护栏、照明灯柱、标志牌、信号灯、城市公共服务设施等的要求，各种设施布局应综合考虑。设施带可与绿化带结合设置，但应避免各种设施与树木间的干扰。

（四）分车带设计

分车带按其在横断面中的不同位置及功能，可分为中间分隔带（简称中间带）及两侧分隔带（简称两侧带），分车带由分隔带及两侧路缘带组成。分车带最小宽度应符合表 7.11 的规定。

分车带最小宽度 表 7.11

类别		中间带		两侧带	
设计速度（km/h）		≥60	<60	≥60	<60
路缘带宽度（m）	机动车道	0.50	0.25	0.50	0.25
	非机动车	—	—	0.25	0.25
安全带宽度 W_{sc}（m）	机动车道	0.25	0.25	0.25	0.25
	非机动车	—	—	0.25	0.25
侧向净宽 W_l（m）	机动车道	1.00	0.50	0.75	0.50
	非机动车	—	—	0.50	0.50
分隔带最小宽度（m）		1.50	1.50	1.50	1.50
分车带最小宽度（m）		2.50	2.00	2.50（2.25）	2.00

注：1. 侧向净宽为路缘带宽度与安全带宽度之和；
  2. 两侧带分隔带宽度中，括号外为两侧均为机动车道时取值；括号内数值为一侧为机动车道，另一侧为非机动车道时的取值；
  3. 分隔带最小宽度值系按设施带宽度为 1m 考虑的，具体应用时，应根据设施带实际宽度确定。

（五）路拱、横坡及缘石

1. 车行道路拱

车行道路拱的形状，一般多采用双向坡面，由路中央向两边倾斜，形成路拱。路拱的基本形式有抛物线形、直线接抛物线形和折线形。

在设计城市道路横断面时,应根据车行道宽度、横坡度、路面结构类型、排水和交通等要求来选择路拱。

2. 车行道路拱的横坡度

为了排水的需要,车行道的路拱应有一定的横坡度。路拱坡度的确定,应以有利于路面排水顺畅和保证行车安全、平稳为原则。道路横坡应根据路面宽度、路面类型、纵坡及气候条件确定,宜采用 1.0%～2.0%。快速路及降雨量大的地区宜采用 1.5%～2.0%;严寒积雪地区、透水路面宜采用 1.0%～1.5%。保护性路肩横坡度可比路面横坡度加大 1.0%。

单幅路应根据道路宽度采用单向或双向路拱横坡;多幅路应采用由路中线向两侧的双向路拱横坡;人行道宜采用单向横坡。

3. 缘石

缘石应设置在中间分隔带、两侧分隔带及路侧带两侧,缘石可分为立缘石和平缘石。

立缘石宜设置在中间分隔带、两侧分隔带及路侧带两侧。当设置在中间分隔带及两侧分带时,外露高度宜为 15～20cm;当设置在路侧带两侧时,外露高度宜为 10～15cm。

平缘石宜设置人行道与绿化带之间,以及有无障碍要求的路口或人行横道范围内。

第三节 平 面 设 计

一、平面设计要求

1) 道路平面位置应按城市总体规划道路网布设,即平面设计应遵循城市道路网规划。

2) 道路平面线形设计应与地形、地质、水文等结合起来进行,并应符合各类各级道路的技术指标。

3) 道路平面设计应处理好直线与平曲线的衔接,合理地设置缓和曲线和曲线超高、加宽等,合理地确定行车视距并予以适当的保证措施。

4) 应根据道路类别、等级,合理地设置交叉口、沿线建筑物出入口、停车场出入口、分隔带、公共交通停靠站位置等。

5) 平面线形标准需分期实施时,应满足近期使用要求,兼顾远期发展,使远期工程尽可能减少对前期工程的废弃。

二、平面设计标准

城市道路的平面设计标准主要是圆曲线半径和缓和曲线长度。确定圆曲线半径应结合道路的等级、设计速度、地形和地物。城市道路平面设计标准如表 7.12～表 7.15 所示。

圆曲线最小半径　　　　　　　　表 7.12

设计速度（km/h）		100	80	60	50	40	30	20
不设超高最小半径（m）		1600	1000	600	400	300	150	70
设超高最小半径（m）	一般值	650	400	300	200	150	85	40
	极限值	400	250	150	100	70	40	20

注:"一般值"为正常情况下的采用值;"极限值"为条件受限时,可采用的值。

平曲线与圆曲线最小长度　　　　　　　　　　　表 7.13

设计速度（km/h）		100	80	60	50	40	30	20
平曲线最小长度（m）	一般值	260	210	150	130	110	80	60
	极限值	170	140	100	85	70	50	40
圆曲线最小长度（m）		85	70	50	40	35	25	20

缓和曲线最小长度　　　　　　　　　　　表 7.14

设计速度（km/h）	100	80	60	50	40	30	20
缓和曲线最小长度（m）	85	70	50	45	35	25	20

注：当设计速度小于 40km/h 时，缓和曲线可采用直线代替。

不设缓和曲线的最小圆曲线半径　　　　　　　　　　　表 7.15

设计速度（km/h）	100	80	60	50	40
不设缓和曲线的最小圆曲线半径（m）	3000	2000	1000	700	500

当圆曲线半径小于或等于 250m 时，应在圆曲线内侧加宽，并应设置加宽缓和段。

当圆曲线半径小于表 7.15 中不设超高最小半径时，在圆曲线范围内应设超高。最大超高横坡度应符合表 7.16 的规定。当由直线段的正常路拱断面过渡到圆曲线上的超高断面时，必须设置超高缓和段。

最大超高横坡度　　　　　　　　　　　表 7.16

设计速度（km/h）	100，80	60，50	40，30，20
最大超高横坡度（%）	6	4	2

三、平面设计

城市道路的平面设计，是在城市干道系统规划的基础上，通过道路定线和详细的平面设计进行的。城市道路的平面设计，就是要把道路的走向及其位置确定下来。由于城市道路在设计中会涉及城市交通、建筑、地上或地下管线、绿化、照明以及各种构造物的影响，因此，设计时必须综合分析各种因素，合理设计平面。平面设计的主要内容包括：平曲线半径的选定和曲线与直线的衔接，导线要素计算，行车视距计算及弯道内侧障碍物的清除，沿线桥梁、道口、交叉口和广场的平面布置，道路绿化和照明布置，停车场（站）和汽车加油站等公用设施的布置；最后将上述设计内容，绘制成一定比例的平面设计图。在完成平面设计以后，要绘制平面设计图。城市道路平面设计图的绘制是在道路中心线具体位置已确定，横断面各组成部分宽度设计和纵断面设计已完成或接近完成的基础上进行的。在实际工作中，因为平、纵、横三者的设计内容相互联系、相互制约，故往往需要结合在一起考虑，在设计工作中可能需要反复修改。在平面设计图上，应把有关的设计内容清楚地绘上。在作技术设计时，比例尺一般采用 1：500～1：1000。平面设计图上应标明的主要内容有：

（1）沿线的里程桩号、平曲线的各项要素；
（2）路中心线，远、近期的规划红线，车行道线，人行道线，人行横道线；
（3）停车场、绿带、分隔带（墩）、行道树、各种交通岛；

(4) 各种地上、地下管线的走向和位置；
(5) 沿街建筑及出入口的位置、雨水进水口、井等；
(6) 交叉口处交叉口的交角以及交叉口缘石转弯半径等；
(7) 绘出指北针，并附图例和比例尺；
(8) 在图中的适当位置作一些简要的工程说明。如工程范围、起讫点、采用的坐标体系、设计标高和水准点的依据以及某些重要建筑物出入口的处理等情况。

四、视距

视距应符合下列规定：

1) 停车视距应大于或等于表 7.17 规定的，积雪或冰冻地区的停车视距宜适当增长。
2) 当车行道上对向行驶的车辆有会车可能时，应采用会车视距，其值应为在表 7.17 中停车视距的两倍。
3) 对货车比例较高的道路，应验算货车的停车视距。
4) 对设置平纵曲线可能影响行车视距路段，应进行视距验算。

停车视距 表 7.17

设计速度（km/h）	100	80	60	50	40	30	20
停车视距（m）	160	110	70	60	40	30	20

第四节 纵断面设计

一、纵断面设计要求

1) 纵坡设计必须满足《城市道路工程设计规范》CJJ 37—2012 的有关规定。
2) 为保证车辆能以一定速度安全顺利行驶，纵坡应具有一定的平顺性，起伏不宜过大和过于频繁。
3) 纵坡设计应对沿线地形、地下管线、地质、水文、气候和排水等因素综合考虑，视具体情况合理处理道路、管线、地下水位等的高程关系，保证道路路基的稳定性与强度。
4) 一般情况下，道路纵坡设计应考虑路基工程的填、挖方平衡，尽量使挖方运作就近路段填方，以减少借方和废方量，从而降低工程造价和节省道路用地。
5) 对于连接路段纵坡，如大、中桥引道及隧道两段接线等，纵坡应和缓，避免产生突变，否则会影响行车的平顺性和视距。另外，在交叉口前后的道路纵坡也应平缓一些，一是考虑安全，二是考虑交叉口竖向设计。
6) 在实地调查的基础上，城市道路应充分考虑管线综合、沿街建筑地坪标高的要求。

二、纵坡值与坡长

最大纵坡是指在纵坡设计时各级道路允许采用的最大坡度值。它是道路纵断面设计的重要控制指标，在地形起伏较大地区，直接影响路线的长短、使用质量、运输成本及造价。城市道路机动车道最大纵坡见表 7.18。

机动车最大纵坡　　　　　　　　　　　　　　　　表 7.18

设计速度（km/h）		100	80	60	50	40	30	20
最大纵坡（％）	一般值	3	4	5	5.5	6	7	8
	极限值	4	5	6		7	8	

注：1. 新建道路应采用小于或等于最大纵坡一般值；改建道路受地形条件或其他特殊情况限制时，可采用最大纵坡极限值；
　　2. 除快速路外的其他等级道路，受地形条件或其他特殊情况限制时，经技术经济论证后，最大纵坡极限值可增加 1.0％；
　　3. 积雪或冰冻地区的快速路最大纵坡不应大于 3.5％，其他等级道路最大纵坡不应大于 6.0％。

道路最小纵坡不应小于 0.3％；当遇特殊困难纵坡小于 0.3％时，应设置锯齿形边沟或采取其他排水设施。

最小坡长限制，最小坡长的限制主要是从汽车行驶平顺性和行车安全的要求考虑的，如果坡长过短，使道路纵向变坡点增多，汽车行驶在连续起伏路段产生的超重与失重的变化频繁，导致乘客感觉不舒适，车速越高越感突出。其次，从缓坡的加速（上坡）和减速（下坡）功能的发挥来看，坡长太短则作用不大。最后从路容美观、相邻两竖曲线的设置和纵断面视距等方面来看，也要求坡长必须具有一定的最小长度。道路最小坡长见表 7.19。

最小坡长　　　　　　　　　　　　　　　　表 7.19

设计速度（km/h）	100	80	60	50	40	30	20
最小坡长（m）	250	200	150	130	110	85	60

道路纵坡的大小及其坡长对汽车正常行驶影响很大。纵坡越陡，坡长越长，对行车影响也越大。主要表现在：①使行车速度显著下降，甚至要换较低排档克服坡度阻力；②容易使汽车水箱"开锅"，导致汽车爬坡无力，甚至熄火；③下坡行驶制动次数频繁，易使制动器发热而失效，甚至造成车祸。事实上，影响最大坡长的因素很多，比如海拔高度、装载量、油门开启程度、滚动阻力系数及档位等，要从理论上确切计算由希望速度到允许速度的最大坡长是困难的，必须结合试验和调查资料综合研究后确定。最大坡长如表 7.20 所示。

最大坡长　　　　　　　　　　　　　　　　表 7.20

设计速度（km/h）	100	80	60			50			40		
纵坡（％）	4	5	6	6.5	7	6	6.5	7	6.5	7	8
最大坡长（m）	700	600	400	350	300	350	300	250	300	250	200

非机动车道纵坡宜小于 2.5％；当大于或等于 2.5％时，纵坡最大坡长应符合表 7.21 的规定。

在设有超高的平曲线上，超高横坡度与道路纵坡度的合成坡度应小于或等于表 7.22 的规定。

非机动车道最大坡长　　　　　　　　　　　　　　　　表 7.21

纵坡（%）		3.5	3.0	2.5
最大坡长（m）	自行车	150	200	300
	三轮车	—	100	150

合成坡度　　　　　　　　　　　　　　　　　　　　表 7.22

设计速度（km/h）	100，80	60，50	40，30	20
合成坡度（%）	7.0	7.0	7.0	8.0

注：积雪或冰冻地区道路的合成坡度应小于或等于6.0%。

三、竖曲线设计

1. 竖曲线设计标准

各级道路纵坡变化处应设置竖曲线，竖曲线宜采用圆曲线，竖曲线最小半径与竖曲线最小长度应符合表 7.23 规定。一般情况下应大于或等于一般值；特别困难时可采用极限值。

竖曲线最小半径与竖曲线最小长度　　　　　　　　　表 7.23

设计速度（km/h）		100	80	60	50	40	30	20
凸形竖曲线（m）	一般值	10000	4500	1800	1350	600	400	150
	极限值	6500	3000	1200	900	400	250	100
凹形竖曲线（m）	一般值	4500	2700	1500	1050	700	400	150
	极限值	3000	1800	1000	700	450	250	100
竖曲线长度（m）	一般值	210	170	120	100	90	60	50
	极限值	85	70	50	40	35	25	20

2. 竖曲线计算

参看第二章第四节。

四、纵断面设计

城市道路纵断面设计的主要内容和纵断面图的绘制基本与公路相似，所不同的主要是：

1）在设计纵断面时，需要考虑的控制点较多，主要包括：城市桥梁标高、跨越铁路的跨线桥标高、交叉口标高、铁路道口标高、沿街永久建筑物的地坪标高、最高洪水位等。

2）应与相交道路、街坊、广场和沿街永久建筑物的出入口有平顺的衔接。

3）设计的最大纵坡不得超过规定值。考虑非机动车的爬坡能力，机动车和非机动车混合行驶或非机动车道的最大纵坡应不大于3%；最小纵坡应满足排水要求，一般不小于0.3%，否则，应作特殊排水设计。

4）在非机动车较多的干道上设置跨河或跨线桥，应充分考虑非机动车的爬坡能力，桥上纵坡与桥头引道纵坡不宜大于3%，用较大的纵坡，其坡长也宜短些。在桥头两端，最好布置有一定长度的缓坡段。

5）道路纵断面的设计标高应保证管线的最小覆土深度，管顶最小覆土深度一般不小于 0.7m；对于旧路改建，如必须降低原标高，则设计标高不宜定得太低，以防损坏路下的各种管线。

6) 在水文条件不良或地下水位很高的路段，应根据当地气候、土质、水文和路面结构等状况，考虑适当的路基高度；滨河路及受水浸淹的路基，一般应高出按一定洪水频率的计算水位 0.5m 以上。

7) 确定路中心线设计标高，必须考虑沿线两侧街坊的地坪标高。为保证道路及两侧街坊地面水的顺利排除，一般应使缘石顶面标高低于两侧街坊或建筑物的地坪标高。

8) 当设计纵坡小于最小纵坡时，在道路两侧应作街沟设计，并在图上绘制街沟纵断面图和雨水进出口的布置。

9) 在设计线上，必须标出两侧永久建筑物的地坪标高，它必须高于相应的路面设计标高。

第五节 城市道路附属设施设计

一、港湾式公交车站设计

港湾式公交车站是保证公交车在泊车过程机动车流（或机非混行车流）能够通畅和行人安全而设置的公交停靠站形式。

1. 港湾式公交车站的设置原则

依据《城市道路公共交通站、场、厂工程设计规范》CJJ/T 15—2011，中途站宜采用港湾式车站，快速路和主干道应采用港湾式车站。港湾式车站沿路缘向人行道侧呈等腰梯形的凹进不小于 3m，长度应规范 2.2.8 条计算，机动车应与非机动车隔离，站距宜为 500～800m，市中心区站距宜取下限值，城市边缘区宜取上限值。

依据《城市交叉口设计规程》CJJ 152—2010 公交车站应设置在交叉口出口道。改建交叉口设置困难时，可将直行或右转公交车线路的停靠站设在进口道。

2. 港湾式公交车站的设计

依据《城市交叉口设计规程》CJJ 152—2010 4.4.8 条，港湾式公交车站应符合以下规定：

1) 停靠站候车站台的高度宜为 0.15～0.2m；站台宽度不应小于 2.0m，条件受限时，不得小于 1.5m。

2) 停靠站候车站台的长度可按照下式确定：

$$L_b = n(l_b + 2.5) \tag{7-1}$$

式中 L_b——停靠站台长度（m）；

n——需要同时停靠的车辆数，无实测数据时取 n=公交车线路数量+1；

l_b——单辆公交车长度，一般为 15m～20m。

3) 停靠站车道宽度应为 3.0m，条件限制时不应小于 2.75m；公交车道与相邻车道之间应设置专用标线。

公交车站平面布置及尺寸如图 7.3 所示。

二、管线及排水设计

1. 城市道路地上杆线的布置

地上杆线一般设置在人行道和分隔带上，为确保居民安全和架空电缆的正常使用，地上杆线须按规定进行合理布置。布置要求如下：

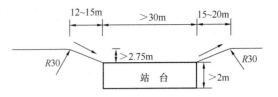

图 7.3　港湾式停靠站

（1）电力杆线和电信杆线，一般应分别架设在道路的两侧，而与同类的地下电缆位于道路同侧；没有可靠的安全措施保证，不允许电信与电力线合杆架设。通常安排路南侧的人行道下为电力电缆管线，北侧非机动车道下为电信管线。

（2）沿路架设的架空电线应与地面保持一定的净空高度。

（3）穿过街道和广场的架空线（除电车线外）距地面的净空高度应不小于 8.0m；高压电缆应有防护设备，在架空电线互相交叉时，应保持一定的垂直距离，如是高压电线至少要离开 2.0~3.0m。

（4）架空电线应与建筑物保持一定的水平距离，靠近建筑物的架空电缆（明线）距建筑物突出部分的水平距离一般不小于 1.0m；高压电力线与建筑物之间的水平距离应在 4.5m 以上；架空杆线距人行道侧石外缘为 0.75m；距离行道树和消防栓等均应有一定的距离。

（5）地上杆线必须结合道路的远期规划横断面进行布置，以尽量减少拆迁为原则。

2. 城市道路地下管线的布置

（1）地下管线应尽可能布置在人行道、非机动车道和绿带下面，翻修时较经济，不得已时才考虑将修理次数较少和埋置较深的管道（如污水、雨水等）安排在机动车道下面。

（2）地下管线应与道路中线或建筑红线平行敷设，并尽量避免横穿道路，必须横穿时应尽量与道路正交。为便于敷埋地下管线，管道线形以顺直为宜，不要多弯。

（3）地下管线应敷设在支管线较多的一边。但当道路总宽度在 60m 以上时，为了减少支管长度和避免分支管横穿马路，宜采用"双线布置"，即将全部管线或大部管线在道路两侧各设一套。采用双线布置时应与单边布置作经济技术比较后才能决定。

（4）地下管线的更新改造应与道路的新建、改建和维护改善工程紧密结合。道路在施工时，其他管网要及时配合埋设，施工时要做到先地下后地上，应避免路面修好后又重复挖路埋管，浪费人力物力。

（5）一般规定，侧石靠车行道一边 1.0m 和背面 0.4m 之内、乔木树干左右 1m 之内、距建筑物边缘 0.5~1.0m 之内、杆线基础之下，不应埋设任何管线。

（6）地下管线安排的次序，从建筑红线至路中心线依次为：①电力电缆；②电信电缆或电信管道；③煤气管道；④热力管道；⑤给水管道；⑥雨水管道；⑦污水管道。

（7）为了充分利用街道的地下空间，地下管线的布置应力求紧凑，但要保证一定的安全距离，该距离的大小取决于施工、检修、安全防护等要求。

（8）地下管线的埋设深度应大于各种管线的最小覆土深度，以满足荷载和冰冻深度等要求。常用管线的最小覆土深度见表 7.24。

（9）各种管线之间的埋设，应保持一定的水平净距和垂直净距。

（10）各类管线在平面或立面上发生冲突时，须根据具体情况，让某些管道迁就另一些大口径管线，能弯曲的管线迁就不能弯曲的管线，临时性管线迁就永久性管线等。

常用管线最小覆土深度　　　　　表 7.24

管道名称		最小覆土深度（m）	备注	管道名称		最小覆土深度（m）	备注
电信管道		0.7～0.8	埋在人行道下可减少 0.3m	煤气管	干煤气	0.9	
电信锌装管道		0.8			湿煤气	1.0	
电车电缆		0.7		给水管	管径≥500m	1.0	
电力电缆	1.0kV 以下	0.7			管径＜500m	0.7	
	20～35kV	1.0		雨水管		0.7	
热管道	直接埋在土中	1.0		污水管		0.7	
	在地道中敷设	0.8					

3. 城市道路排水设计

1) 排水设计原则

(1) 满足区域排水详细规划要求。

(2) 安排好控制点的高程，竖向在满足技术与其他管线交叉的条件下，尽量接近道路高程，使管道埋深尽可能小，以减少土石方量，降低工程造价，并为建成后的养护工作提供方便。

(3) 管道系统布置要符合地形趋势，宜顺坡排水，每段管道均应划给适宜的服务面积。汇水面积划分应依据明确的地形。

(4) 尽量避免或减少管道穿越不容易通过的地带和构筑物。

(5) 各种不同直径的管道在检查井内连接，一般采用管顶平接。

(6) 管道采用树状结构，分干管、支管。

2) 雨水管道设计技术标准

(1) 重力流管道，按漫流计算。

(2) 混凝土管粗糙系数 $n=0.013$。

(3) 最小设计流速为 0.075m/s。

(4) 最大设计流速为 5m/s。

(5) 最小管径为 300mm。

(6) 最小设计坡度为 2‰。

(7) 为保证管道不受外部荷载损坏，在车行道下最小覆土厚度为 0.7m。

(8) 管道接口：预应力混凝土管道采用胶圈接口，钢筋混凝土管道可采用。

(9) 管道基础：采用 C10 混凝土基础，无地下水时可在槽底老土上直接浇筑混凝土基础，有地下水时可在槽底铺卵石厚 10cm，然后在上面浇筑混凝土基础。

(10) 管材：因雨水管道均埋设在车行道下，所受外部荷载较大且作用频繁，故管材均宜采用预应力钢筋混凝土管道。

三、交通工程及设施设计

城市道路交通工程设计主要内容为：道路标线、标志牌及交通设施。

(一) 道路标线

道路交通标线，指在道路的路面上用线条、箭头、文字、立面标记、突起路标和轮廓标等向交通参与者传递引导、限制、警告等交通信息的标识。其作用是管制和引导交通,可以与标志配合使用,也可单独使用。

1. 交通标线分类

1) 道路交通标线按形态可分为以下四类:

(1) 线条,标画于路面、缘石或立面上的实线或虚线;

(2) 字符,标画于路面上的文字、数字及各种图形符号;

(3) 突起路标,固定于路面上,起标线作用的突起标记块,在高速公路或其他道路上用来标记中心线、车道分界线、边缘线,也可用来标记弯道、进出口匝道、导流标线、道路变窄、路面障碍物等;

(4) 轮廓标,指示道路的方向、车行道的边界,沿着公路前进的方向左、右侧对称连续设置。按设置条件,轮廓标可分为埋设于路面和附着式两种。

2) 道路交通标线按功能可分为以下三类:

(1) 指示标线,指示车行道、行车方向、路面边缘、人行道等设施的标线;

(2) 禁止标线,告示道路交通的遵行、禁止、限制等特殊规定,车辆驾驶人及行人需严格遵守的标线;

(3) 警告标线,促使车辆驾驶人及行人了解道路的特殊情况,提高警觉,准备防范或采取应变措施的标线。

2. 常用的交通标线

(1) 指示线条

(2) 导向箭头

导向箭头用以指示车辆的行驶方向。

(3) 文字、图案标记

常见的文字、图案标记为非机动车道标线。

(二) 道路标志

道路交通标志是用图形符号、颜色和文字向交通参与者传递特定信息,用于管理交通的设施。

1. 交通标志分类及形状

《道路交通标志和标线》GB 5768.2—2009 规定交通标志按照作用分为主标志和辅助标志两大类。

1) 主标志

(1) 警告标志:警告车辆、行人注意危险地点的标志;

(2) 禁令标志:禁止或限制车辆、行人交通行为的标志;

(3) 指示标志:指示车辆、行人行进的标志;

(4) 指路标志:传递道路方向、地点、距离信息的标志;

(5) 旅游区标志:提供旅游景点方向、距离的标志;

(6) 道路施工安全标志:通告道路施工区通行的标志;

2) 辅助标志,附设在主标志下,起辅助说明作用的标志。

2. 标志的形状及尺寸

1) 交通标志使用形状一般规则如下:

(1) 正等边三角形：用于警告标志；
(2) 圆形：用于禁令和指示标志；
(3) 倒等边三角形：用于"减速让行"禁令标志；
(4) 八角形：用于"停车让行"禁令标志；
(5) 叉形：用于"铁路平交道口叉形符号"警告标志；
(6) 方形：用于指路标志，部分警告、禁令和指示标志，旅游区标志，辅助标志，告示标志等。

2) 各形状标志的详细尺寸见《道路交通标志和标线》GB 5768.2—2009 第 3.8 条。

3. 交通标志的支撑方式

(1) 柱式

柱式支撑一般由单柱式和多柱式两种，其中多柱式常用两柱。

(2) 悬臂式

悬臂式是标志牌安装于悬臂上，标志下缘离地面的高度应大于该道路规定的高度。悬臂式支撑分单悬臂与双悬臂两种。

(3) 门架式

门架式支撑是标志牌安装在门架上，标志下缘离地面的高度应大于该道路规定的高度。

(三) 交通设施

城市道路常用的交通设施有：交通信号灯、分隔护栏。

1. 交通信号灯

交通信号灯分机动车道信号灯和人行横道信号灯两种，机动车道信号灯布置在机动车道上，指示行驶车辆的行驶和停止；人行道信号灯设置在人行道上，指示行人横穿道路。

(1) 机动车道信号灯，即是常说的"红绿灯"，通常设置在平交口出口端为入口端的机动车行驶或停止提供信号指示。机动车道信号灯采用的支撑方式有单柱式（用于低等级道路与低等级道路交叉口）、单悬臂式（用于次干道以上道路交叉口）以及双悬臂式（用于主干道以上的带专用右转机动车道的交叉口或者主干道以上道路）。

(2) 人行横道信号灯，主要设置在人行道上，靠近人行横道处，为来自道路对面的行人提供横穿道路的停、行信号。人行横道信号灯多采用单柱式支撑。

2. 分隔护栏

根据《城市道路交通设施设计规范》GB 50688—2011，城市道路双向六车道及以上的，当无中央分隔带且不设防撞护栏时，应在中间带设分隔护栏。栏杆净高不宜低于 1.10m；在有行人穿行的断口处，应逐渐降低护栏高度，且不高于 0.70m，降低后的长度不应小于停车视距；断口处应设置分隔柱。

对于双向四车道及以上的道路，机动车道和非机动车道为共板断面，路口功能区范围宜设非机动车和机动车分隔栏杆；在路口设置时，应避免设置分隔栏杆后妨碍转弯和掉头车辆的行驶；

对于非机动车和人行道为共板断面，宜在非机动车道和人行道之间设分隔栏杆；

对于非机动车道高于边侧地面有跌落危险时，应在非机动车道边侧设分隔栏杆；

人行道和绿地之间可视情况设置分隔栏杆；

交叉口人行道边缘、行人汇聚点的边缘可设置分隔柱。

3. 其他交通设施

除以上三种常见交通设施外，尚有防撞设施、隔离栅、防眩设施、声障屏、交通监控设施、服务设施等。

四、照明设计

1. 设计原则与规定

（1）道路及特殊地点应有照明设施，以保障交通安全、畅通，提高运输效率，防止犯罪活动，并对美化城市环境产生良好效果。

（2）道路照明设施应安全可靠、经济合理、节省能源、维修方便、技术先进。

（3）道路照明设计除执行本章规定外，还应符合国家和部门的现行有关标准或规范的规定。

2. 道路照明标准

（1）为保证道路照明质量，达到辨认可靠和视觉舒适的基本要求，道路照明应满足平均亮度（照度）、亮度（照度）均匀度和眩光限制三项指标。此外，道路照明设施还应有良好的诱导性。

（2）道路照明标准应根据城市的规模、性质、道路分类按表 7.25 选用。

城市机动车交通道路照明标准值　　　　表 7.25

级别	道路类型	路面亮度			路面照度		眩光限制阈值增量 T_1(%) 最大初始值	环境比 SR 最小值
		平均亮度 L_{av}(cd/m^2)	总均匀度 U_0最小值	纵向均匀度 U_L最小值	平均照度 $E_{av}(L_x)$ 维持值	均匀度 U_E最小值		
Ⅰ	快速路、主干路（含迎宾路、通向政府机关和大型公共建筑的主要道路，位于市中心或商业中心的道路）	1.5/2.0	0.4	0.7	20/30	0.4	10	0.5
Ⅱ	次干路	0.75/1.0	0.4	0.5	10/15	0.35	10	0.5
Ⅲ	支路	0.5/0.75	0.4	—	8/10	0.3	15	—

注：1. 表中所列的平均照度仅适用于沥青路面，若系水泥混凝土路面，其平均照度值可相应降低约 30%。根据本标准附录 A 给出的平均亮度系数可求出相同的路面亮度，沥青路面和水泥混凝土路面分别需要的平均照度。

2. 计算路面的维持平均亮度或维持平均照度时应根据光源种类、灯具防护等级和擦拭周期，按照本标准附录 B 确定维护系数。

3. 表中各项数值仅适用于干燥路面。

4. 表中对每一级道路的平均亮度和平均照度给出了两档标准值，"/" 的左侧为低档值，右侧为高档值。

五、景观绿化设计

1. 设计原则

1）道路绿化指路侧带、中间分隔带、两侧分隔带、立体交叉、平面交叉、广场、停车场以及道路用地范围内的边角空地等处的绿化。道路绿化是城市道路的重要组成部分，应根据城市性质、道路功能、自然条件、城市环境等，合理地进行设计。

2）道路绿化设计应结合交通安全、环境保护、城市美化等要求，选择种植位置、种植形式、种植规模，采用适当树种、草皮和花卉。

3）道路绿化应选择能适应当地自然条件和城市复杂环境的乡土树种。选择树种时，要选择树干挺直、树形美观、夏日遮阳、耐修剪、能抵抗病虫害、风灾及有害气体等的树种。

4）道路绿化设计应处理好与道路照明、交通设施、地上杆线、地下管线等关系。

2. 技术标准

靠车行道的行道树应满足侧向净宽的要求。株距4~10m，绿化带净宽度见表7.26。树池宜采用方形，每边净宽大于或等于1.5m；采用矩形时，净宽与净长宜大于或等于1.2m×1.8m。

绿化带净宽度　　　　　　　　　　　　　　　　表7.26

绿化种植	绿化带净宽度（m）	绿化种植	绿化带净宽度（m）
灌木丛	0.8~1.5	双行乔木错列	2.5~4.0
单行乔木	1.5~2.0	草皮志花丛	0.8~1.5
双行乔木平列	5.0		

3. 常见的绿化植被选择

1）华南地区可考虑香樟、榕属、桉属、木棉、台湾相思、红花羊蹄甲、洋紫荆、凤凰木、黄槿、木麻黄、悬铃木、银桦、马尾松、大王椰子、蒲葵、椰子、木菠萝、扁桃、芒果、人面子、蝴蝶果、白千层、石栗、盆架子、桃花心木、白兰、大花紫薇、幌罗伞、蓝花楹等。

2）华东、华中可选择香樟、广玉兰、泡桐、枫杨、重阳木、悬铃木、无患子、枫香、乌桕、银杏、女贞、刺槐、喜树、合欢、椰榆、榆、榉、枸、薄壳山核桃、柳属、南酸枣、枳、青桐、枇杷、楸树、鹅掌楸等。

3）华北、西北及东北地区可用杨属、柳属、榆属、槐、臭椿、栾、白蜡属、复叶槭、元宝枫、油松、华山松、白皮松、红松、樟子松、云杉属、桦木属、落叶松属、刺槐、银杏、合欢等。

4. 道路横断面绿化设计

1）分隔带绿化带

分隔带绿带宽度由道路的横断面不同而各存在差异，一般中央分隔带较宽，最宽可达10m，侧分隔带较窄，最小时仅1.0m。分隔带的绿化植物配植除考虑到增添街景外，首先要满足交通安全的要求，不能妨碍司机及行人的视线。

较窄的分隔绿带宜种植高度不超过70cm的低矮灌木、草皮或成枝较高的乔木。

宽度较宽的分隔绿带，可利用植物不同的姿态、线条、色彩，将常绿，落叶的乔、灌木、花卉及草坪地被配植成高低错落、层次参差的树丛、观花或观叶孤立树、花径等各种景观，以达到四季有景。

2）行道树

行道树主要功能是为行人蔽荫，同时能起到美化街道、降尘、降噪减少污染的作用。行道树的配植宜乔灌草结合，常绿与落叶、速生与慢长相结合。构成多层次的复合结构,形成有层次的植物群落景观。

3)路侧绿化

路侧绿带指布设在人行道外侧至道路红线之间的绿带。

路侧绿带国内常用地绵等藤本植物作墙面垂直绿化,用直立的桧柏、珊瑚树或女贞等植于墙前作分隔。对于宽度较大的绿带,可配植花灌木、宿根花卉及草坪,但在外缘宜用绿篱分隔,以防行人践踏破坏。

第六节 城市道路设计示例

一、设计依据与标准

×××路简介

1. 设计依据

(1)《杭州市机场路整治工程(草庄村地块)规划调整论证》(杭州市城市规划设计研究院,2008.4)

(2)杭州市南都路道路路网图(杭州市规划局,2008.7)

(3)《杭州市机场路(艮山西路—笕桥机场)综合整治工程施工图设计》(杭州市城建设计研究院有限公司,2008.5)

(4)《杭州市同协路(石大线~德胜路)工程施工图设计》(浙江大学建筑设计研究院)

(5)中华人民共和国行业标准《城市道路工程设计规范》CJJ 37—2012

(6)《公路工程技术标准》(2014年版)

(7)《公路沥青路面设计规范》JTG D50—2006

(8)《城市道路和建筑物无障碍设计规范》JGJ 50—2001

(9)《城市道路交通规划设计规范》GB 50220—95

(10)《城市道路绿化规划与设计规范》CJJ 75—97

××××××

2. 沿线自然条件

因篇幅关系,从略。

3. 设计标准

南都路工程按城市次干路标准设计,依据《城市道路设计规范》CJJ 37—2012 的规定,并参照交通部颁布的《公路工程技术标准》(2014 年版)的规定,本道路主要技术指标见表 7.27。

道路主要技术指标　　　　　表 7.27

序号	项目	单位	设计指标
1	道路等级		城市次干路
2	计算行车速度	km/h	40
3	不设缓和曲线的最小圆曲线半径	m	500
4	不设超高圆曲线最小半径	m	300

续表

序号	项目	单位	设计指标
5	缓和曲线最小长度	m	35
6	纵坡坡段最小坡长	m	110
7	凹曲线最小半径	m	450
8	凸曲线最小半径	m	400
9	停车视距	m	40
10	道路红线宽度	m	36
11	车行道	个	双向四车道
12	路面形式		SMA 沥青玛琋脂碎石
13	路面荷载		BZZ-100 标准轴载

二、交通量预测

因篇幅关系，从略。

三、路线设计

（一）横断面设计

1. 横断面设计要求

1）道路横断面设计应在城市规划的红线宽度范围内进行。横断面形式、布置、各组成部分尺寸及比例应按道路类别、级别、计算行车速度、设计年限的机动车道与非机动车道交通量和人流量、交通特性、交通组织、交通设施、地上杆线、地下管线、绿化、地形等因素统一安排，以保障车辆和人行交通的安全通畅。

2）横断面设计应近远期结合，使近期工程成为远期工程的组成部分，并预留管线位置。路面宽度及标高等应留有发展余地。

3）对现有道路改建应采取工程措施与交通管理相结合的办法，以提高道路通行能力和保障交通安全。

2. 横断面形式的选择

1）道路的横断面形式有单幅路、双幅路、三幅路及四幅路，每种类型横断面形式有其特点和使用范围，简单介绍如下：

① 单幅路适用于机动车交通量不大，非机动车较少的次干路、支路以及用地不足，拆迁困难的旧城市道路。

② 双幅路适用于单向两条机动车车道以上，非机动车较少的道路。有平行道路可供非机动车通行的快速路和郊区道路以及横向高差大或地形特殊的路段，亦可采用双幅路。

③ 三幅路适用于机动车交通量大，非机动车多，红线宽度大于或等于40m的道路。

④ 四幅路适用于机动车速度高，单向两条机动车车道以上，非机动车多的快速路与主干路。

2）南都路道路建成后主要为草庄地块内部服务，人流量较多，一方面建议人行道宽度采用高值，以提高居民出行的舒适度，从而提高居民的生活质量；另一方面非机动车量较多，为了行人车辆安全，采用四幅路来分流行人、非机动车辆和机动车辆，其横断面设计形式如下：

3.5m(人行道)+3.5m(非机动车道)+1.5m(机非分隔带)+8m(车行道)+3m(中央分隔带)+8m(车行道)+1.5m(机非分隔带)+3.5m(非机动车道)+3.5m(人行道)=36m。

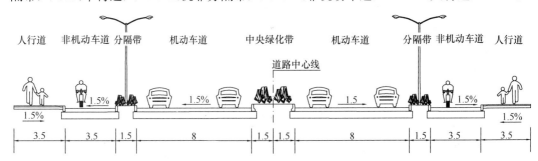

图 7.4 一般路段标准横断面图

3) 对于车行道宽度考虑其计算行车速度为 40km/h，所以每个车道宽至少为 3.75m。

4) 非机动车车行道主要供自行车行驶，应根据自行车设计交通量与每条自行车道设计通行能力计算自行车车道条数。非机动车道路面宽度包括几条自行车车道宽度及两侧各 25cm 路缘带宽度。南都路考虑 2～3 辆非机动车的行驶，从而非机动车道设为 3.5m。

3. 缘石设计

1) 缘石宜高出路面边缘 10～20cm。隧道内线形弯曲路段或陡峻路段等处，可高出 25～40cm，并应有足够的埋置深度，以保证稳定。缘石宽度宜为 10～15cm。桥上缘石的规定应符合现行的有关规范的要求。

2) 缘石宜采用立式，出入口宜采用斜式或平式，有路肩时采用平式。人行道及人行横道宽度范围内缘石宜做成斜式或平式，便于儿童车、轮椅及残疾人通行。在分隔带端头或交叉口的小半径处，缘石宜做成曲线形。

3) 缘石材料可采用坚硬石质或水泥混凝土。水泥混凝土抗压强度不宜低于 30MPa。

4) 南都路人行道设计缘石高出路面边缘 12cm，机非分隔带设计缘石高出路面 17cm，中央分隔带设计缘石高出路面 25cm，其中人行道和机非分隔带缘石宽 15cm，中央分隔带缘石宽 20cm，平石宽 12cm。

5) 人行道铺装、平石、侧石均采用花岗岩

4. 道路横坡设计

1) 根据路面宽度、路面类型、横坡度等，选用不同方次的抛物线形、直线接不同方次的抛物线形与折线形等路拱曲线形式。

2) 路拱设计坡度应根据路面宽度、面层类型、计算行车速度、纵坡及气候等条件确定。

南都路道路设计横坡坡度为 1.5%，人行道为反向横坡，坡度为 1.5%，由于有中央分隔带，所以道路车行道采用直线型路拱。

(二) 平面设计

1. 平面设计要求

1) 道路平面位置应按城市总体规划道路网布设。

2) 道路平面线形应与地形、地质、水文等结合，并符合各级道路的技术指标。

3) 道路平面设计应处理好直线与平曲线的衔接，合理地设置缓和曲线、超高、加宽等。

4) 道路平面设计应根据道路等级合理地设置交叉口、沿线建筑物出入口、停车场出入口、分隔带断口、公共交通停靠站位置等。

5) 平面线形标准需分期实施时，应满足近期使用要求，兼顾远期发展，减少废弃工程。

2. 平面设计标准

1) 规划红线宽度范围为36m，沿线河道有现状笕桥港河，现状河道宽16m，以后规划为20m；相交道路有同德路、南都环路、机场路、同协路。

2) 城市道路设计一般不设计超高和加宽。选择不需要超高和加宽的最小圆曲线半径 $R=300$m，缓和曲线为 $L_h=35$m；中心线确定后，整个路线长度为1036.735m。

3) 设计范围包括同德路和南都环路的两个平交口。

3. 导线要素及坐标计算

导线要素计算包括：导线间距离；导线方位角、偏角；圆曲线及组和曲线长、外距、切线长；交点及曲线特征桩号；公路逐桩坐标计算。

1) 交点间距和转角计算

因篇幅关系，从略，参考第二章示例。

2) 曲线要素与主点桩号计算

南都路设一交点，其设计参数：$R=300$m，$L_h=35$m，$\theta=52°7'27.7''$，交点桩号 $JD=K0+705.825$。

曲线要素计算如下：

$$\beta_0 = \frac{90}{\pi R}L_h = 3°20'32''$$

$$\Delta R = \frac{L_h^2}{24R} - \frac{L_h^4}{2688R^3} = 0.17\text{m}$$

$$q = \frac{L_h}{2} - \frac{L_h^3}{240R^2} = 17.50\text{m}$$

$$T = (R+\Delta R)\tan\frac{\theta}{2} + q = T' + q = 164.31\text{m}$$

$$L_y = l - 2L_h = R\frac{\pi}{180}(\theta - 2\beta_0) = 237.92\text{m}$$

$$L = R\frac{\pi}{180}\theta + L_h = R\frac{\pi}{180}(\theta - 2\beta_0) + 2L_h = 307.92\text{m}$$

$$E = (R+\Delta R)\sec\frac{\theta}{2} - R = 34.15\text{m}$$

$$J = 2T - L = 20.69\text{m}$$

主点桩号计算

$$ZH = JD - T = K0 + 541.521$$
$$HY = ZH + L_h = K0 + 576.521$$
$$YH = HY + L_y = K0 + 814.443$$
$$HZ = YH + L_h = K0 + 849.443$$
$$QZ = HZ - L/2 = K0 + 695.482$$
$$JD = QZ + J/2 = K0 + 705.825$$

如果是多个交点可以编制适合的程序进行计算，或采用 EXCEL 计算比较便捷。

3）坐标计算

因篇幅关系，从略。

（三）纵断面设计

1. 纵断面设计要求

1）纵断面设计应参照城市规划控制标高并适应临街建筑立面布置及沿路范围内地面水的排除。

2）为保证行车安全、舒适、纵坡宜缓顺，起伏不宜频繁。

3）山城道路及新辟道路的纵断面设计应综合考虑土石方平衡，汽车运营经济效益等因素，合理确定路面设计标高。

4）机动车与非机动车混合行驶的车行道，宜按非机动车爬坡能力设计纵坡度。

5）纵断面设计应对沿线地形、地下管线、地质、水文、气候和排水要求综合考虑。

① 路线经过水文地质条件不良地段时，应提高路基标高以保证路基稳定。当受规划控制标高限制不能提高时，应采取稳定路基措施。

② 旧路改建在旧路面上加铺结构层时，不得影响沿路范围的排水。

③ 沿河道路应根据路线位置确定路基标高。位于河堤顶的路基边缘应高于河道防洪水位 0.5m。当岸边设置挡水设施时，不受此限。位于河岸外侧道路的标高应按一般道路考虑，符合规划控制标高要求，并应根据情况解决地面水及河堤渗水对路基稳定的影响。

④ 道路纵断面设计要妥善处理地下管线覆土的要求。

⑤ 道路最小纵坡度应大于或等于 0.5%，困难时可大于或等于 0.3%，遇特殊困难纵坡度小于 0.3% 时，应设置锯齿形边沟或采取其他排水措施。

6）山城道路应控制平均纵坡度。越岭路段的相对高差为 200～500m 时，平均纵坡度宜采用 4.5%；相对高差大于 500m 时，宜采用 4%，任意连续 3000m 长度范围内的平均纵坡度不宜大于 4.5%。

2. 纵断面设计标准

根据本工程的实际情况纵断面设计步骤如下：

1）确定控制点标高：南都路和机场路、设计阶段为施工图阶段的同协路相交桩号分别为：K0+482.863 和 K1+036.735；其控制标高分别为：5.946m 和 6.153m。

2）确定桥梁标高和路面标高：该道路采用 50 年一遇设计洪水位，标高为 4.31m，路面设计标高考虑横坡，其标高至少在 4.743m(4.31+0.015×(12+3.5)=4.7425)；桥梁跨径为 25m，梁高为 1.1m，其设计标高至少为：4.743+0.5(规范)+1.1(梁高)+0.13(桥面铺装)=6.472m。根据现状地面标高，尽量减少填挖，设计时路面标高都在 5m 以上。

3）纵坡设计：

① 根据城市道路规范，道路最小纵坡度应大于或等于 0.5%，困难时可大于或等于 0.3%，遇特殊困难纵坡度小于 0.3% 时，应设置锯齿形边沟或采取其他排水措施。考虑到城市道路的特点，在兼顾排水的前提下，路面尽量平顺，所以设计时道路的纵坡取值尽量在 0.3%～0.4% 之间；

② 对于交叉口处尽量设置在高点，这样利于排水；

③ 对于桥位，由于是小桥，设置一竖曲线，这样做的目的有两个好处，一是在桥位处设置一凸曲线，使得桥位在最高点，这样利于桥位处的排水；二是车辆在凸曲线上行驶属于部分失重状态，对于桥这样的结构物起到一定的保护作用。根据规范：竖曲线切点距桥端应保持适当距离，为10～15m，规范这样做的目的是考虑行车时在凸竖曲线和直线的变点位置会有跳车现象，为了让跳车现象发生在路段，所以才有该规定。

3. 竖曲线设计及计算

竖曲线设计计算原理参考第二章第四节。

第一变坡点计算

第一变坡点里程桩号 K0+110，高程 5.623m，$i_1=-0.350\%$，$i_2=0.4\%$。$R=7000$m。现计算如下：

$$\omega = i_2 - i_1 = 0.0040 - (-0.0035) = 0.0075，为凹形。$$

竖曲线长度

$$L = R \times \omega = 7000 \times 0.0075 = 52.5\text{m}$$

切线长

$$T = \frac{L}{2} = 26.25\text{m}$$

外距

$$E = \frac{T^2}{2R} = 0.05\text{m}$$

竖曲线起点桩号为 K0+110.000−26.25=K0+083.750
竖曲线起点高程为 5.623−52.5×(−0.350%)=5.71m
竖曲线终点桩号为 K0+110.000+26.25=K0+136.250
竖曲线终点高程为 5.623+26.25×0.40%=5.72m

中间各点高程以桩距20m按竖曲线上任一点竖距 h：$h=\frac{x^2}{2R}$，列表7.28。

对于凹形竖曲线，设计标高=切线高程+h。

竖曲线计算表 表7.28

桩号	坡段高程(m)	标高改正值 h(m)	竖曲线高程(m)	桩号	坡段高程(m)	标高改正值 h(m)	竖曲线高程(m)
K0+083.75	5.71	0.00	5.71	120	5.66	0.02	5.68
100	5.65	0.02	5.67	K0+136.25	5.72	0.00	5.72
110	5.62	0.05	5.67				

第二～六变坡点计算，因篇幅关系，从略。

竖曲线计算总表 表7.29

序号	桩号	标高(m)	曲线半径 R(m)	切线长 T(m)	外距 E(m)	起点桩号	终点桩号	纵坡(%)	变坡点间距(m)	直坡段长(m)
0	K0+000	6.018								
1	K0+110		7000	26.250	0.049	K0+083.750	K0+136.250	−0.35	110	83.750

续表

序号	桩号	标高(m)	曲线半径R(m)	切线长T(m)	外距E(m)	起点桩号	终点桩号	纵坡(%)	变坡点间距(m)	直坡段长(m)
2	K0+220	6.073	7000	25.483	0.046	K0+194.517	K0+245.483	0.4	110	58.267
3	K0+360	5.613	7000	22.127	0.035	K0+337.873	K0+328.127	−0.328	140	74.160
4	K0+482.863	5.987	8000	25.485	0.041	K0+457.378	K0+508.348	0.304	122.863	75.251
5	K0+620	6.530	3000	26.444	0.117	K0+593.556	K0+646.441	−0.333	137.137	88.208
6	K0+767.481	7.639	2000	23.584	0.139	K0+743.899	K0+791.064	1.430	147.481	97.458
7	K0+995	5.527	1500	18.213	0.111	K0+976.788	K1+013.211	−0.928	227.519	185.724

(四) 平纵组合设计

1. 平纵组合设计要求

1) 线形组合应满足以下要求：

① 在视觉上自然地引导驾驶员的视线。平曲线起点应设在凸形竖曲线顶点之前。急弯、反向曲线或挖方边坡均应考虑视线的诱导，避免遮断视线。

② 为使平面和纵断面线形均衡，一般取竖曲线半径为平曲线半径的10～20倍。

③ 合理选择道路的纵坡度和横坡度，以保持排水通畅，而不形成过大的合成坡度。

④ 当平曲线与竖曲线半径均大时，平、竖曲线宜重合，但平曲线与竖曲线半径均小时，不得重合。

⑤ 在平曲线和竖曲线对应的位置，应满足平曲线范围包括竖曲线范围。

2) 平曲线与竖曲线应避免下列几种组合：

① 在凸形竖曲线的顶部或凹形竖曲线的底部插入急转的平曲线或反向曲线。

② 在一个长平曲线内设两个和两个以上的竖曲线；或在一个长竖曲线内设有两个或两个以上的平曲线。

③ 在长直线段内，插入小于一般最小半径的凹形竖曲线。

2. 南都路设计

1) 南都路设有一处平曲线，桩号范围在K0+263.713～K0+576.521，所以在这段桩号范围内需满足平包竖的要求。

2) 在桥位处本来为了桥梁的美观需设置前后纵坡对称的坡度，但是考虑到K0+805～K0+880公交车站的存在，为了使公交车站不要由于纵坡而设置于较大的起坡段，所以减小了桥梁后段的坡度。

四、路基工程设计

1. 路基设计要求

1) 路基必须密实、均匀、稳定。

2) 路槽底面土基设计回弹模量值宜大于或等于20MPa。特殊情况不得小于15MPa。不能满足上述要求时应采取措施提高土基强度。

3) 路基设计应因地制宜，合理利用当地材料与工业废料。

4) 对特殊地质、水文条件的路基，应结合当地经验按有关规范设计。

2. 土质路基压实度标准

1) 土质路基压实应采用重型击实标准控制。确有困难时，可采用轻型击实标准控制。土质路基的压实度不应低于表 7.30 的规定。

路基压实度要求　　　　　　　　　　　　　　表 7.30

项目分类	路床顶面以下深度（m）	压实度（%）			
		快速路	主干道	次干道	支路
填方路基	0～0.8	96	95	94	92
	0.8～1.5	94	93	92	91
	>1.5	93	92	91	90
零填及挖方路基	0～30	96	95	94	92
	0.3～0.8	94	93	—	—

注：表中数值均为重型击实标准

2) 由于土质湿度等条件限制，路基压实度达不到表 7.30 的要求时，应采取加固与稳定处理措施。

3) 路基范围内管道沟槽回填土的压实度不应低于表 7.30 所列填方要求。沟槽回填土的压实度达不到上述要求，近期铺筑路面时，必须采取防止沉陷的措施。

3. 南都路路基设计

1) 把占地因素也作为重点考虑，对于稍高填方路段都是挡墙处理。本次设计填方路段以 1:1.5 坡比放坡，挖方以 1:1 放坡；填方路段设置 0.5m 土路肩；对于筧桥港桥梁两头由于标高较高，设置 10m 挡墙，其上设置栏杆（详见道路标准横断面图图 7.5、图 7.6）。

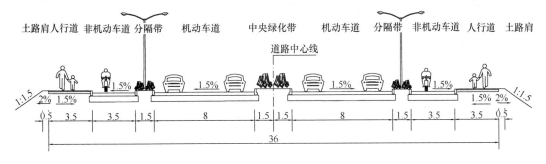

图 7.5　填方路段标准横断面图

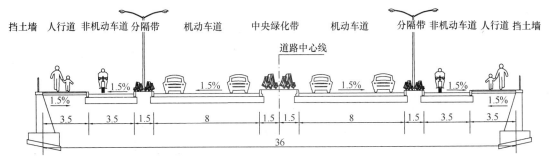

图 7.6　挡墙路段标准横断面图

2) 对于过塘路段需要地基处理，具体路基处理方法如下：

（1）先抽干水，然后清除池塘底淤泥 3m 左右，塘底设置 60cm 的块石层，然后用塘渣回填，分层压实至路基顶面，塘渣粒径小于等于 15cm，含泥量小于等于 15％。其间每 50cm 设置一层土工格栅，土工格栅纵横向抗拉强度不小于 50kN/m。

（2）施工时要做好路基的表面排水工作，保证路基强度≥23MPa 时，再铺筑垫层。路基填方必须分层压实，路槽底面以下 0～80cm 压实度必须大于 94％，80cm 以下压实度必须大于 92％，零填、路堑段范围压实度必须大于 94％。挖方路段压实度为 94％。且路基回弹模量大于等于 23MPa。

路基处理范围详见路基处理平面图。

五、路面设计

1. 路面设计要求

柔性路面设计包括结构组合、厚度计算与材料组成，其原则如下：

1）路面设计应根据道路等级与使用要求，遵循因地制宜、合理选材、方便施工、利于养护的原则，结合当地条件和实践经验，对路基路面进行综合设计，以达到技术经济合理，安全适用的目的。

柔性路面结构应按土基和垫层稳定，基层有足够强度，面层有较高抗疲劳、抗变形和抗滑能力等要求进行设计。

2）结构设计应以双圆均布垂直和水平荷载作用下的三层弹性体系理论为基础，采用路表容许回弹弯沉、容许弯拉应力及容许剪应力三项设计指标。路面结构用计算机计算；无计算机时对于三层以上体系用当量层厚度法换算为三层体系后查诺模图计算。

3）面层材料应具有足够的强度与温度稳定性；上基层应采用强度高稳定性好的材料；底基层可就地取材；垫层材料要求水稳定性好。

分期修建的路面工程应合理选择路面结构组合，确定设计厚度，使前期工程在后期能充分利用。

2. 方案比选

SMA 路面与透水沥青混凝土路面：

透水沥青混凝土路面，与一般沥青路面相比，特点是较大的空隙率，具有良好的透水性能，粗糙的路面，提高了抗滑性能，另外还具有良好的吸声减噪性能。但其在铺设路面时，需另设透水管，施工要求高，最重要的是造价偏高及经常需要清洗养护。SMA 沥青路面具有抗滑耐磨、抗疲劳、抗高温老化、低温开裂降噪等优点，且造价相对透水沥青低。

本工程路面结构设计在满足道路等级、技术要求的前提下，本着因地制宜、便于施工、降低造价的原则，采用 SMA 沥青玛蹄脂碎石路面。

3. 路面结构

参考周边道路工程路面结构，南都路路面结构如下：

机动车道：4cm（SMA-13 沥青玛蹄脂碎石）＋5cm（AC-20C 中粒式沥青混凝土）＋7cm（AC-25C 粗粒式沥青混凝土）＋36cm（5％水泥稳定碎石）＋20cm（塘渣）＝72cm。

路面设计弯沉为 0.37mm

非机动车道：4cm（SMA-13 沥青玛蹄脂碎石）＋7cm（AC-25C 粗粒式沥青混凝土）＋

25cm(5%水泥稳定碎石)+15cm(塘渣)=51cm。

路面设计弯沉为 0.53mm

人行道：4cm(花岗岩)+3cmM10(砂浆卧底)+10cmC15(5%水泥稳定碎石)+10cm(级配碎石)=27cm。

人行道可采用花岗岩或水泥条纹砖，花岗岩材质较好，成本略高。本次设计选用花岗岩。

道路平侧石材质为花岗岩

六、交通组织设计

1. 交叉口设计

具体参考第三章。

1）对于同德路交叉口处做渠化设计，展宽3.5m，同时压缩机非分隔带0.5m，这样就扩展成4个车道，设置成一个专门的左转车道和一个专门的右转车道以及两个直行车道。和同德路四进四出。

2）由于南都环路是支路，交通流量较小，所以不做专门的渠化设计，对于其交通组织原则上需要南都环路让行。

3）对于机场路和同协路的交通组织和其他详细交叉口交通组织设计详见交通设施平面设计图。

2. 行人过街设计

3. 无障碍设施设计

4. 交通设施设计

5. 公共汽车停靠站

第 1 页	共 4 页

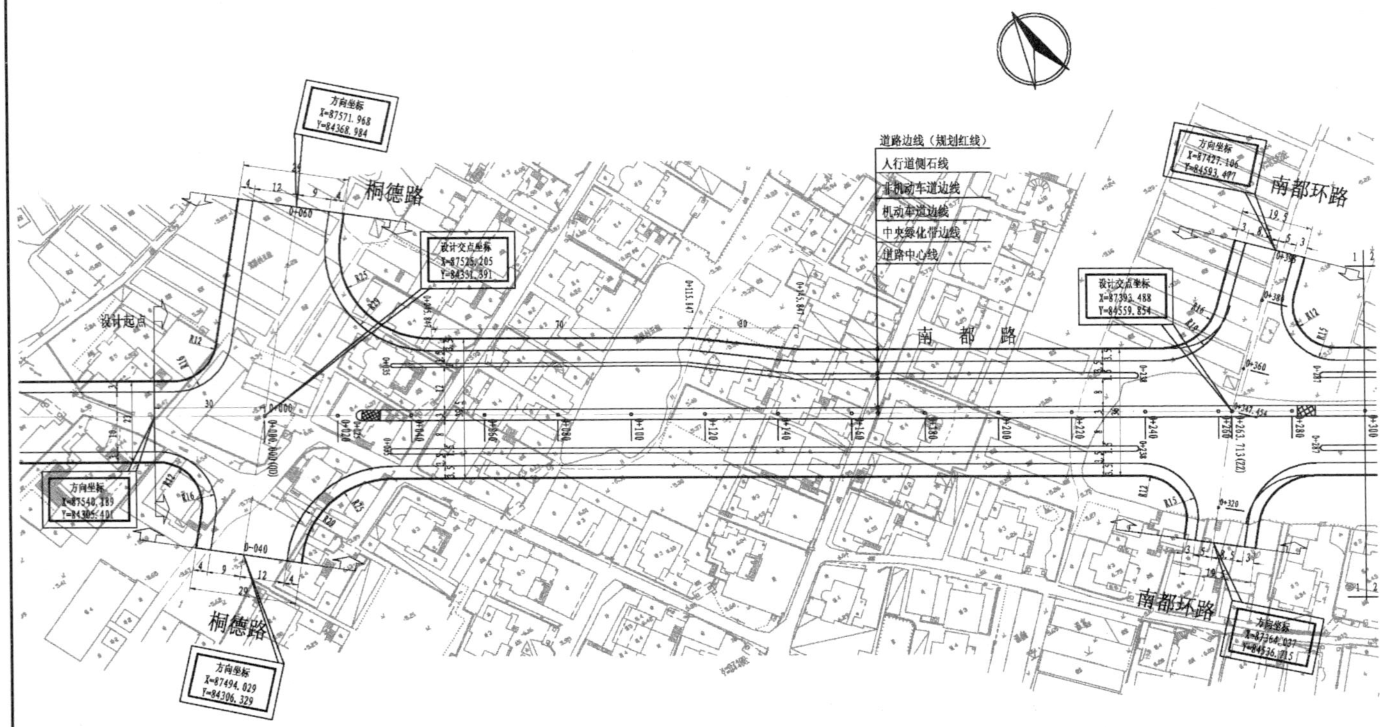

说明:

1.本图尺寸以米计，坐标为杭州坐标系。

2.桐德路交叉口属于本次设计范围。

图例

—·—·— 规划红线

	南都路道路工程设计	南都路平面图（一）	设计		复核		审核		比例		图号	NDL2-1	日期	

图 7.7　平面设计图

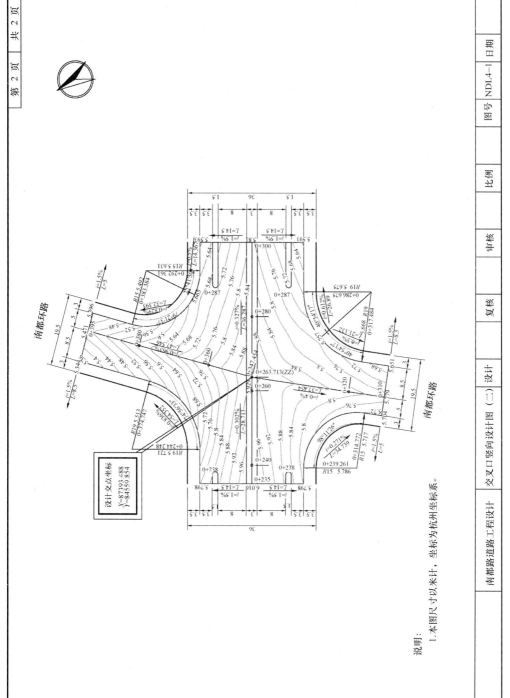

图 7.8 平交口设计图

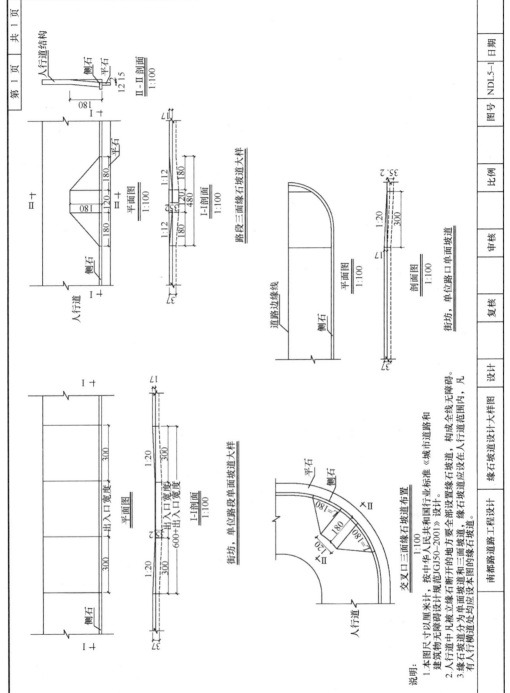

图 7.9 盲道设计图

第八章 设计说明书及图纸格式要求

第一节 设计说明书内容

设计图纸阶段完成后,进入编写设计说明书和装订阶段,编制设计文件。编写公路(道路)设计说明书,是公路(道路)工程设计的总结阶段。设计说明书是对设计的基本情况、设计中存在的问题的总结和系统阐述,是审核设计的基本技术文件,是公路(道路)工程设计的成果之一。

公路工程基本建设项目一般采用两阶段设计,即初步设计和施工图设计。对于技术简单、方案明确的小型建设项目,可采用一阶段设计,即一阶段施工图设计;对于技术复杂、基础资料缺乏和不足的建设项目,有时采用三阶段设计,即初步设计、技术设计和施工图设计。不同设计阶段,其设计内容也略有不同。

一、初步设计阶段

1. 概述
(1) 任务依据。
(2) 设计标准。
(3) 扼要说明测设经过。
(4) 路线起终点、中间控制点、全长、沿线主要城镇、河流、公路及铁路等。
(5) 可行性研究报告批复意见的执行情况。
(6) 其他需要说明的事项。

2. 建设条件
(1) 项目区域城镇现状布局、规划与拟建项目的关系。
(2) 项目区域路网现状、规划与拟建项目的关系。
(3) 沿线自然地理条件及对项目的影响:
① 地形、地貌;
② 区域地质稳定性评价;
③ 工程地质评价;
④ 水文地质评价;
⑤ 不良地质路段情况;
⑥ 地震动峰值加速度采用及大型工程构造物区域地震动峰值加速度鉴定情况;
⑦ 气温、降雨、日照、蒸发量、主导风向风速、冻深等。
(4) 沿线环境敏感区(点)重要设施的分布及对项目建设的影响。包括:自然生态、水资源、动物、文物等保护区,电力电讯、学校、医院、军用、地震、气象、宗教等设施,矿产资源,自然及人文景观等。
(5) 公路区间交通量分布状况及对交叉设置方式的影响,附"公路区间交通量分布图"。

(6) 交通组成特点对项目的影响。
(7) 沿线土地资源状况及对项目的影响。
(8) 项目区域内铁路、水路、航空、管道等运输方式情况，及对项目的影响。
(9) 各种专项评价、评估结论（地质、地震、环保、水保等）及对项目的影响。
(10) 筑路材料供应、运输情况及对项目的影响。
(11) 有关部门对重大问题的意见，沿线居民的要求或建议。
(12) 其他。

3. 总体设计

(1) 根据对项目建设条件的综合分析，提出项目设计指导思想，制定设计原则。
(2) 路线起终点论证，及与其他公路（含规划公路）的衔接方式。采用分期修建方案时，起终点的近期实施方案及远期的设计预留方案。
(3) 技术标准及主要技术指标的采用情况，不同技术标准之间的衔接过渡情况。
(4) 路线总体设计方案。附"路线总体设计方案平面布置图"，含比较方案，要求同"路线平、纵面缩图"。
(5) 设计速度≤100km/h路段车辆运行速度模拟检验结论。
(6) 安全设计措施。
(7) 公路一般路段与特殊路段（如爬坡车道、紧急避险车道等）的横断面布置方案（组成、宽度、构造及设施）的设置情况。
(8) 沿线大型桥梁、隧道、交叉、服务设施的设置位置、间距，设计方案之间的相互关系及协调情况。
(9) 沿线交叉工程与其他交通方式的协调情况，以及与当地生产、生活需要的适应情况。
(10) 管理、养护、服务设施的设置情况。
(11) 全线土石方情况，取土、弃土方案。
(12) 占用土地情况及节约用地措施。
(13) 与沿线环境及景观的协调情况。
(14) 分期修建方案及其比选结论。
(15) 各种筑路材料的采用情况。
(16) 新技术、新材料、新设备、新工艺等的采用情况。
(17) 设计概算。
(18) 下阶段需要深入解决的问题。
(19) 下阶段需要进行试验、研究的项目。
(20) 需要说明的其他事项。

4. 路线

(1) 路线布设及主要技术指标采用情况。
(2) 可行性研究报告批复的路线控制点执行情况。
(3) 路线方案布置及比选论证。山区复杂路段应在踏勘或地质调绘基础上进一步深入研究工可阶段路线方案，通过在1∶10000或1∶2000地形图上反复进行路线方案的优化工作，合理利用走廊资源，并提出同深度比较的路线方案，附 1∶10000 或 1∶2000 路线方案图、相关专业图表，提出推荐方案。其他路段直接通过同深度方案综合比选提出推荐意见。论述时应就方案的提出理由、方案的工程实施条件、方案的技术经济合理性等考虑以下几方面：

① 建设条件对各路线方案布置的影响分析；

② 各方案的选择和布置情况（控制点间距、路线、桥梁、隧道、互通式立体交叉、服务设施位置的协调及其位置的确定）；

③ 各方案平、纵指标及连续、均衡情况；

④ 行车安全、通行能力、服务水平的分析比较；

⑤ 公路用地、征用基本农田及拆迁情况；

⑥ 与铁路、原有公路、农田水利、电力、电讯、重要管线（道）等的干扰（包括施工）情况；

⑦ 各方案路线对沿线环境影响评价和比较；

⑧ 各方案主要工程数量、造价（可根据方案情况采用估价、基价或概算）及运营效益的比较；

⑨ 结合该地区社会经济发展、城镇规划、路网结构论证路线布局的合理性及对沿线社会效益和经济效益的影响；

⑩ 其他评价和比较（包括政府有关部门对路线的意见和评价）。

(4) 对设计速度≤100km/h 的路段，宜采用运行速度方法，对可能出现运行速度差大于 20km/h 的路段进行安全性分析、评价，并给出改善的平纵面技术指标，或采取必要的交通安全、管理措施等。

(5) 安全设施

① 设计原则。

② 设计方案。结合公路几何参数、特大桥及大桥、隧道、互通立交等构造物分布情况拟定设计方案、规模，并进行方案比较论证。

③ 标志。

④ 标线。

⑤ 护栏。

⑥ 隔离栅。

⑦ 防眩设施。

⑧ 防落物网。

⑨ 视线诱导标。

⑩ 防撞设施。

⑪ 其他安全设施。

(6) 下一阶段应进一步解决的问题及注意事项。

5. 路基、路面

(1) 沿线地质、地层情况描述、不良地质地段及其相关物理、力学指标等。

(2) 一般路基设计

① 设计原则及方案比选论证。

② 路基横断面布设及加宽超高方式。

③ 路基填土高度、挖方深度、路堤（或路堑）最大、最小高度及其控制因素等。

④ 高填深挖路基、陡坡路堤、路桥（涵）过渡路基等设计方案及比选论证（必要时对高填深挖路基按工点说明）。

(3) 特殊地质路基设计原则及方案比选论证。

(4) 路基防护工程方案比选论证。

(5) 取土、弃土方案及节约用地的措施。

(6) 路面设计原则、设计依据、交通量及交通组成（必要时应实测交通组成及车辆轴重）、路面结构方案、类型的比选论证，路面结构设计（主线、互通立交匝道、被交道路、收费站广场、桥面铺装、隧道路面等），材料要求等。

(7) 路基、路面排水设计原则及方案比选论证。

(8) 路基土工试验、筑路材料及路面结构混合材料试验情况。

(9) 需要进行科研试验项目。

(10) 下阶段应注意的问题。

6. 桥梁、涵洞

(1) 设计原则。

(2) 技术标准采用情况。

(3) 沿线桥梁、涵洞的分布情况。

(4) 桥梁抗震设计情况。

(5) 桥梁耐久性设计及措施。

(6) 沿线水系及水文概况、特征，农田水利设施与桥涵设置位置及孔径选择的关系。

(7) 沿线工程地质、筑路材料与桥涵结构类型选择的关系。

(8) 逐个说明桥梁跨越河流的流域情况、河段特征、桥位处地质、水文、通航情况，桥位的比选情况，水文计算、桥梁孔径确定、岸坡防护工程设计、工程抗震措施、通航河流防撞设计、桥梁施工方案等。特大桥应提出两个以上桥型方案进行比选论证；对常规大、中桥应简述不同墩高、不同跨径、不同桥型综合比选论证情况，选定最合理的墩高、跨径及梁型组合后，全线桥梁统一按此组合合理布置，桥型布置不再做多方案比较；中、小桥、涵洞水文计算、孔径确定依据说明。

(9) 特大桥或重要桥梁的景观设计。

(10) 特大桥或重要桥梁的养护方案。

(11) 下阶段应注意的问题。

7. 隧道

(1) 设计原则。

(2) 技术标准采用情况。

(3) 沿线隧道的分布情况。

(4) 逐处说明隧道（包括明洞）的位置、长度、断面形式及与路线协调情况，各方案比选论证情况。

(5) 逐处说明隧道、竖井、斜井和辅助坑道的地形、地貌、气象、工程地质、水文地质、地震及洞口自然坡体稳定性情况。

（6）说明隧道支护衬砌结构类型，洞门形式的确定，抗震措施，洞内外防、排水方案，洞内装饰及路面方案。

（7）特殊线形、交叉位置关系情况下的隧道设计方案。

（8）特殊地质条件下隧道设计方案和施工方案，以及应对突发事件的预案论证。

（9）特殊结构隧道设计方案论证及施工方案。

（10）隧道施工场地、便道布置和弃渣方案。

（11）环境保护设计。

（12）隧道通风、照明、供配电、消防、救援等的设置原则、规模、标准及方案的论证情况。

① 通风设施的设计原则，风机布设方案，控制方式和实施计划等。

② 照明设施的设计原则、标准及技术要求，照明区段的划分、功能等。

③ 供配电设施的设计原则、标准、技术要求及供电方案等。

④ 消防设施的设计原则，隧道消防组织方案和消防设施设计方案和实施计划等。

（13）长及特长隧道运营期的救援、防灾、逃生方案论证。

（14）下阶段应解决的问题及注意事项。

8. 路线交叉

（1）设计原则。

（2）技术标准采用情况。

（3）路线交叉（包括互通式立体交叉、服务设施匝道及连接道路、分离式立体交叉、通道、天桥、平面交叉及管线交叉）的分布及设置概况。

（4）逐处说明互通式立体交叉的位置及其在路网中的作用、设置理由、集散交通量、衔接道路、地质、地形、地物情况，互通方案的比选与论证比较表，技术指标的选用，匝道车道数的确定，变速车道采用的形式及其长度的取值，平交处通行能力的分析，收费站收费车道数的设置，排水方案及跨线构造物的方案等。对转换交通量较大的枢纽互通，当匝道间或匝道与主线间存在交织运行且交织段长度较短时，应对交织段的通行能力进行分析。

（5）逐处说明服务设施的位置、地质、地形、地物等情况，变速车道采用的形式及其长度的取值，连接道路，排水方案及交叉构造物（通道、天桥）的方案等。

（6）分离式立体交叉的位置、设计标准、排水设施、跨线构造物的类型（上跨、下穿）及方案比选等情况。

（7）通道和天桥的设置情况。

（8）平面交叉的设置情况。被交道路现状及拟改建采用的标准（包括等级、设计速度、路基宽度、路面及排水等）、交通管理方式、平面交叉采用的类型及其方案比选情况等。

（9）重要管线、管道交叉或平行时的设计情况，并说明有关规定对设计的具体要求。

（10）下阶段应解决的问题及注意事项。

9. 交通工程及沿线设施

（1）根据本项目交通量、几何设计、服务水平和环境等的具体情况与特点说明各项设施的设置目的、要求及技术措施。

(2) 交通工程及沿线设施的设计标准、规模、技术指标的主要结论及其推荐方案。

① 管理养护机构的组成形式、设置规模、位置及人员配备等。

② 监控设施的设计原则及系统目标,推荐方案的系统构成及功能和实施计划等。

③ 通信设施的设计原则,通信传输方式,通信网构成及功能,管线设计和实施计划等。

④ 收费设施的设计原则,收费制式和收费方式及其收费站点的布设,收费系统构成及功能和实施计划等。

⑤ 服务设施的设计原则、标准及技术要求。逐处说明服务设施的布设位置、功能、建设规模、推荐方案及实施计划等。

⑥ 供配电设施的设计原则、标准、技术要求及供电方案等。

⑦ 照明设施的设计原则、标准及技术要求,照明区段的布设位置、功能等。

⑧ 房建工程的设计原则、标准及布设位置、建设规模等。

(3) 交通工程及沿线设施推荐方案的主要工程规模、建筑面积、占地面积及其造价。

(4) 下阶段应解决的问题及注意事项。

10. 环境保护与景观设计

(1) 环境保护与景观设计的依据(包括环境影响评价、水土保持方案等报告书及批复意见)。

(2) 项目区域社会环境和自然环境现状(包括物种多样性,自然植被覆盖率,土壤养分,历史文化遗产,自然保护区,自然及人文景观的分布等)。

(3) 环境敏感区域分析(含敏感区的调整,取土场、弃渣场的布设分析)及与自然保护区、水资源保护区等的关系。服务区交通量及污水排放预测(需要时提供)。

(4) 指导思想和设计原则。

(5) 主体各专业设计的环境保护措施。具体阐述在路线布置、路基、路面、桥梁、隧道、交通工程(含收费站、服务区、标志)、排水、料场布设、废方处理等中已考虑的环保措施(含社会环境、生态环境保护对策)。

(6) 各项环境保护设施的布设位置、类型、功能及其方案比选情况。

(7) 主要场地的景观方案及比选。

(8) 拟采用的植物配置及特性。

(9) 与环保、文物及当地政府有关部门的协商情况。

(10) 下阶段应解决的问题及注意事项。

11. 其他工程

(1) 逐处说明悬出路台、防雪走廊、观景台等工程的设置理由及工程情况。

(2) 改路、改渠、改河(沟)等工程情况,等级公路及重要沟渠的改移应逐处说明。

(3) 逐处说明渡口码头的地形、地质、其他情况及其布置原则和方案。

(4) 下阶段应解决的问题及注意事项。

12. 筑路材料

(1) 沿线筑路材料(包括工业废渣)种类、质量、储量、供应量(包括外购材料)、运输条件与运距。
(2) 主要料场分布情况。
(3) 主要材料采、购及运输等情况。
(4) 下阶段应解决的问题及注意事项。
13. 施工方案
(1) 施工期限的总体安排，关键工程项目的施工方案比较、论证情况。
(2) 主要工程、控制工期的工程和特殊工程的施工方案。
(3) 临时工程的安排。
(4) 下阶段应解决的问题及注意事项。
14. 设计概算
(1) 编制原则、依据，编制范围和总概算额。
(2) 进行各工程方案比较时的造价计算说明。
(3) 下阶段应解决的问题及注意事项。

二、施工图设计阶段

1) 扼要说明任务依据及测设经过。
2) 技术标准。
3) 路线起讫点、中间控制点、全长、沿线主要城镇、河流、公路及铁路等及技术标准、工程概况。
4) 初步设计批复意见执行情况。初步设计（或技术设计）所拟定的修建原则、设计方案、技术决定等的变更依据及理由。
5) 沿线地形、地质、地震、气候、水文等自然地理特征及其与公路建设的关系。
6) 沿线筑路材料、水、电等建设条件及与公路建设的关系。
7) 与周围环境和自然景观相协调情况。
8) 山区公路复杂路段局部路线方案的优化及比选论证情况。
9) 分期修建工程分期实施设计的说明和对工程实施的建议。
10) 各项工程施工的总体实施步骤的建议及有关工序衔接等技术问题的说明以及有关注意事项。
11) 新技术、新材料、新设备、新工艺的采用等情况。
12) 与有关部门协商情况。

第二节 道路设计图纸格式要求

一、道路计图纸格式和规定

1. 图幅与图框

道路设计图纸图幅和图框均采用表 8.1 规定的尺寸。为了装订方便，一般要求采用同一种尺寸与规格的图幅，如公路设计图一般采用 A3 的图幅，城市道路设计图以 A2 或 A3 加长为主。通常图幅短边不可加长，但长边可加长，长边加长的长度应为：A0、A2、A4 应是 150mm 的整倍数；A1、A3 应是 210mm 的整倍数。平面图尺寸可根据图纸需要选大号，再折叠进图集。幅面格式见图 8.1。

图幅及其图框尺寸   表8.1

尺寸代号 \ 幅面代号	A0	A1	A2	A3	A4
b×l	841×1189	594×841	420×594	297×420	210×297
a	35	35	35	30	25
c	10	10	10	10	10

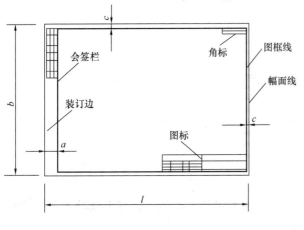

图 8.1 幅面格式

2. 图标、角标与会签栏

图标应布置在图框内右下角，如图 8.2，图标外框线线宽宜为 0.7mm，图标内分格线线宽宜为 0.25mm。公路图设计图用 A3 尺寸的图，其图标设在图框的最下方（图 8.2a），自左向右列出设计单位名称、工程名称、图名、设计、复核、审核、图号、日期。城市道路设计图图标中右上方可设各设计单位的标志和单位名称。工程名称和图名可列在图标中间或右方或左方，见图 8.2（b），视各设计院自设格局，职责指设计人、工程负责人、校核、审核。

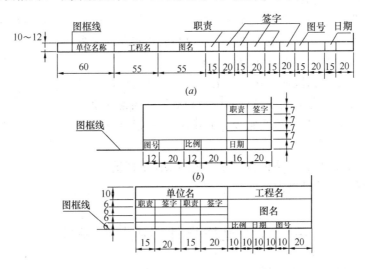

图 8.2 图标（尺寸单位：mm）

会签栏布置在图框外左下角（图 8.1），并按图 8.3 绘制，会签栏外框线宽宜为 0.5mm，内分格线宽 0.25mm。有的单位图纸的图标上不列职责与签字，而设在会签栏内，见图 8.3。

当图纸需要绘制角标时，角标应布置在图框内的右上角，角标线线宽宜为 0.25mm。角标形式如图 8.4 所示。

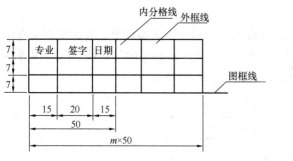

图 8.3 会签栏（单位：mm）

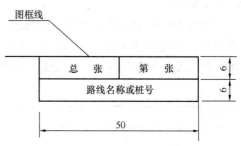

图 8.4 角标（单位：mm）

3. 字体与说明

图纸上的文字、数字、字母、符号、代号等，均应笔画清晰、字体端正、排列整齐、标点符号清楚正确。文字的字高尺寸系列为 2.5mm、3.5mm、5mm、7mm、10mm、14mm、20mm。当采用更大的字体时，其字高应按 $\sqrt{2}$ 的比例递增。

（1）汉字

图纸中的汉字应采用长仿宋体，字的高、宽尺寸，可按表 8.2 规定采用。图册封面、大标题等的字体宜采用仿宋体等易于辨认的字体。图中汉字应采用国家公布使用的简化汉字。除有特殊要求外不得采用繁体字。

长仿宋体字体高度与宽度尺寸（mm） 表 8.2

字高	20	14	10	7	5	3.5	2.5
字宽	14	10	7	5	3.5	2.5	1.8

注：1. 当采用打印机打印汉字时，宜选用仿宋体或高宽比为 $\sqrt{2}$ 的字体；
　　2. 当采用更大的字体时，字高应按 $\sqrt{2}$ 的比例递增。

（2）数字与字母

图纸中的阿拉伯数字、外文字母、汉语拼音字母笔画宽度，宜为字高的 1/10。

在同一册图纸中，数字与字母的字体可采用直体或斜体。直体笔画的横与竖应成 90°；斜体字字头向右倾斜，与水平线应成 75°；字母不得采用手写体。

大写字母的宽度宜为字高的 2/3，小写字母的高度应以 b、f、h、p、g 为准，字宽宜为字高的 1/2。A、m、n、o、c 的字宽宜为上述小写字母高度的 2/3。

（3）图纸说明与标注

图纸有需要说明的事项。宜在每张图的右下角，图标上方加以叙述。该部分文字应采用"注"标明，字样"注"应写在叙述事项的左上角。每条注的结尾应标明句号"。"。说明事项需要划分层次时，第一二三层次的编号应分别用阿拉伯数字、带括号的阿拉伯数字及带圆圈的阿拉伯数字标注。图纸中文字说明不宜用符号代替名称。当表示数量时采用阿拉伯数字书写。分数不得用数字与汉字混合表示。如五分之一应写成 1/5。

4. 图线

图线在每张设计图中应有多种规格以突出设计内容，但通常不宜超过 3 种，基本线宽（b）应根据图样比例和复杂程度确定，线宽组合宜参考表 8.3 规定。图线的宽度一般为 2.0mm、1.4mm、1.0mm、0.7mm、0.5mm、0.35mm、0.25mm、0.2mm、0.18mm、

0.13mm 几种。

图线的线型分实线、虚线、点画线、双点画线、折断线、波浪线等，各种线型又有粗细之分，其宽度详见表8.4，波浪线用于绘制河流线或柔性路面中的等高线。除实线外各类线的长度、间距见图8.5。图线之间的净距不宜少于0.7mm。

线宽组合　　　　　　　　　　　　　表8.3

线宽类别	线宽系列（mm）				
b	1.4	1.0	0.7	0.5	0.35
$0.5b$	0.7	0.5	0.35	0.25	0.25
$0.25b$	0.35	0.25	0.18（0.2）	0.13（0.15）	0.13（0.15）

常用线型及宽度　　　　　　　　　　表8.4

名称	线型	线宽
加粗粗实线		$1.4\sim2.0b$
粗实线		b
中粗实线		$0.5b$
细实线		$0.25b$
粗虚线		b
中粗虚线		$0.5b$
细虚线		$0.25b$
粗点画线		b
中粗点画线		$0.5b$
细点画线		$0.25b$
粗双点画线		b
中粗双点画线		$0.5b$
细双点画线		$0.25b$
折断线		$0.25b$
波浪线		$0.25b$

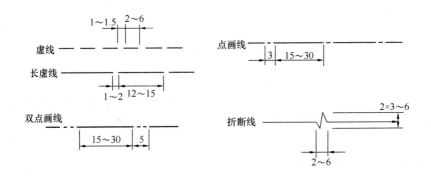

图8.5　图线的画法（单位：mm）

5. 图纸的比例

绘图的比例,应为图形线性尺寸与相应实物实际尺寸之比。比例大小即为比值大小,如1:50大于1:100。

(1) 比例的标注

比例采用阿拉伯数字表示,宜注在视图图名的右侧或下方,字高可为视图图名字高的0.7倍。当同一张图纸中的比例完全相同时,可在图标中注明,当竖直方向与水平方向比例不同时(如道路纵断面、横断面图),可分别写在说明中,或在图标的比例栏分两行标注,用V表示竖直方向比例,用H表示水平方向比例。

(2) 比例的采用

平面图因受地形图制作比例的影响和设计阶段的影响,而采用不同的比例。一般市区道路用1:500和1:1000的比例,郊区用1:1000或1:2000比例。公路平面图一般用1:2000比例。

纵断面图用横向比例基本与平面图一致,竖向比例一般为横向比例的10倍。

标准横断面图一般采用1:100或1:200,施工横断面可采用与标准横断面一致的比例,也可用比它小一档的比例。

构造图的比例均较大,应根据需要选择,只要使图形清楚、图面布置合理、匀称美观,并且便于施工就可以。一般应选择为整10的倍数。

6. 工程计量单位

工程计量单位必须按法定计量单位标注。根据《中华人民共和国法定计量单位》规定:

(1) 长度、宽度、高度单位

里程以km(千米或公里)计,百米桩以百米计;高程(或标高)以m计;横断面宽度、管线长度均以m计。采用m时,小数一般采用2位,对于高等级公路和特殊精度要求的地方采用3位。

(2) 结构尺寸

钢筋直径及钢结构尺寸、管道直径、砂石材料粒径以mm(毫米)计。钢筋长度、圬工、路面结构层厚度以cm(厘米)计。

(3) 重量单位

重量单位以kg(公斤)、t(吨)、kN(千牛)计,采用小数2位,如钢筋、铁件均以t(吨)计算。

(4) 面积单位

路基、沥青路面铺装面积以m^2(平方米)计。

(5) 体积单位

土方工程计算、石灰处理软土路基、混凝土浇筑铺装以m^3(立方米)计。当附有尺寸单位的数值和乘时,应按下列方式书写,如外形尺寸$L×b×hm^3$,$40×20×30m^3$。或$40m×20m×30m$。当有同一计量单位的一系列数值时,可在最末一个数字后面列出计量单位,如7.5m、10.0m、12.5m、17.5m、20.0m;17~23℃。

当带有阿拉伯数字的计量单位在文字、表格或公式中出现时,必须采用符号,如重量为150t,不应写作重量为150吨或一百五十吨。当工程数量表中上下栏目的数值相同时,不得使用省略形式表示。工程数量或主要数量的计算均应根据四舍五入的原则处理，其位数应按表8.5采用。

数量的取用位数   表8.5

工程材料项目	单位	取用位数	
		明细表	部分汇总表
混凝土、砖石	m³	小数点后两位	小数点后一位
石方、土方	m³	整数位	整数位
钢筋长度	m	小数点后两位	小数点后一位
钢筋重量	kg	小数点后一位	整数位
型钢、铁件的重量	kg	小数点后一位	整数位
预应力钢筋长度	m	小数点后一位	整数位
预应力钢筋重量	kg	小数点后一位	整数位
木材	m³	小数点后两位	小数点后一位
模板	m²	小数点后一位	整数位
防水层	m²	整数位	整数位
勾缝面积	m²	整数位	整数位
石灰土、砂	m³	整数位	整数位
生石灰	t	小数点后两位	小数点后一位
石油沥青	t	小数点后两位	小数点后一位

7. 图纸的编排

（1）图纸编排次序

工程图纸应按封面、扉页、目录、说明、主体工程、次要工程等顺序排列。按照公路工程文件编制办法，图纸应按下面的次序排列：

第一篇　总体设计
一、项目地理位置图
二、说明书
三、路线平、纵面缩图
四、主要技术经济指标表
五、附件
六、公路平面总体设计图
第二篇　路线
一、说明
二、路线平面图
三、路线纵断面图
四、直线、曲线及转角表
五、纵坡、竖曲线表。
六、总里程及断链桩号表

七、公路用地表
八、公路用地图
九、赔偿树木、青苗表
十、砍树挖根数量表
十一、拆迁建筑物表
十二、拆迁电力、电讯设施表
十三、纸上移线图
十四、路线逐桩坐标表
十五、控制测量成果表
十六、安全设施
1) 区域路网交通标志布置图
2) 安全设施工程数量汇总表
3) 沿线标志、标线平面布置图
4) 标志设置一览表
5) 标线设置一览表

6) 突起路标（路钮）设置一览表
7) 护栏设置一览表
8) 隔离栅设置一览表
9) 轮廓标设置一览表
10) 防眩板设置一览表
11) 防落物网设置一览表
12) 诱导标设置一览表
13) 标志板面布置图
14) 单柱式标志一般构造图
15) 双柱式标志一般构造图
16) 单悬臂标志一般构造图
17) 双悬臂标志一般构造图
18) 门架式标志一般构造图
19) 互通标志布设图
20) 服务区（停车区）标志布设图
21) 收费广场标志布设图
22) 主线标线及导向箭头设计图
23) 振荡标线设计图
24) 减速标线设计图
25) 出口标线设计图
26) 入口标线设计图
27) 突起路标一般布置图
28) 互通立交区标线设计图
29) 平面交叉口导流标线设计图
30) 路侧波形梁护栏一般构造图
31) 中央分隔带波形梁护栏结构设计图
32) 护栏立柱及附件一般构造图
33) 活动护栏一般构造图
34) 分合流护栏一般布置图
35) 混凝土护栏一般构造图
36) 防眩板一般构造图
37) 防撞设施构造图
38) 减速垄设计图
39) 焊接网隔离栅一般构造图
40) 焊接网隔离栅安装设计图
41) 刺铁丝隔离栅一般构造图
42) 刺铁丝隔离栅安装设计图
43) 防落物网一般构造图
44) 轮廓标一般构造图
45) 栏式轮廓标设计图
46) 界碑、百米牌及锥形路标一般构造图
47) 里程牌一般构造图

第三篇　路基、路面
一、说明
二、设计图表
1) 路基设计表
2) 边沟（排水沟）设计表
3) 路基标准横断面图
4) 一般路基设计图
5) 路基横断面设计图
6) 超高方式图
7) 隧道进出口过渡设计图
8) 耕地填前夯（压）实数量表
9) 挖淤泥排水数量表
10) 高填深挖路基工程数量表
11) 高填深挖路基设计图
12) 低填浅挖路基处理工程数量表
13) 低填浅挖路基处理设计图
14) 桥头路基处理工程数量表
15) 桥头路基处理设计图
16) 陡坡路堤或填挖交界处理工程数量表
17) 陡坡路堤或填挖交界处理设计图
18) 特殊路基设计表
19) 特殊路基设计工程数量表
20) 特殊路基设计图
21) 特殊路基处理段地质纵断面图
22) 中间带设计图
23) 中央分隔带开口设计图
24) 路基土石方数量表
25) 路基每公里土石方数量表
26) 路基土石方运量统计表
27) 取土坑(场)、弃土堆(场)一览表
28) 取土坑(场)、弃土堆(场)设计图
29) 路基防护工程数量表
30) 路基支挡、防护工程设计图

31）路面工程数量表
32）路面结构图
33）水泥混凝土路面设计图
34）平曲线上路面加宽表
35）路基、路面排水系统布置图
36）路基、路面排水工程数量表
37）路基、路面排水工程设计图

第四篇　桥梁、涵洞
一、说明
二、特大、大、中桥工程数量表
三、特大、大、中桥设计图
1）桥位平面图
2）桥位工程地质纵断面图
3）桥型布置图
4）结构设计图
5）调治构造物及附属工程设计图
四、小桥工程数量表
五、小桥设计图
1）布置图
2）结构设计图
六、涵洞工程数量表
七、涵洞设计图
1）布置图
2）结构设计图

第五篇　隧道
一、说明
二、隧道表
三、隧道工程数量表
四、隧道设计图
1）隧道（地质）平面图
2）隧道（地质）纵断面图
3）隧道（横洞）建筑限界及内轮廓图
4）隧道一般设计图按不同形式绘出洞口、洞门、洞身立、纵、平面的一般设计图
5）隧道结构设计图
6）隧道超前支护设计图
7）特殊地质隧道支护衬砌结构设计图

8）隧道不良地质处治设计图
9）隧道施工方案图
10）隧道施工监控量测设计图
11）隧道地质超前预报图
12）隧道各类辅助坑道平、纵面（地质）支护衬砌设计图
13）隧道弃碴场地图
14）隧道施工场地布置图
15）隧道路面工程设计图
16）地下风机房设计图
五、隧道机电设施
1）入口设施设计图
2）通风设施设计图
3）照明设计图
4）供配电设计图
5）消防设计图
6）紧急救援设计图
7）通风与照明控制设施设计图

第六篇　路线交叉
一、说明
二、互通式立体交叉设计图表
1）互通式立体交叉一览表
2）互通式立体交叉平面图
3）互通式立体交叉线位图
4）直线、曲线及转角表
5）逐桩坐标表
6）互通式立体交叉纵断面图
7）匝道连接部设计图
8）匝道连接部标高数据图
9）路基设计表
10）路基土石方数量表
11）互通式立体交叉区内路基、路面设计图表
12）主线及匝道跨线桥桥型布置图表
13）主线及匝道跨线桥结构设计图表
14）通道设计图表
15）涵洞设计图表
16）管线交叉设计图表
17）附属设施设计图

三、服务区、停车区等服务设施主体工程设计图

1) 平面图
2) 线位图
3) 直线、曲线及转角表
4) 逐桩坐标表
5) 纵断面图
6) 连接部设计图
7) 连接部标高数据图
8) 路基设计表
(1) 通道布置图
(2) 通道结构设计图
9) 路基土石方数量表
10) 服务设施区内路基、路面设计图表
11) 天桥设计图表
12) 通道设计图表
13) 涵洞设计图表
14) 管线交叉设计图表
15) 附属设施设计图

四、分离式立体交叉设计图表

1) 分离式立体交叉一览表
2) 分离式立体交叉工程数量表
3) 分离式立体交叉平面图
4) 分离式立体交叉纵断面图
5) 被交叉公路横断面图和路基、路面设计图
6) 分离式立体交叉桥桥型布置图
7) 分离式立体交叉桥结构设计图
8) 其他构造物设计图

五、通道、天桥设计图表

1) 通道、天桥工程数量表
2) 通道设计图
3) 天桥设计图

六、平面交叉设计图表

1) 平面交叉设置及工程数量一览表
2) 平面交叉布置图
3) 平面交叉设计图

七、管线交叉设计图表

1) 管线交叉工程数量表
2) 管线交叉设计图

第七篇 交通工程及沿线设施

第八篇 环境保护与景观设计

一、说明
二、环境保护工程数量表
三、降噪设计图
四、污水处理设计图
五、其他环保工程设计图
六、植物配置表
七、景观工程数量表
八、景观工程设计图

第九篇 其他工程

一、说明
二、渡口码头数量表
三、渡口码头设计图
四、其他工程数量表
五、其他工程设计图

第十篇 筑路材料

一、说明
二、沿线筑路材料料场表
三、沿线筑路材料试验资料表
四、沿线筑路材料供应示意图

第十一篇 施工组织计划

一、说明
二、施工便道主要工程数量表
三、其他临时工程数量表

第十二篇 施工图预算

附件 基础资料

对于工程没有涉及的部分，图纸中不列出，但"篇"的序号不能改变，例如，工程中没有隧道工程，因而没有第五篇隧道，但路线交叉依然为第六篇。

(2) 扉页及目录

扉页应绘制图框，各级负责人签署区应位于图幅上部或左部；参加项目的主要成员签署区、设计单位等级、设计单位证书号，应位于图幅的下部或右部，排列应力求匀称。图

纸目录应绘制图框,目录本身不应编入图号与页号。

二、公路中常用图纸的绘制规定及其示例

1. 路线平面图

1) 平面图图线

(1) 设计路线应采用加粗粗实线表示,比较线应采用加粗粗虚线表示;

(2) 道路中线应采用细点画线表示;

(3) 中央分隔带边缘线应采用细实线表示;

(4) 路基边缘线应采用粗实线表示;

(5) 导线、边坡线、护坡道边缘线、边沟线、切线、引出线、原有通路边线等,应采用细实线表示;

(6) 用地界线应采用中粗点画线表示;

(7) 规划红线应采用粗双点画线表示。

(8) 边沟水流方向应采用单边箭头表示。

(9) 水泥混凝土路面的胀缝应采用两条细实线表示;假缝应采用细虚线表示,其余应采用细实线表示。

(10) 图中原有管线应采用细实线表示,设计管线应采用粗实线表示,规划管线应采用虚线表示。

2) 平面图里程桩

里程桩号的标注应在道路中线上从路线起点至终点,按从小到大、从左到右的顺序排列。公里桩宜标注在路线前进方向的左侧,用符号"○"表示;百米桩宜标注在路线前进方向的右侧,用垂直于路线的短线表示。也可在路线的同一侧,均采用垂直于路线的短线表示公里桩和百米桩排列。

平曲线主点如第一缓和曲线起点、圆曲线起点、圆曲线中点、第二缓和曲线终点、第二缓和曲线起点、圆曲线终点的位置,宜在曲线内侧用引出线的形式表示,并应标注点的名称和桩号。

3) 曲线要素和坐标

在图纸的适当位置,应列表标注平曲线要素:交点编号、交点位置、圆曲线半径、缓和曲线长度、切线长度、曲线总长度、外距等。高等级公路应列出导线点坐标表。

2. 路线纵断面

1) 纵断面图的布置

纵断面图的图样应布置在图幅上部。测设数据应采用表格形式布置在图幅下部。高程标尺应布置在测设数据表的上方左侧。表格可根据不同设计阶段和不同道路等级的要求而增减(表8.6)。纵断面图中的距离与高程宜按不同比例绘制。

纵断面图表格栏的内容   表8.6

项目	初步设计	施工图设计	备注
地质概况	有	有	
填挖高度(m)	无	有	
设计高程(m)	无	有	

续表

项目	初步设计	施工图设计	备注
地面高程（m）	无	有	
坡度（m）/坡长（m）	有	有	也可在设计线上直接标注
里程桩号	有	有	
直线及平曲线	有	有	
超高	无	有或无	有超高设计图的可以不要

2）纵断面图图线和标注

道路设计线应采用粗实线表示；原地面线应采用细实线表示；地下水位线应采用细双点画线及水位符号表示；地下水位测点可仅用水位符号表示。

里程桩号应由左向右排列。应将所有固定桩及加桩桩号示出。桩号数值的字底应与所表示桩号位置对齐。整公里桩应标注"K"。

在测设数据表中的平曲线栏中，道路左、右转弯应分别用凹、凸折线表示，按图8.6标注。并在曲线的一侧标注交点编号、桩号、偏角、半径、曲线长。

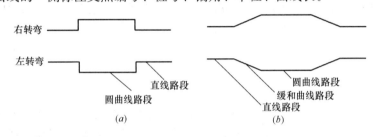

图8.6 纵断面图上平曲线的标注

当路线坡度发生变化时，变坡点应用直径为2mm中粗线圆圈表示；切线应采用细实线表示；竖曲线应采用细实线表示。标注竖曲线的竖直细实线应对准变坡点所在桩号，线左侧标注桩号；线右侧标注变坡点高程。水平细实线两端应对准竖曲线的始、终点。两端的短竖直细实线在水平线之上为凹曲线；反之为凸曲线。竖曲线要素（半径 R、切线长 T、外距 E）的数值均应标注在水平细实线上方。

道路沿线的构造物、交叉口，可在道路设计线的上方，用竖直引出线标注。竖直引出线应对准构造物或交叉口中心位置。在引出线右侧标注桩号，左侧标注构造物名称、规格、交叉口名称等。

当路线短链时，道路设计线应在相应桩号处断开，并按图8.7（a）标注。路线局部改线而发生长链时，为利用已绘制的纵断面图，当高差较大时宜按图8.7（b）标注；当高差较小时，宜按图8.7（c）标注。长链较长而不能利用原纵断面图时应另绘制长链部分的纵断面图。

水准点用竖直引出线标注，引出线应对准水准点桩号，线左侧标注编号及高程，线右侧标注桩号和水准点的位置。

盲沟和边沟底线应分别采用中粗虚线和中粗长虚线表示。

在纵断面图中可根据需要绘制地质柱状图，并标示出岩土图例或代号。各地层高程应与高程标尺对应。探坑应按宽为0.5cm、深为1：100的比例绘制，在图样上标注高程及土壤类别图例。钻孔可按宽 0.2cm 绘制，仅标注编号及深度，深度过长时可采用折断线示出。

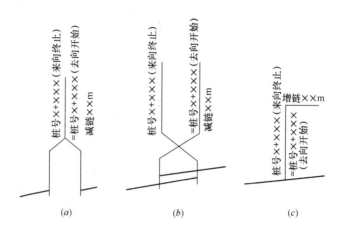

图 8.7 断链的标注

纵断面图中，给排水管涵应标注规格及管内底的高程。地下管线横断面应采用相应图例。无图例时可自拟图例，并应在图纸中说明。

在测设数据表中，设计高程、地面高程、填高、挖深的数值应对准其桩号，单位以米计。

3. 路基横断面图

1) 路面线、路肩线、边坡线、护坡线均应采用粗实线表示；路面厚度应采用中粗实线表示；原有地面线应采用细实线表示，设计或原有道路中线应采用细点画线表示。

2) 当道路分期修建、改建时，应在同一张图纸中示出规划、设计、原有道路横断面，并注明各道路中线之间的位置关系。规划道路中线应采用细双点画线表示。规划红线应采用粗双点画线表示。在设计横断面图上，应注明路侧方向。

3) 横断面图中，管涵、管线的高程应根据设计要求标注。管涵、管线横断面应采用相应图例。

4) 道路的超高、加宽应在横断面图中示出。

5) 用于施工放样及土方计算的横断面图应在图的下方标注桩号。图样右侧应标注填高、挖深、填方、挖方的面积，并采用中粗点画线示出征地界线。

6) 当防护工程设施标注材料名称时，可不画材料图例，其断面阴影线可省略。

7) 在路拱曲线大样图的垂直和水平方向上，应按不同比例绘制。

8) 当采用徒手绘制实物外形时，其轮廓应与实物外形相近。当采用计算机绘制此类实物时，可用数条间距相等的细实线组成与实物外形相近的图样（图 8.8）。

9) 在同一张图纸上的路基横断面，应按桩号的顺序排列，并从图纸的左下方开始，先由下向上，再由左向右排列。

4. 路面结构图

应符合下列规定：

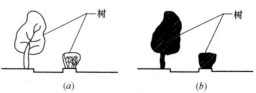

图 8.8 实物外形的绘制

(a) 徒手绘制；(b) 计算机绘制

1) 当路面结构类型单一时，可在横断面图上，用竖直引出线标注材料层次及厚度（图8.9a）。

2) 当路面结构类型较多时，可按各路段不同的结构类型分别绘制，并标注材料图例及厚度（图8.9b）。

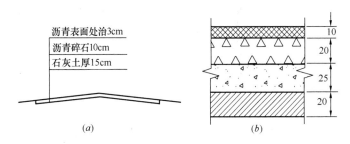

图8.9　路面结构的标注

5. 道路的平交与立交

1) 交叉口竖向设计高程的标注应符合下列规定。

（1）较简单的交叉口可仅标注控制点的高程、排水方向及其坡度；排水方向可采用单边箭头表示。

（2）用等高线表示的平交路口，等高线宜用细实线表示，并每隔四条细实线绘制一条中粗实线。

（3）用网格高程表示的平交路口，其高程数值宜标注在网格交点的右上方，并加括号。若高程整数值相同时，可省略。小数点前可不加"0"定位。高程整数值应在图中说明。网格应采用平行于设计道路中线的细实线绘制。

2) 当交叉口改建（新旧道路衔接）及旧路面加铺新路面材料时，可采用图例表示不同贴补厚度及不同路面结构的范围。

3) 水泥混凝土路面的设计高程数值应标注在板角处，并加注括号。在同一张图纸中，当设计高程的整数部分相同时，可省略整数部分，但应在图中说明。

4) 在立交工程纵断面图中，机动车与非机动车的道路设计线均应采用粗实线绘制。

5) 在立交工程纵断面图中，上层构造物宜采用图例表示，并标示出其底部高程，图例的长度为上层构造物底部全宽。

6) 在互通式立交工程线形布置图中，匝道的设计线应采用粗实线表示，干道的道路中线应采用细点画线表示。图中的交点、圆曲线半径、控制点位置、平曲线要素及匝道长度均应列表示出。

7) 在互通式立交工程纵断面图中，匝道端部的位置、桩号应采用竖直引出线标注，并在图中适当位置用中粗实线绘制线形示意图和标注各段的代号。

8) 在简单立交工程纵断面图中，应标注低位道路的设计高程。其所在桩号用引出线标注。当构造物中心与道路变坡点在同一桩号时，构造物应采用引出线标注。

9) 在立交工程交通量示意图中，交通量的流向应采用涂黑的箭头表示。

6. 常见表格的格式与内容

1) 直线、曲线及转角表：列出交点号、交点桩号、交点坐标、偏角、曲线各要素数值、曲线控制桩号、直线长、计算方位角或方向角、备注路线起讫点桩号、坐标系统等。

2）总里程及断链桩号表：列出总里程、测量桩号、断链桩号断链（增长、减短）、断链累计（长链、短链）、换算连续里程等。

3）公路用地表：列出用地起讫桩号、长度、宽度、所属县、乡、村，土地类别及数量等。

4）赔偿树木、青苗表：列出桩号、位置、所有者、树木、青苗类别及数量等。

5）砍树挖根数量表：列出桩号、长度、宽度，以及除草、砍灌木林、砍树挖根、挖竹根的数量等。

6）拆迁建筑物表：列出建筑物所在路线的桩号、距路中心线的距离（左右）、所属单位或个人、建筑物种类及数量等。

7）拆迁电力、电讯设施表：列出各项设施所在桩号、交叉角度、所属单位、用途、拆迁长度、设备种类和数量等。

8）路线逐桩坐标表：高速公路、一级公路编制本表。列出桩号，纵、横坐标等并注明坐标系统及中央子午线经度或投影轴经度。

9）控制测量成果表：列出导线点编号、点名、坐标、边长、方位角及高程等并注明坐标系统、高程系统及中央子午线经度或投影轴经度。

10）路基设计表：列出平曲线要素、纵坡（坡高、坡长、变坡点桩号及高程）、竖曲线要素、桩号、地面高程、设计高程、填挖高度、路基宽度（原宽、加宽、加宽后总宽）、缓和长度、超高值（左、右）、路基边缘与设计高之差（左、右）等。

高速公路、一级公路应列出平曲线要素、纵坡（坡高、坡长、变坡点桩号及高程）、竖曲线要素、桩号、地面高程、设计高程、填挖高度、路基宽度（中央分隔带、左右幅分别按行车带及路缘带、硬路肩、土路肩计列）、各点与设计高之差（左右幅分别按左侧路缘外缘、硬路肩外缘、土路肩外缘各点填列），并说明加宽、超高情况。

11）边沟（排水沟）设计表：高速公路、一级公路应列出桩号、地面高程、设计高程、按左右侧分别列出边沟或排水沟形式及尺寸、沟中心至中桩距离、沟底纵坡（设计资料、沟底高程、说明等）。

12）路基土石方数量表：列出桩号、断面积、平均断面积、挖方（包括挖路槽的总体积、土类、石类）、清表土方数量、填方（总体积、填土及填石分压实方和自然方）、本桩利用方、余方、欠方、远运利用方、调配示意、运量、借方（分土类、石类、运距、运量）、弃方（土、石、运距、运量）等。

13）路基每公里土石方数量表：列出起讫桩号、长度、挖方（总体积、土类、石类）、清除表土、填方（总体积、填土及填石分压实方和自然方、本桩利用方、远运利用方、借方、弃方、总运量、计价土石方总数等。并说明表土的利用措施、平均运距、临时占地等。

14）路基土石方运量统计表：列出起讫桩号、施工方法〔人工施工土方、推土机施工土方、铲运机施工土方、挖土机配自卸汽车施工土方、人工施工石方、机械施工石方（人工清运）、机械施工石方（机械清运）〕、数量、平均运距。

15）路基防护工程数量表：列出路基支挡、防护工程起讫桩号、工程名称、主要尺寸及说明、单位、数量（左、右）工程及材料数量等（包括护坡、挡土墙、护墙、护脚、护肩、边坡加固、驳岸、护岸、防水堤坝等）。

16）路面工程数量表：列出起讫桩号、长度、结构类型、各结构层次名称及厚度（分行车道、路肩加固计列，高速公路、一级公路分行车道、路缘带、硬路肩、中央分隔带（缘石、填土等）、爬坡车道、紧急停车带等计列）、土路肩等。

17）路基、路面排水工程数量表：列出起讫桩号、工程名称、单位、断面形式和主要尺寸说明、工程及材料数量（包括边沟、跌水井、排水沟、截水沟、盲沟、急流槽以及高速公路、一级公路中间带的纵向排水沟、集水井、横向排水管、拦水带及超高段路面排水等）。

18）特大、大、中桥工程数量表：列出采用标准图编号、上下部构造、工程及材料数量等。

19）小桥工程数量表：列出中心桩号、河流名称或桥名、交角、孔数及孔径、全长、上、下结构类型、采用标准图或通用图编号、上下部构造、墩台工程、材料数量等。

20）涵洞工程数量表：列出中心桩号、交角、孔数及孔径、涵长、结构类型、进出口形式，采用标准图或通用图编号、工程、材料数量等。

三、道路工程中常用图例

道路工程中常见的图例如表8.7所示，使用时，图例线应间隔均匀、疏密适度。

图　　例　　　　　　　　　　　　　　　　　表8.7

平面图上常见地物图例			
图例	名称	图例	名称
	旱地		沙地
	稻田		盐碱地
	菜地		经济林
	经济作物地	松	树林
苗	苗圃		疏林
	花园		竹林
	草地		灌木
	沼泽	4.2	土堆

续表

图例	名称	图例	名称
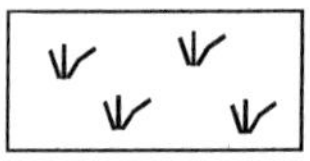	芦苇	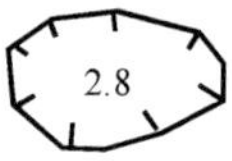	坑穴
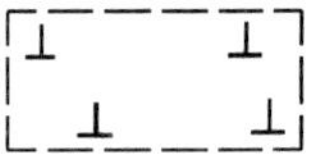	坟地	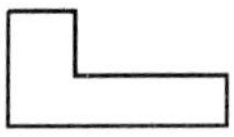	房屋
	窑洞		铁路
	砖瓦房	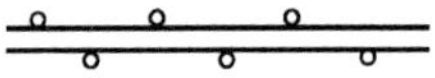	原有公路及行道树
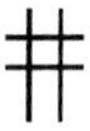	水井	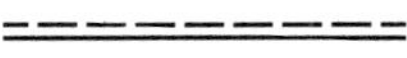	乡道、大车道
	学校		小路
	医院		电讯线
	工厂		低压线
	庙宇		高压线
	独立树	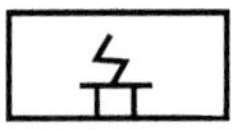	变电室（所）
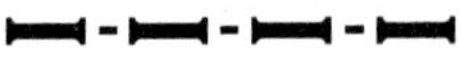	铁路		地面管道
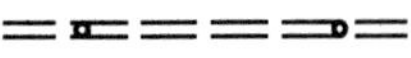	地下管道	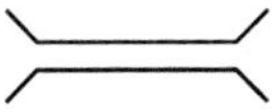	原有桥梁
	河流	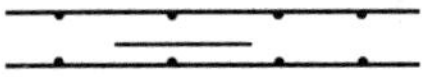	干渠
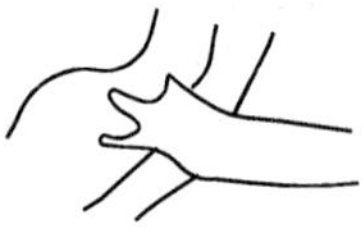	冲沟	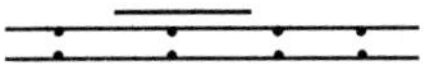	支渠

平面图上常见地物图例

续表

平面图上常见地物图例			
图例	名称	图例	名称
塘	池塘	(堤图例)	堤
鱼	鱼塘	(水库图例)	水库

平面图上常见道路工程图例			
图例	名称	图例	名称
———	小比例尺平面图上推荐线	—·—·—	路中线
— — —	小比例尺平面图上比较线	———	中央分隔带边线
(地面线图例)	地面线	———	路基边缘线
—·—·—	用地界线	>-----<	平面上涵洞
(通道图例)	平面上通道	主线下穿 主线上跨	平面图上分离式立体交叉
→	排水边沟	(立交图例)	
▷▷▷	排水沟	<<<<<<	急流槽
(桥梁图例)	平面图上的桥梁（特、大、中桥按实际长度绘）	(平面交叉图例)	平面图上平面交叉（按采用形式绘）
(桥梁图例)		(互通立交图例)	互通式立体交叉平面图上引出简图（按采用形式绘。根据比例大小可用单双线绘制）
6×30m预应力T梁	桥位平面图上示出（或引出）桥梁简图（根据比例大小可用单双线绘制）		
主孔75+3×150+75m连续刚构；东西引桥2(7×30m)预应力T梁		(隧道图例)	平面图上隧道

续表

平面图上常见道路工程图例

图例	名称	图例	名称
大石岭隧道全长200m	平面图上引出隧道简图		挡土墙
	护坡	▽	导线点
⊗ BM130/25.598	国家水准点	● BM130/25.598	公路水准点
K105	公里标	—×——×—	防护网

纵断面图上常见道路工程图例

图例	名称	图例	名称
钢筋混凝土简支梁桥 K30+683.560	纵断面图上桥梁（按采用跨数绘）		纵断面图上隧道
主线下穿 单喇叭形互通式立体交叉 K130+783张店桥 / 主线上跨 半苜蓿叶形互通式立体交叉 K130+783亚湾桥	纵断面图上互通式立体交叉	主线下穿 20×20m钢筋混凝土简支T梁 K38+788王村分离式立体交叉 / 主线上跨 2×16m预应力空心板桥 K45+128兴村分离式立体交叉	纵断面图上分离式立体交叉
1-2×2.0钢筋混凝土箱涵 K45+650 / 1-1.5钢筋混凝土管涵 K55+150 / 1-4.5×4.5石盖板涵 K65+400 / 1-1.5×2.0钢筋混凝土拱涵 K18+850 / 1-2.5×1.5钢筋混凝土箱形通道 K36+200	纵断面图上涵洞和通道		

参 考 文 献

[1] 杨少伟等. 道路勘测设计(第三版)[M]. 北京：人民交通出版社，2009.
[2] 任福田，刘小明，荣建. 交通工程学[M]. 北京：人民交通出版社，2005.
[3] 张金水. 道路勘测设计(第2版)[M]. 上海：同济大学出版社，2009.
[4] 孙家驷. 道路勘测设计(第二版)[M]. 北京：人民交通出版社，2005.
[5] 许金良.《道路勘测设计》毕业设计指导[M]. 北京：人民交通出版社，2004.
[6] 许金良. 道路勘测设计[M]. 重庆：重庆大学出版社，2013.
[7] 徐家钰，郭忠印. 土木工程专业毕业设计指南-道路工程分册[M]. 北京：中国水利水电出版社，2000.
[8] 杨少伟. 道路立体交叉规划与设计[M]. 北京：人民交通出版社，2000.
[9] 孙家驷. 道路立交规划与设计[M]. 北京：人民交通出版社，2009.
[10] 杨建明. 道路交叉设计[M]. 北京：中国建筑工业出版社，2013.
[11] 交通部. 公路工程技术标准(JTG B01—2014)[S]. 北京：人民交通出版社，2014.
[12] 交通部. 公路路线设计规范(JTG D20—2006)[S]. 北京：人民交通出版社，2006.
[13] 交通部. 公路工程基本建设项目设计文件编制办法[S]. 北京：人民交通出版社，2007.
[14] 交通部. 公路建设项目可行性研究报告编制办法[S]. 北京：人民交通出版社，2010.
[15] 交通部. 公路立体交叉设计细则 JTG/T D21—2014[S]. 北京：人民交通出版社，2014.
[16] 战高峰，宁波高嵩. 公路路基路面工程[M]. 武汉：武汉理工大学出版社，2007.
[17] 陈忠达. 路基路面工程[M]. 北京：人民交通出版社，2009.
[18] 何兆益. 路基路面工程(下)路面工程(第2版)[M]. 重庆：重庆大学出版社，2012.
[19] 交通部. 公路路基设计规范(JTG D30—2015)[S]. 北京：人民交通出版社，2015.
[20] 交通部. 公路沥青路面设计规范(JTG D50—2006)[S]. 北京：人民交通出版社，2006.
[21] 交通部. 公路水泥混凝土路面设计规范(JTG D40—2011)[S]. 北京：人民交通出版社，2011.
[22] 王首绪，杨玉胜，周学林，刘伟军. 公路施工组织及概预算(第三版)[M]. 北京：人民交通出版社，2011.
[23] 住房和城乡建设部. 城市道路交叉口设计规程(CJJ 152—2010)[S]. 北京：中国建筑工业出版社，2010.
[24] 住房和城乡建设部. 城市道路交叉口规划规范(GB 50647—2011)[S]. 北京：中国计划出版社，2011.
[25] 住房和城乡建设部. 城市道路工程设计规范(CJJ 37—2012)[S]. 北京：中国建筑工业出版社，2012.
[26] 住房和城乡建设部. 城市道路路基设计规范(CJJ 194—2013)[S]. 北京：中国建筑工业出版社，2013.
[27] 住房和城乡建设部. 城市道路照明设计标准(CJJ 45—2006)[S]. 北京：中国建筑工业出版社，2006.
[28] 吴瑞麟，沈建武. 城市道路设计[M]. 北京：人民交通出版社，2003.
[29] 交通部. 道路工程制图标准(GB 50162—92)[S]. 北京：人民交通出版社，1992.